MATEMÁTICA

Projeto Ápis

5º ano

Luiz Roberto Dante

Livre-docente em Educação Matemática
pela Unesp – Rio Claro

Doutor em Psicologia da Educação:
Ensino da Matemática pela PUC – São Paulo

Mestre em Matemática pela USP

Licenciado em Matemática pela
Unesp – Rio Claro

Pesquisador em Ensino e Aprendizagem
da Matemática pela Unesp – Rio Claro

Ex-Professor do Ensino Fundamental
e do Ensino Médio na rede pública

Autor de livros para a Educação Básica

editora ática

editora ática

Direção de inovação e conteúdo: Guilherme Luz
Direção editorial: Luiz Tonolli e Renata Mascarenhas
Gestão de projeto editorial: Tatiany Renó
Gestão e coordenação de área: Ronaldo Rocha
Edição: Pamela Hellebrekers Seravalli e André Luiz Ramos de Oliveira (editores), Érica Lamas, Sirlaine Cabrine Fernandes e Marina Muniz Campelo (assist.)
Gerência de produção editorial: Ricardo de Gan Braga
Planejamento e controle de produção: Paula Godo, Roseli Said e Marcos Toledo
Revisão: Hélia de Jesus Gonsaga (ger.), Kátia Scaff Marques (coord.), Rosângela Muricy (coord.), Adriana de Rinaldi, Ana Curci, Ana Paula C. Malfa, Brenda T. M. Morais, Carlos Eduardo Sigrist, Célia Carvalho, Celina I. Fugyama, Cesar G. Sacramento, Claudia Virgilio, Danielle Modesto, Diego Carbone, Gabriela M. Andrade, Heloísa Schiavo, Larissa Vazquez, Lilian M. Kumai, Luciana B. Azevedo, Luís M. Boa Nova, Maura Loria, Patricia Cordeiro, Patrícia Travanca, Paula T. Jesus, Raquel A. Taveira, Rita de Cássia Costa e Sueli Bossi
Edição de arte: André Gomes Vitale (coord.), Claudemir Camargo Barbosa (edição de arte), Christine Getschko (abertura de unidades), Bárbara de Souza, Lourenzo Acunzo e Renato Akira Belarmino dos Santos (assist.)
Diagramação: Casa de Tipos
Iconografia e licenciamento de texto: Sílvio Kligin (superv.), Denise Durand Kremer (coord.), Cristina Akisino (coord.), Roberta Freire Lacerda Santos (pesquisa iconográfica), Liliane Rodrigues e Thalita Corina da Silva (licenciamento de textos)
Tratamento de imagem: Cesar Wolf e Fernanda Crevin
Ilustrações: Ah!Ilustração, Andrea Ebert, Antonio Robson, Douglas Galindo, Estúdio Mil, Estúdio 22, Félix Reiners, Ilustra Cartoon, Jótah Ilustrações, Paulo Menazi e Ricardo J. Souza
Cartografia: Eric Fuzii (coord.) e Robson Rosendo da Rocha
Capa: Gláucia Correa Koller (coord.) e Talita Guedes da Silva
Ilustração de capa: Carlo Giovani
Projeto gráfico de miolo: Gláucia Correa Koller (coord.) e Talita Guedes da Silva

Avenida das Nações Unidas, 7221, 3º andar, Setor A
Pinheiros – São Paulo – SP – CEP 05425-902
Tel.: 4003-3061
www.atica.com.br / editora@atica.com.br

Dados Internacionais de Catalogação na Publicação (CIP)
(Câmara Brasileira do Livro, SP, Brasil)

Dante, Luiz Roberto
Projeto Ápis : matemática : 5º ano / Luiz Roberto Dante. -- 3. ed. -- São Paulo : Ática, 2017.

ISBN: 978-85-0818-480-4 (aluno)
ISBN: 978-85-0818-485-9 (professor)
1. Matemática (Ensino fundamental) I. Título.

17-05565 CDD-372.7

Índices para catálogo sistemático:
1. Matemática : Ensino fundamental 372.7

2018
ISBN: 978-85-0818-480-4 (AL)
ISBN: 978-85-0818-485-9 (PR)
Código da obra CL 740113
CAE 621847 (AL) / 621848 (PR)
3ª edição
3ª impressão

Impressão e acabamento
São Francisco Gráfica e Editora

Uma publicação SOMOS EDUCAÇÃO

APRESENTAÇÃO

Como você viu nos quatro primeiros anos, a Matemática é parte importante da sua vida. Ela está presente na escola, em sua casa e em todo lugar.

Neste ano você vai conhecer mais um pouquinho sobre o mundo dos números, das operações, das sequências, das figuras geométricas, das grandezas e medidas, das tabelas e dos gráficos: o mundo da Matemática.

Aqui, você vai encontrar atividades, jogos, brincadeiras, desafios e problemas para pensar, inventar e resolver.

Com isso, você descobrirá cada vez mais a beleza do mundo da Matemática.

Espero que você goste, pois este livro foi feito para você com muito carinho.

Ele encerra a primeira parte do Ensino Fundamental.

Um abraço bem forte.

O autor

Ilustrações: Estúdio Félix Reiners/Arquivo da editora

Conheça seu livro

Veja a seguir como seu livro de Matemática está organizado. Depois, com um colega, folheie o livro e descubra tudo que está apresentado nestas páginas.

Abertura de Unidade

Este livro é dividido em 10 Unidades.

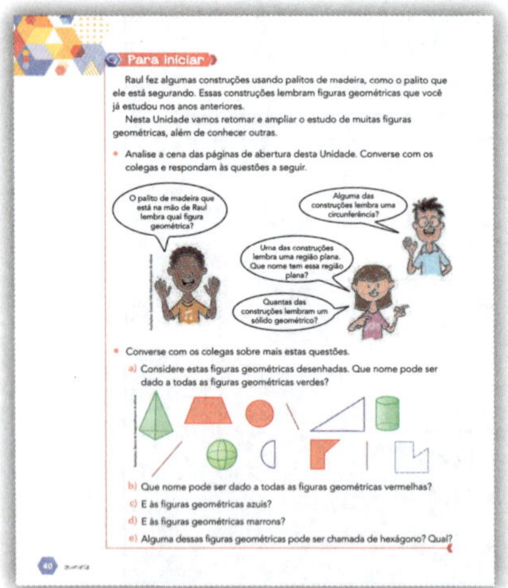

Para iniciar

Atividades que possibilitarão a você um primeiro contato com o que será estudado na Unidade.

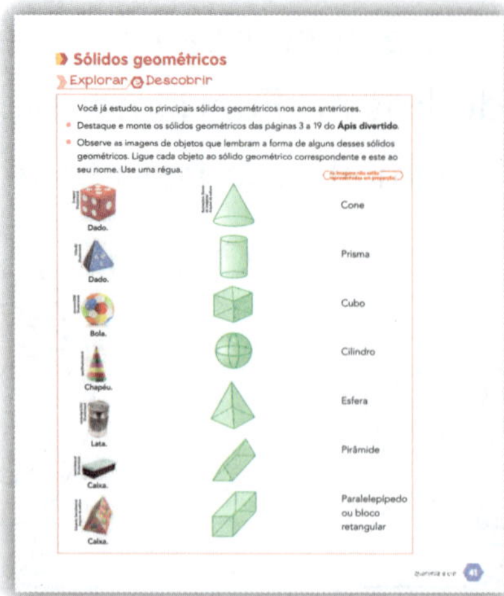

Explorar e descobrir

Atividades concretas e de experimentação que vão incentivá-lo a investigar, refletir, descobrir, sistematizar e concluir as situações propostas.

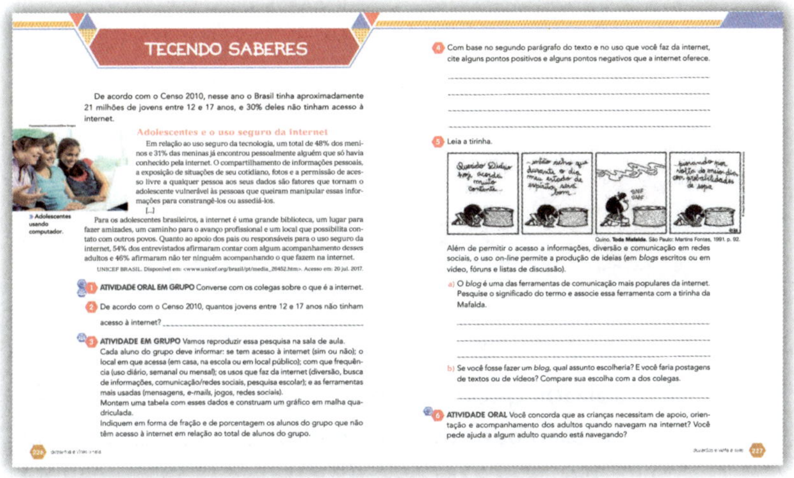

Tecendo saberes

Seção interdisciplinar que vai estimulá-lo a refletir sobre a importância da sua atuação como cidadão participativo e integrado à sociedade.

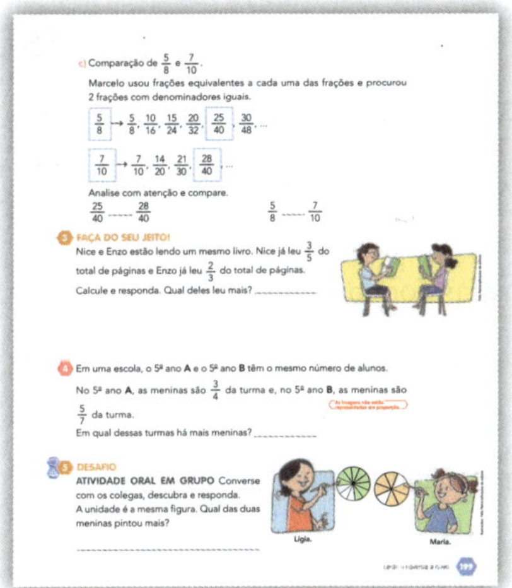

Desafio

Atividades de maior complexidade para testar seu conhecimento e sua criatividade.

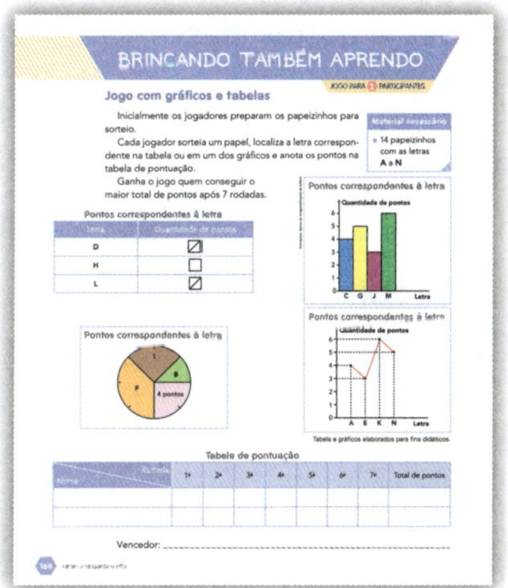

Brincando também aprendo

Estimula o trabalho cooperativo por meio de atividades lúdicas.

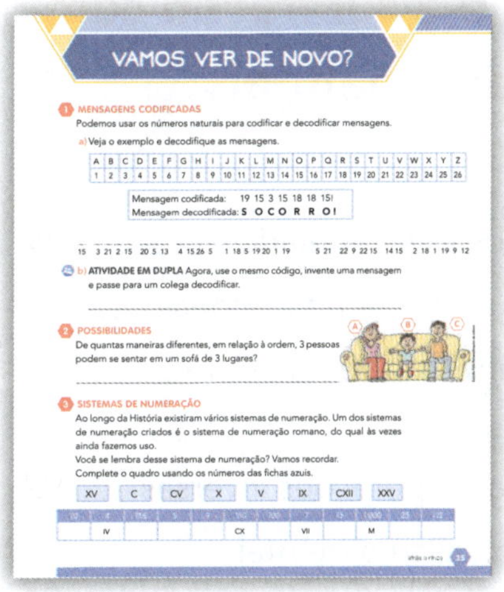

Vamos ver de novo?

Atividades para rever e fixar conceitos estudados na Unidade e em Unidades anteriores.

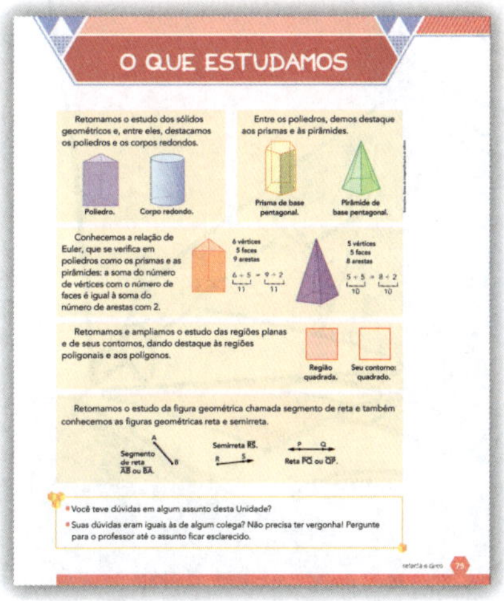

O que estudamos

Resumo dos principais assuntos da Unidade.

SUMÁRIO

Estúdio Félix Reiners/Arquivo da editora

Unidade 4

Multiplicação e divisão com números naturais 104

Estúdio Félix Reiners/Arquivo da editora

Estúdio Félix Reiners/Arquivo da editora

Unidade 5

Expressões numéricas, divisibilidade e estatística 144

Estúdio: Félix Reiners/Arquivo da editora

Unidade 9 Números decimais ... 272

Unidade 10 Grandezas e suas medidas ... 312

Estúdio Félix Reiners/Arquivo da editora

O mundo da Matemática

Você já tem uma boa ideia do que se estuda em Matemática: **números**, **operações**, **figuras geométricas**, **grandezas e medidas**, **tabelas**, **gráficos**, entre outras coisas.

- Registre aqui, do seu jeito, algo que você estudou no ano passado. Depois, mostre aos colegas o que você fez e veja o que eles fizeram.

Estúdio Félix Reiners/Arquivo da editora

- O que você acha que vai aprender neste ano?

____

____

Eu e a Matemática

As imagens não estão representadas em proporção.

Meu nome completo é:

____

Ele tem ________ letras.

Meu endereço é: ____________________________________

Número: ________ Casa/Apartamento: ____________________

Cidade: ____________________________________

Estado: ____________________ CEP: ____________________

Minha foto 3 × 4.

Maria Magalhães/Arquivo da editora

Eduardo Santaliestra/Arquivo da editora

Meu telefone é: (________) ____________

O dia do meu nascimento é:

________ de ______________ de ________.

Minha idade é: ______________

O "peso" com que nasci é:

________ quilogramas e ________ gramas.

O "peso" que tenho agora é:

________ quilogramas e ________ gramas.

Minha altura é: ______ metro e ______ centímetros.

Arkady/shutterstock

Meu número de sapato é: ________

Na minha casa moram ______ pessoas, contando comigo.

Há ________ alunos na minha turma.

O número de que mais gosto é o ______________.

Desenhe ao lado uma ou mais coisas de seu dia a dia.

Uma delas deve ser circular.

Depois, mostre aos colegas o que você desenhou.

Unidade 1

Sistema de numeração decimal

Ricardo Chucky/Arquivo da editora

- O que mostra esta cena?
- Quais meios de comunicação são mostrados nesta cena?
- Que notícias e produtos você já viu nesses meios de informação?
- Que outros meios de comunicação você conhece?

Para iniciar

Os números aparecem constantemente nas informações que recebemos. Por isso, é muito importante conhecê-los bem para entender seus significados nas notícias transmitidas e nos produtos anunciados nos diferentes meios de comunicação.

Nesta Unidade prosseguimos o estudo dos números no sistema de numeração decimal.

- Analise a cena das páginas de abertura desta Unidade. Converse com os colegas e respondam às questões a seguir.

Ilustrações: Estúdio Félix Reiners/Arquivo da editora

- Converse com os colegas sobre as questões seguintes.

  a) Qual é o significado destas expressões?

dezena	unidade de milhar	centena de milhar
centena	dezena de milhar	dezena de milhão

  b) Que número obtemos ao fazer a composição 5 000 + 600 + 9?

  c) Como podemos obter a quantia de R$ 210,00 com 4 notas?

Números naturais

Ilustrações: Estúdio Félix Reiners/Arquivo da editora

Pense em como você conta o número de degraus ao subir uma escada ou quantos lápis há em seu estojo.

É como se você estivesse pensando na sequência dos números naturais:

0, 1, 2, 3, 4, ...

A sequência dos números naturais começa com o 0 (zero). Os demais números são obtidos pela adição de 1 unidade ao número anterior: 0, $0 + 1 = 1$, $1 + 1 = 2$, $2 + 1 = 3$, e assim por diante.

> O conjunto formado por esses números é chamado **conjunto dos números naturais** e é representado assim:
> $\mathbb{N} = \{0, 1, 2, 3, 4, 5, 6, 7, 8, 9, 10, 11, 12, ...\}$

Estúdio Félix Reiners/Arquivo da editora

1 SUCESSOR E ANTECESSOR DE UM NÚMERO NATURAL

Você já estudou este assunto nos anos anteriores.

Dmitry Kalinovsky/Shutterstock

Chaves numeradas.

As imagens não estão representadas em proporção.

Complete.

a) O sucessor de 104 é ______.

b) ______ é o antecessor de 105.

c) O antecessor de 23 740 é o número ______.

d) Doze mil e vinte é o ______ de doze mil e dezenove.

e) O número do ano em que estamos é ______. Seu antecessor é ______ e seu sucessor é ______.

2 Leia o texto a seguir, sobre os planetas no Sistema Solar.

As teorias que buscam explicar como ocorreu a formação do Sistema Solar começaram a surgir no século XVI. E, até alguns anos atrás, havia 9 planetas no Sistema Solar: Mercúrio, Vênus, Terra, Marte, Júpiter, Saturno, Urano, Netuno e Plutão.

Mas em 29 de julho de 2005 foi anunciada a descoberta de um astro situado a mais de 14 bilhões de quilômetros do Sol. Como o 2003 UB313, nome temporário do novo astro, tem características muito parecidas com Plutão, os 3 pesquisadores que o descobriram argumentaram que seria, então, o 10º planeta do Sistema Solar. Ele passou a ser chamado de planeta Éris, nome da deusa grega da discórdia, porque desde sua descoberta gerou discussão entre os astrônomos sobre o que é um planeta.

Em 2006, a União Astronômica Internacional aprovou uma nova definição de planeta. De acordo com essa definição, Plutão deixou de ser considerado planeta e passou a ser conhecido como planeta-anão, assim como Éris.

Fonte: Revista **Ciência Hoje das Crianças**.

O Sol, os planetas e os planetas-anões Plutão e Éris. Imagem fora de escala e em cores fantasia.

a) Você já estudou que os números podem ter vários usos. Localize no texto as informações e indique o que se pede.

- 2 números que indicam contagem. __________
- 1 número que indica medida. __________
- 1 número que indica posição ou ordem. __________
- 1 número que indica código. __________

b) Nesse texto, o número escrito com algarismos romanos é _____, que no nosso sistema de numeração é escrito como _____.

c) Escreva quantos e quais são os planetas do Sistema Solar.

____

3 **ATIVIDADE ORAL**

a) Todo número tem sucessor na sequência dos números naturais 0, 1, 2, 3, ...?

b) Todo número tem antecessor na sequência dos números naturais 0, 1, 2, 3, ...?

Estúdio Félix Reiners/ Arquivo da editora

4 **NÚMEROS PARES E NÚMEROS ÍMPARES**

ATIVIDADE ORAL EM GRUPO Converse com os colegas e responda.

a) Quando um número natural é par?

____

b) E quando é ímpar? ______________________________

5 No texto da página anterior, pinte de azul 2 números pares e de verde 2 números ímpares.

6 **COMPARAÇÃO DE NÚMEROS NATURAIS**

Além de Éris e Plutão, outro planeta-anão é Ceres. Observe as medidas dos diâmetros desses planetas-anões na tabela.

Escreva esses números em ordem decrescente.

________, ________, ________.

Informações sobre os planetas-anões*

Planeta-anão	Diâmetro
Éris	2326 km
Ceres	930 km
Plutão	2302 km

*Há grande incerteza nas estimativas das medidas dos diâmetros de Éris e Plutão.

Fonte de consulta: **Diversão com ciência e arte**. Disponível em: <www.dica.ufu.br/images/sistema-solar/comparando.pdf>. Acesso em: 26 jul. 2017.

7 A linha verde na figura da direita indica o diâmetro da esfera.

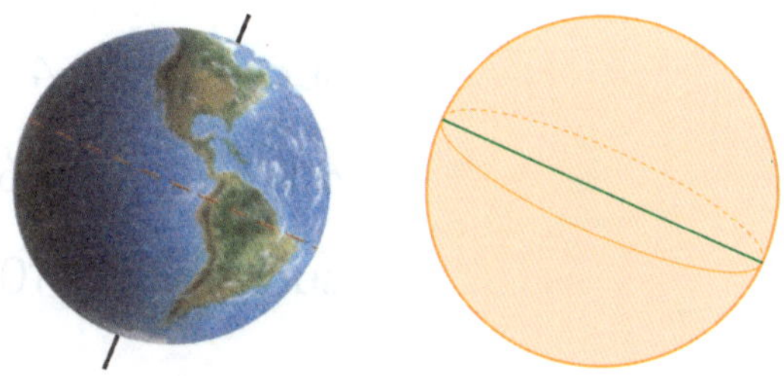
Estúdio Félix Reiners/ Arquivo da editora

As imagens não estão representadas em proporção.

a) Você sabe quantos quilômetros tem o diâmetro da Terra?

Descubra fazendo a seguinte composição.

$10000 + 2000 + 700 + 50 + 6 =$ ______________

b) Escreva como se lê o número obtido.

____

Saiba mais

Dos 8 planetas do Sistema Solar, a Terra é o 4º com menor diâmetro.

8 Observe os dados e escreva o nome dos 8 planetas do Sistema Solar de modo que a medida de seus diâmetros fique em ordem decrescente.

Informações sobre os planetas

Planeta	Diâmetro (km)	Planeta	Diâmetro (km)
Mercúrio	4 879	Júpiter	142 984
Vênus	12 104	Saturno	120 536
Terra	12 756	Urano	51 118
Marte	6 794	Netuno	49 538

Fonte de consulta: **Planetário UFSC**. Disponível em: <www.planetario.ufsc.br/o-sistema-solar/>. Acesso em: 26 jul. 2017.

________, ________, ________, ________, ________,

________, ________, ________.

9 Complete cada item com > (é maior do que), < (é menor do que) ou = (é igual a).

a) 14 ____ 104

b) 2 300 ____ 230

c) 516 ____ 561

d) 88 ____ 888

e) 374 ____ 374

f) 5 007 ____ 507

g) sucessor de 4 ____ antecessor de 6

h) 6 116 ____ 6 161

i) sucessor de 10 ____ antecessor de 13

j) 8 762 ____ 8 672

k) 9 999 ____ 10 000

l) 7 208 ____ 728

m) 5 923 ____ 5 923

n) 629 356 ____ 630 200

o) 4 239 ____ 42 390

p) 420 000 ____ 42 000

q) 3 008 ____ 20 001

r) 60 000 ____ 60 000

10 Você já viu que um número natural pode ser usado para indicar uma contagem, uma medida, uma posição (ou ordem) ou um código.
Escreva o que cada número está indicando, ou seja, seu uso.

a) A senha do cartão de crédito de Paulo é 96761. ____________

b) Na turma de Roberta há 36 alunos. ____________

c) Maura comprou 3 metros de tecido. ____________

d) O time de Juca ficou em 2º lugar no campeonato escolar. ____________

A representação dos números naturais

1 Isso você já viu.

a) Para representar qualquer número natural no sistema de numeração decimal, usamos **10 símbolos**, chamados **algarismos** ou **dígitos**. Escreva-os:

____

b) Ao contar, agrupamos de 10 em 10, como neste exemplo, quando contamos as estrelinhas. Complete.

Banco de imagens/Arquivo da editora

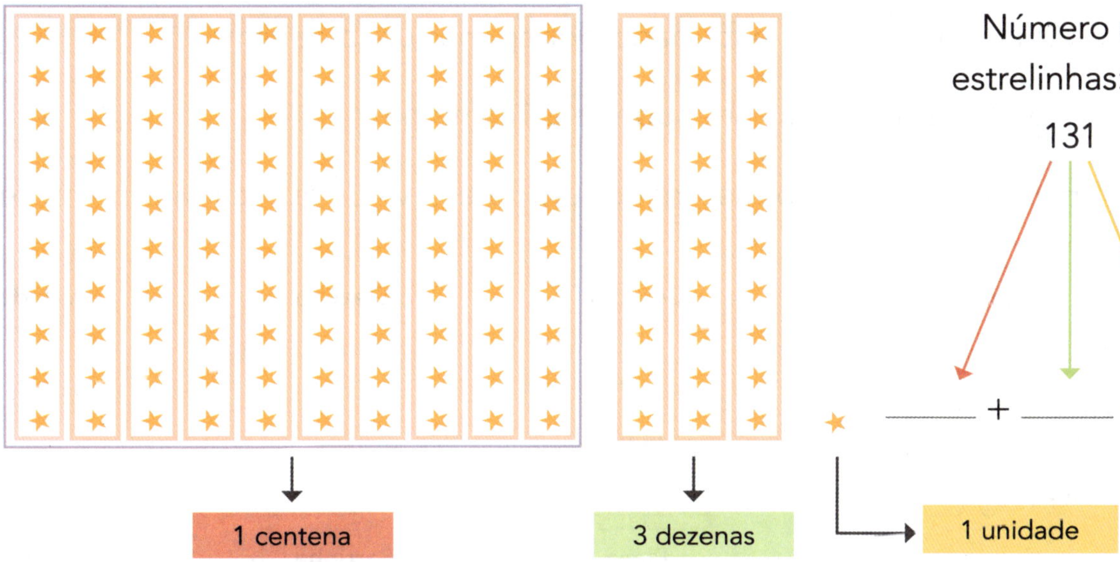

Número de estrelinhas: 131

131

_____ + _____ + _____

ou ou

_____ dezenas ou _____ unidades _____ unidades

No número 131, o algarismo 1 é usado para representar **1 centena** (100) e também **1 unidade** (1), dependendo da **posição** que esse algarismo ocupa.

131

→ 1 unidade

→ 3 dezenas = 30 unidades

→ 1 centena = 100 unidades

Dizemos então que, no sistema de numeração decimal:

- utilizamos 10 símbolos (algarismos ou dígitos): 0, 1, 2, 3, 4, 5, 6, 7, 8 e 9;
- agrupamos de 10 em 10 para fazer contagens;
- seguimos o **princípio de posição decimal**: o valor que o algarismo representa depende da posição que ele ocupa na representação do número.

2 Leia as informações sobre medidas de tempo que o professor Ronaldo escreveu na lousa. Depois, responda às questões usando os números que aparecem nessas informações.

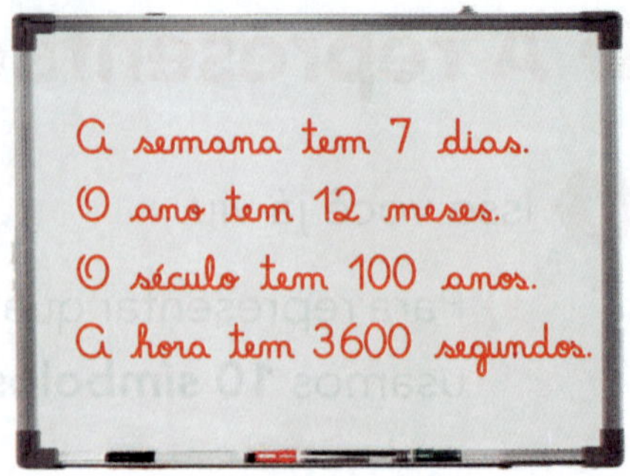

Lousa.

Denis Chernousov/Shutterstock

a) Quantos algarismos tem o número 12?

____

b) O que representa o algarismo 6 no número 3600?

____

c) Qual dos números é formado por apenas um algarismo? __________

d) Qual dos números corresponde a 1 centena? __________

3 Observe as peças do material dourado e o valor que cada uma representa. Complete.

Ilustrações: Banco de imagens/Arquivo da editora

Milhar

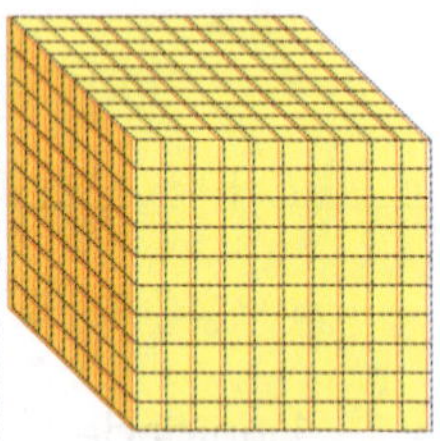

Cubo.

_____ milhar
ou
_____ centenas
ou
_____ dezenas
ou
_____ unidades

Centena

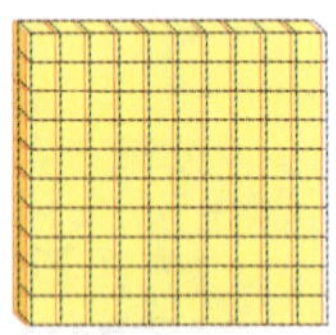

Placa.

_____ centena
ou
_____ dezenas
ou
_____ unidades

Dezena

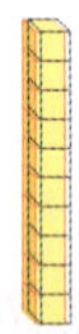

Barrinha.

_____ dezena
ou
_____ unidades

Unidade

Cubinho.

_____ unidade

4 Para simplificar, vamos representar o material dourado com desenhos de fichas.

1 10 100 1 000

Ilustrações: Banco de imagens/Arquivo da editora

a) Que número é representado por ? __________

b) Como se representa o número 531 com desenhos de fichas?

c) E o número 245?

Ilustrações: Banco de imagens/Arquivo da editora

5 Assinale o número representado pelo material dourado em cada item.

a) 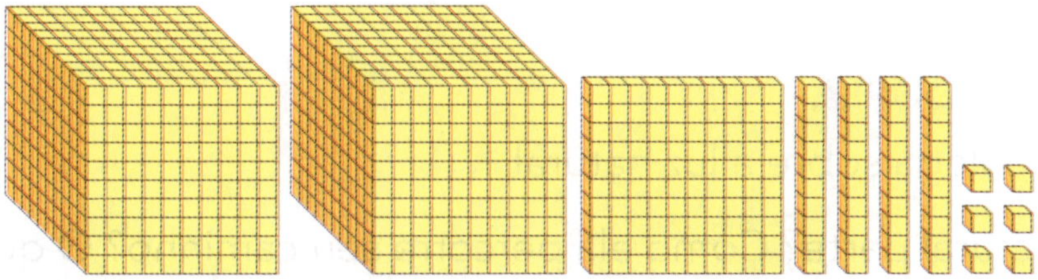

☐ 2056

☐ 2146

☐ 3146

b) 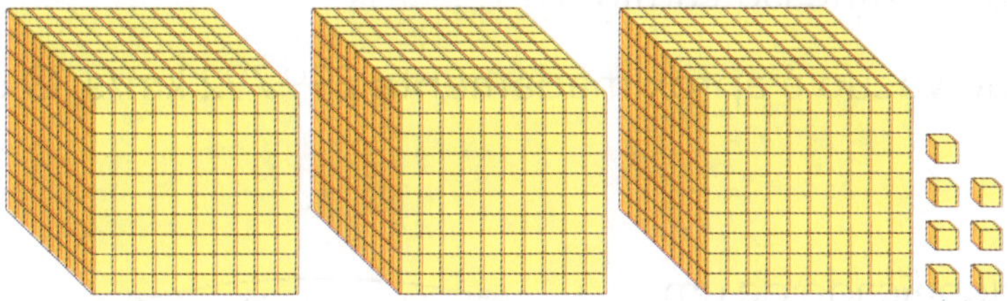

☐ 307

☐ 2170

☐ 3007

c) 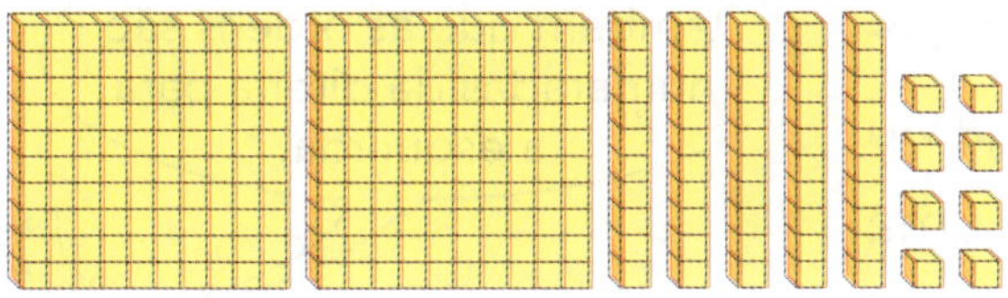

☐ 258

☐ 2058

☐ 2580

6 **ATIVIDADE EM DUPLA** Usem uma folha de papel sulfite para fazer os registros.

a) Um aluno diz um número até 3000 e o outro faz desenhos de fichas.

b) Um aluno faz desenhos de fichas de um número até 3000 e o outro escreve o número usando algarismos.

7 Complete os itens considerando a sequência dos números naturais $\mathbb{N} = \{0, 1, 2, 3, 4, 5, ...\}$.

a) Os números naturais de 1 algarismo vão do 0 ao ________.

b) Os números naturais de 2 algarismos vão do ________ ao ________.

c) Os números naturais de 3 algarismos vão do ________ ao ________.

d) Os números naturais de 4 algarismos vão do ________ ao ________.

8 **O QUE VALE MAIS?**

a) 2 dezenas de milhar ou 5 centenas? ____________________

b) 3 centenas ou 40 dezenas? ____________________

c) 4 dezenas de milhar ou 40 unidades de milhar? ____________________

d) 2,5 milhões ou 270 mil? ____________________

Ordens e classes

1 **ATIVIDADE ORAL EM DUPLA**

Converse com um colega sobre a luz natural.

a) De onde a luz natural parte? Como ela percorre seu caminho? O que acontece quando ela é barrada nesse caminho?

b) A velocidade da luz no vácuo é aproximadamente 299 792 km/s. O que isso significa?

2 Para entender melhor o significado de um número e facilitar a sua leitura, nós o separamos em **ordens** e **classes**. Você já viu que a cada algarismo corresponde uma ordem. Ajude a indicar o valor posicional de cada ordem no número que aparece na atividade 1. Para isso, complete.

Estúdio Félix Reiners/Arquivo da editora

2 9 9 7 9 2

1ª posição ou 1ª ordem: 2 unidades

2ª posição ou 2ª ordem: 9 dezenas = 90 unidades

3ª posição ou 3ª ordem: 7 ______________ = ____________ unidades

4ª posição ou 4ª ordem: 9 ______________ = ____________ unidades

5ª posição ou 5ª ordem: 9 ______________ = ____________ unidades

6ª posição ou 6ª ordem: ______________ = ____________ unidades

Podemos fazer um quadro de valor posicional para representar as ordens desse número e o nome dessas ordens.

6ª ordem	5ª ordem	4ª ordem	3ª ordem	2ª ordem	1ª ordem
Centena de milhar	Dezena de milhar	Unidade de milhar	Centena	Dezena	Unidade
2	9	9	7	9	2

3 Veja a decomposição do número 299 792 e complete.

2 centenas de milhar	+	9 dezenas de milhar	+	9 unidades de milhar	+	7 centenas	+	9 dezenas	+	2 unidades
↓		↓		↓		↓		↓		↓
200 000	+	_____	+	_____	+	_____	+	_____	+	_____

2 9 9 7 9 2

1ª classe

2ª classe

Ilustrações: Estúdio Félix Reiners/Arquivo da editora

Observe como fica esse número no quadro de valor posicional.

2ª classe ou classe dos milhares			1ª classe ou classe das unidades simples		
6ª ordem	**5ª ordem**	**4ª ordem**	**3ª ordem**	**2ª ordem**	**1ª ordem**
2	9	9	7	9	2

Observe agora como a separação em classes facilita a leitura do número.
299 792: duzentos e noventa e nove mil, setecentos e noventa e dois.

4 Leia as informações, faça a decomposição do número destacado em cada item, indique suas classes e escreva como é sua leitura.

a) O astrônomo grego Eratóstenes (276-194 a.C.) foi o primeiro a obter a medida do diâmetro da Terra próxima da medida conhecida atualmente. Ele mostrou que o diâmetro do nosso planeta media, aproximadamente, **12 713** quilômetros.

____

____

Sammlung Rauch/Interfoto/Latinstock

Eratóstenes.

b) Claudius Ptolemaeus (Ptolomeu) (90-168), chamado de O Príncipe dos Astrônomos, observou **1 022** estrelas e agrupou-as em 48 constelações.

____

____

SPL/Latinstock

Ptolomeu.

Fonte de consulta: **O guia dos curiosos**. Disponível em: <http://guiadoscuriosos.uol.com.br/>. Acesso em: 26 jul. 2017.

A classe dos milhões e outras classes

1 Segundo estimativa do IBGE, a cidade de São Luís, capital do estado do Maranhão, tinha uma população de um pouco mais de 1 milhão de habitantes em 2016.

Fonte de consulta: **Atlas geográfico escolar**. 6. ed. Rio de Janeiro: IBGE, 2012.

1 milhão = 1 000 000

Calcule.

a) 9 + 1 = ______

b) 99 + 1 = ______

c) 999 + 1 = ______

d) 9 999 + 1 = ______

e) 99 999 + 1 = ______

f) 999 999 + 1 = ______

2 A superfície ocupada pelo Brasil tem aproximadamente 8 515 767 quilômetros quadrados. Temos uma nova classe, a **classe dos milhões**.

As imagens não estão representadas em proporção.

8	515	767
3ª classe	2ª classe	1ª classe

a) Escreva como se lê esse número.

____

b) Veja o quadro com as ordens e as classes desse número. Depois, complete sua decomposição.

3ª classe ou classe dos milhões			2ª classe ou classe dos milhares			1ª classe ou classe das unidades simples		
9ª ordem	8ª ordem	7ª ordem	6ª ordem	5ª ordem	4ª ordem	3ª ordem	2ª ordem	1ª ordem
Centena de milhão	Dezena de milhão	Unidade de milhão	Centena de milhar	Dezena de milhar	Unidade de milhar	Centena	Dezena	Unidade
		8	5	1	5	7	6	7

↓ ↓ ↓ ↓ ↓ ↓ ↓

8 515 767 = ______ + ______ + ______ + ______ + ______ + ______ + ______

3 Ligue os números correspondentes.

614 390 000 •	• 543 milhões e 600 mil
61 439 000 •	• 543 mil e 600
543 600 000 •	• 614 milhões e 390 mil
543 600 •	• 60 000 000 + 1 000 000 + 400 000 + 30 000 + 9 000

4 Os dinossauros habitavam a Terra há cerca de 231 000 000 de anos. Observe esse número e responda.

a) Quantas ordens tem esse número? ______

b) Qual é a ordem do algarismo 1? ______

c) Qual é o algarismo da 8ª ordem? ______

d) Quantas classes tem esse número? ______

e) Como é a decomposição desse número? ______

f) Como é a leitura desse número? ______

g) Qual é o valor posicional do algarismo 3? ______

5 Retome a imagem de abertura da Unidade e veja como está representada a quantia: 30 milhões de reais. É comum aparecer em meios de comunicação números representados dessa maneira.
Veja outros exemplos.

Estúdio Félix Reiners/Arquivo da editora

- 14,5 mil para indicar 14 500.
- R$ 6,2 milhões para indicar R$ 6 200 000,00.

a) **ATIVIDADE ORAL EM GRUPO** Converse com os colegas sobre os números abaixo. Depois, escreva esses números com todos os algarismos.

- 8,5 milhões: ______
- 4,2 milhões: ______
- R$ 15,5 milhões: ______
- 77,7 milhões: ______
- R$ 3,7 mil: ______
- R$ 1,4 mil: ______

b) Agora, recorte de jornais ou revistas 2 números escritos dessa maneira. Cole-os no caderno e escreva o significado de cada um.

A classe dos bilhões

1 Responda.

a) Qual é o maior número com 9 ordens? ______________________

b) E qual é o sucessor desse número? ______________________

2 Segundo a Organização das Nações Unidas (ONU), a população mundial atingiu 7 bilhões de pessoas em 2011 e continua a crescer. Escreva esse número usando apenas algarismos. ______________________

3 Escreva como se lê cada número de habitantes, de acordo com a ONU, e indique quantas ordens e classes ele tem.

a) O país mais populoso do mundo em 2015 era a China, com população de aproximadamente 1 376 049 000 habitantes.

____

____

b) O segundo país mais populoso do mundo em 2015 era a Índia, com cerca de 1 311 050 527 habitantes.

____

____

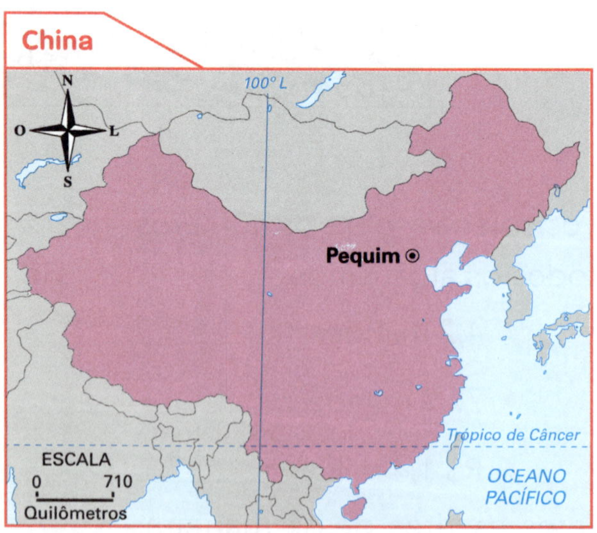

Banco de imagens/Arquivo da editora

Fonte de consulta: **Atlas geográfico escolar**. 6. ed. Rio de Janeiro: IBGE, 2012.

Banco de imagens/Arquivo da editora

Fonte de consulta: **Atlas geográfico escolar**. 6. ed. Rio de Janeiro: IBGE, 2012.

4 Em 2009, a Organização das Nações Unidas estimou que, em 2025, **3 bilhões** de pessoas sofrerão com a falta de água. Escreva o número destacado, usando apenas algarismos. ______________

Estúdio Félix Reiners/Arquivo da editora

5 Cientistas afirmam que a Terra existe há cerca de 4 bilhões e 600 milhões de anos.

a) Você pode imaginar quanto tempo é isso? O que será que aconteceu durante todo esse tempo?

____

____

____

____

b) Escreva esse número usando apenas algarismos. ______________

6 **OUTRAS CLASSES**

Depois das classes dos milhares, dos milhões e dos bilhões, vêm as classes dos trilhões, dos quatrilhões, dos quintilhões, dos sextilhões, dos setilhões, e assim por diante.

a) Veja quantos zeros têm os números abaixo e complete.

1 mil: 1 000 (3 zeros)

1 milhão: 1 000 000 (6 zeros)

1 bilhão: 1 000 000 000 (9 zeros)

1 trilhão: 1 000 000 000 000 (_____ zeros)

1 quatrilhão: 1 000 000 000 000 000 (_____ zeros)

1 quintilhão: 1 000 000 000 000 000 000 (_____ zeros)

1 sextilhão: 1 000 000 000 000 000 000 000 (_____ zeros)

1 setilhão: 1 000 000 000 000 000 000 000 000 (_____ zeros)

b) **ATIVIDADE ORAL** Você descobriu alguma regularidade na quantidade de zeros desses números?

Arredondamentos

As imagens não estão representadas em proporção.

A distância entre as cidades de São Paulo e do Rio de Janeiro é 429 km.

Tales Azzi/Pulsar Imagens

Vista aérea da marginal do rio Pinheiros e da ponte estaiada Octávio Frias de Oliveira, em São Paulo. Foto de 2016.

Ricardo Azoury/Pulsar Imagens

Vista aérea do Cristo Redentor, do morro do Pão de Açúcar e da baía de Guanabara, no Rio de Janeiro. Foto de 2016.

Podemos afirmar que a distância é aproximadamente 430 quilômetros.

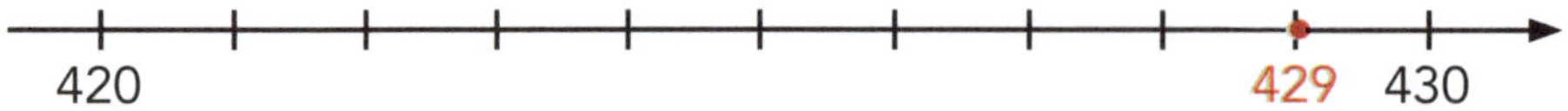

O número 4**2**9 foi arredondado para a dezena exata mais próxima.

1 Vamos arredondar **7**35 para a centena exata mais próxima. Observe a figura e veja que 735 está entre 700 e 800, porém mais próximo de 700, que é, portanto, seu arredondamento.

Quando o algarismo à direita da ordem a ser arredondada é 5, 6, 7, 8 ou 9, arredondamos "para cima". Quando é 0, 1, 2, 3 ou 4, mantemos o algarismo da ordem.

Faça os arredondamentos a seguir para a ordem exata mais próxima da indicada pelo algarismo em destaque.

a) 1**4** 830 (para a unidade de milhar exata mais próxima)

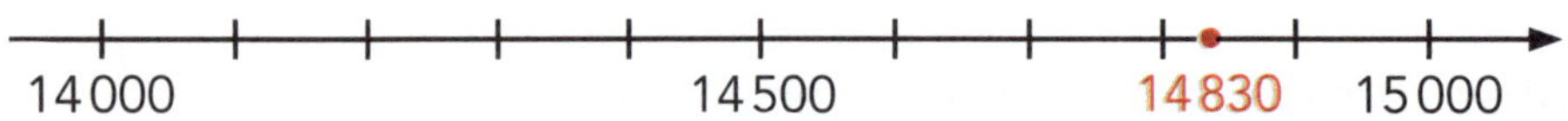

b) **3**1 860 → ______

c) 17**6**1 → ______

d) 6**4**7 512 → ______

e) 3**7**5 241 → ______

f) **1**49 526 → ______

g) **2**2 580 → ______

h) **7**82 500 → ______

i) 7 **8**29 368 → ______

2 Como você viu na página 17, o diâmetro da Terra mede 12 756 km.

O diâmetro da Lua é 3 470 km.

Faça arredondamentos e responda:

O diâmetro da Terra é, aproximadamente, quantas vezes o diâmetro da Lua:

2 vezes ou 4 vezes? ______

Estúdio Félix Reiners/Arquivo da editora

Representação artística da Terra e da Lua, fora de escala e em cores fantasia.

3 Veja os números relacionados a cada situação e complete com os arredondamentos pedidos.

As imagens não estão representadas em proporção.

Ilustrações: Banco de imagens/Arquivo da editora

Situação	Número	Arredonde para: a dezena exata mais próxima	a centena exata mais próxima	a unidade de milhar exata mais próxima
 Estudantes em uma escola.	2726			
 Tijolos em uma parede.	1882			
 Quilômetros percorridos por um avião.	13742			
 Habitantes de uma cidade.	148529			
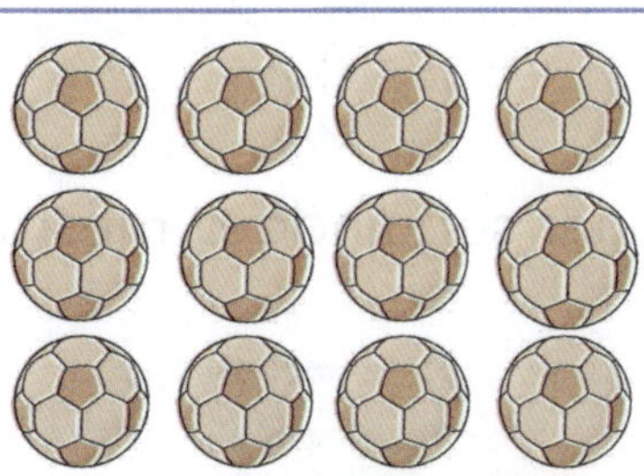 Bolas em um depósito.	34647			

Números ordinais

Os números ordinais indicam posição ou ordem.

Outubro						
D	S	T	Q	Q	S	S
					1	2
3	4	5	6	7	8	9
10	11	12	13	14	15	16
17	18	19	20	21	22	23
24	25	26	27	28	29	30
31						

Banco de imagens/Arquivo da editora

Por exemplo, no mês de outubro do calendário ao lado:

- a 1ª segunda-feira é dia 4;
- o 3º sábado é dia 16;
- a 5ª sexta-feira é dia 29;
- o 2º domingo é dia 10.

Observe como se leem alguns números ordinais.

1º	Primeiro.
2º	Segundo.
10º	Décimo.
11º	Décimo primeiro.
20º	Vigésimo.
23º	Vigésimo terceiro.
30º	Trigésimo.
40º	Quadragésimo.
45º	Quadragésimo quinto.
50º	Quinquagésimo.
57º	Quinquagésimo sétimo.

60º	Sexagésimo.
68º	Sexagésimo oitavo.
70º	Septuagésimo.
79º	Septuagésimo nono.
80º	Octogésimo.
86º	Octogésimo sexto.
90º	Nonagésimo.
94º	Nonagésimo quarto.
100º	Centésimo.
101º	Centésimo primeiro.
126º	Centésimo vigésimo sexto.

1 000º	Milésimo.

1 Indique com algarismos cada número ordinal abaixo. Depois, escreva o sucessor do número ordinal por extenso e com algarismos.

a) Décimo sexto: ______

______________: ______

b) Trigésimo primeiro: ______

______________: ______

c) Quinquagésimo quarto: ______

______________: ______

d) Nonagésimo nono: ______

______________: ______

2 Observe a sequência de bandeirinhas. Se ela continuar seguindo o mesmo padrão, que cor terá a vigésima (20ª) bandeirinha? ______________

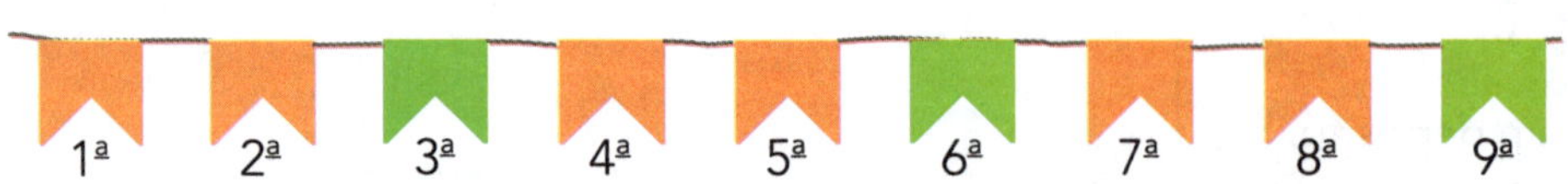

Banco de imagens/Arquivo da editora

Mais atividades e problemas

1 **QUEM SOU EU?**

Sou um número entre 600 e 700.

Tirando meu algarismo das centenas, obtém-se um número entre 40 e 50.

Meu algarismo das unidades é igual ao das dezenas. ____________

2 Arredonde para a ordem exata mais próxima indicada. Depois, escreva como se lê o número arredondado.

a) 7 **4**99 325 → ______________________________

b) 7 000 **4**78 → ______________________________

c) 2 **5**75 326 129 → ______________________________

d) 9 060 **9**48 → ______________________________

3 Assinale a maneira incorreta de escrever o valor posicional do algarismo 5 no número 59 307.

- [ ] 50 milhares
- [ ] 5 dezenas de milhar
- [ ] 50 000
- [ ] 50 centenas

4 Os números abaixo, escritos por extenso, representam a distância aproximada entre o Sol e alguns planetas do Sistema Solar, em quilômetros.

- Cento e quarenta e nove milhões, seiscentos mil quilômetros.
- Cinquenta e sete milhões, novecentos e dez mil quilômetros.
- Cento e oito milhões, duzentos mil quilômetros.
- Duzentos e vinte e sete milhões, novecentos e quarenta mil quilômetros.

Fonte de consulta: **Planetário UFSC**.
Disponível em: <www.planetario.ufsc.br/o-sistema-solar>. Acesso em: 26 jul. 2017.

Escreva esses números em ordem crescente, usando apenas algarismos, e descubra a qual planeta cada distância está relacionada.

__________, __________, __________, __________.

↑ Mercúrio ↑ Vênus ↑ Terra ↑ Marte

5 Você sabe em que estado fica cada uma das 6 cidades brasileiras das fotos? Descubra associando os números correspondentes dos quadros azuis e verdes. Depois, escreva o nome dos estados.

José Roberto Couto/Tyba

Vista aérea de Parintins. Foto de 2016.

Um milhão e doze mil.

Estado: ____________________

Alessandro Viana/Tyba

Vista aérea de Petrópolis. Foto de 2015.

1 000 000 + 100 + 20

Estado: ____________________

Filipe Frazao/Alamy/Latinstock

Vista aérea de Olinda. Foto de 2016.

100 000 + 1 000 + 2

Estado: ____________________

Ricardo Ribas/Tyba

Vista aérea de Ilhéus. Foto de 2014.

1 unidade de milhão, 1 unidade de milhar e 2 centenas.

Estado: ____________________

Rogério Reis/Pulsar Imagens

Vista aérea de Anápolis. Foto de 2015.

1 centena de milhar, 1 unidade de milhar e 2 dezenas.

Estado: ____________________

Wesley Santos/Folhapress

Vista aérea de Gramado. Foto de 2016.

Cento e dez mil e duzentos.

Estado: ____________________

1 001 200 Bahia	101 020 Goiás	1 012 000 Amazonas
1 000 120 Rio de Janeiro	101 002 Pernambuco	110 200 Rio Grande do Sul

6 A Rússia é o maior país do mundo em extensão territorial (área): 17 075 400 km².
Observe esse número e responda.

Viachesiav Lopatin/Shutterstock

Moscou, capital da Rússia. Foto de 2016.

a) Quantas ordens esse número tem? E quantas classes? ______

b) Qual é o valor posicional do algarismo 5? ______

c) Qual é a decomposição desse número? ______

d) Como se lê esse número? ______

e) Qual é seu arredondamento para a centena de milhar mais próxima?

______

7 No preenchimento de cheques devemos escrever a quantia de 2 modos: com algarismos e por extenso.

As imagens não estão representadas em proporção.

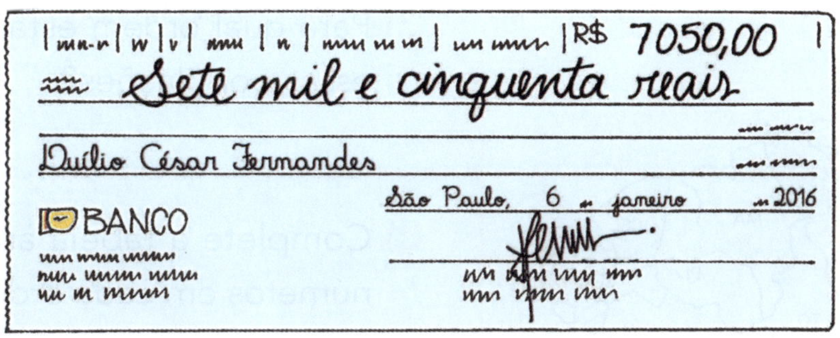

Estúdio Félix Reiners/Arquivo da editora

Escreva o modo que falta.

a) R\$ 12 090,00 ______

b) Quatrocentos mil e quinhentos reais. ______

c) R\$ 425 000,00 ______

d) Um milhão, duzentos e noventa mil reais. ______

e) R\$ 3 720 000,00 ______

f) Quatrocentos e cinquenta mil reais. ______

8 Qual é o valor posicional do algarismo 6 em cada número?

a) 124 365 ⟶ ____________

b) 68 723 ⟶ ____________

c) 3 601 ⟶ ____________

d) 34 516 ⟶ ____________

e) 683 428 ⟶ ____________

f) 6 491 023 ⟶ ____________

9 Observe a população aproximada de alguns estados do Brasil, em 2016, de acordo com estimativas do Instituto Brasileiro de Geografia e Estatística (IBGE).

Estimativa da população brasileira em 2016

Estado	População aproximada	Arredondamento para a dezena de milhar	Arredondamento para a unidade de milhão
Alagoas	3 359 000		
Pará	8 272 700		
Santa Catarina	6 910 600		
Rondônia	1 787 300		
Mato Grosso	3 305 500		

Fonte de consulta: **IBGE Estados@**. Disponível em: <www.ibge.gov.br/estadosat/index.php>. Acesso em: 24 mar. 2017.

Mapa do Brasil: divisão por estados

Banco de imagens/Arquivo da editora

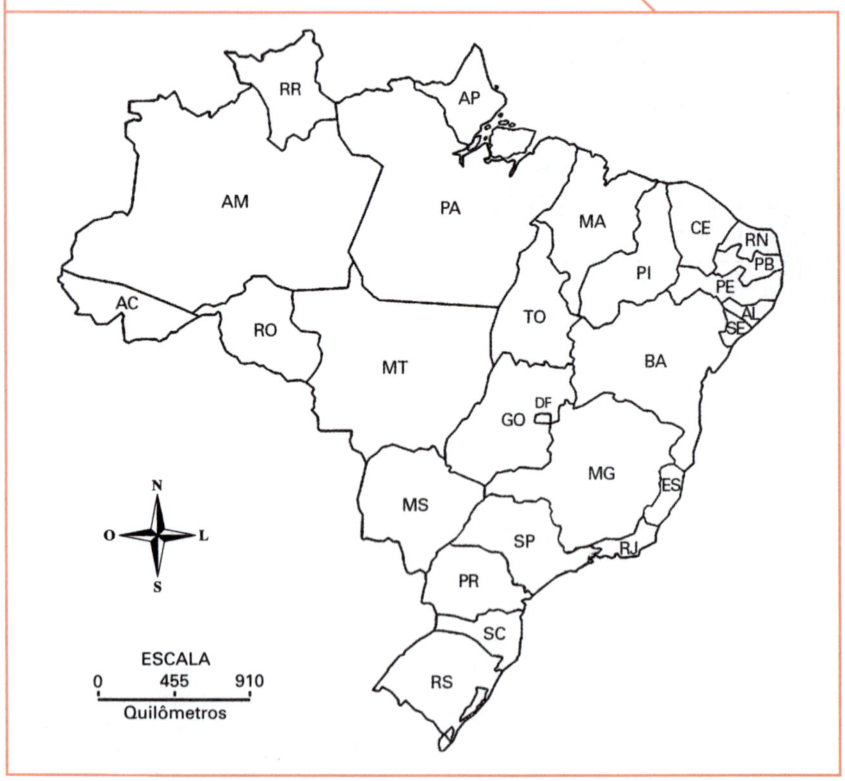

Fonte: **Atlas geográfico escolar**. 6. ed. Rio de Janeiro: IBGE, 2012.

a) Para qual ordem estão arredondadas essas populações?

____

b) Complete a tabela arredondando os números em cada ordem indicada.

c) Pinte no mapa do Brasil os estados citados, com a cor correspondente à legenda indicada na tabela.

VAMOS VER DE NOVO?

1 MENSAGENS CODIFICADAS

Podemos usar os números naturais para codificar e decodificar mensagens.

a) Veja o exemplo e decodifique as mensagens.

A	B	C	D	E	F	G	H	I	J	K	L	M	N	O	P	Q	R	S	T	U	V	W	X	Y	Z
1	2	3	4	5	6	7	8	9	10	11	12	13	14	15	16	17	18	19	20	21	22	23	24	25	26

Mensagem codificada: 19 15 3 15 18 18 15!
Mensagem decodificada: **S O C O R R O!**

15   3 21 2 15   20 5 13   4 15 26 5   1 18 5 19 20 1 19   5 21   22 9 22 15   14 15   2 18 1 19 9 12

b) **ATIVIDADE EM DUPLA** Agora, use o mesmo código, invente uma mensagem e passe para um colega decodificar.

____

2 POSSIBILIDADES

De quantas maneiras diferentes, em relação à ordem, 3 pessoas podem se sentar em um sofá de 3 lugares?

____

Estúdio Félix Reiners/Arquivo da editora

3 SISTEMAS DE NUMERAÇÃO

Ao longo da História existiram vários sistemas de numeração. Um dos sistemas de numeração criados é o sistema de numeração romano, do qual às vezes ainda fazemos uso.

Você se lembra desse sistema de numeração? Vamos recordar.

Complete o quadro usando os números das fichas azuis.

XV   C   CV   X   V   IX   CXII   XXV

10	4	105	5	9	110	100	7	15	1 000	25	112
	IV				CX		VII		M		

4 Veja alguns exemplos de números escritos com símbolos romanos.

Ano MCMLII

Ano 1952.

Capítulo XI

Capítulo 11.

Guas/Shutterstock

9 horas.

a) Você já viu que usando os símbolos I (1), V (5) e X (10) podemos escrever os números naturais de 1 a 9. Complete com os que faltam.

I	II	____	IV	V	____	____	____	____
1	2	3	4 (5 − 1)	5	6 (5 + 1)	7 (5 + 2)	8 (5 + 3)	9 (10 − 1)

b) Usando as mesmas ideias você pode escrever as dezenas exatas com os símbolos X (10), L (50) e C (100). Complete.

X	XX	____	____	____	____	____	____	____
10	20	30	40 (50 − 10)	50	60 (50 + 10)	70 (50 + 20)	80 (50 + 30)	90 (100 − 10)

c) Agora, complete as centenas exatas com os símbolos C (100), D (500) e M (1 000).

C	____	____	____	____	____	____	____	____
100	200	300	400	500	600	700	800	900

d) Para os demais números use a decomposição dos números em centenas exatas, dezenas exatas e unidades.

Lembre-se também de que MM indica 2 000 e MMM indica 3 000.

Veja os exemplos e complete os demais com o que falta.

236 → CC XXX VI	2014 → MM X IV	CM LX III → 963
200 + 30 + 6	2 000 + 10 + 4	900 + 60 + 3

184 → ____________________ CDL → ____________________

CCCLXI → ____________________ 812 → ____________________

1 508 → ____________________ DLXXXV → ____________________

O QUE ESTUDAMOS

Retomamos as principais características do sistema de numeração decimal.

- Agrupamos de 10 em 10 nas contagens.
- Utilizamos 10 símbolos (algarismos).
- Seguimos o princípio da posição decimal (o valor de cada algarismo depende de sua posição no número).

Vimos as ordens e as classes em um número natural.

- As ordens indicam a posição de cada algarismo e o seu valor correspondente.

32 475

1ª ordem: 5 unidades

2ª ordem: 7 dezenas (70 unidades)

5ª ordem: 3 dezenas de milhar (30 000 unidades)

- As classes agrupam as ordens de 3 em 3, da direita para a esquerda, e facilitam a leitura dos números.

32 475

1ª classe: (das unidades simples)

2ª classe: (dos milhares)

Trinta e dois mil, quatrocentos e setenta e cinco.

Representamos um mesmo número de várias maneiras.

8 427

8 000 + 400 + 20 + 7

Oito mil, quatrocentos e vinte e sete.

Ampliamos o estudo da numeração ordinal.

9º → Nono.

10º → Décimo.

34º → Trigésimo quarto.

92º → Nonagésimo segundo.

Fizemos arredondamentos e vimos várias aplicações dos números, como no preenchimento de cheques e na apresentação de informações estatísticas (em tabelas e gráficos).

- Você consegue ler e escrever, com algarismos e por extenso, qualquer número natural até 10 bilhões?
- Em atividades em grupo, você tem respeitado o momento de os colegas falarem? Lembre-se: quem respeita é respeitado.

Unidade 2

Geometria

Ricardo Chucky/Arquivo da editora

- Onde você acha que se passa esta cena?
- O que o menino está montando?
- Você já fez montagens como estas?

Para iniciar

Raul fez algumas construções usando palitos de madeira, como o palito que ele está segurando. Essas construções lembram figuras geométricas que você já estudou nos anos anteriores.

Nesta Unidade vamos retomar e ampliar o estudo de muitas figuras geométricas, além de conhecer outras.

- Analise a cena das páginas de abertura desta Unidade. Converse com os colegas e respondam às questões a seguir.

Ilustrações: Estúdio Félix Reiners/Arquivo da editora

- Converse com os colegas sobre mais estas questões.

  a) Considere estas figuras geométricas desenhadas. Que nome pode ser dado a todas as figuras geométricas verdes?

Ilustrações: Banco de imagens/Arquivo da editora

  b) Que nome pode ser dado a todas as figuras geométricas vermelhas?

  c) E às figuras geométricas azuis?

  d) E às figuras geométricas marrons?

  e) Alguma dessas figuras geométricas pode ser chamada de hexágono? Qual?

Sólidos geométricos

Explorar e Descobrir

Você já estudou os principais sólidos geométricos nos anos anteriores.

- Destaque e monte os sólidos geométricos das páginas 3 a 19 do **Ápis divertido**.
- Observe as imagens de objetos que lembram a forma de alguns desses sólidos geométricos. Ligue cada objeto ao sólido geométrico correspondente e este ao seu nome. Use uma régua.

As imagens não estão representadas em proporção.

Swapan/ Shutterstock

Dado.

Ilustrações: Banco de imagens/ Arquivo da editora

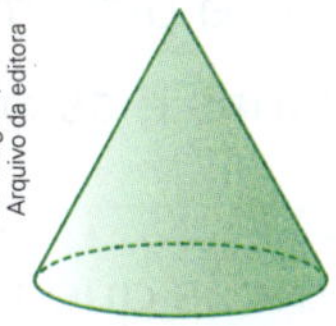

Cone

MilanB/ Shutterstock

Dado.

Prisma

Jannoon028/ Shutterstock

Bola.

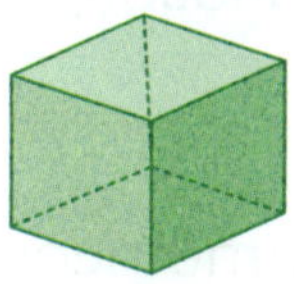

Cubo

spe/Shutterstock

Chapéu.

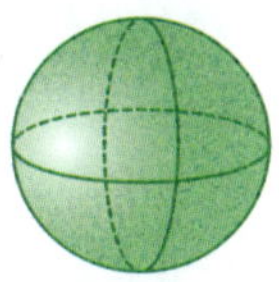

Cilindro

vipdesignUSA/ Shutterstock

Lata.

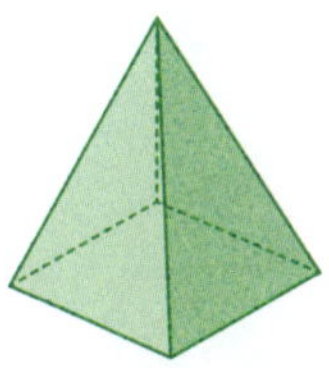

Esfera

taesmileland/ Shutterstock

Caixa.

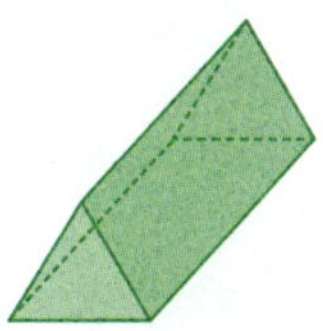

Pirâmide

Eduardo Santaliestra/ Arquivo da editora

Caixa.

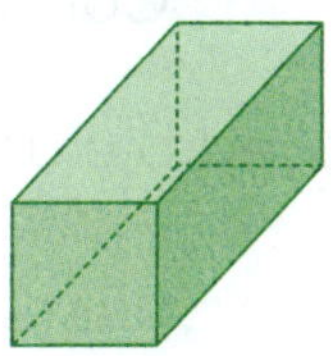

Paralelepípedo ou bloco retangular

Poliedros e corpos redondos

Explorar e Descobrir

Entre os sólidos geométricos, alguns são chamados de **poliedros** e outros, de **corpos redondos**.

A palavra **poliedro** significa 'muitas faces'.

POLI	EDRO
muitas	faces

Explore os sólidos geométricos que você montou e identifique os que rolam em alguma posição, quando colocados sobre uma mesa, e os que não rolam em nenhuma posição. Localize neles as faces planas e as partes arredondadas.

Poliedros são os sólidos geométricos que têm **todas as faces planas**. Por isso, eles não rolam.

Corpos redondos são os sólidos geométricos que podem rolar, pois possuem pelo menos uma parte curva, arredondada, não plana.

1 Identifique quais dos sólidos geométricos desenhados abaixo são poliedros e quais são corpos redondos.

Ilustrações: Banco de imagens/Arquivo da editora

A
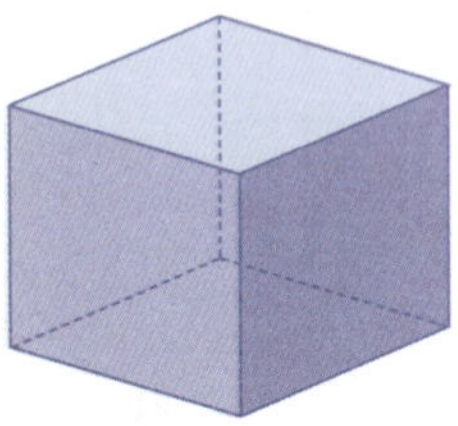

C
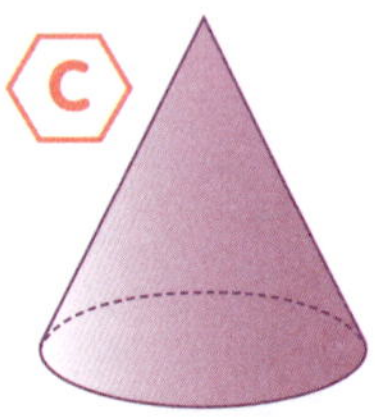

E
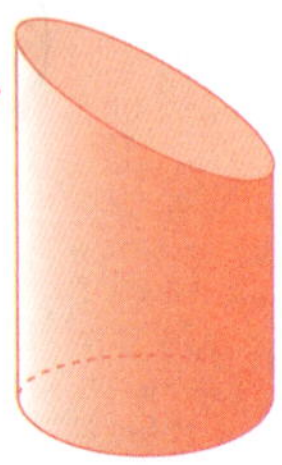

G
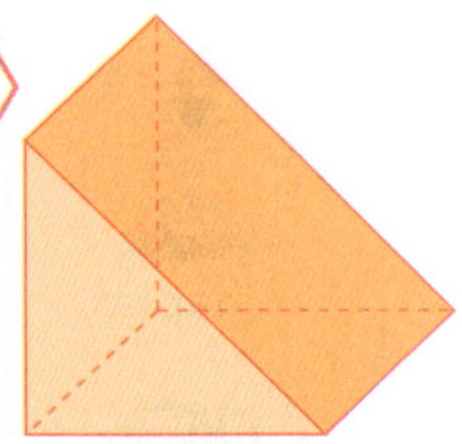

B
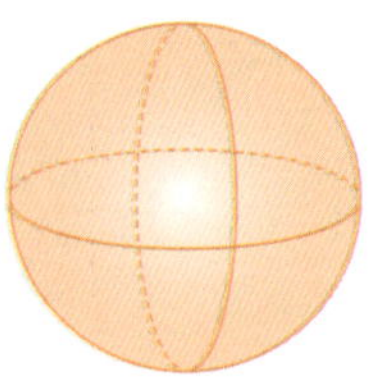

D
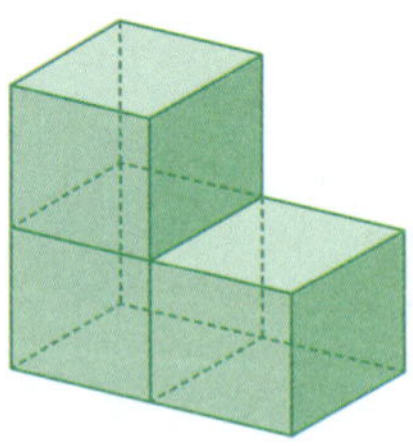

F
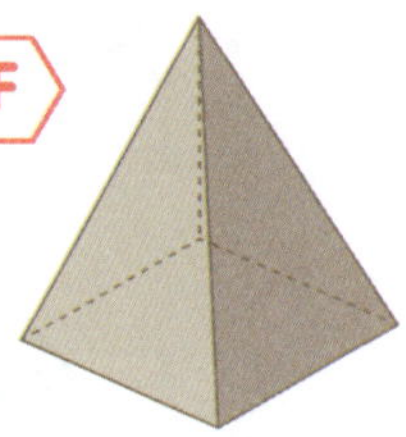

H
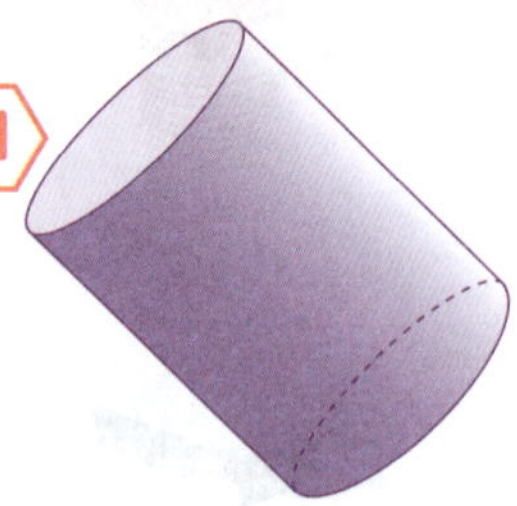

Poliedros: ____________________ Corpos redondos: ____________________

2 Escreva 2 diferenças entre um poliedro e um corpo redondo.

____

____

3 Escreva se a forma de cada objeto abaixo é de um poliedro ou de um corpo redondo. Faça também um esboço de seu desenho.

a) Melão. ____________________

c) Dado. ____________________

b) Caixa de sapatos. ____________________

d) Lata de ervilhas. ____________________

4 **ATIVIDADE EM GRUPO** Todo poliedro possui faces, arestas e vértices. Pegue o paralelepípedo que você montou e, com os colegas, identifique as faces, as arestas e os vértices. Depois, cada um completa a frase abaixo em seu livro.

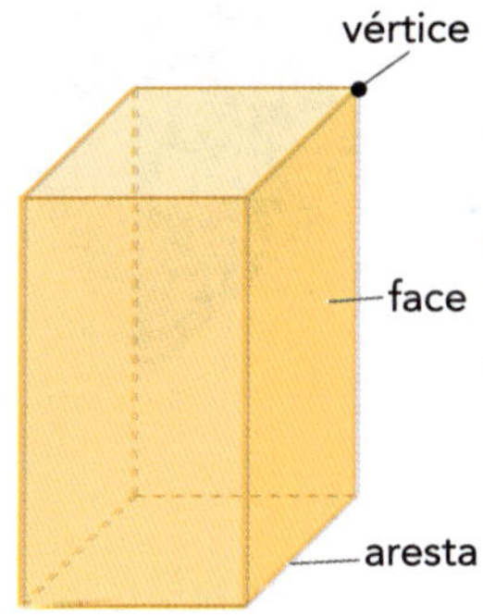

Banco de imagens/Arquivo da editora

Um paralelepípedo tem _______ faces, _______ arestas e _______ vértices.

5 Analise os poliedros **A** e **B** ao lado.

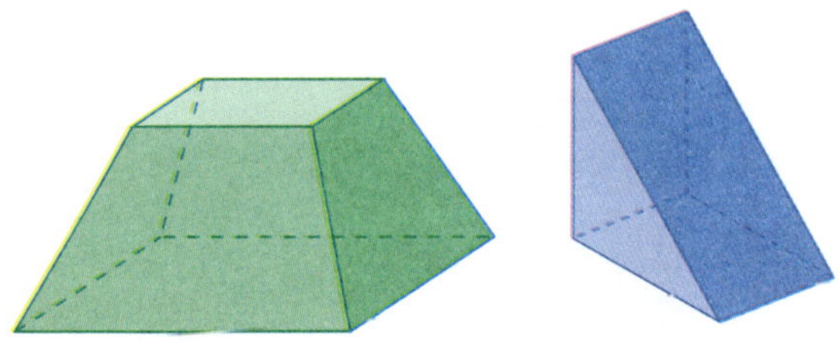
A B

Ilustrações: Banco de imagens/ Arquivo da editora

a) Marque os vértices de cada poliedro com um "pontinho" vermelho e conte-os. Qual deles tem mais vértices? Quantos vértices a mais do que o outro?

____

b) Marque de verde as arestas de cada poliedro e conte-as. Quantas arestas tem cada poliedro? ____________________

c) Qual deles tem um número ímpar de faces? Quantas faces? ____________________

d) Em qual deles o número de vértices é igual ao número de faces? ____________________

6 Complete com a letra do sólido geométrico correspondente.

Ilustrações: Banco de imagens/ Arquivo da editora

A B C D E

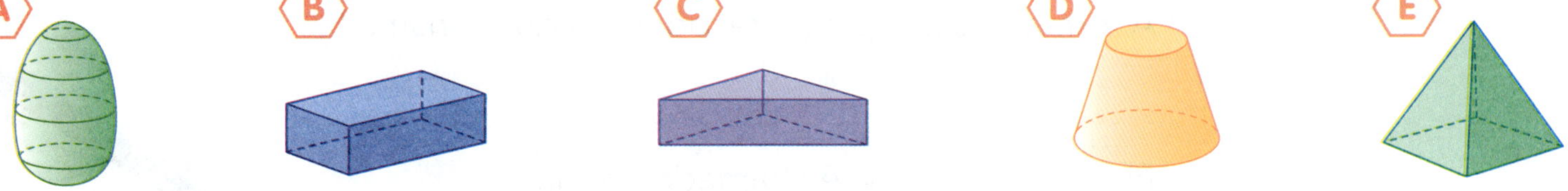

a) É um poliedro e tem mais do que 5 faces. ____________________

b) Tem 1 vértice em que se "encontram" 4 arestas. ____________________

Principais poliedros

Entre os poliedros, destacam-se os prismas e as pirâmides.

1 PRISMA E SUAS BASES

As imagens não estão representadas em proporção.

Sérgio Dotta Jr./Arquivo da editora

> **Prisma** é um poliedro que tem 2 bases iguais e paralelas, que podem ser triangulares, quadradas, retangulares, pentagonais, hexagonais, etc. As demais faces são retangulares.
>
> Cada prisma recebe o nome de acordo com a forma de suas bases.

Criança segurando uma caixa com a forma de prisma de base triangular.

a) Observe a forma das bases dos prismas e complete com nomes.

> As bases de um prisma também são faces.

Ilustrações: Banco de imagens/Arquivo da editora

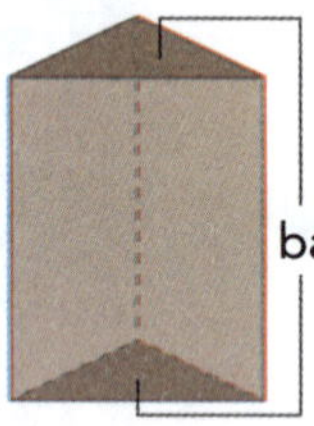

Prisma de base ______________________.

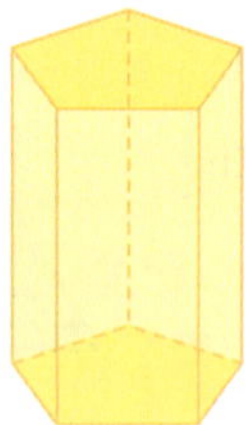

Prisma de base ______________________.

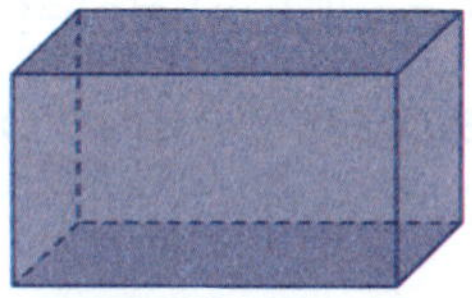

Prisma de base ______________________ (paralelepípedo).

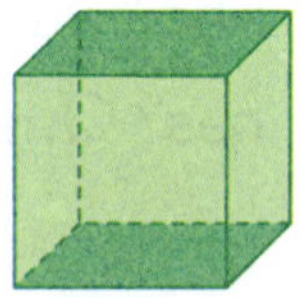

Prisma que tem todas as faces ______________________ (cubo).

b) Veja ao lado um dos prismas que você montou. Pegue-o, explore-o e responda: Que nome é dado a ele?

____

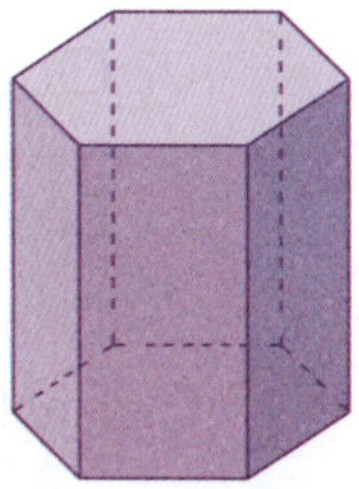

2 Veja a foto de um lápis com a forma de prisma.

a) A forma desse lápis corresponde a qual prisma?

____

b) Por que esse lápis é chamado de lápis sextavado?

____

Eduardo Santaliestra/Arquivo da editora

Lápis sextavado.

3 Complete observando o desenho do prisma de base pentagonal da página anterior.

a) O prisma de base pentagonal tem _______ bases pentagonais e _______ faces laterais ________________________.

b) Nesse prisma, o número total de faces (incluindo as bases) é _______, o número de arestas é _______ e o número de vértices é _______.

4 Um prisma tem 5 faces, incluindo as 2 bases. Qual é o nome desse prisma?

____

5 PIRÂMIDE E SUA BASE

Pirâmide é um poliedro que tem 1 base que pode ser triangular, quadrada, retangular, pentagonal, hexagonal, etc. As outras faces são triangulares e convergem para um mesmo vértice (ou seja, se "encontram" em um mesmo vértice).

Flueeler URS/Alamy/Stock Photo

Pirâmides do Egito. Foto de 2015.

a) Assim como os prismas, as pirâmides são nomeadas de acordo com a forma de sua base. Observe e complete.

A base de uma pirâmide também é uma face.

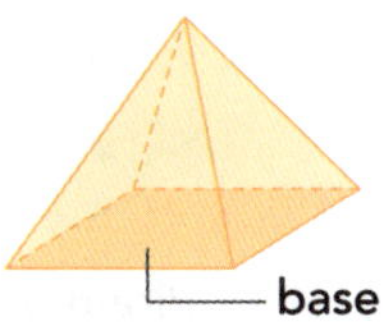

Pirâmide de base ________________.

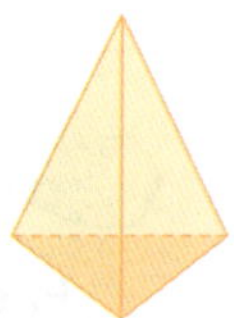

Pirâmide de base ________________.

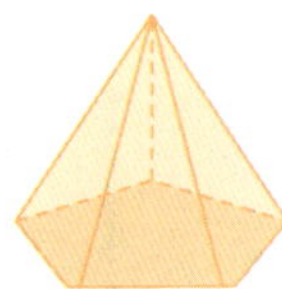

Pirâmide de base ________________.

Ilustrações: Banco de imagens/Arquivo da editora

b) Que nome é dado à pirâmide representada ao lado?

____

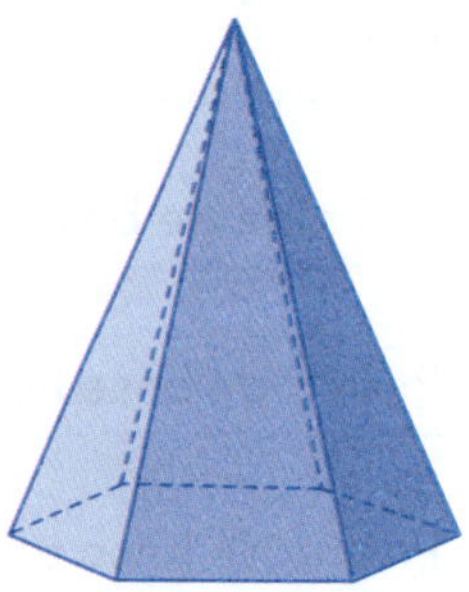

6 Explore as pirâmides que você montou e responda: Qual é o nome da pirâmide que tem 6 faces? ____

7 **ATIVIDADE ORAL EM DUPLA** Troquem ideias sobre as características dos prismas e das pirâmides.

a) Escreva pelo menos 2 diferenças entre um prisma e uma pirâmide.

____

____

b) O que acontece com o número de faces e o número de vértices nas pirâmides?

____

____

c) Por que o número de vértices dos prismas é sempre um número par?

____

____

Explorar e Descobrir

- Pegue e manipule todos os poliedros que você já montou. Depois, complete o quadro abaixo para constatar uma importante regularidade que envolve o número de vértices (**V**), o número de faces (**F**) e o número de arestas (**A**) de alguns poliedros.

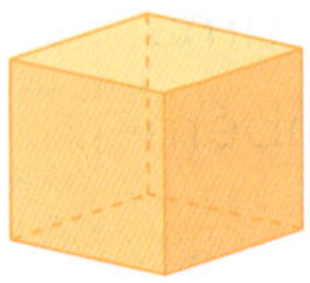
Cubo.

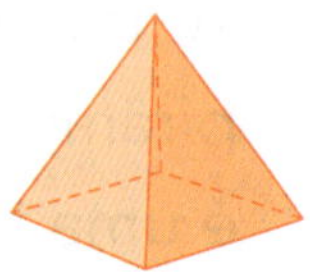
Pirâmide de base quadrada.

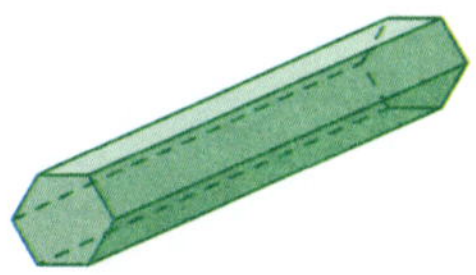
Prisma de base hexagonal.

Prisma de base triangular.

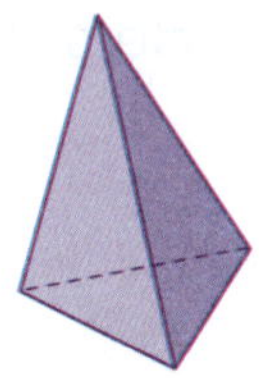
Pirâmide de base triangular.

Regularidade

	V	F	A							
Cubo	8	6	12	8	+	6	=	12	+	2
Pirâmide de base quadrada	___	___	___	___	+	___	=	___	+	___
Prisma de base hexagonal	___	___	___	___	+	___	=	___	+	___
Prisma de base triangular	___	___	___	______				______		
Pirâmide de base triangular	___	___	___	______				______		

Saiba mais

Euler, matemático suíço que viveu entre 1707 e 1783, descobriu essa relação entre o número de vértices, o número de faces e o número de arestas em alguns poliedros. Por isso ela é chamada **relação de Euler**.

Mediacolor's/Alamy/Other Images

Leonhard Paul Euler.

8 Observe a relação entre o número de vértices, de faces e de arestas que você registrou no **Explorar e descobrir** da página anterior.

a) Complete.

A soma do número de ______________ com o número de ______________ é igual à soma do número de ______________ com 2.

b) Identifique a igualdade que indica a relação de Euler.

☐ V + A = F + 2 ☐ F + A = V + 2 ☐ F + V = A + 2

9 Observe o poliedro desenhado ao lado e responda.

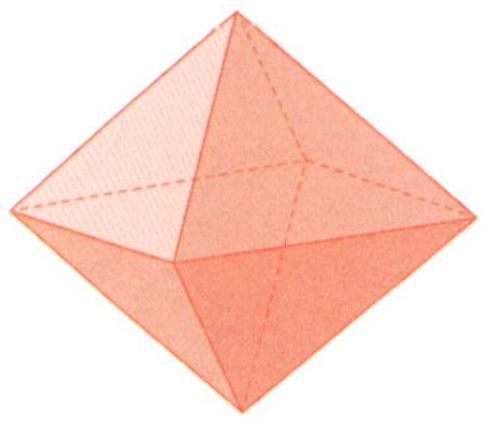
Banco de imagens/Arquivo da editora

a) Ele é um prisma ou uma pirâmide?

____

b) Seu nome é octaedro. Por quê?

____

c) A relação de Euler se verifica nesse poliedro?

____

10 **DESAFIO**

Roberto montou um prisma que tem 16 vértices (V = 16) e 10 faces (F = 10).
Paula montou uma pirâmide que tem 7 vértices (V = 7) e 12 arestas (A = 12).

a) Quantas arestas tem o prisma que Roberto montou? ______________

b) Quantas faces tem a pirâmide que Paula montou? ______________

c) Que nome se dá à pirâmide que Paula montou? ______________

Sólidos geométricos e suas planificações

Explorar e Descobrir

Para esta atividade você vai precisar de uma caixa de creme dental.

- Responda: Essa caixa lembra a forma de qual sólido geométrico?

____

- Quando desmontamos a "casca" de um sólido geométrico, dizemos que foi feita a **planificação** do sólido geométrico ou que ele foi planificado. Observe a sequência de figuras que indica a planificação da caixa e desmonte-a com cuidado.

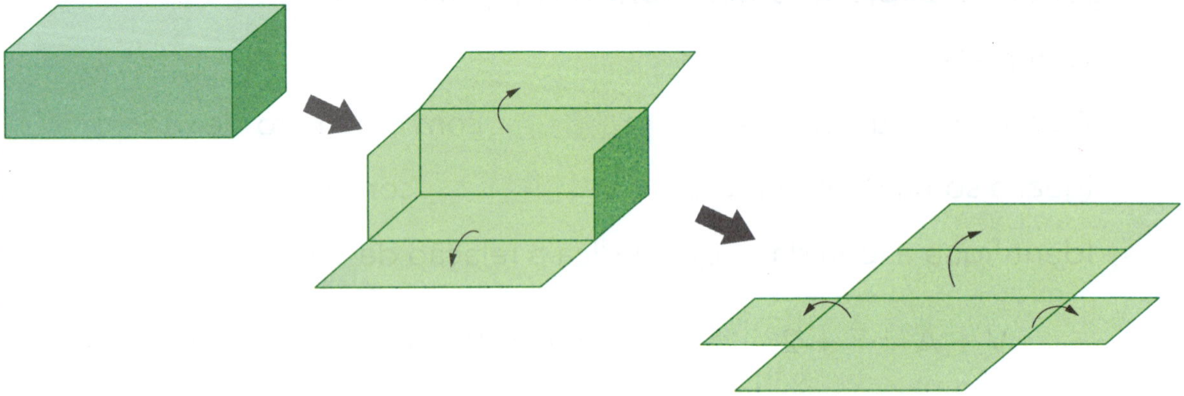

Ilustrações: Banco de imagens/Arquivo da editora

- Cole a caixa em uma folha de papel sulfite e responda: As partes que compõem a planificação da caixa lembram a forma de quais regiões planas?

____

- Quando fazemos o caminho inverso, dizemos que foi feita a **montagem** do sólido geométrico ou que ele foi montado.
  Observe a sequência de figuras que indica a montagem de outra caixa e responda:

  Essa caixa lembra a forma de qual sólido geométrico? ____________________

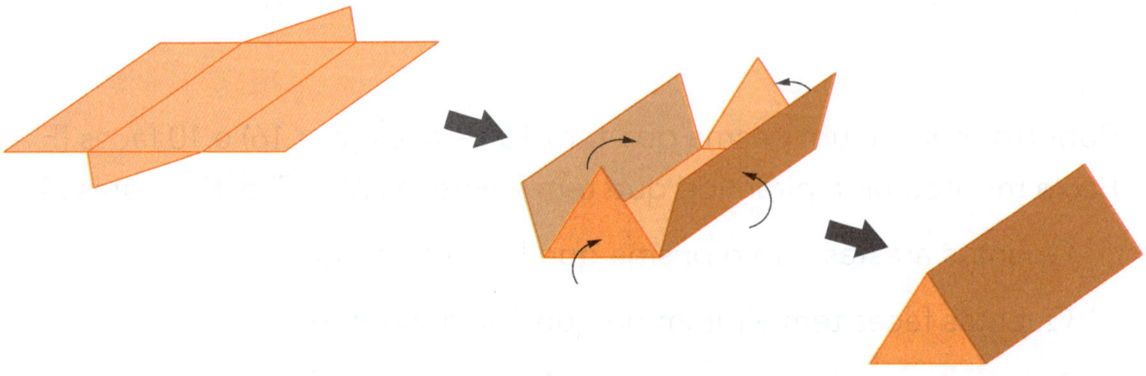

Ilustrações: Banco de imagens/Arquivo da editora

1 Para montar os sólidos geométricos, você destacou os moldes das planificações do **Ápis divertido**.

Observe as imagens e ligue cada sólido geométrico a sua planificação.

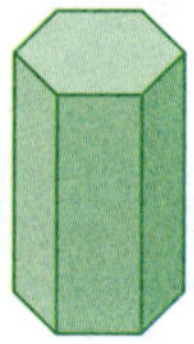
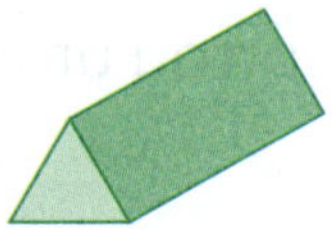

Ilustrações: Banco de imagens/ Arquivo da editora

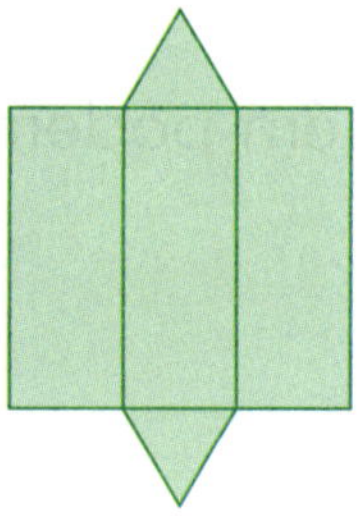
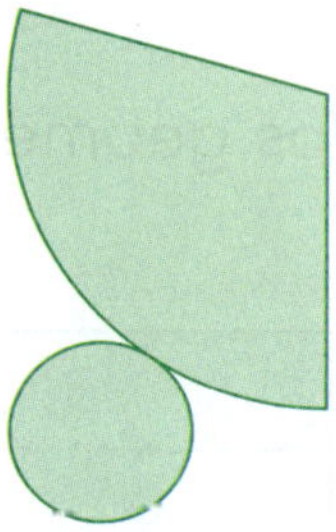

2 Escreva o nome do sólido geométrico que pode ser montado com cada planificação.

a)

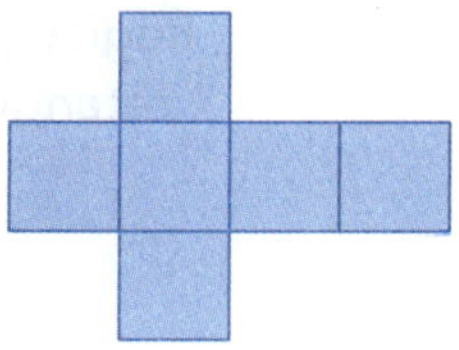

____

d)

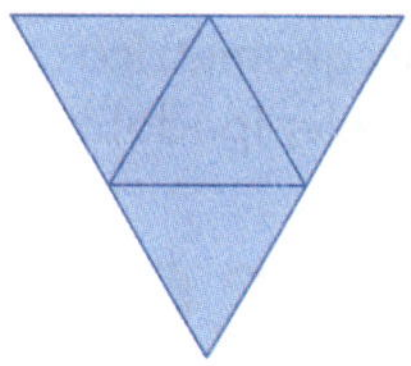

Ilustrações: Banco de imagens/ Arquivo da editora

____

b)

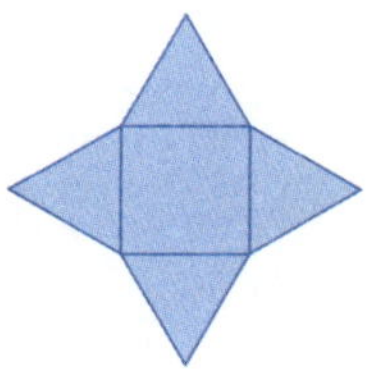

____

e)

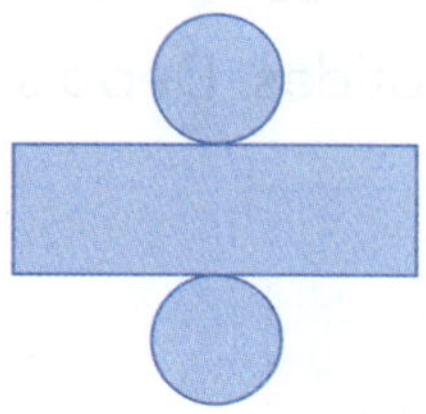

____

c)

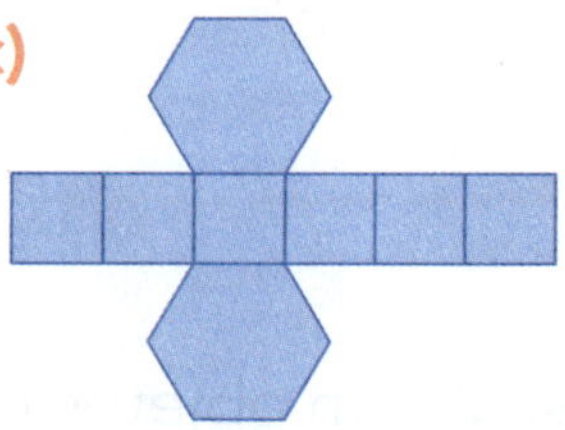

____

f) Desafio

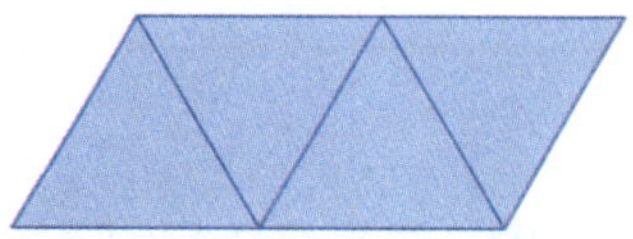

____

Regiões planas

Estúdio Félix Reiners/Arquivo da editora

Região plana é uma parte do plano.

Por exemplo, a partir do plano de uma folha de papel sulfite, Marina desenhou, pintou e recortou uma parte, que se chama região triangular.

Ilustrações: Banco de imagens/Arquivo da editora

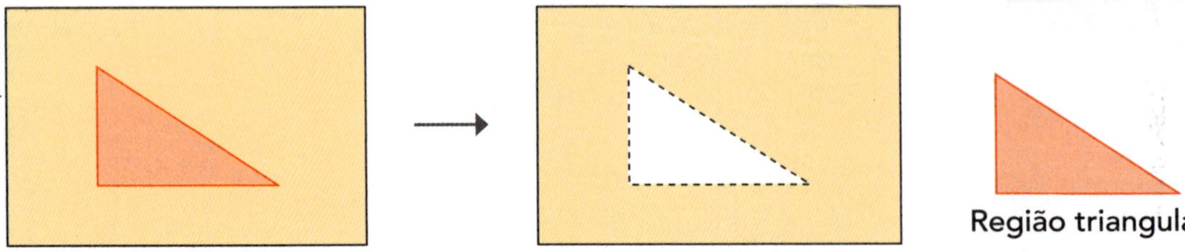

Região triangular.

Quando planificamos alguns sólidos geométricos, também podemos obter **regiões planas**. Observe.

Ilustrações: Banco de imagens/Arquivo da editora

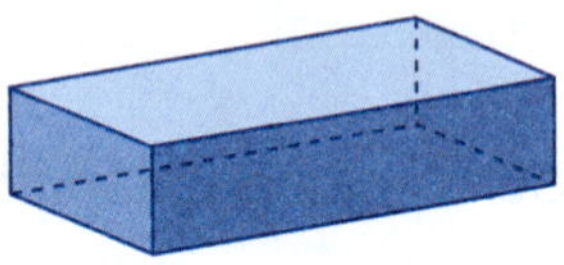

Sólido geométrico (paralelepípedo).

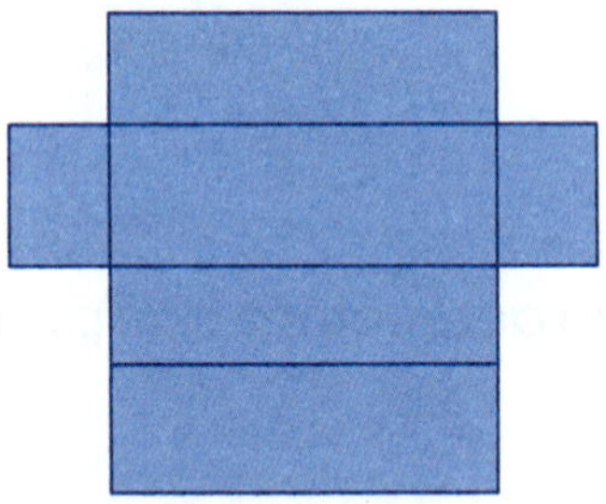

Planificação.

Região plana retangular.

Explorar e Descobrir

Use os sólidos geométricos que você montou ou objetos do dia a dia com a forma desses sólidos. Contorne no caderno as faces com as formas abaixo e pinte as regiões planas obtidas. Depois, escreva o nome de cada região plana.

Ilustrações: Banco de imagens/Arquivo da editora

1 **ATIVIDADE ORAL EM GRUPO (TODA A TURMA)** Descubram objetos da sala de aula que dão ideia de regiões planas.

2 **FAÇA DO SEU JEITO!**

Desenhe e pinte no caderno 2 regiões circulares (círculos) de tamanhos e cores diferentes. Depois, veja como os colegas fizeram.

3 Responda.

a) As faces de um cubo são regiões planas. De que forma? ______

b) Qual sólido geométrico tem 1 face quadrada e 4 faces triangulares?

______

4 Indique cada sólido geométrico com **SG** e cada região plana com **RP**.

a)  ______

d) 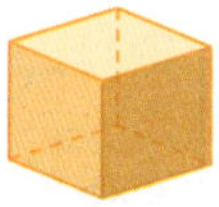 ______

g) 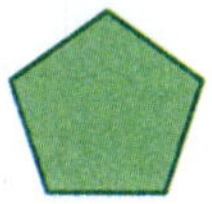 ______

j)  ______

b) 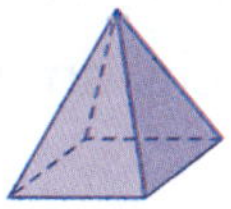 ______

e)  ______

h)  ______

k)  ______

c)  ______

f) 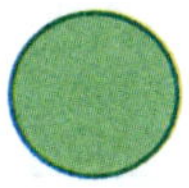 ______

i)  ______

l) 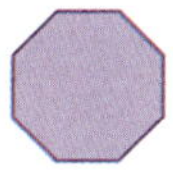 ______

Ilustrações: Banco de imagens/Arquivo da editora

5 Escreva se cada objeto lembra uma região plana ou um sólido geométrico. Escreva também o nome dessa figura geométrica.

a) Cubo de gelo.

______

d) Selo.

______

b) Capa deste livro.

______

e) Latinha de suco.

______

c) Face de uma moeda.

______

f) Tijolo.

______

Explorar e Descobrir

REGIÕES PLANAS E SIMETRIA

Ilustrações: Banco de imagens/Arquivo da editora

Você vai usar metade de uma folha de papel sulfite na primeira atividade e a outra metade na segunda atividade, como indicado ao lado. Na terceira atividade você vai usar outra folha de papel sulfite.

- Dobre a primeira parte da folha, desenhe, recorte e pinte, como indica a sequência abaixo. O desenho pode ser outro. Você vai obter uma região plana simétrica em relação à dobra, que é o eixo de simetria.

- Na segunda parte da folha, trace uma linha, que será o eixo de simetria, e desenhe uma figura em um dos lados com traços bem fortes. Dobre a folha e faça os decalques necessários para obter outra figura, que será simétrica à inicial em relação ao eixo escolhido. Pinte-as com a mesma cor.
  Você vai obter 2 regiões planas. Uma região plana é simétrica à outra em relação ao eixo de simetria.

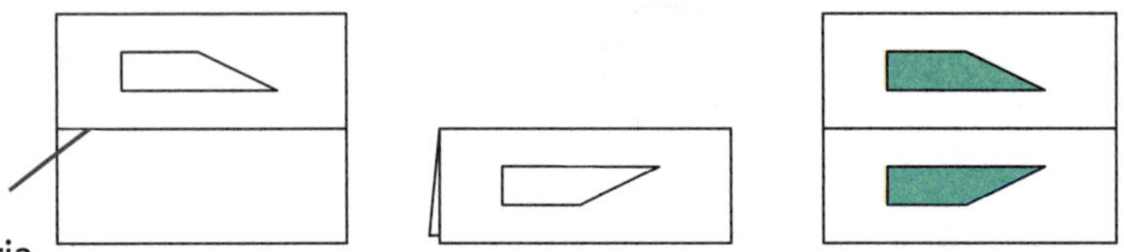

- Agora, dobre a outra folha de papel sulfite ao meio 2 vezes, como mostrado ao lado.

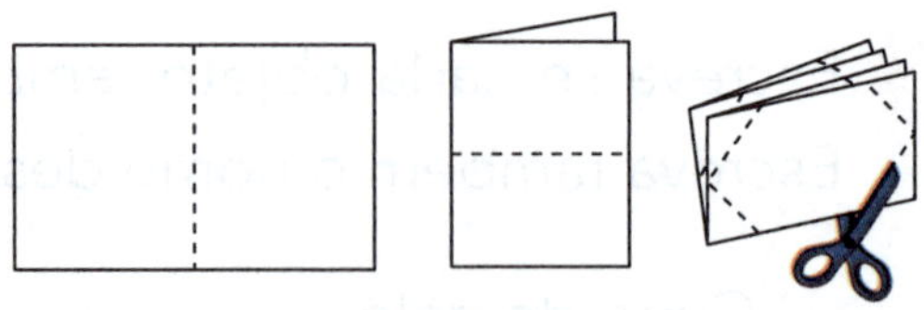

  a) Recorte os 4 cantos e faça uma previsão:
  Se você desdobrar e pintar a figura que restou, qual das figuras abaixo vai aparecer? Assinale-a.

☐ A 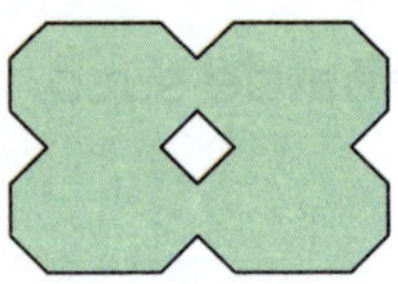

☐ B 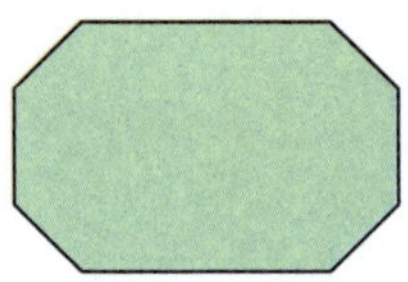

☐ C 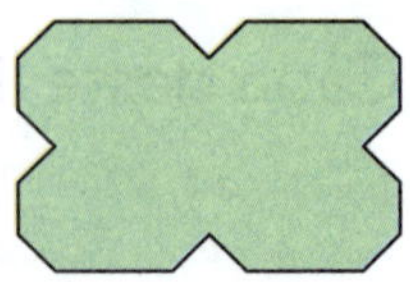

  b) Desdobre, confira sua previsão e registre a resposta correta. ______________

6 Assinale as figuras que apresentam simetria em relação ao eixo em vermelho.

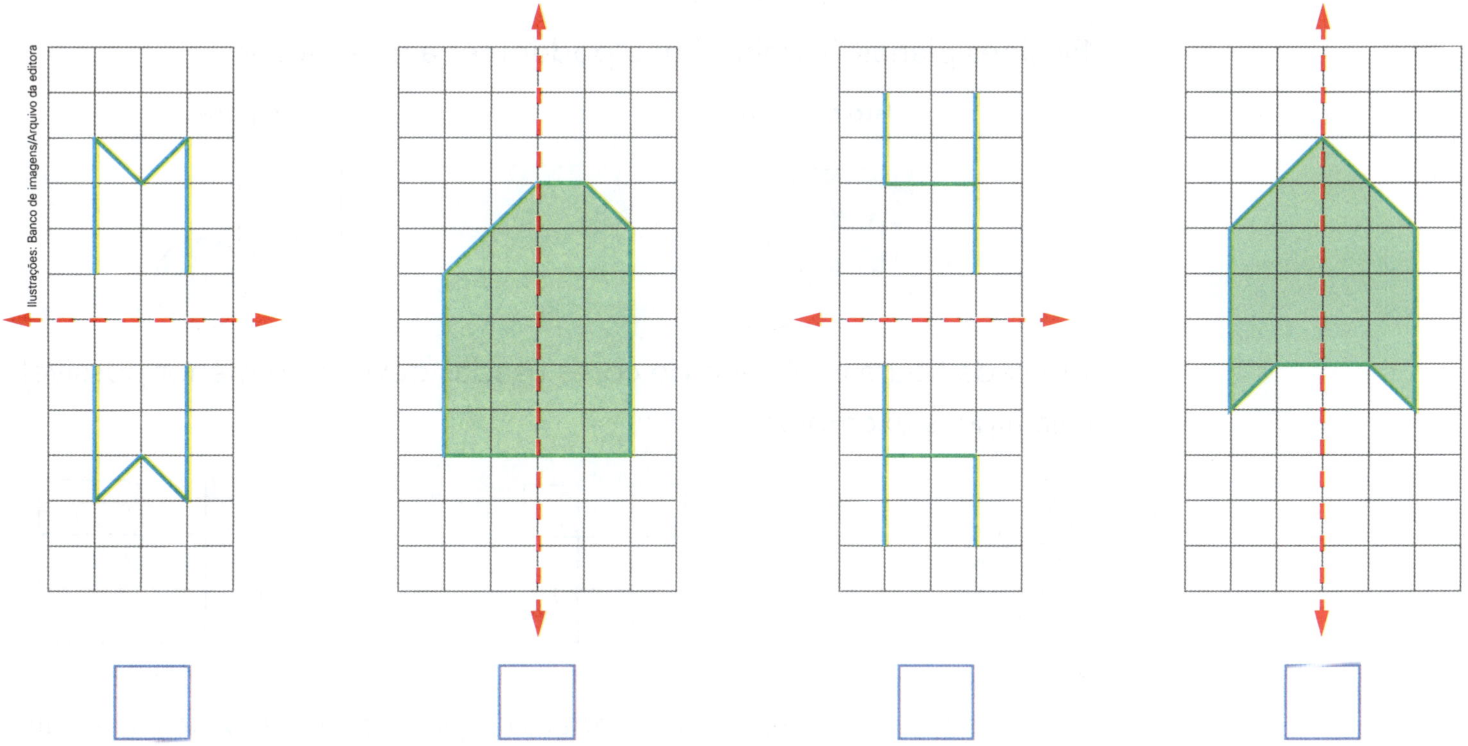

7 **DIRETO DO PLANETA MARTE!**

Complete os desenhos de um marciano e de seu veículo espacial considerando os eixos de simetria indicados.

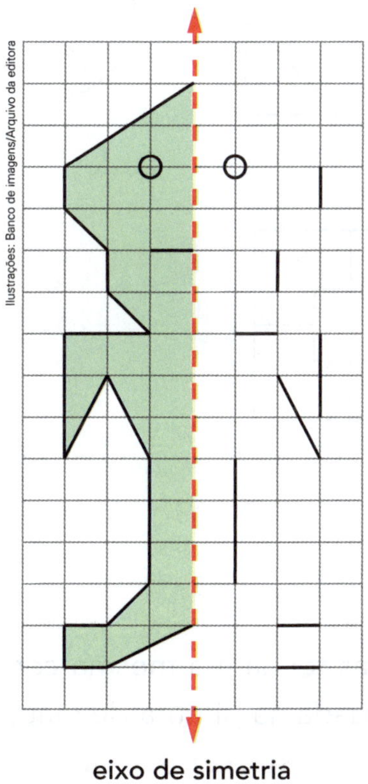

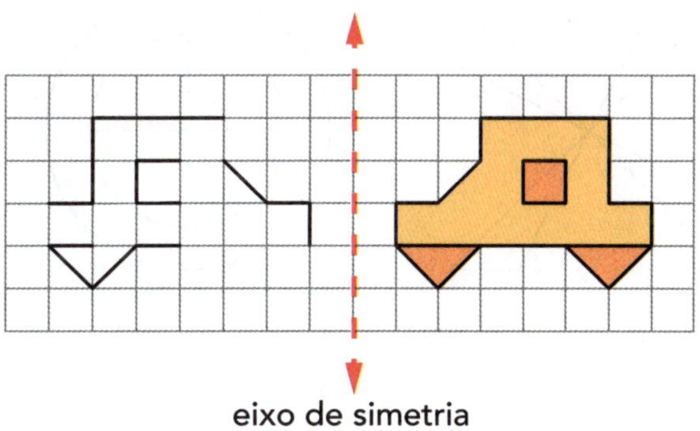

8 PINTANDO REGIÕES PLANAS

Você vai pintar as figuras seguindo algumas regras.

- Regiões planas "vizinhas" não podem ter a mesma cor.

Isto não pode.

Ilustrações: Banco de imagens/ Arquivo da editora

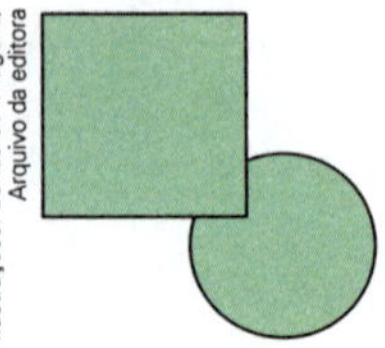

Isto pode.

- Em cada figura o número de cores usadas deve ser o menor possível. Veja alguns exemplos.

Ilustrações: Banco de imagens/ Arquivo da editora

2 cores.

1 cor.

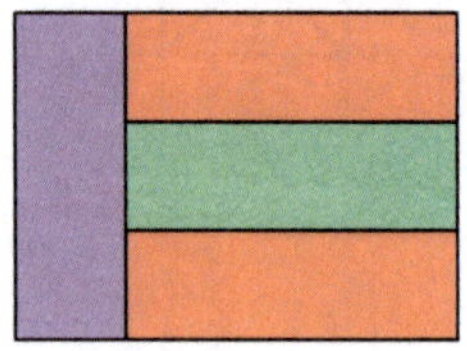

3 cores.

Observe as figuras representadas abaixo e pinte cada uma delas seguindo as regras acima. Depois, escreva quantas cores foram usadas e confira com os colegas.

a)

Ilustrações: Banco de imagens/ Arquivo da editora

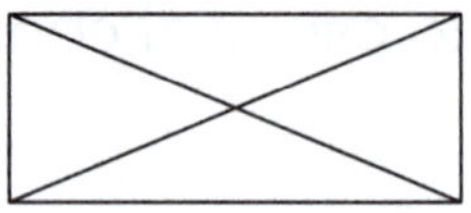

c)

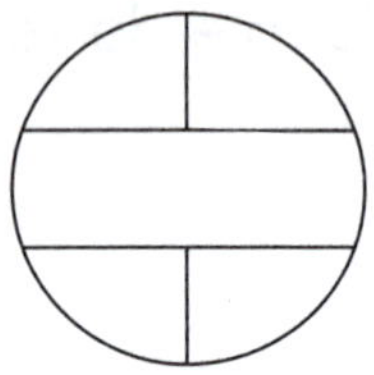

e)

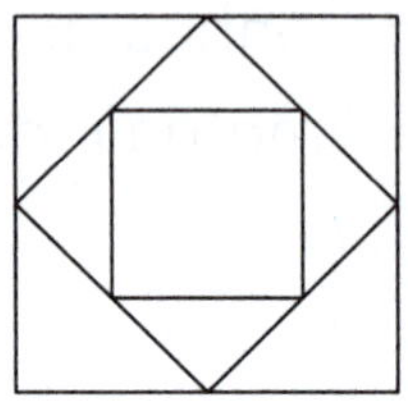

g)

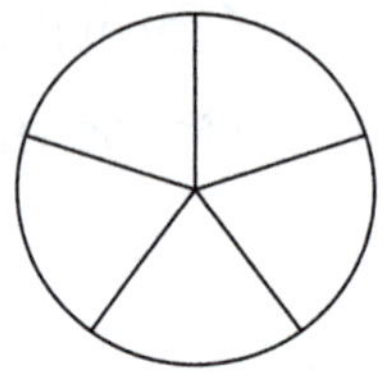

b)

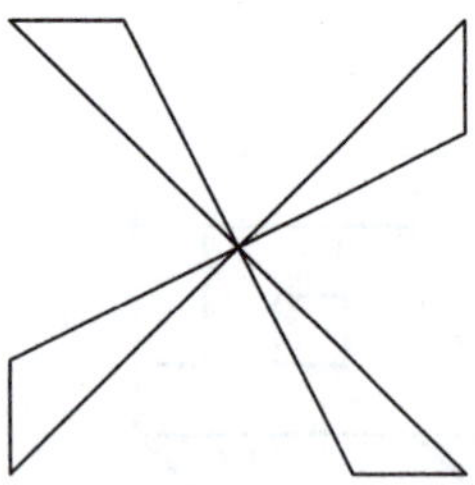

d)

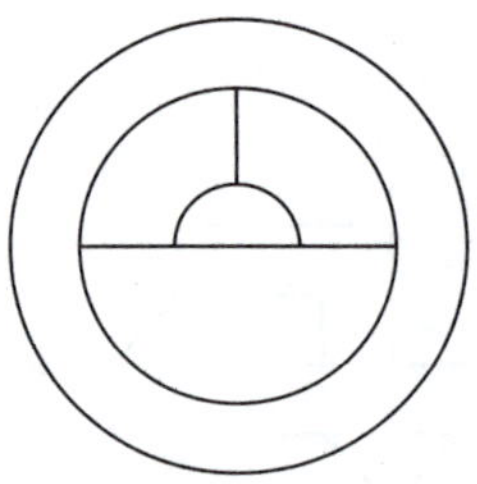

f)

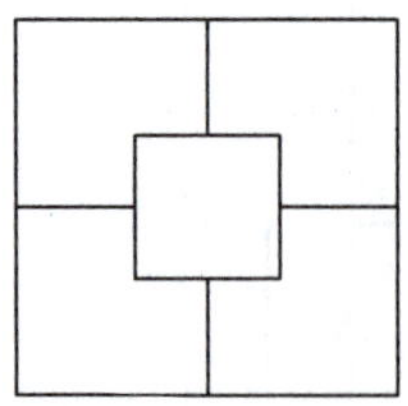

Saiba mais

Para pintar qualquer figura sem que suas regiões vizinhas tenham a mesma cor, são necessárias 4 cores no máximo. Essa propriedade é muito usada na pintura de mapas.

Contornos

1 Orlando, Mateus e Lúcia resolveram mostrar exemplos de figuras conhecidas como **contornos**. Cada um fez de uma maneira diferente.

Observe e escreva o nome de cada contorno. Eles já foram vistos nos anos anteriores.

- Orlando contornou a face de uma moeda. →

As imagens não estão representadas em proporção.

Estúdio Félix Reiners/Arquivo da editora

Contorno obtido:

- Mateus usou um pedaço de barbante. →

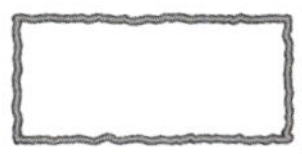

Estúdio Félix Reiners/Arquivo da editora

Contorno obtido:

- Lúcia usou palitos. →

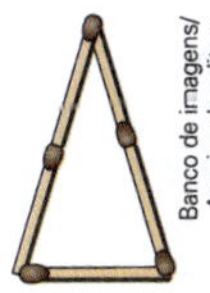

Banco de imagens/Arquivo da editora

Contorno obtido:

Explorar e Descobrir

- Use um sólido geométrico que você montou e que tenha uma face quadrada. Contorne essa face no caderno para obter um quadrado, que é outro exemplo de contorno.
- Agora, observe o nome e a posição de cada sólido geométrico desenhado abaixo. Escreva o nome do contorno que será obtido da face apoiada na folha de papel. Faça isso concretamente em uma folha de papel sulfite e verifique se você acertou.

a) Cone.

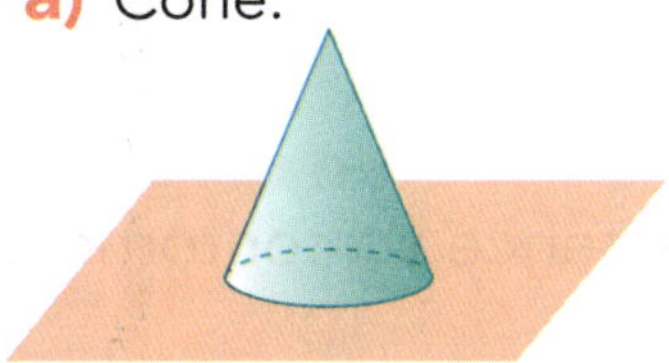

b) Paralelepípedo.

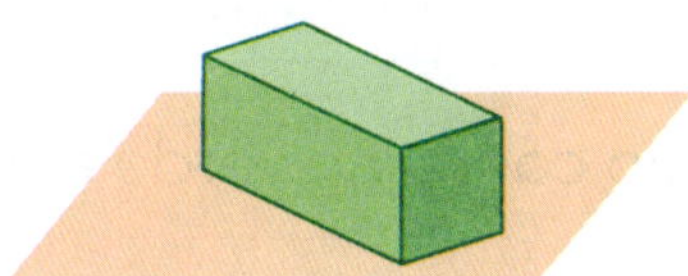

c) Pirâmide.

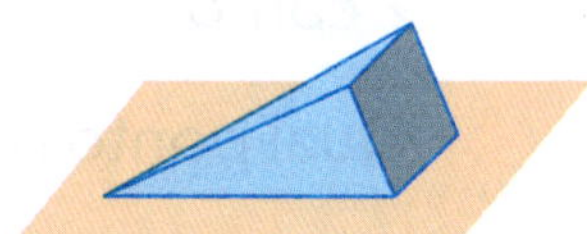

Ilustrações: Banco de imagens/Arquivo da editora

2 Observe as figuras desenhadas e escreva se cada uma indica um sólido geométrico (**SG**), uma região plana (**RP**) ou um contorno (**C**).

Ilustrações: Banco de imagens/Arquivo da editora

a) 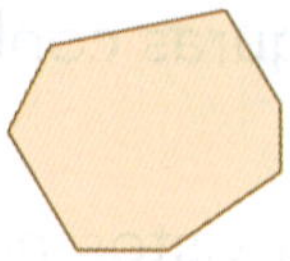 ______

f)  ______

k)  ______

b) 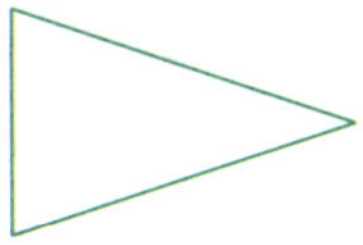 ______

g) 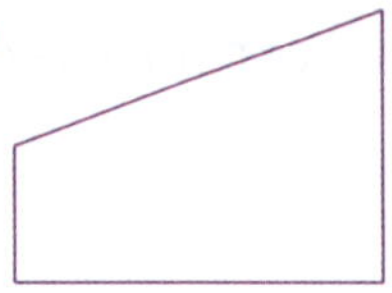 ______

l)  ______

c) 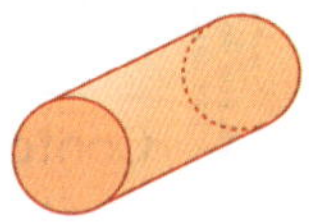 ______

h)  ______

m)  ______

d) 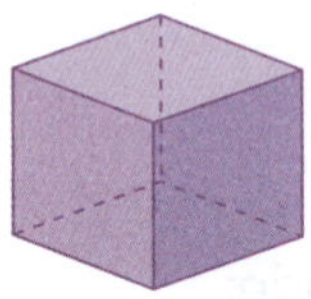 ______

i) 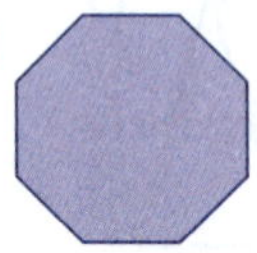 ______

n)  ______

e) 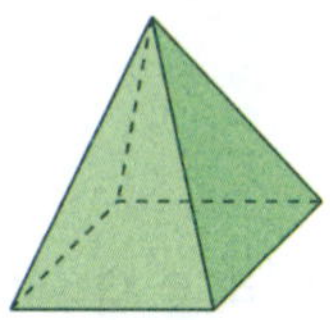 ______

j) 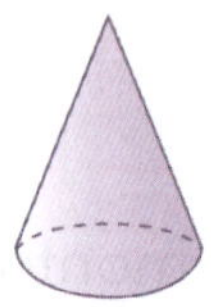 ______

o)  ______

3 Na figura ao lado estão desenhados 2 contornos: um verde e um preto. Dizemos que o ponto **P** é comum aos 2 contornos, pois pertence a eles ao mesmo tempo. Considere na figura os pontos **A**, **B**, **P**, **R** e **S** e responda.

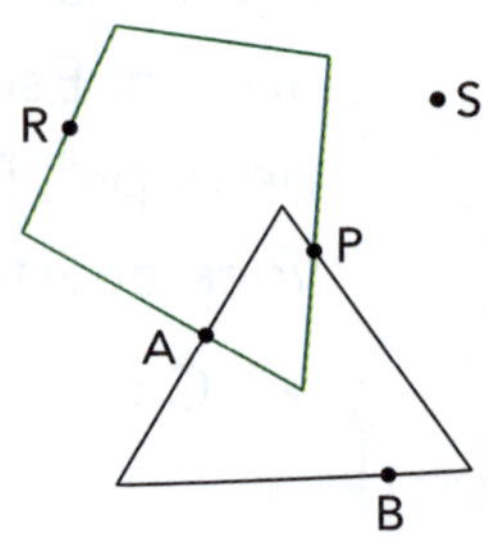

Ilustrações: Banco de imagens/Arquivo da editora

a) Além do ponto **P**, qual outro ponto da figura é comum aos 2 contornos? ______

b) Qual ponto pertence ao contorno verde e não pertence ao contorno preto?

______

c) O ponto **S** pertence a qual dos 2 contornos? ______

Segmento de reta

1 Observe os 3 caminhos que o rato tem para chegar ao queijo, cada um de uma cor.

As imagens não estão representadas em proporção.

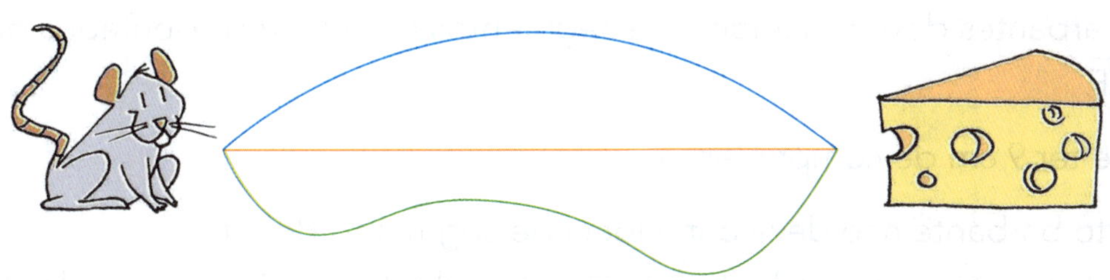

Estúdio Félix Reiners/Arquivo da editora

Lembre-se do que você estudou no ano passado e responda: Qual desses caminhos está representado por um segmento de reta?

____

Chamamos de **segmento de reta** a figura que indica o caminho mais curto que une 2 pontos. No exemplo ao lado, os pontos **A** e **B** são as **extremidades** do segmento de reta traçado.

Representamos esse segmento de reta assim: $\overline{AB}$ ou $\overline{BA}$.

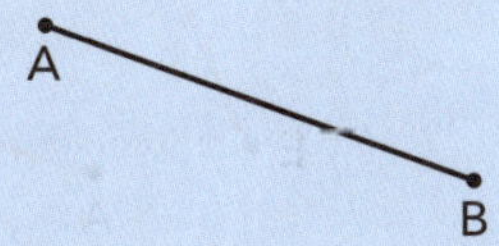

2 Agora, observe os pontos **E**, **P**, **H** e **M** e trace os segmentos de reta $\overline{EM}$ e $\overline{PH}$ usando uma régua.

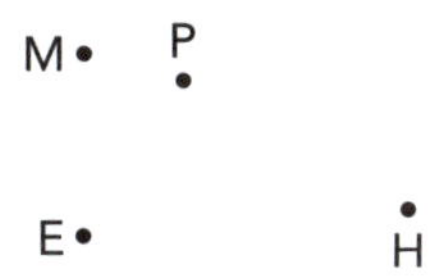

3 Assinale cada figura que é segmento de reta e escreva como ele é representado.

☐ 

____

☐ 

____

☐ 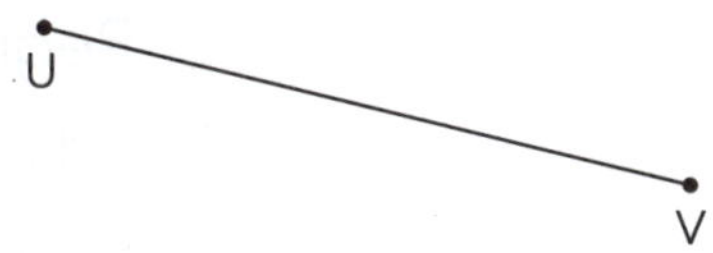

____

☐ 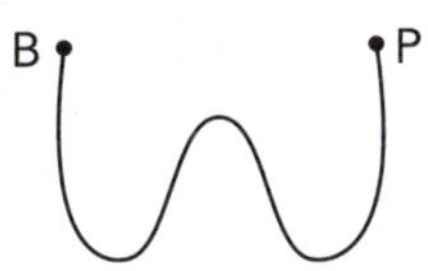

____

☐ 

____

☐ 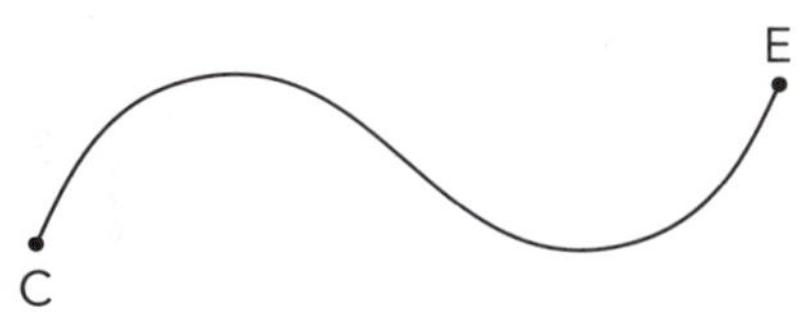

____

Explorar e Descobrir

ATIVIDADE EM DUPLA Colem 4 pedaços de barbante em uma folha de papel sulfite seguindo as instruções.

- 3 dos barbantes devem dar ideia de segmentos de reta, representados por $\overline{AB}$, $\overline{CD}$ e $\overline{EF}$.
- $\overline{EF}$ deve ter 9 cm de comprimento.
- O quarto barbante não deve dar a ideia de segmento de reta.

No final, mostrem seus trabalhos para outras duplas e vejam o que elas fizeram.

4 Quantos segmentos de reta há em cada figura abaixo?

a) 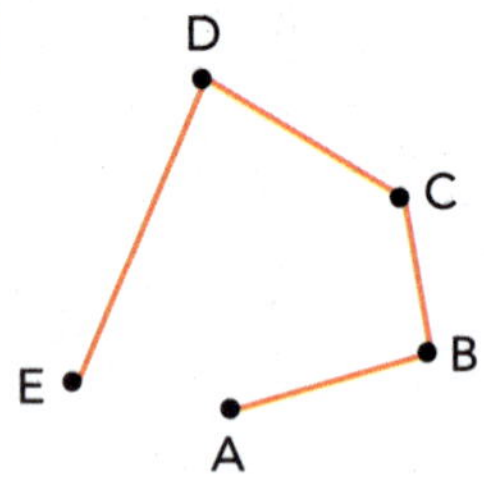

____

c) 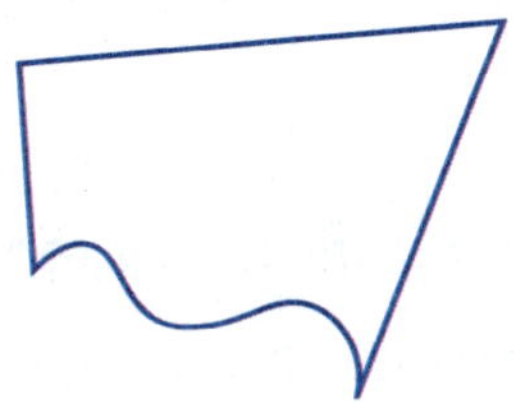

____

e) 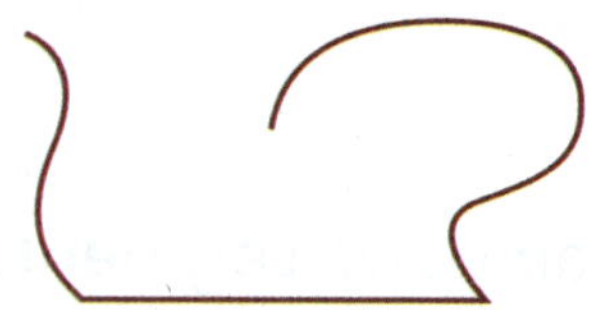

____

Ilustrações: Banco de imagens/ Arquivo da editora

b) 

____

d) 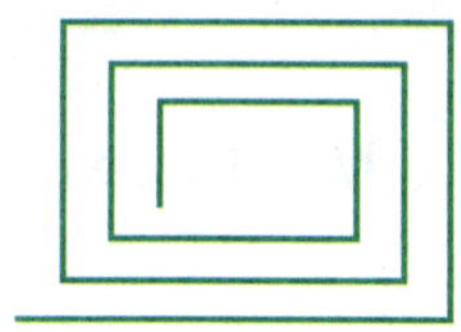

____

f) 

____

5 Nestes poliedros, cada segmento de reta que aparece traçado é uma **aresta**. Registre quantas arestas há em cada poliedro e represente os segmentos de reta do item **c**. Depois, pegue os sólidos geométricos correspondentes que você montou, conte as arestas e confira suas respostas.

a) 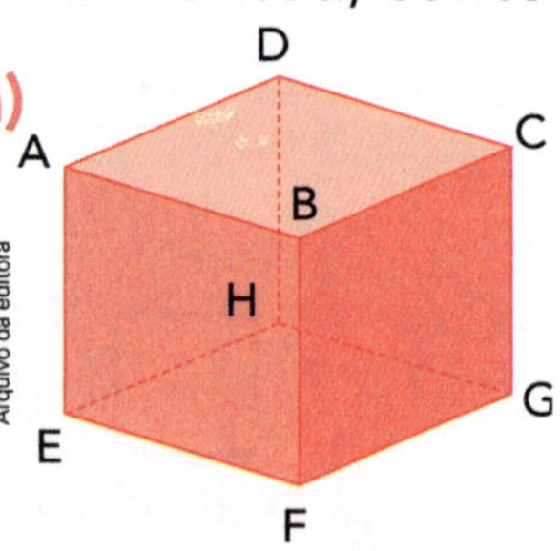

Ilustrações: Banco de imagens/ Arquivo da editora

____

b) 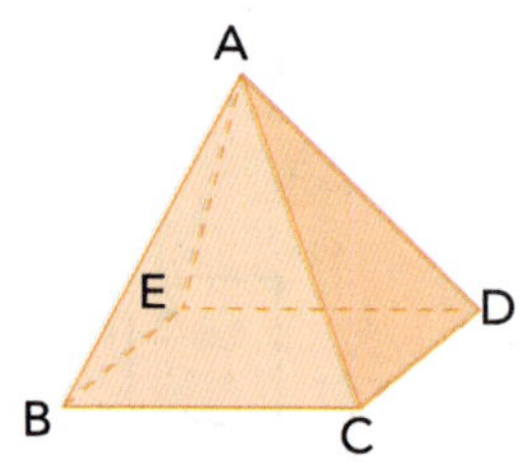

____

c) 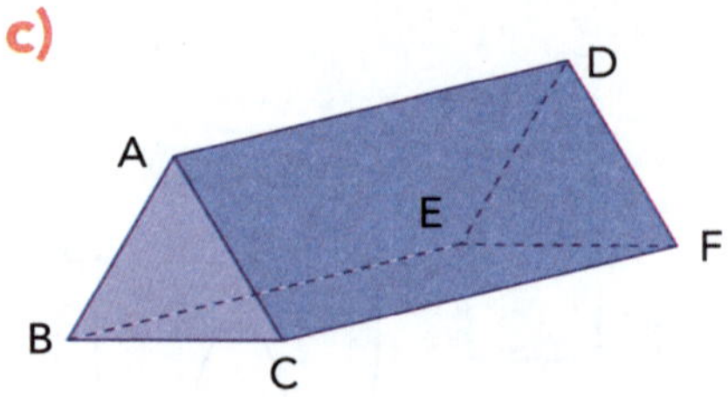

____

____

Polígono

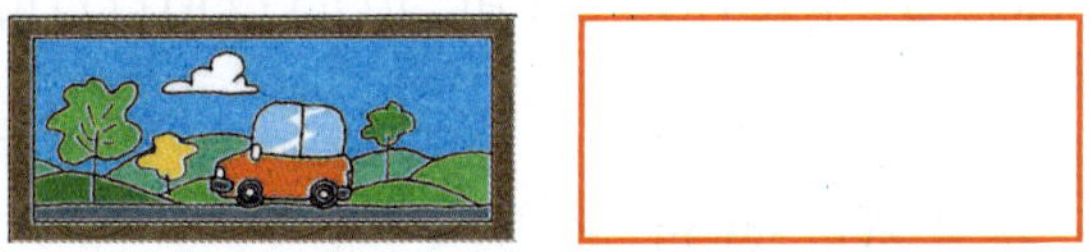

Ilustrações: Estúdio Félix Reiners/Arquivo da editora

A moldura do quadro dá ideia de um contorno que é um polígono.

As imagens não estão representadas em proporção.

O bambolê dá ideia de um contorno que não é um polígono.

1 **ATIVIDADE ORAL EM GRUPO (TODA A TURMA)** Você já viu o polígono nos anos anteriores. Converse com os colegas e procurem se lembrar: Quando um contorno de região plana é chamado de **polígono**?

2 Identifique e assinale os contornos que são polígonos.

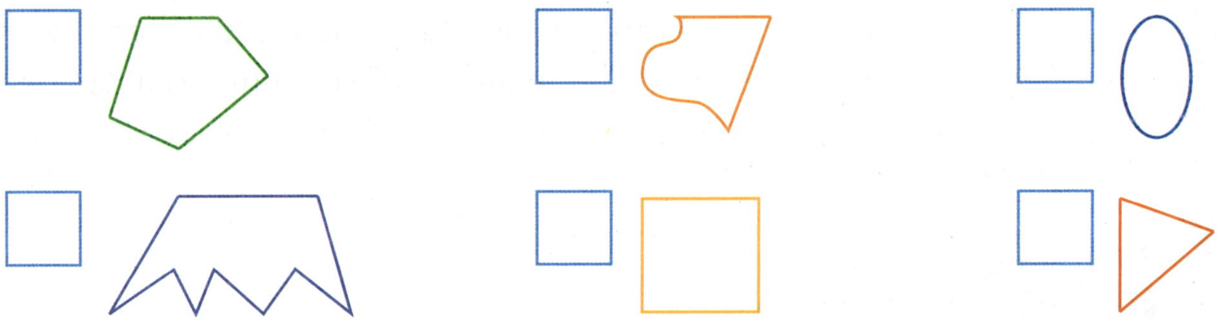

Ilustrações: Banco de imagens/Arquivo da editora

3 Você já estudou também que todo polígono tem lados e vértices e que os polígonos recebem nomes de acordo com o número de lados. Vamos recordar? Complete o quadro.

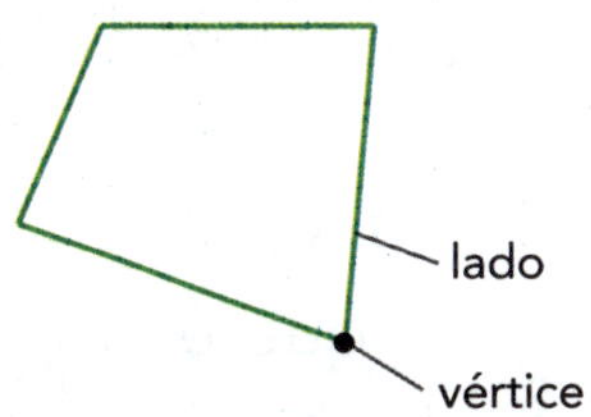

Polígono	Número de lados	Número de vértices	Nome do polígono
	3	3	
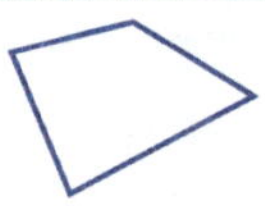	4	4	
	5	5	
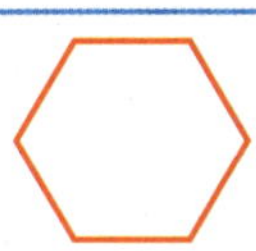	6	6	

Ilustrações: Banco de imagens/Arquivo da editora

4 PESQUISA

Faça uma pesquisa e descubra o nome dos polígonos de acordo com o número de lados.

a) 7 lados. ______________________

b) 10 lados. ______________________

c) 8 lados. ______________________

d) 20 lados. ______________________

e) 9 lados. ______________________

5 Quatro pessoas se encontram e todas se cumprimentam com um aperto de mãos. Qual é o total de cumprimentos?

Estúdio Félix Reiners/Arquivo da editora

Você conhece esse problema? Ele pode ser resolvido com o auxílio da Geometria.

Dica: As pessoas podem ser representadas pelos vértices de um quadrado e cada aperto de mãos pode ser representado por um segmento de reta. Faça um desenho e confira a resposta dada.

____

6 **ATIVIDADE ORAL EM GRUPO (TODA A TURMA)** No ano anterior você viu o que é uma **região poligonal**. Analise as regiões planas abaixo para se lembrar.

Troque ideias com os colegas, desenhe mais 1 exemplo para cada caso e depois escreva o que é uma região poligonal.

Regiões poligonais

Regiões que não são poligonais

Ilustrações: Banco de imagens/Arquivo da editora

Reta e semirreta

1 RETA

Imagine um segmento de reta $\overline{AB}$ prolongando-se indefinidamente nos dois sentidos.

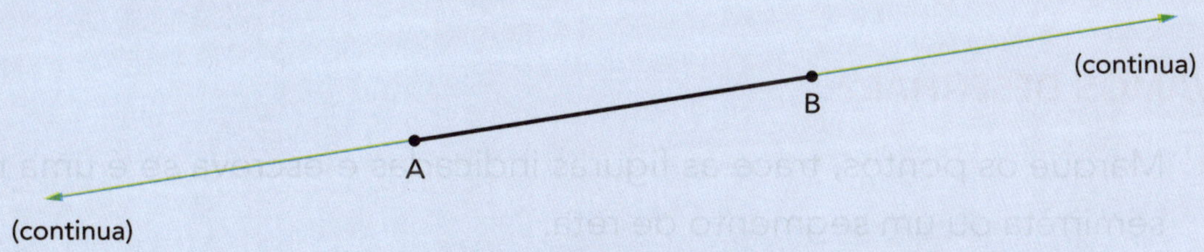

Ilustrações: Banco de imagens/Arquivo da editora

Essa figura que você imaginou é uma **reta**. O desenho é apenas uma representação dela. Indicamos essa reta assim: $\overleftrightarrow{AB}$ ou $\overleftrightarrow{BA}$.

Observe os pontos **R**, **P**, **S** e **H** nas posições indicadas. Depois, trace as retas $\overleftrightarrow{RP}$ e $\overleftrightarrow{SH}$ usando uma régua.

2 SEMIRRETA

a) Trace uma reta com lápis preto. Marque sobre ela um ponto **A**. Trace em vermelho uma das 2 partes da reta dividida por **A**. Marque um ponto **B** na parte em vermelho.

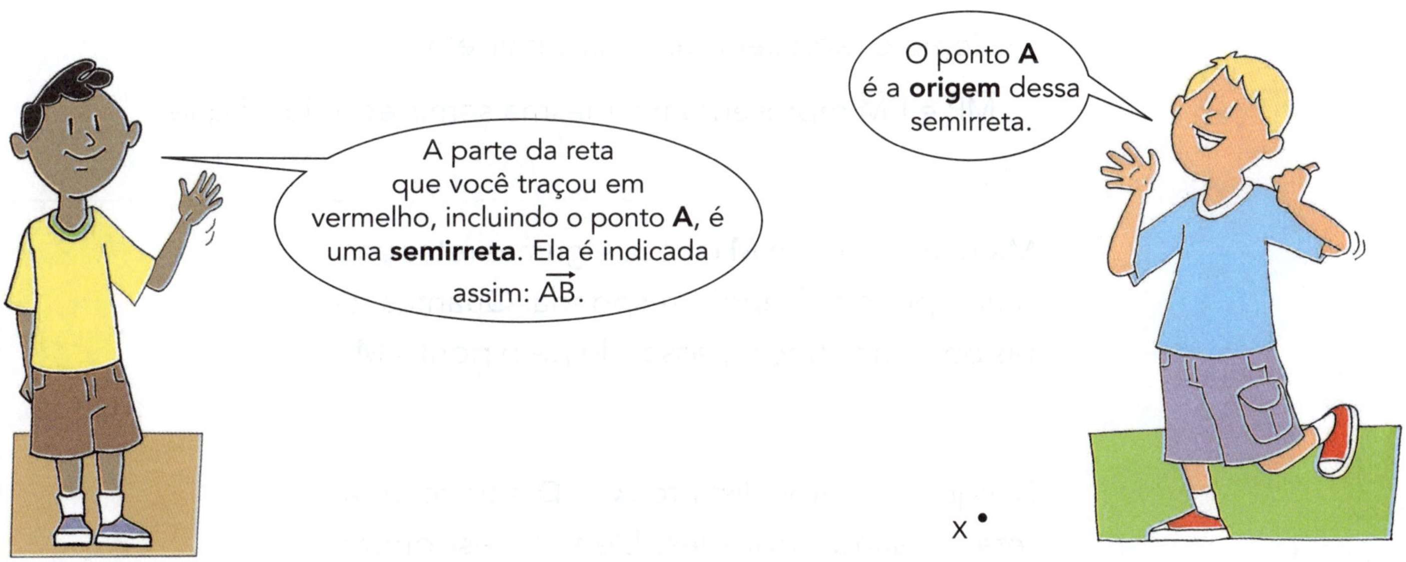

Ilustrações: Estúdio Félix Reiners/Arquivo da editora

b) Observe os pontos **M**, **X**, **C** e **E** ao lado. Depois, trace as semirretas $\overrightarrow{MX}$ e $\overrightarrow{CE}$ usando uma régua.

3 Em cada figura, escreva se é uma reta, uma semirreta ou um segmento de reta e como ela é representada.

a)

____

b)

____

c)

____

Ilustrações: Banco de imagens/ Arquivo da editora

4 **VAMOS DESENHAR?**

- Marque os pontos, trace as figuras indicadas e escreva se é uma reta, uma semirreta ou um segmento de reta.

$\overrightarrow{AB}$	$\overleftrightarrow{MR}$	$\overline{PQ}$
__________	__________	__________

- Trace uma semirreta de origem em um ponto **M** e que passe por um ponto **P**. Depois, responda.

  a) Como é representada essa semirreta? ________________

  b) $\overrightarrow{MP}$ e $\overrightarrow{PM}$ representam a mesma semirreta? Justifique.

  ____

- Marque um ponto **M** e trace algumas retas passando por ele. Depois, responda: Quantas retas podemos traçar passando pelo ponto **M**?

  ____

- Marque 2 pontos distintos **C** e **D** e trace uma reta passando por eles. Depois, responda: Existem quantas retas passando ao mesmo tempo por **C** e por **D**? ________________

5 **ATIVIDADE ORAL EM GRUPO (TODA A TURMA)**

Converse com os colegas e responda.

a) É possível medir o comprimento de uma reta? ___

b) É possível medir o comprimento de uma semirreta? ___

c) É possível medir o comprimento de um segmento de reta? ___

6 Agora, trace os segmentos de reta $\overline{AB}$ de 8 cm e $\overline{CD}$ de 4,5 cm.

7 Considere apenas os pontos representados na figura e responda.

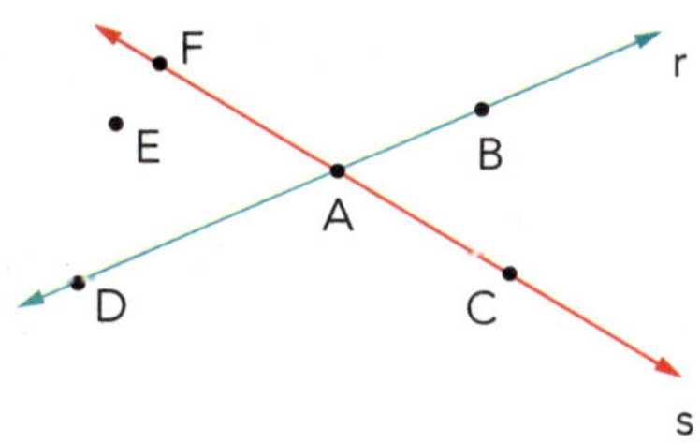

Ilustrações: Banco de imagens/ Arquivo da editora

a) Quais pontos pertencem à reta **r**? ___

b) Qual ponto pertence ao mesmo tempo à reta **r** e à reta **s**?

___

c) Quais pontos pertencem à reta **s** e não pertencem à reta **r**? ___

d) Qual ponto não pertence à reta **r** nem à reta **s**? ___

8 **ATIVIDADE ORAL EM GRUPO (TODA A TURMA)** Você se lembra do que significa um ponto comum a 2 figuras geométricas? Converse com os colegas e depois volte à atividade 3 da página 56 para conferir. Em seguida, trace o que se pede.

a) 2 retas com apenas 1 ponto comum.

b) 2 retas sem ponto comum.

Retas paralelas e retas concorrentes

1 Imagine um bairro em que as ruas fossem retas, como estas da planta ao lado. Escreva se elas se cruzam ou não quando observadas 2 a 2.

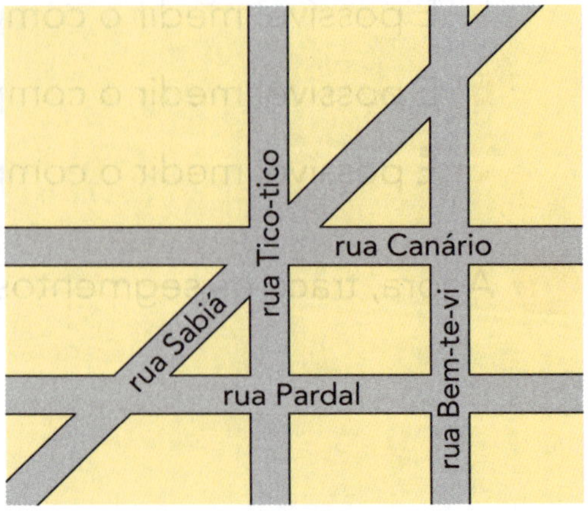

Estúdio Félix Reiners/Arquivo da editora

a) Rua Pardal e rua Canário. ____________

b) Rua Sabiá e rua Pardal. ____________

c) Rua Canário e rua Bem-te-vi. ____________

d) Rua Bem-te-vi e rua Tico-tico. ____________

Em Matemática, dizer que 2 retas de um mesmo plano não se cruzam é o mesmo que dizer que elas são **retas paralelas**. E dizer que 2 retas se cruzam é o mesmo que dizer que elas são **retas concorrentes**.

Ilustrações: Estúdio Félix Reiners/Arquivo da editora

Exemplos: As retas **a** e **b** são paralelas. As retas **r** e **s** são concorrentes.

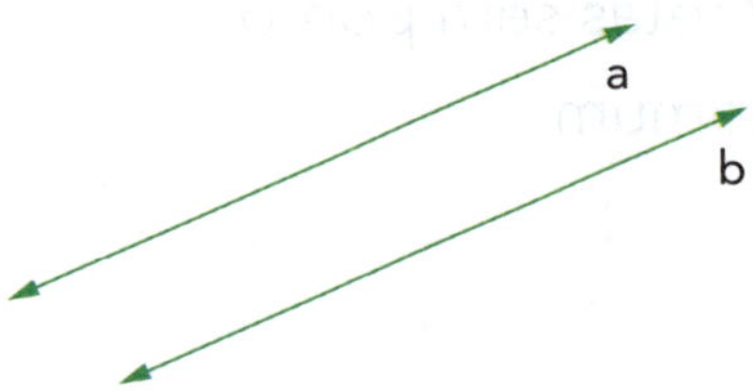

Retas paralelas.

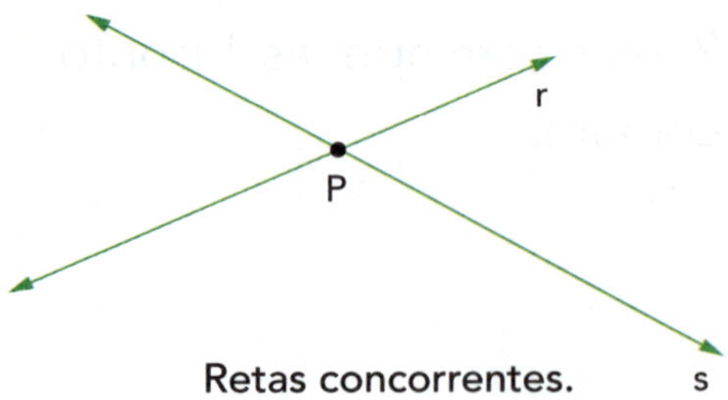

Retas concorrentes.

Ilustrações: Banco de imagens/Arquivo da editora

2 Observe o mapa da atividade 1 e escreva o nome de 2 ruas que representam retas paralelas e retas concorrentes.

Retas paralelas: ____________________

Retas concorrentes: ____________________

3 Em cada item, escreva se as 2 retas são **paralelas** ou **concorrentes**.

a) 

c) 

e) 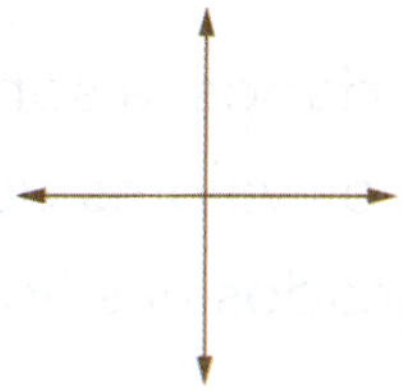

Ilustrações: Banco de imagens/ Arquivo da editora

b) 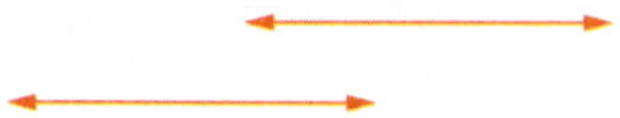

d) 

f) 

4 Observe as figuras e complete.

a) 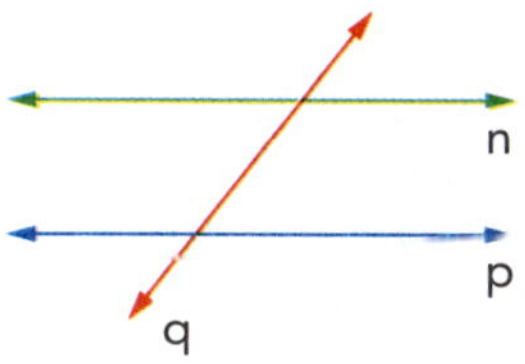

- As retas **n** e **q** são ______________________.
- As retas **n** e **p** são ______________________.
- As retas **p** e **q** são ______________________.

b) 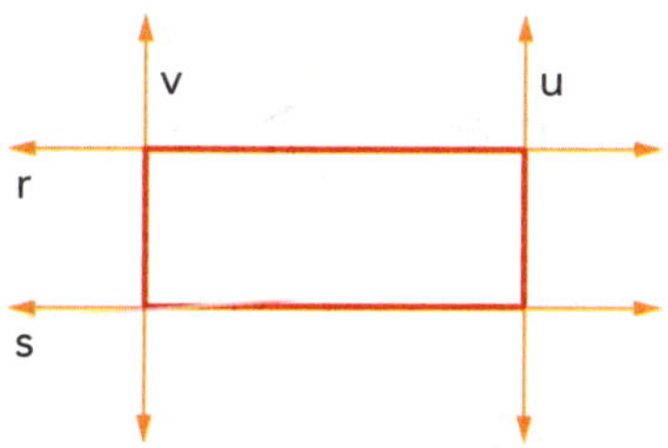

- As retas **r** e **s** são ______________________.
- As retas **r** e **u** são ______________________.
- As retas **r** e **v** são ______________________.
- As retas **v** e **u** são ______________________.
- As retas **s** e **u** são ______________________.
- O nome do quadrilátero formado é ______________________.

5 Veja a figura ao lado e indique os pares de retas paralelas e de retas concorrentes.

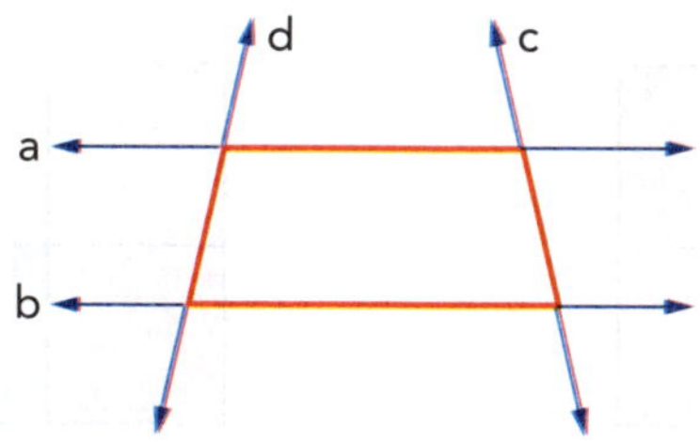

Paralelas: __________

Concorrentes: ______________________

Vistas de um objeto

1 Nos dados, a soma dos valores de 2 faces opostas é 7.
Veja os valores que enxergamos em 1 ou mais dados na posição em que estão colocados nas figuras, considerando que cada dado é todo de uma só cor.

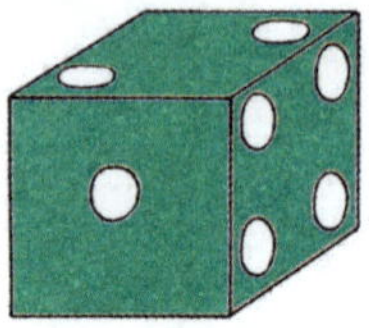

De cima **2**

De baixo **5**

De frente **1**

De trás **6**

De um lado (direito) **4**

Do outro lado **3**

Ilustrações: Estúdio Félix Reiners/Arquivo da editora

De cima **3** **4**

De baixo **4** **3**

De frente **5** **6**

De trás **1** **2**

De um lado (direito) **2**

De outro lado **1** ou **6**

Agora é sua vez. Indique os valores que são vistos nas faces dos dados em cada posição.

a) 

Ilustrações: Banco de imagens/ Arquivo da editora

De frente ☐

De trás ☐

De cima ☐

De baixo ☐

De um lado (direito) ☐

Do outro lado ☐

b) 

De frente ☐ ☐ ☐

De trás ☐ ☐ ☐

De cima ☐ ☐ ☐

De baixo ☐ ☐ ☐

De um lado (direito) ☐

Do outro lado ☐ ou ☐

2 Marina usou 4 cubos coloridos e fez a construção ao lado.
Assinale as figuras que podem ser uma vista de cima dessa construção.

☐ 

☐ 

☐ 

☐ 

Ilustrações: Banco de imagens/ Arquivo da editora

BRINCANDO TAMBÉM APRENDO

JOGO PARA 2 PARTICIPANTES.

Trilha das figuras geométricas

Material necessário
- dado
- tabuleiro abaixo

Na sua vez, cada jogador lança o dado e avança o número de casas indicado na face de cima.

Quando alcança determinadas casas, o jogador faz um movimento extra.

a) Em um sólido geométrico: avança o correspondente ao número de faces.

b) Em uma região plana: avança o correspondente ao número de vértices.

c) Em um contorno: volta o correspondente ao número de lados.

O jogo acaba quando um dos jogadores atingir a chegada.

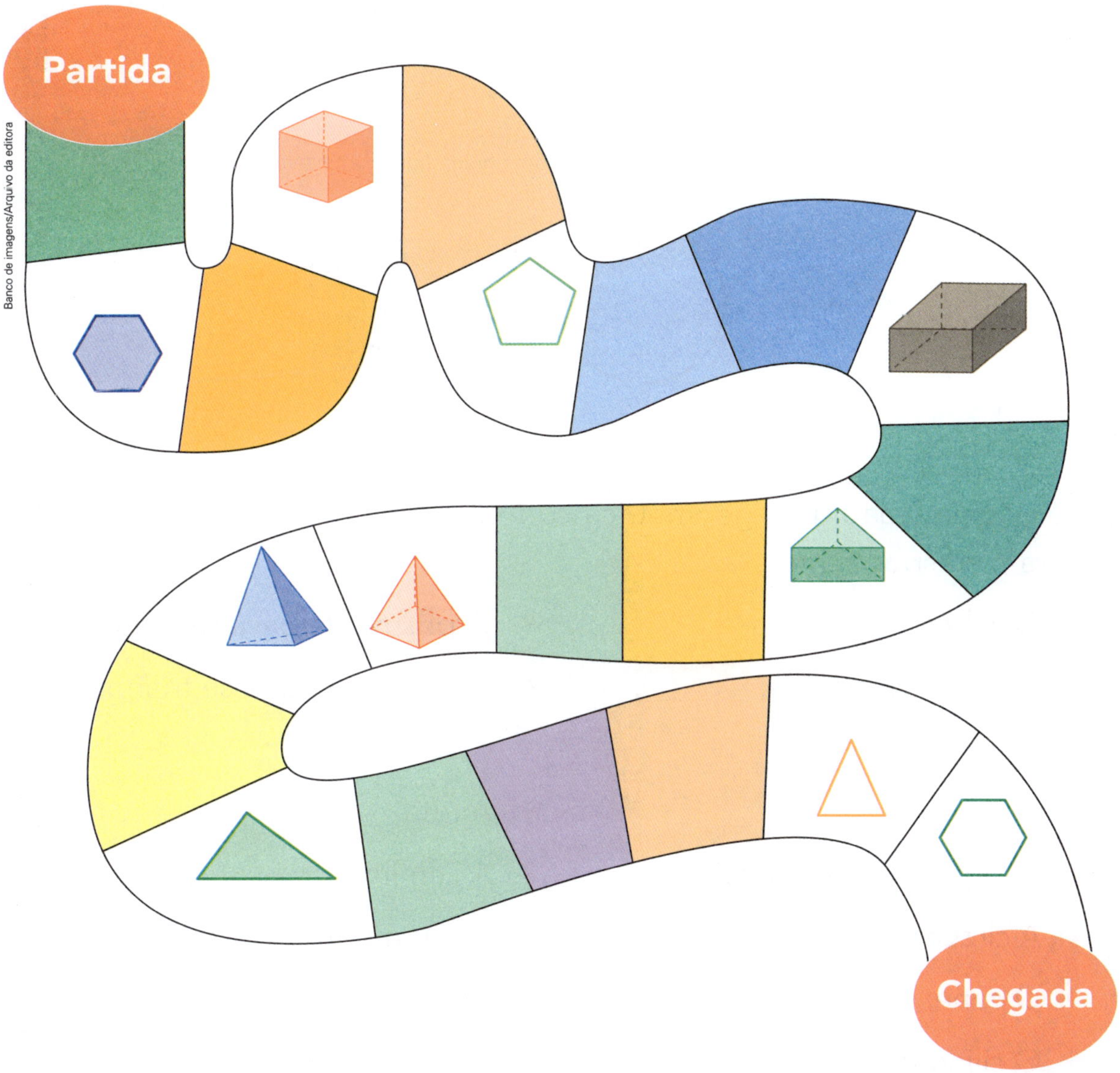

Banco de imagens/Arquivo da editora

Mais atividades e problemas

1 Os desenhos que aparecem abaixo são de figuras geométricas estudadas nesta Unidade.

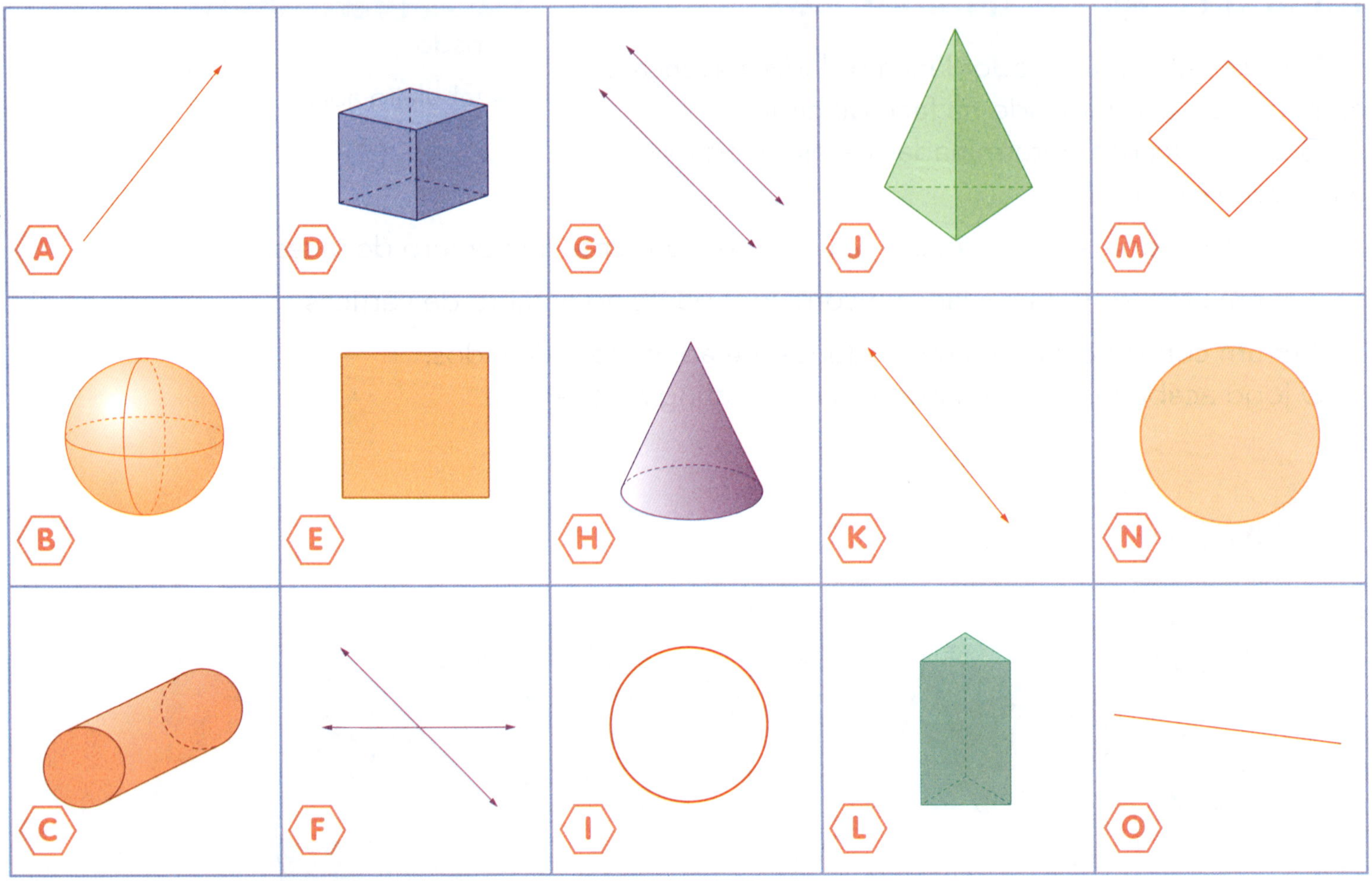

Ilustrações: Banco de imagens/Arquivo da editora

Relacione cada figura geométrica com um dos nomes citados escrevendo a letra correspondente.

- O cubo: _______.
- A região quadrada: _______.
- O quadrado: _______.
- A esfera: _______.
- A região circular (círculo): _______.
- A circunferência: _______.
- O cone: _______.
- O cilindro: _______.
- O prisma de base triangular: _______.
- A pirâmide de base triangular: _______.
- A reta: _______.
- A semirreta: _______.
- O segmento de reta: _______.
- As 2 retas paralelas: _______.
- As 2 retas concorrentes: _______.

2 LOCALIZAÇÃO NO PLANO USANDO PARES ORDENADOS

Vamos localizar desenhos de figuras geométricas em um plano utilizando **pares ordenados** de números, como (3, 1), (1, 6) e outros.

Inicialmente, entenda o código do deslocamento representado pelo par ordenado.

> Ponto de partida: sempre **0** (zero).
> O **primeiro número** do par ordenado indica quanto **deslocar para a direita**.
> O **segundo número** do par ordenado indica quanto **deslocar para cima**.

Analise os exemplos dados por Melissa e Antônio. Depois, complete o quadro com o nome da figura geométrica ou com o par ordenado.

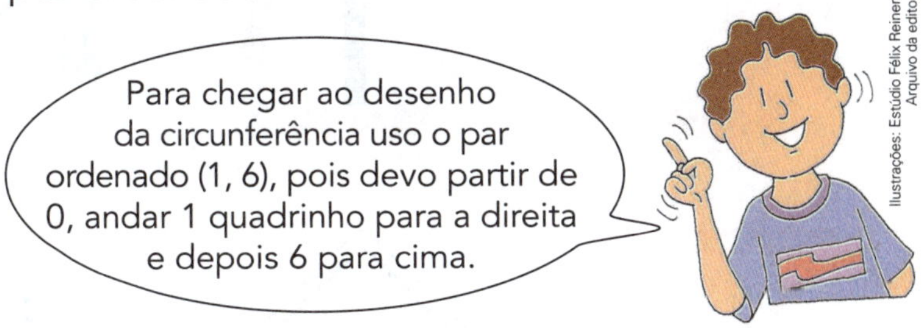

Ilustrações: Estúdio Félix Reiners/Arquivo da editora

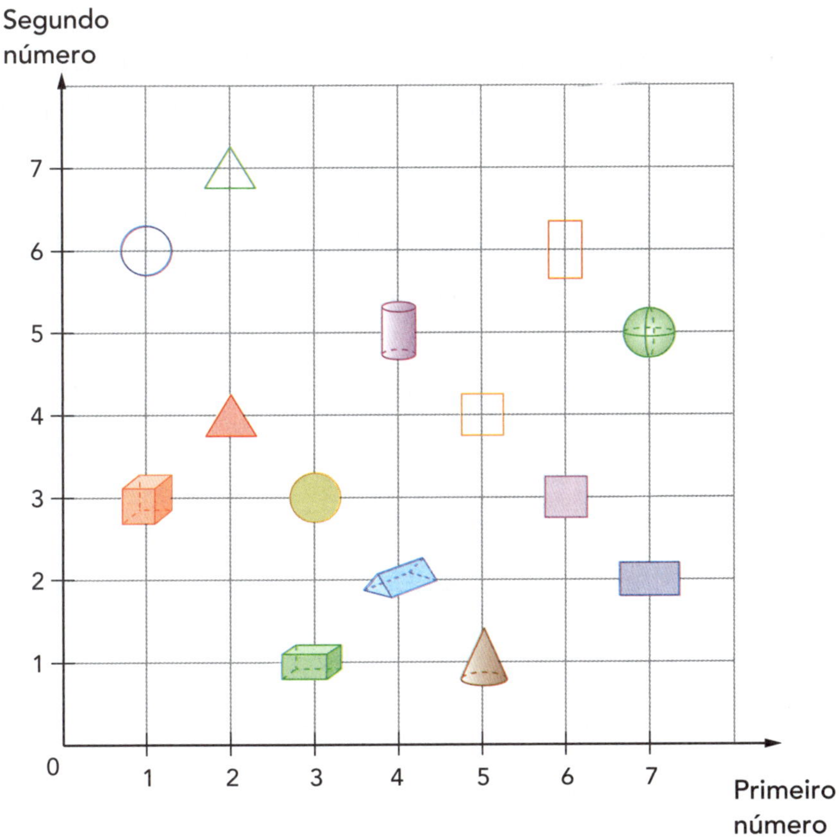

Ilustrações: Banco de imagens/Arquivo da editora

Percurso	Nome da figura
(3, 1)	Paralelepípedo
(1, 6)	Circunferência
(4, 5)	
	Quadrado
(7, 2)	
	Região triangular
(2, 7)	
(6, 6)	
	Esfera
(4, 2)	
(6, 3)	
	Círculo
(1, 3)	
	Cone

3 REGIÕES PLANAS, CONTORNOS E SINAIS DE TRÂNSITO

Para a segurança de todos, é importante conhecer e respeitar os sinais de trânsito.

Você já viu nos anos anteriores que alguns sinais de trânsito aparecem em placas que lembram regiões planas e contornos conhecidos. Veja alguns deles.

Cristiano Mascaro/Sambaphoto

Placas de trânsito.

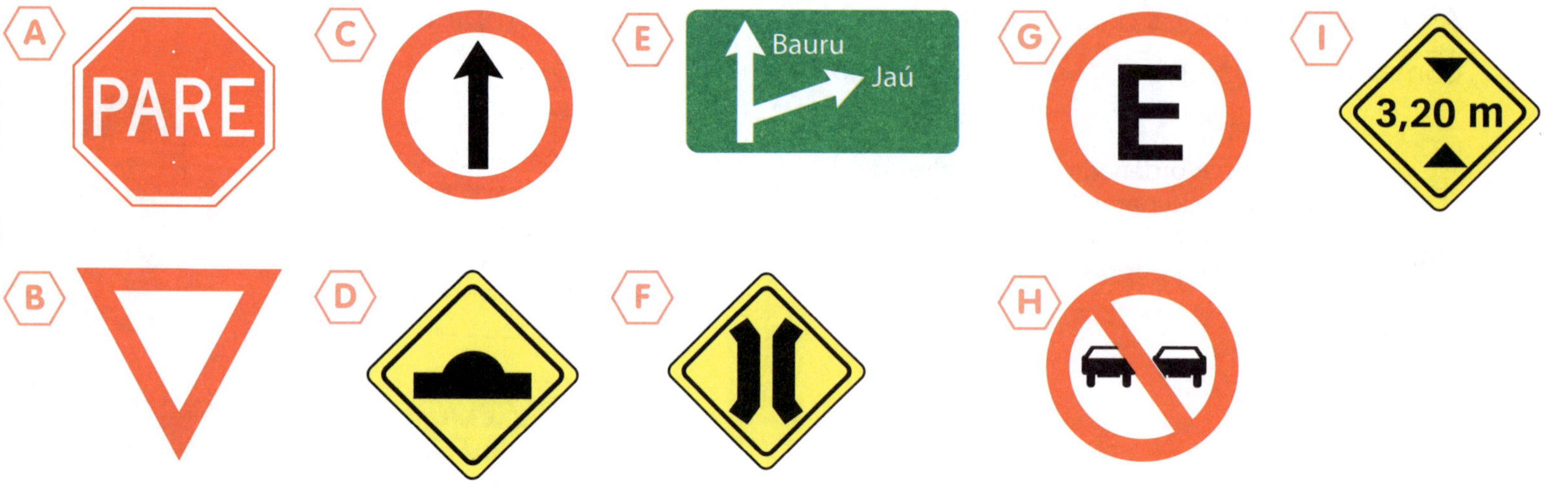

Ilustrações: Banco de imagens/Arquivo da editora

As imagens não estão representadas em proporção.

Complete o quadro abaixo. Para cada placa, você vai escrever o nome do contorno que ela lembra e seu significado de acordo com o Código de Trânsito Brasileiro, como na primeira linha.

Placa	Nome do contorno	Significado
A	Octógono	Parada obrigatória.
B		
C		
D		
E		
F		
G		
H		
I		

4 Escreva quantas faces triangulares tem cada poliedro. Manuseie os poliedros que você montou.

a) Pirâmide de base quadrada. ____________________

b) Prisma de base triangular. ____________________

c) Cubo. ____________________

5 Qual é o perímetro de cada contorno, em palmos?

> **Perímetro** é a medida do comprimento de um contorno.

a) 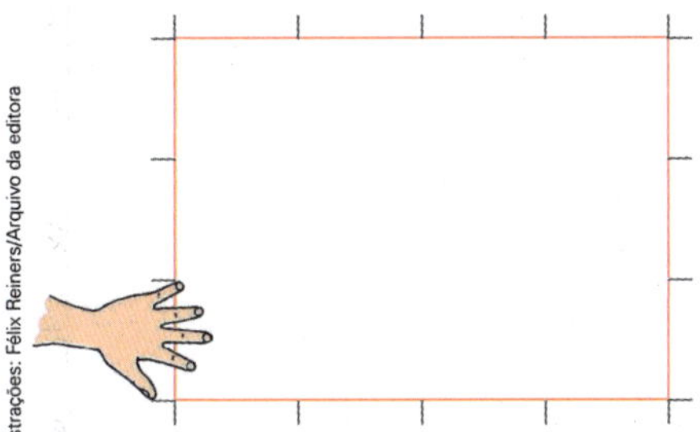

_____ palmos.

b) 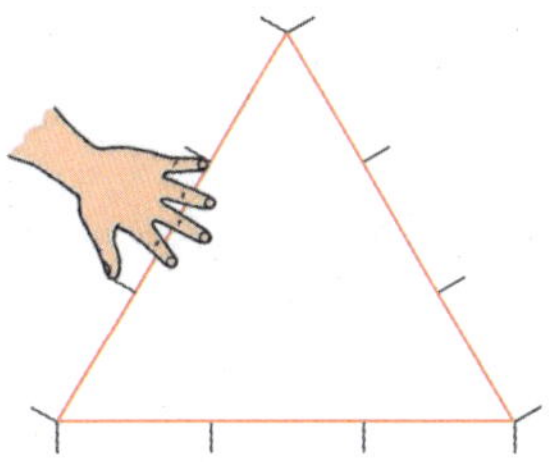

_____ palmos.

Ilustrações: Félix Reiners/Arquivo da editora

6 Quantas regiões quadradas do tamanho deste  cabem em cada região plana abaixo?

> **Área** de uma região plana é a medida de sua superfície.

a) 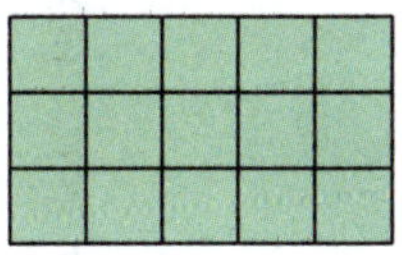 _____ 

b) 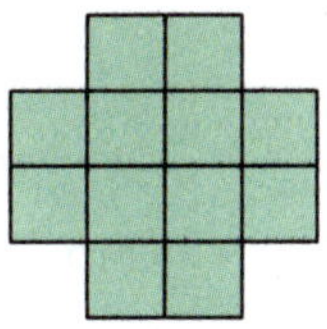 _____ 

7 Mário utilizou tijolos, como este desenhado ao lado, para construir blocos. Observe a medida das 3 dimensões do tijolo e escreva a medida das 3 dimensões de cada bloco.

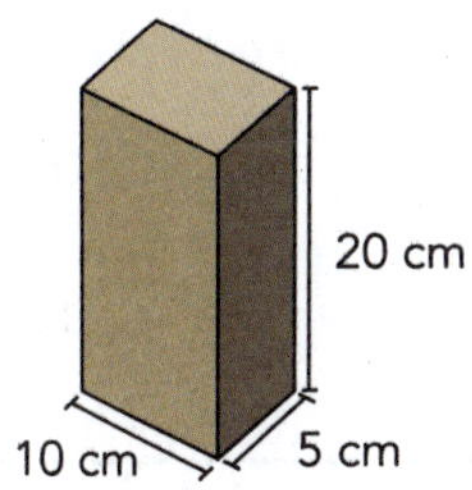

Ilustrações: Banco de imagens/Arquivo da editora

a)

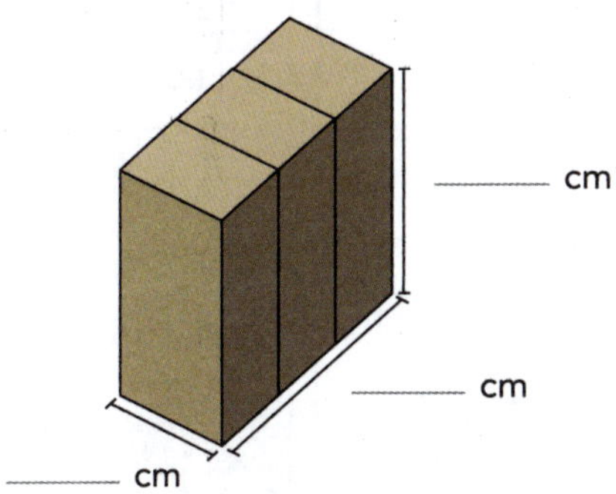

b)

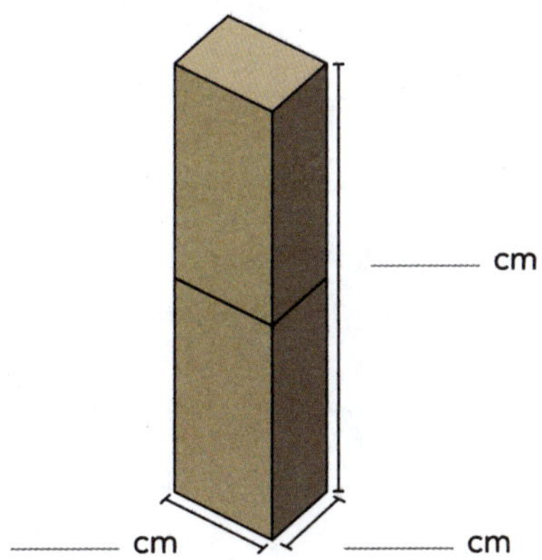

c)

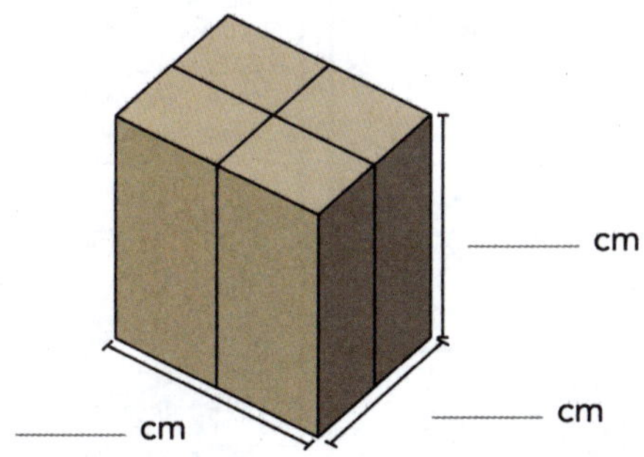

8 REPRODUÇÃO, REDUÇÃO E AMPLIAÇÃO DE FIGURAS

a) Inicialmente, reproduza em papel quadriculado estas 4 figuras.

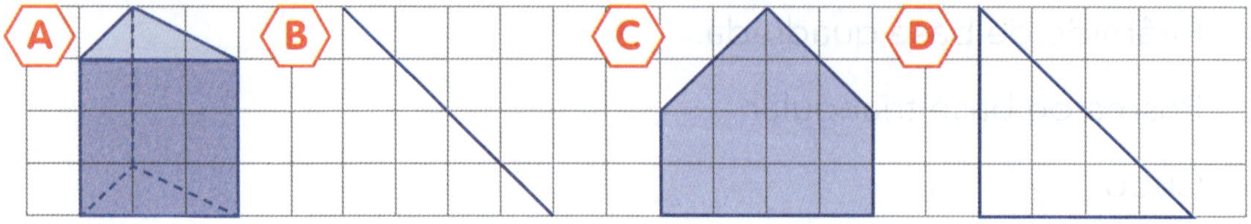

Ilustrações: Banco de imagens/ Arquivo da editora

b) Agora, faça os desenhos das ampliações e reduções também no papel quadriculado.

- Amplie o desenho da figura **A**, dobrando o comprimento das arestas.
- Reduza a figura **B**, considerando $\frac{3}{4}$ de seu comprimento.
- Amplie a figura **C**, considerando 1 vez e meia o comprimento dos lados.
- Reduza a figura **D**, considerando $\frac{1}{2}$ de todos os comprimentos.

9 Veja os desenhos que Marina fez.

Ilustrações: Banco de imagens/ Arquivo da editora

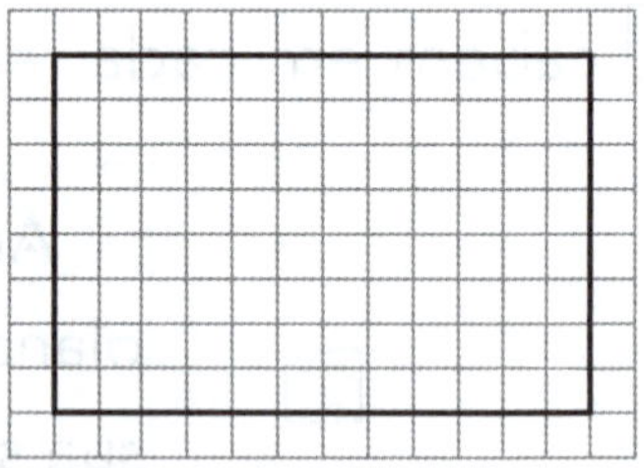

Figura original.

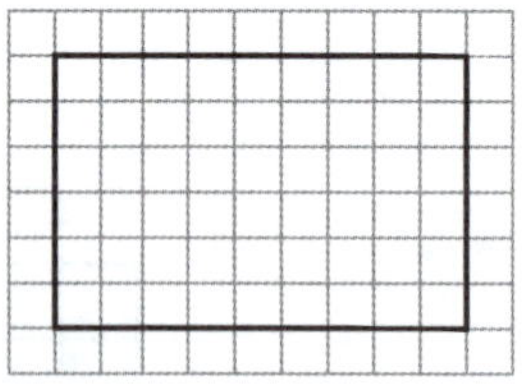

Figura obtida a partir da original.

a) Marina reproduziu, ampliou ou reduziu a figura original? ______________

b) Os comprimentos na figura obtida correspondem ao dobro, à metade, a $\frac{2}{3}$, a $\frac{3}{4}$ ou ao triplo dos comprimentos da figura original? ________

Quino. **Toda Mafalda**. São Paulo: Martins Fontes, 1991. p. 300.

10 DESLOCAMENTOS NO PLANO

a) Marque os pontos indicados pelos pares ordenados.

A(1, 3) B(3, 3)	C(2, 4) D(2, 1)	E(2, 1) F(2, 3)	G(4, 1) H(1, 1)

Ilustrações: Banco de imagens/Arquivo da editora

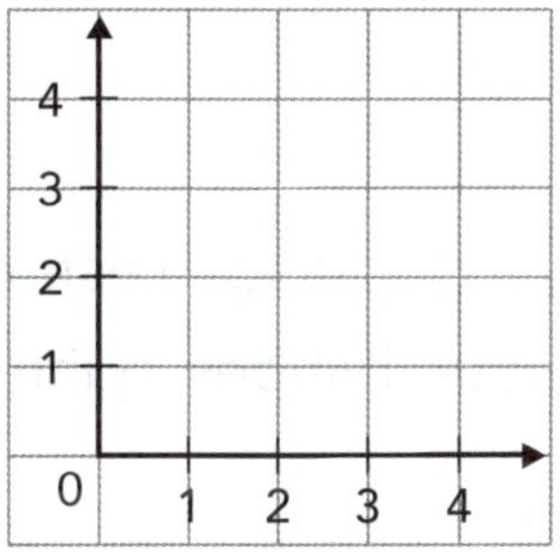

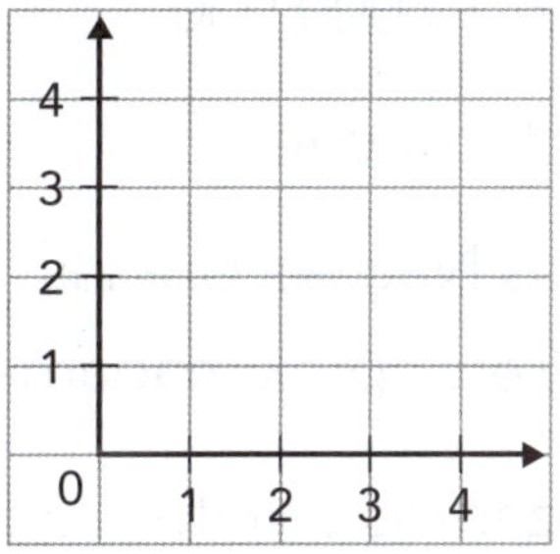

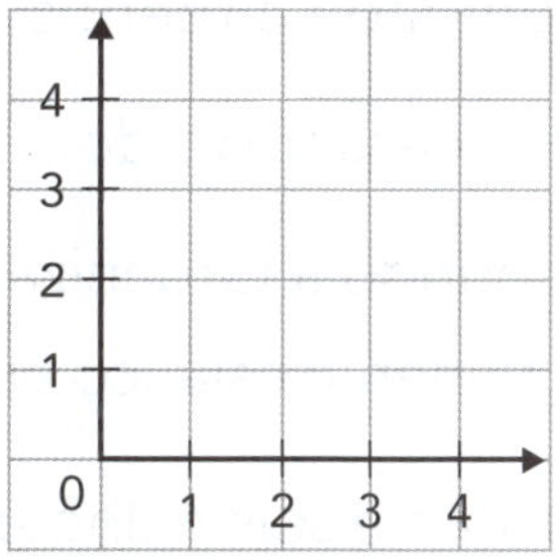

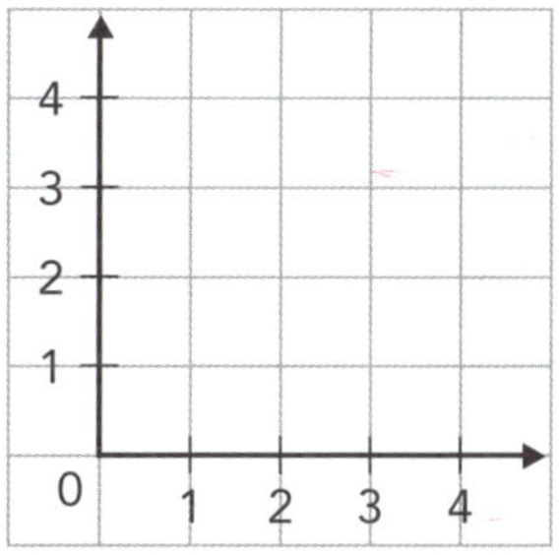

Agora, indique quantas unidades tem o deslocamento mais curto de um ponto para o outro e complete com os termos **cima**, **baixo**, **a direita** e **a esquerda** para indicar a direção do deslocamento.

- Para ir do ponto **A** até o ponto **B**, devo "andar" ______ unidades para ____________.
- Para ir do ponto **C** até o ponto **D**, devo "andar" ______ unidades para ____________.
- Para ir do ponto **E** até o ponto **F**, devo "andar" ______ unidades para ____________.
- Para ir do ponto **G** até o ponto **H**, devo "andar" ______ unidades para ____________.

b) Observe o ponto **I**.
Para ir do ponto **I** até o **J** devo "andar" 1 unidade para cima.
Marque o ponto **J** e indique os pares ordenados dos pontos **I** e **J**.

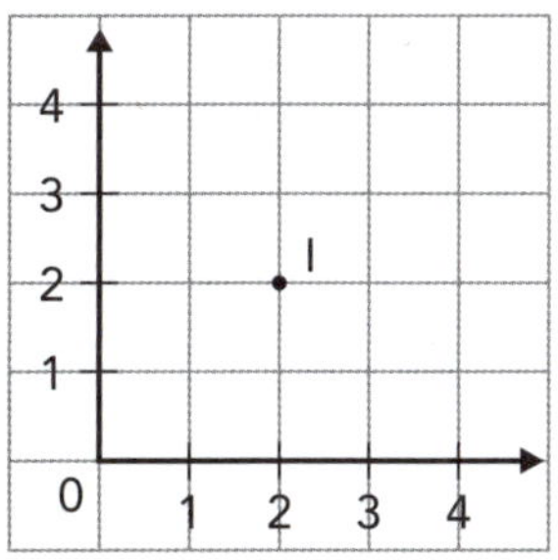

I(_____, _____) e J(_____, _____)

c) Marque o ponto K(1, 4).
Partindo do ponto **K**, "ande" 3 unidades para a direita e depois "ande" 2 unidades para baixo. Marque o ponto **L**.

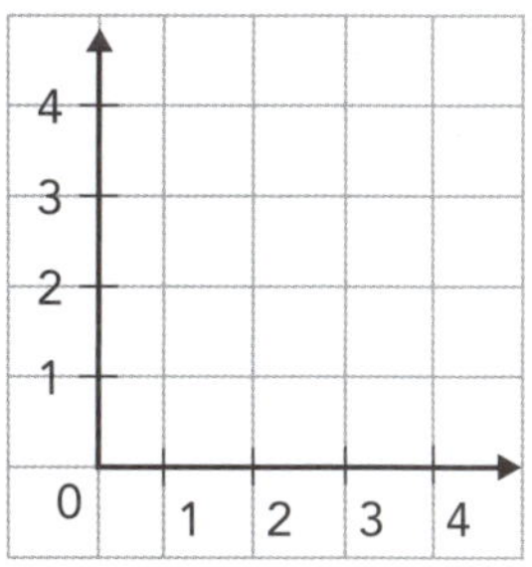

Agora, complete o par ordenado:

L(_____, _____)

VAMOS VER DE NOVO?

1 Escreva o número correspondente a cada item.

a) 1 unidade a menos do que 10 000 000. ____________________

b) O sucessor de dois mil e dezenove. ____________________

c) Segundo a Organização das Nações Unidas (ONU), a população estimada do continente asiático em 2016 era aproximadamente quatro bilhões, quatrocentos e trinta e seis milhões e duzentos e vinte e quatro mil. ____________________

2 Complete o quadro com estas 4 regiões planas: , ,  e . Mas há uma condição: elas só podem aparecer 1 vez em cada linha, coluna ou diagonal do quadro.

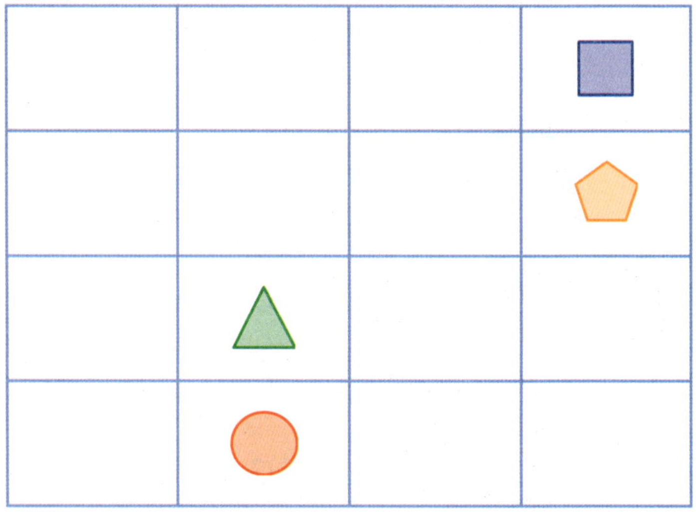

Ilustrações: Banco de imagens/Arquivo da editora

3 Na fila de um cinema havia 12 pessoas e Nara era a 8ª da fila. Em 5 minutos foram atendidas as 4 primeiras pessoas da fila, a 6ª pessoa saiu da fila e entraram mais 3 pessoas no final da fila.

a) Use objetos ou faça desenhos para representar essa situação.

b) Em que posição da fila Nara ficou? __________

c) Complete: A fila ficou com __________ pessoas.

O QUE ESTUDAMOS

Retomamos o estudo dos sólidos geométricos e, entre eles, destacamos os poliedros e os corpos redondos.

Poliedro.

Corpo redondo.

Entre os poliedros, demos destaque aos prismas e às pirâmides.

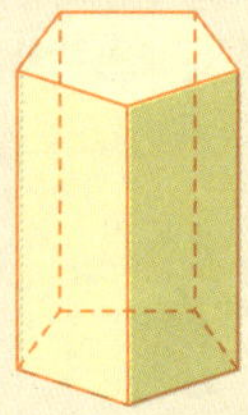

Prisma de base pentagonal.

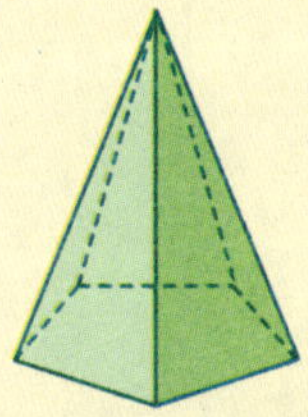

Pirâmide de base pentagonal.

Ilustrações: Banco de imagens/Arquivo da editora

Conhecemos a relação de Euler, que se verifica em poliedros como os prismas e as pirâmides: a soma do número de vértices com o número de faces é igual à soma do número de arestas com 2.

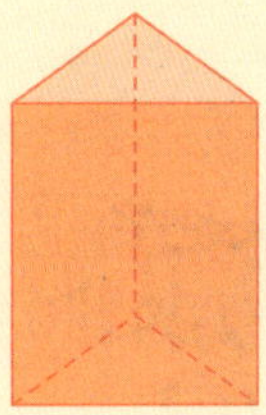

6 vértices
5 faces
9 arestas

$$\underbrace{6 + 5}_{11} = \underbrace{9 + 2}_{11}$$

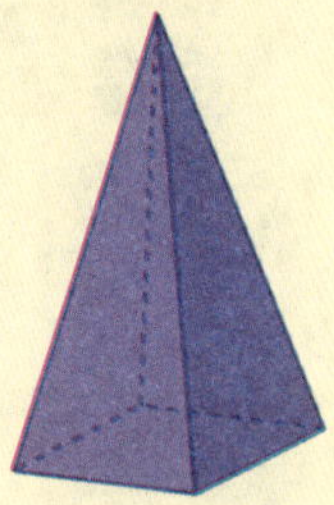

5 vértices
5 faces
8 arestas

$$\underbrace{5 + 5}_{10} = \underbrace{8 + 2}_{10}$$

Retomamos e ampliamos o estudo das regiões planas e de seus contornos, dando destaque às regiões poligonais e aos polígonos.

Região quadrada.

Seu contorno: quadrado.

Retomamos o estudo da figura geométrica chamada segmento de reta e também conhecemos as figuras geométricas reta e semirreta.

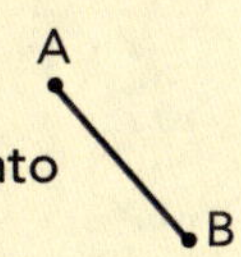

Segmento de reta $\overline{AB}$ ou $\overline{BA}$.

Semirreta $\overrightarrow{RS}$.

Reta $\overleftrightarrow{PQ}$ ou $\overleftrightarrow{QP}$.

- Você teve dúvidas em algum assunto desta Unidade?
- Suas dúvidas eram iguais às de algum colega? Não precisa ter vergonha! Pergunte para o professor até o assunto ficar esclarecido.

Unidade 3

Adição e subtração com números naturais

MEDALHAS DO BRASIL

Medalha \ Evento	Jogos Olímpicos Rio 2016	Jogos Paralímpicos Rio 2016
Ouro	7	14
Prata	6	
Bronze	6	29
Total		72

Fonte de consulta: OLYMPIC. **Results**. Disponível em: <www.olympic.org/olympic-results>. Acesso em: 5 jan. 2017.

Ricardo Chucky/Arquivo da editora
Fotos da partida de basquete feminino entre Brasil × Austrália, pelos Jogos Olímpicos do Rio de Janeiro 2016 (GettyImages/AFP), e da partida de basquete feminino em cadeira de rodas entre Brasil × Argentina, pelos Jogos Paralímpicos do Rio de Janeiro 2016 (Sputnik).
Foto Jogos Olímpicos Rio 2016 (rvlsoft/Shutterstock)
Foto Jogos Paralímpicos Rio 2016 (rvlsoft/Shutterstock)

- O que mostra esta cena?
- Quais modalidades esportivas estão retratadas nos cartazes desta cena?
- Você já assistiu a algum evento esportivo? O que achou da experiência? Conte para os colegas.

Para iniciar

Observe que estão faltando 2 números na tabela da abertura da Unidade. Para descobri-los precisamos efetuar as operações de **adição** e **subtração**.

Nesta Unidade vamos retomar e aprofundar o estudo dessas operações.

- Analise a cena das páginas de abertura desta Unidade. Converse com os colegas e respondam às questões a seguir.

Ilustrações: Estúdio Félix Reiners/Arquivo da editora

- Converse com os colegas sobre mais estas questões.

  a) Em que situações de seu dia a dia você usa a adição? E a subtração? Cite 2 exemplos para cada caso.

  b) Se você comprar esta bola e este jogo e pagar com a nota abaixo, quantos reais vai receber de troco?

As imagens não estão representadas em proporção.

Denis Kovin/Shutterstock

Bola.

Anna Chelnokova/Shutterstock

Jogo de xadrez.

Nota de 50 reais.

Reprodução/Casa da Moeda do Brasil/Ministério da Fazenda

  c) Qual é a soma de 60 e 20?

  d) Qual é a diferença entre 60 e 20?

  e) O resultado de 1 874 + 567 é 2 441.
  Como você faria para descobrir o resultado de 567 + 1 874?

Adição: algoritmos e vocabulário

1 A distância de Porto Alegre a São Paulo é de cerca de 1 109 quilômetros. A de São Paulo a Fortaleza é de cerca de 3 127 quilômetros. Qual é a distância de Porto Alegre a Fortaleza passando por São Paulo?

Julio Dian/Arquivo da editora

Mapa adaptado de: IBGE. **Atlas geográfico escolar**. 6. ed. Rio de Janeiro, 2012.

Compreender

Você sabe as distâncias de Porto Alegre a São Paulo e de São Paulo a Fortaleza. Quer saber a distância de Porto Alegre a Fortaleza passando por São Paulo.

Planejar

Nesse percurso, São Paulo está entre Porto Alegre e Fortaleza. Uma das ideias da adição é juntar. Então, devemos efetuar uma adição.

1 109 + 3 127

1 109 ↓ distância de Porto Alegre a São Paulo

3 127 ↓ distância de São Paulo a Fortaleza

Executar

Efetuamos a adição pelo algoritmo usual. Observe e complete o algoritmo usual simplificado.

UM	C	D	U
1	1	¹0	9
+ 3	1	2	7
4	2	3	6

9 + 7 = 16
16 unidades ou
1 dezena e
6 unidades

Algoritmo usual simplificado

```
    1   1   0   9   ← parcela
+   3   1   2   7   ← parcela
   ___ ___ ___ ___  ← soma ou total
```

Verificar

Para verificar se está correto, podemos efetuar a mesma adição usando o algoritmo da decomposição.

```
1000 + 100 +  0  + 9
3000 + 100 + 20  + 7
_____________________
____ + ____ + ____ + ____ = ________
```

Responder

Complete: A distância de Porto Alegre a Fortaleza passando por São Paulo é de cerca de ________ quilômetros.

2 Efetue as operações pelo algoritmo usual.

a) 233 + 167 = ________

c) 28695 + 17538 = ________

b) 149 + 7826 = ________

d) 9754 + 676 = ________

3 Responda de acordo com a atividade anterior.

a) Qual é o nome da operação efetuada em todos os itens? ________

b) Qual é o resultado no item **d**? Como se chama esse resultado?

____

c) No item **b**, o número 149 é parcela ou soma? ________

d) Como ficam as somas obtidas nos 4 itens escritas em ordem crescente?

________, ________, ________, ________.

4 **CÁLCULO MENTAL**

Descubra mentalmente o resultado destas adições.
Depois, confira, trocando ideias com os colegas.

a) 800 + 100 = ________

b) 6000000 + 1000000 = ________

c) 70 + 50 = ________

d) 200 + 1000 = ________

e) 70000 + 8000 = ________

f) 998 + 3 = ________

g) 5 + 1005 = ________

h) 4000 + 12 = ________

i) 5000 + 1281 = ________

j) 60 + 20 = ________

k) 3000 + 4000 = ________

l) 5000 + 9000 = ________

m) 500 + 20 = ________

n) 40 + 27 = ________

o) 235 + 3000 = ________

p) 75 + 300 = ________

5 DESLOCAMENTO E LOCALIZAÇÃO

Vamos descobrir qual das 3 casas é a de Lulu?

Para isso, saia do 9 e passe de um número para o seguinte adicionando 3, depois 3, depois 3, e assim por diante, até chegar à casa de Lulu.

Pinte o caminho e, depois, escreva a cor da casa de Lulu.

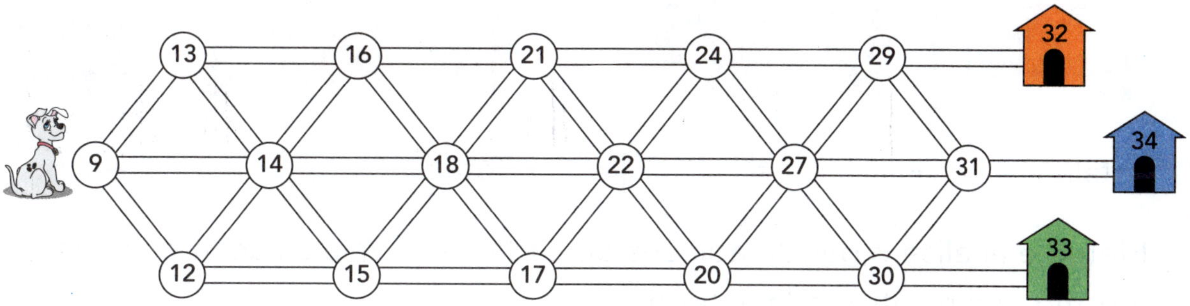

Estúdio Félix Reiners/Arquivo da editora

Cor da casa de Lulu: ____________________

6 POSSIBILIDADES

Pelo Código de Trânsito Brasileiro, quando um motorista é multado, ele recebe uma quantidade de pontos de acordo com a infração cometida. Veja no gráfico.

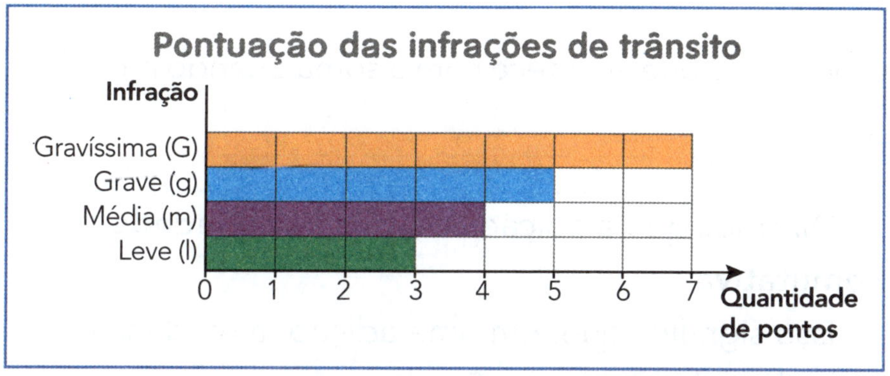

Banco de imagens/Arquivo da editora

Fonte de consulta: PALÁCIO DO PLANALTO. **Casa Civil**. Disponível em: <www.planalto.gov.br/ccivil_03/leis/l9503.htm>. Acesso em: 13 jan. 2016.

O motorista perde seu direito de dirigir se, no período de 1 ano, acumular 20 pontos ou mais. Faça um levantamento das seguintes situações.

a) Todas as possibilidades de um motorista cometer 2 infrações. Em cada possibilidade, calcule o total de pontos correspondentes. Veja algumas: lG (10 pontos), mm (8 pontos).

____

b) Uma situação em que o motorista acumule 20 pontos em 4 infrações.

____

Propriedades da adição e aplicações

1 Marcelo e Regina receberam suas mesadas. Calcule a quantia que cada um deles recebeu e registre.

As imagens não estão representadas em proporção.

Marcelo

Total: _______ + _______ = _______

Regina

Reprodução/Casa da Moeda do Brasil/Ministério da Fazenda

Total: _______ + _______ = _______

2 Efetue e analise o par de adições de cada item. Veja se acontece com elas o mesmo que na atividade anterior.

a) 3 + 4 = _______

4 + 3 = _______

b) 800 + 40 = _______

40 + 800 = _______

c) 35 + 27 = _______

27 + 35 = _______

d) 1 273 + 59 = _______

59 + 1 273 = _______

3 Agora, responda: O que acontece com a soma quando mudamos a ordem das parcelas? _______________________

A palavra **comutativa** vem do verbo **comutar**, que significa 'trocar'.

> Dizemos que a adição possui a **propriedade comutativa**.
>
> Isso significa que, em uma adição, a mudança na ordem das parcelas não altera a soma.

4 Leia e complete.

Se 28 493 + 6 775 = 35 268, então 6 775 + 28 493 = _______.

5 Veja como Rafaela usou a propriedade comutativa da adição para calcular mentalmente o valor de 3 + 748.

Depois, calcule mentalmente.

Estúdio Felix Reiners/Arquivo da editora

a) 2 + 5 788 = _______

b) 4 + 768 = _______

c) 3 + 19 999 = _______

6 Invente 3 adições para cada item, registre-as e resolva-as.

a) Com o 0 (zero) na primeira parcela. ______

b) Com o 0 (zero) na segunda parcela. ______

7 **ATIVIDADE ORAL EM GRUPO** Converse com os colegas sobre as adições que vocês inventaram na atividade anterior. Façam o mesmo com outras adições de 2 parcelas e respondam: O que acontece com a soma quando o 0 (zero) é uma das parcelas? Registrem a resposta. ______

8 Complete.

> Em uma adição com 2 parcelas, se uma delas é 0 (zero), então o resultado é ______.
>
> Por isso dizemos que a adição possui **um elemento neutro** e que o **0 (zero)** é o **elemento neutro da adição**.

9 **CÁLCULO MENTAL**

Calcule mentalmente e registre.

a) 0 + 1 345 = ______ b) 12 187 + 0 = ______ c) 365 + 0 = ______

10 **TABELA DE ADIÇÕES**

a) Complete a tabela de adições. Depois, pinte com a mesma cor os quadrinhos simétricos em relação ao eixo tracejado.

b) Como são os resultados situados em quadrinhos simétricos? Por que isso acontece?

______

______

c) Que números aparecem na linha e na coluna do 0 (zero)? Por que isso acontece?

______

______

Tabela de adições

+	0	10	200	3 000
0	0		200	
10				
200		210		
3 000			3 200	

Explorar e Descobrir

Vamos efetuar adições com mais de 2 parcelas?

André e Rita têm as quantias abaixo. Calcule a quantia de cada um deles seguindo o roteiro indicado.

André: (______ + ______) + ______

____

R$ ______

Rita: ______ + (______ + ______)

____

R$ ______

11 Efetue as adições, começando pela que está entre parênteses.

a) (3 + 5) + 2

____

3 + (5 + 2)

____

b) (317 + 3) + 25

____

317 + (3 + 25)

____

c) 20 + (40 + 60)

____

(20 + 40) + 60

____

d) 9 + (1 + 7)

____

(9 + 1) + 7

____

12 Faça o mesmo com outras adições e responda: O que acontece com a soma, na adição com mais de 2 parcelas, quando agrupamos as parcelas de maneiras diferentes? ______________

13 Agora, complete.

Em uma adição com 3 ou mais parcelas, podemos agrupar as parcelas de maneiras diferentes e a soma ______________

______________.

Por isso dizemos que a adição possui a **propriedade associativa**.

14 Efetue 50 + 30 + 20 agrupando as parcelas de 3 maneiras diferentes.

15 Em algumas adições com mais de 2 parcelas, podemos agrupar as parcelas de maneira conveniente, aplicar a propriedade associativa e efetuar o cálculo mentalmente. Veja os exemplos.

47 + 195 + 5	35 + 29 + 5	28 + 3 + 2 + 47
47 + 200	40 + 29	30 + 50
247	69	80

Agrupe de maneira conveniente e efetue mentalmente as adições.

a) 10 + 15 + 5 + 20 = ______

b) 13 + 7 + 11 + 9 = ______

c) 16 + 15 + 4 + 5 = ______

d) 185 + 78 + 15 = ______

e) 29 + 33 + 7 = ______

f) 12 + 35 + 8 + 5 = ______

16 Em uma biblioteca escolar há 47 livros de Matemática, 62 de História, 53 de Geografia e 108 de outros assuntos.
Qual é o total de livros? Calcule mentalmente usando a propriedade associativa e, depois, calcule empregando o algoritmo usual. ______

17 **DESAFIO**

Complete com >, < ou =. Atenção: nem sempre é necessário efetuar as operações indicadas.

a) 386 + 77 ______ 77 + 386

b) 4 129 + 18 ______ 4 129 + 20

c) 0 + 518 ______ 518

d) (873 + 94) + 86 ______ 873 + (94 + 86)

e) 6 000 + 328 ______ 2 167 + 2 394

f) 247 + 362 ______ 425 + 175

Subtração: algoritmos e vocabulário

1 Carlos tinha R$ 3 596,00 na poupança e tirou R$ 1 378,00 para comprar um *tablet*.
Quantos reais restaram na poupança de Carlos?

Oleksiy Mark/Shutterstock/Glow Images

Tablet.

Compreender

Você sabe que Carlos tinha R$ 3 596,00 na poupança e tirou R$ 1 378,00. Quer saber quantos reais ficaram na poupança.

Planejar

Uma das ideias da subtração é tirar uma quantidade de outra. Assim, para saber quantos reais ficaram na poupança basta efetuar a subtração 3 596 − 1 378, ou seja, dos 3 596 tirar 1 378.

Executar

	UM	C	D	U
	3	5	$\overset{8}{\cancel{9}}$	$^{1}6$
−	1	3	7	8

Efetuamos a subtração →

Como não podemos tirar 8 unidades de 6 unidades, trocamos 1 dezena por 10 unidades, ficando com 8 dezenas e 16 unidades. Depois, subtraímos as unidades, as dezenas, as centenas e as unidades de milhar.

	UM	C	D	U
	3	5	$\overset{8}{\cancel{9}}$	$^{1}6$
−	1	3	7	8
	2	2	1	8

Complete o algoritmo usual simplificado.

Algoritmo usual simplificado

	3	5	9	6	← minuendo
+	1	3	7	8	← subtraendo
	___	___	___	___	← diferença ou resto

Verificar

Para "tirar a prova" da subtração, adicionamos a diferença e o subtraendo. Se o resultado for o minuendo, então a operação está correta. Verifique ao lado.

______
+ ______
______

Responder

Escreva a resposta do problema.

____

2 Efetue as subtrações pelo algoritmo usual.

a) 23 849 − 1 643 = ________

c) 46 312 − 28 106 = ________

b) 8 509 − 741 = ________

3 Observe a atividade anterior e responda.

a) Como se chama a operação efetuada em todos os itens? ________

b) Qual é o resultado no item **b**? Como se chama esse resultado?

____

c) No item **a**, o número 1 643 é o subtraendo ou o minuendo? ________

d) Qual é o minuendo no item **b**? ________

e) Qual é a diferença no item **c**? ________

f) Como ficam as diferenças obtidas nos 3 itens escritas em ordem decrescente? ________

4 Obseve o mapa ao lado. O continente americano pode ser subdividido em: América do Norte, com cerca de 23 400 000 quilômetros quadrados (km²); América Central, com cerca de 735 600 km²; e América do Sul, com cerca de 17 800 000 km².

a) Qual das subdivisões da América tem a maior superfície? ________

b) E qual tem a menor superfície? ________

c) Qual é a diferença entre essas superfícies?

____

Continente americano

Allmaps/Arquivo da editora

Fonte de consulta: <www.mundoeducacao.bol.uol.com/geografia/os-continentes.htm>. Acesso em: 29 jul. 2017.

5 Quando o minuendo e o subtraendo são números iguais, qual é a diferença entre eles? ____________________

6 **UMA IDEIA GENIAL PARA ALGUMAS SUBTRAÇÕES**

Analise os exemplos com atenção.

3000 − 1742	1002 − 658
Tirando o mesmo valor (1) do minuendo e também do subtraendo, a diferença não muda.	Tirando 3 de 1002 e tirando 3 de 658, fazemos:
Fazemos: $\begin{array}{r} 2999 \\ -1741 \\ \hline 1258 \end{array}$	$\begin{array}{r} 999 \\ -655 \\ \hline 344 \end{array}$
Logo: 3000 − 1742 = 1258	Logo: 1002 − 658 = 344

Efetue mais estas subtrações usando o algoritmo mostrado nos exemplos acima. No item **c**, efetue também empregando o algoritmo usual.

a) 40000 − 7258 = __________

c) 903 − 276 = __________

b) 6001 − 2493 = __________

7 João comprou um terreno por R$ 12500,00. Depois de certo tempo, ele vendeu esse terreno por R$ 9730,00.

Ele teve lucro ou prejuízo? De quanto? ____________________

8 CÁLCULO MENTAL

Calcule mentalmente e anote os resultados.

a) 700 − 100 = ______

b) 4000 − 3000 = ______

c) 9000000 − 5000000 = ______

d) 60000 − 20000 = ______

e) 100 − 20 = ______

f) 3000 − 400 = ______

g) 2000 − 50 = ______

h) 7000 − 100 = ______

i) 195 − 100 = ______

j) 3426 − 10 = ______

k) 1237 − 3 = ______

l) 80 − 20 = ______

m) 300 − 90 = ______

n) 77 − 20 = ______

9 CÁLCULO MENTAL

Calcule mentalmente e complete. Indique a subtração, como no item **a**.

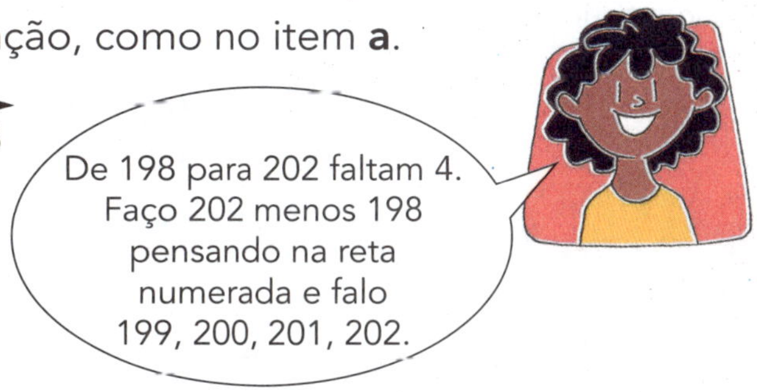

Estúdio Félix Reiners/Arquivo da editora

a) De 376 para 379 faltam 3. (379 − 376 = 3)

b) De 498 para 502 faltam ______.

c) De R$ 2993,00 para R$ 3000,00 faltam ______.

d) De 707 para 711 faltam ______.

10 PROBLEMAS

Pense e complete. Faça os cálculos mentalmente.

a) Rui tinha R$ 346,00 e gastou R$ 46,00. Agora ele tem R$ ______.

b) Paula tinha R$ 78,00 e ganhou R$ 30,00. Agora ela tem R$ ______.

c) Lucas tem R$ 742,00. Pedro tem R$ 4,00 a menos do que Lucas. Então, Pedro tem R$ ______.

d) Aldo comprou uma lavadora por R$ 990,00 e pagou com R$ 1000,00. Ele recebeu R$ ______ de troco.

e) Um comerciante investiu R$ 15200,00 na compra de brinquedos para sua loja. Com a venda de todos eles, o comerciante arrecadou R$ 17200,00. Seu lucro foi de R$ ______.

Estúdio Félix Reiners/Arquivo da editora

TECENDO SABERES

Artisticco/Shutterstock/Glow Images

Ilustração artística do Sistema Solar.

O homem e o espaço

Há pelo menos 5 mil anos, o ser humano passou a olhar para o alto a fim de ligar os pontos luminosos do céu, criando as primeiras constelações. Como essas figuras se repetiam a cada noite, em posições sutilmente diferentes, era possível usá-las como referência para se locomover, plantar, construir e até marcar épocas e estações, definindo um calendário. Desde então, povos como chineses, babilônios, maias, gregos, árabes e muitos outros estudaram o céu, observando a Lua, as estrelas e outros objetos luminosos, para tentar entender o funcionamento do mundo em que viviam. A partir daí, o conhecimento sobre o céu foi se acumulando até que esses povos descobriram um jeito de enxergar além do que o olho pode ver.

MUNDO ESTRANHO. **Ciência**. Disponível em: <www.mundoestranho.abril.com.br/ciencia/quando-o-homem-comecou-a-estudar-o-espaco>. Acesso em: 27 jul. 2017.

1 Responda.

a) O texto se refere a quais pontos luminosos?

____

____

b) No texto, Lua é escrita com letra maiúscula. Explique por quê.

____

c) **ATIVIDADE ORAL EM GRUPO** O "conhecimento sobre o céu foi se acumulando até que esses povos descobriram um jeito de enxergar além do que o olho pode ver". Como o ser humano conseguiu fazer isso? Converse com os colegas e depois registre.

d) Na sua opinião, por que o ser humano explora o Universo até hoje?

____

____

2 Ao longo da história da humanidade, muitas pessoas estudaram o Universo. Conheça uma delas.

Nicolau Copérnico (1473-1543), astrônomo e matemático polonês, sugeriu que a Terra girava em torno de si mesma e orbitava ao redor do Sol. Os gregos também já tinham dito isso. Copérnico ganhou o título de Pai da Astronomia Moderna.

GUIA DOS CURIOSOS. Disponível em: <http://guiadoscuriosos.uol.com.br/categorias/2898/1/10-homens-que-estudaram-o-universo.html>. Acesso em: 3 jan. 2017.

PoodlesRock/GraphicaArtis/Corbis/Latinstock

Nicolau Copérnico.

O movimento de rotação da Terra é o giro que o planeta realiza em torno de seu próprio eixo. Esse movimento dura aproximadamente 24 horas para se completar.

a) Quantos anos Nicolau Copérnico viveu? ______

b) Quantas horas tem 1 dia? E quantos segundos?

______

c) Qual é a relação entre o tempo que a Terra leva para dar 1 volta em torno de si mesma e o tempo de duração de 1 dia?

______

d) Decomponha o número que representa quantos segundos 1 dia tem.

______

e) Quantas ordens esse número tem? E quantas classes? ______

f) Escreva como lemos esse número.

______

g) Pesquise em um dicionário e escreva o significado de **heliocentrismo**.

______

Adição e subtração: operações inversas

1 Márcio tinha R$ 20,00. Complete.

As imagens não estão representadas em proporção.

a) Ao ganhar R$ 10,00 de seu pai, Márcio passou a ter R$ ________, pois ________ + ________ = ________.

b) Se comprar um CD de R$ 10,00, ele ficará com R$ ________, pois ________ − ________ = ________.

Reprodução Casa da Moeda do Brasil/Ministério da Fazenda

2 Veja que operações podemos fazer usando apenas os números 300, 400 e 700.

300 + 400 = 700	400 + 300 = 700	700 − 400 = 300	700 − 300 = 400

Faça o mesmo com os números de cada item.

a) 220, 300 e 520 → ________________________________

b) 1 245, 3 176 e 4 421 → ________________________________

3 **PROBLEMAS**

Resolva e responda.

a) Pensei em um número, adicionei 25 a ele e obtive 81. Em que número pensei?

____

b) Tinha uma quantia, gastei R$ 147,00 e fiquei com R$ 209,00. Que quantia eu tinha? ________________________

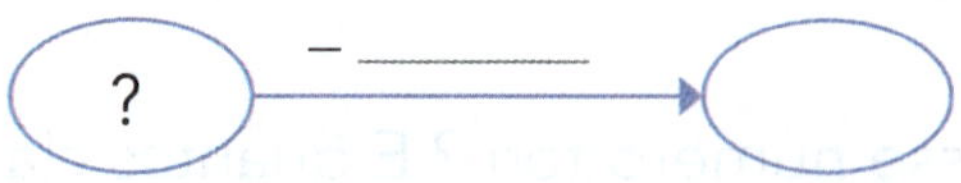

c) Na quitanda de Marta havia 1 200 laranjas no início do dia e 139 laranjas no fim do dia. Quantas laranjas foram vendidas nesse dia?

____

4 **ATIVIDADE EM DUPLA** Construam o esquema, cada um em seu livro, e descubram o número.

Pensei em um número, tirei 28, adicionei 56 e obtive 555. Em que número pensei? ______

5 Descubra os números que faltam.

a)

```
  3 5 4 6
− _______
  1 8 1 8
```

b)

```
  4 3 9 7
+ _______
  7 1 6 5
```

c)

```
  _________
− 1 2 0 4 8
  0 0 7 3 5
```

6 **CALCULADORA**

Use uma calculadora e complete com os números que faltam.

a) 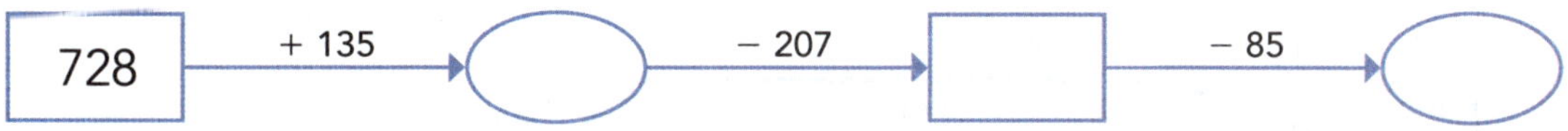

b) 

7 **CALCULADORA**

Descubra o segredo nos 2 exemplos. Depois, calcule e complete com o número correspondente a cada região pintada.

Use uma calculadora.

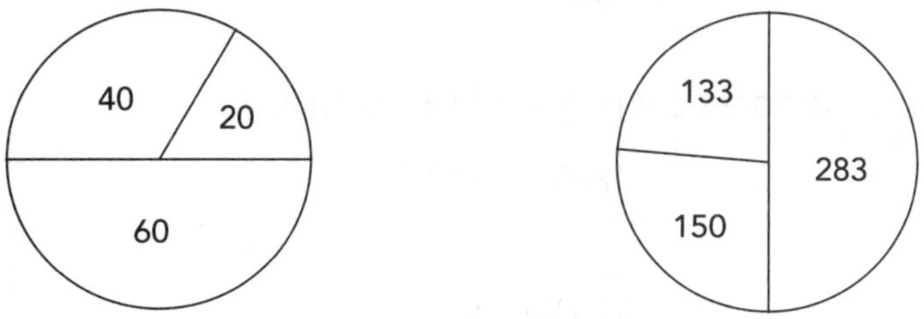

a) 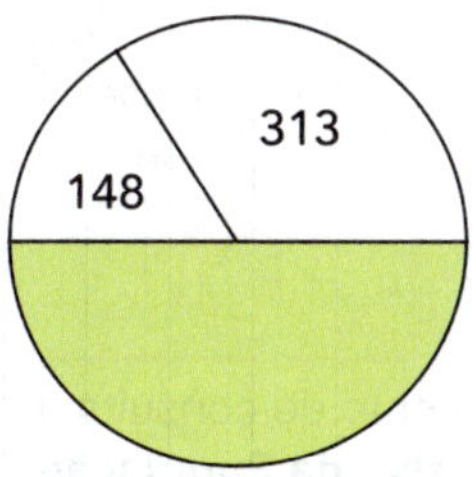

______

b) 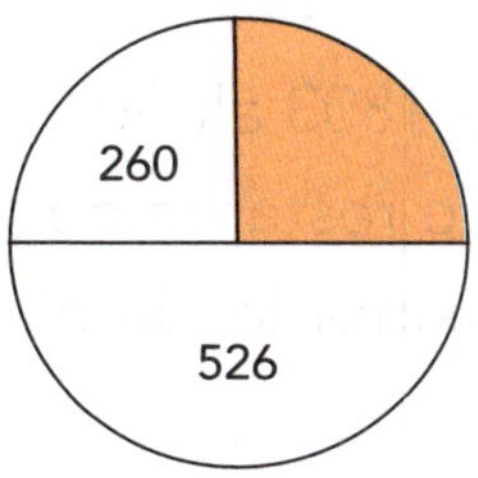

______

c) 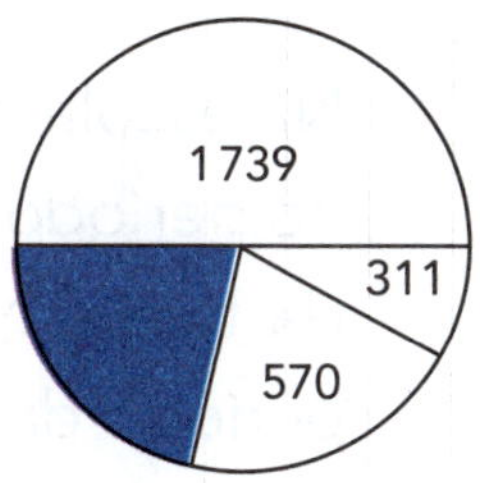

______

Ilustrações: Banco de imagens/Arquivo da editora

Arredondamento, cálculo mental e resultado aproximado

1 **ATIVIDADE ORAL EM GRUPO** Troque ideias com os colegas e justifiquem a afirmação feita pelo menino. Depois, calculem o valor exato da compra.

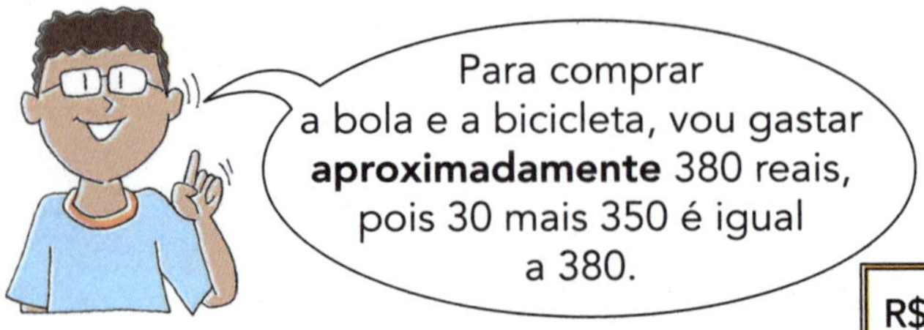

Estúdio Félix Reiners/Arquivo da editora

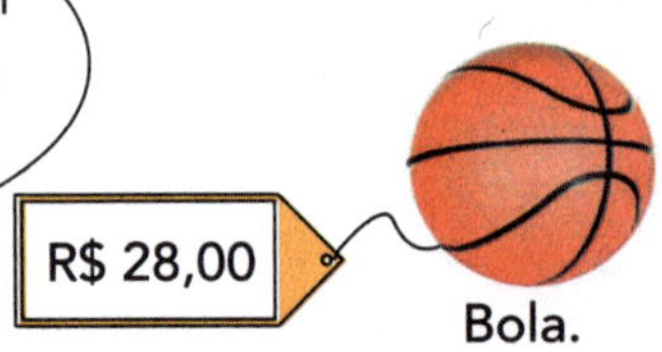

Bola.

Atunas Gabalis/Shutterstock/Glow Images

Bicicleta.

Nick0s/Shutterstock/Glow Images

As imagens não estão representadas em proporção.

2 **CALCULADORA**

Em cada item abaixo, faça arredondamentos e encontre o resultado aproximado. Pinte o quadrinho correspondente.

Depois, use uma calculadora e descubra os valores exatos de cada item.

a)

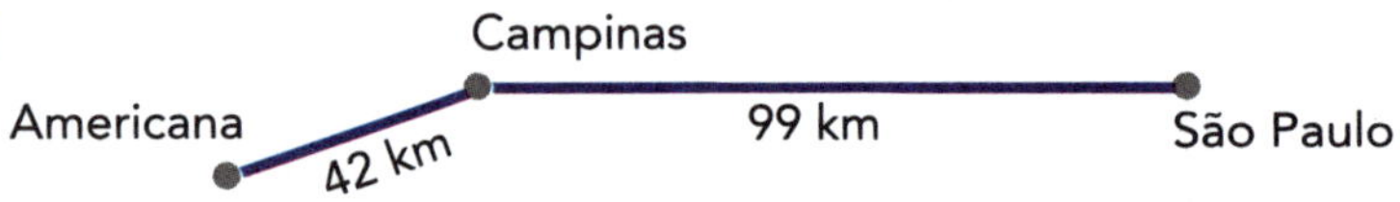

Distância aproximada entre Americana e São Paulo, passando por Campinas.

160 km | 200 km | 140 km | 180 km

b) Um jornal que tinha 12 973 assinantes fez uma promoção e passou a ter 14 008 assinantes. Número aproximado de novos assinantes.

500 | 1 000 | 1 500 | 2 000

c) População aproximada da região Sul do Brasil.

29 000 000 | 16 000 000

33 000 000 | 20 000 000

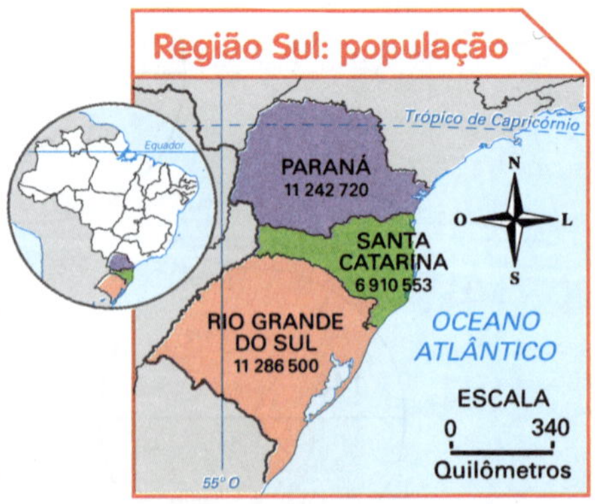

Julio Dian/Arquivo da editora

Fonte de consulta: IBGE. **Estimativa da População de 2016**. Disponível em: <www.ibge.gov.br>. Acesso em: 12 jun. 2017.

d) Na escola de Marilda há 1803 alunos. São 997 no período da manhã e o restante no período da tarde. Número aproximado de alunos no período da tarde.

800 | 900 | 1 000 | 1 100

Mais atividades e problemas

1 No dia do aniversário da cidade, a prefeitura ofereceu à população alguns eventos culturais. Veja quais foram os eventos e o número de pessoas que compareceram a cada um.

- Concerto de música: 1 390 pessoas.
- Exposição de artes: 1 230 pessoas.
- Sessão de cinema: 175 pessoas.
- Apresentação de teatro: 98 pessoas.

Eugenio Moraes/Hoje em Dia/Futura Press

Concerto de orquestra sinfônica em Belo Horizonte, Minas Gerais. Foto de 2015.

Responda.

a) Qual foi o número total de pessoas nos 4 eventos? ______

b) Quantas pessoas a mais deveriam ter ido aos eventos para que esse número chegasse a 3 000? ______

c) O concerto de música teve quantas pessoas a mais do que a exposição de artes? ______

d) **ATIVIDADE ORAL EM GRUPO (TODA A TURMA)** Você acha importante eventos culturais como esses? Já participou de algum? Converse com os colegas sobre isso e registre em seu caderno as conclusões a que chegaram.

2 Um caminhoneiro percorreu uma distância de 1 586 km em 3 etapas: 565 km na primeira etapa, 528 km na segunda e o restante na terceira.

Quantos quilômetros ele percorreu na terceira etapa? ______

3 No início da semana, Mariana tinha R$ 1 275,00 em sua conta bancária. Durante a semana ela fez uma retirada de R$ 225,00, um depósito de R$ 492,00 e outra retirada de R$ 166,00.

Qual foi seu saldo bancário no final da semana, considerando apenas esse depósito e essas retiradas? ______________

4 Será que a propriedade vista para a adição, na página 82, vale também para a subtração?

a) Calcule os resultados e complete as subtrações. Comece sempre pela subtração que está entre parênteses.

(10 − 6) − 1 = __________ 10 − (6 − 1) = __________

b) Veja a dúvida de Pedrinho e a resposta da professora.

Agora, calcule e complete as subtrações abaixo. Não se esqueça: comece sempre na subtração que está nos parênteses e, se não houver parênteses, faça as subtrações na ordem em que aparecem.

- 18 − (7 − 1) = ________
- 13 − 8 − 2 = ________
- (40 − 6) − 1 = ________

5 **CÁLCULO MENTAL**

Calcule mentalmente e complete.

Mário tinha R$ 45,00, gastou R$ 15,00 na compra de um livro e depois gastou R$ 8,00 na compra de um sorvete. Após fazer essas compras, Mário ficou com R$ __________.

6 **ATIVIDADE EM DUPLA** Descubram os pares de números em cada item, conhecendo a soma deles e a diferença entre eles. Cada aluno deve responder em seu livro.

a) Soma: 10
Diferença: 4
Números: ________ e ________

b) Soma: 46
Diferença: 2
Números: ________ e ________

c) Soma: 100
Diferença: 12
Números: ________ e ________

7 A soma da idade de Pedro e da idade de seu pai é 70 anos. A diferença entre as idades deles é 30 anos. Descubra e registre a idade de Pedro e a idade de seu pai.

____

Carme Balcells/Shutterstock/Glow Images

Pai e filho conversando.

8 **ATENÇÃO NAS COMPRAS!**

Na compra de produtos, em especial os alimentos, devemos estar atentos à data de fabricação, ao prazo de validade e à data de vencimento.

Observe o gráfico com o prazo de validade de alguns produtos.
A partir desse gráfico, complete a tabela.

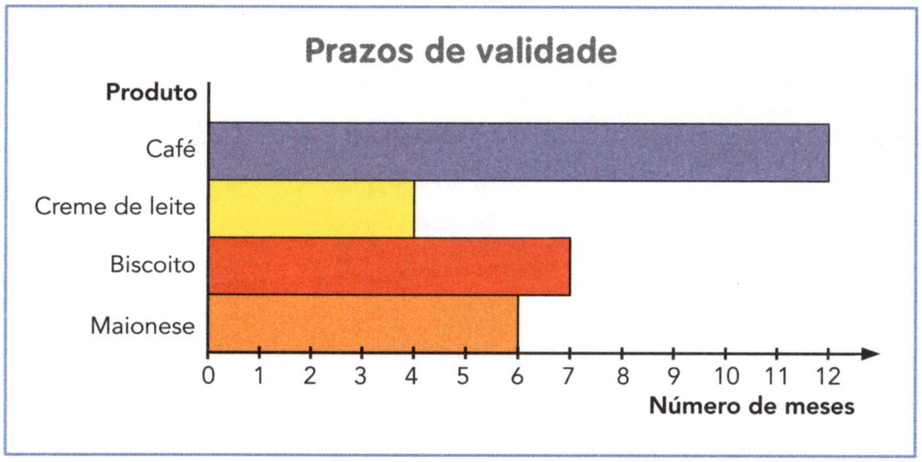

Banco de imagens/Arquivo da editora

Informações de alimentos

Produto	Data de fabricação	Data de vencimento
Café	7/9/14	
Creme de leite	25/9/14	
Biscoito		14/8/15
Maionese		18/3/15

Tabela e gráfico elaborados para fins didáticos.

9 Para arrecadar dinheiro para a festa da escola, Pedro, Mônica e Júlia rifaram um aparelho de DVD, que custou 165 reais.

A tabela mostra quanto eles arrecadaram, em reais, nas 3 semanas de venda da rifa.

Arrecadação na venda da rifa

Aluno \ Semana	1ª semana	2ª semana	3ª semana
Pedro	21 reais	45 reais	66 reais
Mônica	42 reais	60 reais	102 reais
Júlia	66 reais	48 reais	51 reais

Tabela elaborada para fins didáticos.

a) Complete a tabela da esquerda com a venda dos alunos e a da direita com a venda feita em cada semana.

Arrecadação na venda da rifa

Pedro	Mônica	Júlia

Arrecadação na venda da rifa

1ª semana	2ª semana	3ª semana

Tabelas elaboradas para fins didáticos.

b) Agora, responda de acordo com os valores obtidos. Qual foi a diferença entre a quantia do aluno que arrecadou mais e a quantia do aluno que arrecadou menos? ______

c) Qual foi a diferença entre a quantia arrecadada na 3ª semana e a quantia arrecadada na 2ª semana? ______

d) Com a arrecadação da 1ª semana foi possível cobrir o valor do aparelho? Explique.

______

e) Do total arrecadado nas 3 semanas, quanto ficou para a festa?

______

10 Júlio tem R$ 2 129,00, Márcia tem R$ 3 175,00, André tem R$ 3 279,00 e Rita tem R$ 4 325,00. Juntando os valores de 2 deles e também os valores dos outros 2, obtém-se a mesma quantia. Qual é essa quantia? ______________________

11 A partir da subtração 352 − 188 = 164, descubra mentalmente o resultado destas operações.

a) 452 − 188 = ________

b) 552 − 388 = ________

c) 352 − 198 = ________

d) 352 − 178 = ________

e) 357 − 188 = ________

f) 352 − 190 = ________

g) 362 − 188 = ________

h) 164 + 188 = ________

i) 354 − 190 = ________

j) 252 − 188 = ________

12 **MAIS CÁLCULO MENTAL**

Veja as dicas de Carlos para efetuar mentalmente 375 + 199 e 224 − 98.

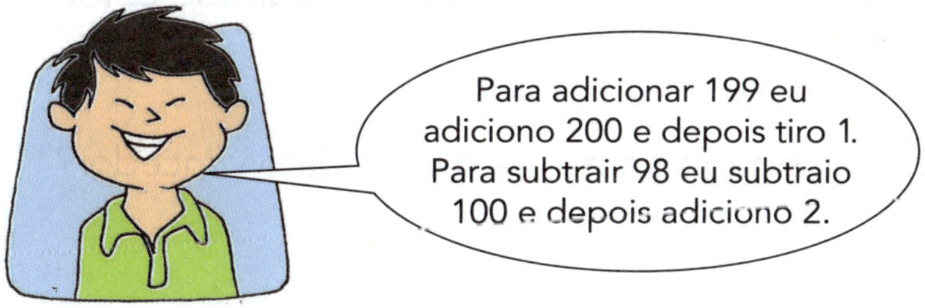

Estúdio Félix Reiners/Arquivo da editora

375 + 199 = 375 + 200 − 1 = 574
224 − 98 = 224 − 100 + 2 = 126

Faça como Carlos e efetue mentalmente as operações.

a) 277 + 198 = ________

b) 330 − 97 = ________

c) 41 − 19 = ________

13 Invente um problema cuja resolução seja feita com uma adição e uma subtração e que tenha o número 200 como resposta. Escreva, resolva e responda.

____

____

____

14 Em uma eleição, estavam inscritos 23 105 eleitores. Concorreram os candidatos **A**, **B**, **C** e **D**. Veja o resultado.

Ilustrações: Estúdio Félix Reiners/ Arquivo da editora

A 3 245 votos.

B 7 370 votos.

C 6 250 votos.

D 4 125 votos.

Votos em branco e votos nulos
1 535

- Responda.

a) Quantos eleitores votaram nessa eleição? ____________________

b) Quantos eleitores deixaram de votar? ____________________

c) Quantos foram os votos válidos nessa eleição? ____________________

d) Qual foi o candidato mais votado? Quantos votos ele teve?

____

e) Qual foi a diferença de votos entre o primeiro e o segundo colocado?

____

f) Dos votos válidos, quantos não foram para o candidato vencedor?

____

g) O vencedor teve a maioria dos votos válidos? ____________________

- Agora, complete.

Adicionando o número de votos dos candidatos ________ e ________, temos o número de votos do candidato ________.

As imagens não estão representadas em proporção.

15 **ATIVIDADE ORAL**

a) Você já acompanhou algum adulto no dia de votação de uma eleição? Qual é a importância das eleições?

b) Qual é a diferença entre **voto nulo** e **voto em branco**?

c) Como é a eleição em 2 turnos? Pesquise qual foi a última eleição para presidente do Brasil em que houve 2º turno.

Urna eletrônica.

Fabio Rodrigues Pozzebom/ABR

VAMOS VER DE NOVO?

1 Considere o número de vértices, o número de faces e o número de arestas dos sólidos geométricos ao lado. Calcule e responda.

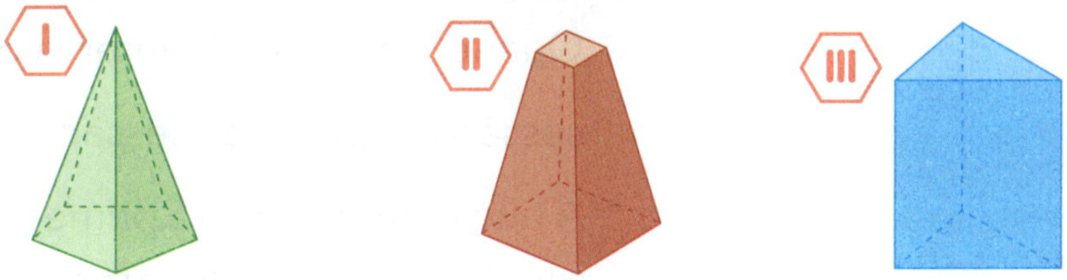

Ilustrações: Banco de imagens/Arquivo da editora

a) Em quais desses sólidos geométricos a diferença entre o número de arestas e o número de faces é 4? ______

b) Em quais deles a soma do número de vértices com o número de arestas é 15? ______

c) Em quais deles o número de arestas menos o número de vértices é igual ao número de faces menos 2? ______

2 Observe as informações de alguns pontos culminantes do mundo.

Pontos culminantes

Nome	Localização	Altitude
Mont Blanc	França e Itália	4 807 m
Everest	China e Nepal	8 848 m
Aconcágua	Argentina	6 960 m
Pico da Neblina	Brasil (serra do Imeri, Amazonas)	2 993 m

Fonte de consulta: SIMIELLI, Maria Elena. **Geoatlas**. 34. ed. São Paulo: Ática, 2013.

Ricardo Cavalcanti/Kino.com.br

Parque Nacional do Pico da Neblina, Amazonas. Foto de 2016.

Escreva o nome desses pontos culminantes em ordem decrescente de suas altitudes.

______

3 Escreva quantos eixos de simetria tem cada figura.

a)  ______

b) 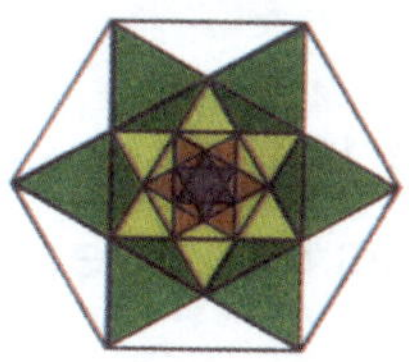 ______

c)  ______

Ilustrações: Banco de imagens/Arquivo da editora

Figuras extraídas de: SHARMAN, Lydia. **The Amazing Book of Shapes** (O surpreendente livro das formas). Londres: Dorling Kindersley, 1994.

4 Marina e sua turma vão ao cinema. Cada sessão dura 2 horas e 10 minutos.
Veja os horários de início das sessões e responda.

Douglas Galindo/Arquivo da editora

a) Qual é o tempo do intervalo entre o início de uma sessão e o início da sessão seguinte? ______

b) A que horas termina a primeira sessão? ______

c) Qual é o tempo de intervalo entre o final de uma sessão e o início da seguinte? ______

As imagens não estão representadas em proporção.

5 Examine o calendário ao lado e responda.

Dezembro						
D	S	T	Q	Q	S	S
1	2	3	4	5	6	7
8	9	10	11	12	13	14
15	16	17	18	19	20	21
22	23	24	25	26	27	28
29	30	31				

Banco de imagens/Arquivo da editora

a) Qual é a data da 3ª sexta-feira? ______

b) Qual é o dia da semana do 21º dia do mês? ______

c) Qual é a data do 2º domingo do mês? ______

d) Qual é o dia do mês e da semana do antepenúltimo dia do mês? ______

e) Em que dia desse mês começa a 4ª semana? ______

f) Das 22 horas do dia 6 até as 11 horas do dia 9 são quantas horas? ______

6 NÚMEROS E MEDIDA DE TEMPERATURA

Veja a temperatura que foi registrada em certo dia, em algumas capitais do Brasil, às 10 horas da manhã. Depois, responda às questões.

Marco Moreale/Shutterstock/Glow Images

Salvador (Bahia): 26 °C.

Cro Magnon/Alamy/Glow Images

Porto Alegre (Rio Grande do Sul): 12 °C.

Delfim Martins/Pulsar Imagens

São Paulo (São Paulo): 18 °C.

Luis Salvatore/Pulsar Imagens

Manaus (Amazonas): 30 °C.

a) Em que cidade foi registrada a temperatura mais alta? ______

b) Qual foi a temperatura mais baixa registrada? Em que cidade? ______

c) Como ficam as 4 temperaturas em ordem decrescente? ______

O QUE ESTUDAMOS

Retomamos as operações de adição e subtração: quando usá-las (as suas ideias), seus algoritmos e o nome de seus termos.

```
  1 1
  3146 ← parcela
+ 8916 ← parcela
 12062 ← soma ou total
```

```
   8 1
  2 9 46 ← minuendo
 − 371 ← subtraendo
  2575 ← diferença ou resto
```

Constatamos 2 propriedades da adição e suas aplicações.

- Sobre a ordem das parcelas:

$3 + 7 = 7 + 3$ (10 = 10) $\quad 27 + 135 = 135 + 27$ (162 = 162)

- Nas adições com mais de 2 parcelas:

$(5 + 2) + 4 = 5 + (2 + 4) = 5 + 2 + 4$

$7 + 4 = 11 \quad 5 + 6 = 11 \quad 9 + 2 = 11$

Usamos um algoritmo que facilita o cálculo das subtrações com minuendo terminado em 00, 01, 02 e 03.

$5000 - 3784$ (−1 em cada termo) → $4999 - 3783$

```
  4999
− 3783
  1216
```

Logo, $5000 - 3784 = 1216$.

Exploramos os arredondamentos, o cálculo mental e os resultados aproximados.

- 4973 + 506 → aproximadamente 5 500 (5 000 + 500 = 5 500)
- 38 944 − 20 106 → aproximadamente 19 000 (39 000 − 20 000 = 19 000)

Verificamos que a adição e a subtração são operações inversas, ou seja, o que uma faz a outra desfaz.

$40 + 12 = 52 \quad 52 - 12 = 40$

$350 - 100 = 250 \quad 250 + 100 = 350$

Resolvemos problemas envolvendo adição e subtração.

José tinha R$ 1 880,00, gastou R$ 745,00 e depois recebeu R$ 329,00. Quanto ele tem agora? R$ 1 464,00

```
   7 1            1
  1 8 8 0       1135
−   745      +   329
  1135          1464
```

- Você tem alguma técnica ou maneira especial que o ajuda a estudar?
  O importante é estudar da maneira mais agradável e produtiva para você!
  Pergunte aos colegas como eles estudam. Lembre-se: não existe maneira melhor ou pior. É importante respeitar o jeito de cada um!

Unidade 4

Multiplicação e divisão com números naturais

Ricardo Chucky/Arquivo da editora

- O que mostra esta cena?
- O que diferencia as equipes nesta cena?
- Na sua escola há eventos como este?

Para iniciar

A cena de abertura mostra as equipes do 5º ano que vão participar de um campeonato de basquete masculino. Para saber quantos alunos vão participar, efetuamos uma **multiplicação**.

Do 4º ano vão participar 35 alunos. Para saber quantas equipes serão formadas, efetuamos uma **divisão**.

As operações de multiplicação e divisão serão estudadas nesta Unidade.

- Analise a cena das páginas de abertura desta Unidade. Converse com os colegas e respondam às questões a seguir.

Ilustrações: Estúdio Félix Reiners/Arquivo da editora

- Converse com os colegas sobre mais estas questões.

  a) Se você comprar 5 dúzias de ovos, então terá comprado quantos ovos?

  b) Há quantas dúzias de laranja em uma caixa com 72 laranjas?

  c) Rosana comprou 4 cadernos de mesmo modelo e gastou R$ 28,00 com eles. Quanto ela pagaria por 3 cadernos?

  d) Qual é o produto de 60 e 20?

  e) Qual é o quociente de 60 por 20?

Hong Vo/Shutterstock

Caixa com 1 dúzia de ovos.

As imagens não estão representadas em proporção.

Stockforlife/Shutterstock

Cadernos.

Multiplicação de números naturais

As ideias da multiplicação

1 Flávia trabalhou 25 horas por semana durante 12 semanas. Quantas horas ela trabalhou nesse período?

Compreender

Você sabe que Flávia trabalhou 25 horas em cada semana e que são 12 semanas. Quer saber quantas horas ela trabalhou nas 12 semanas.

Planejar

Uma das ideias da multiplicação é juntar quantidades iguais.

Você precisa juntar 12 vezes 25 horas, ou seja, efetuar a multiplicação 12×25.

Executar

Vamos efetuar essa multiplicação de 3 modos. Complete com o que falta em cada um.

1º) Geometricamente, com uma folha de papel quadriculado. Construímos uma região retangular com 12 linhas e 25 colunas e decompomos esses números.

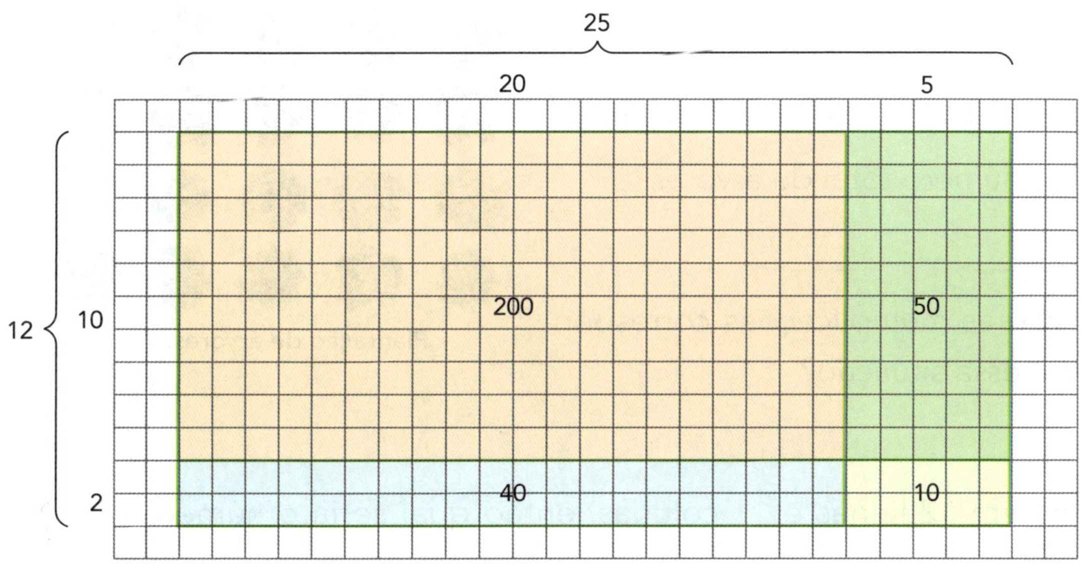

Banco de imagens/Arquivo da editora

$10 \times 20 = 200$

$10 \times 5 = 50$

$2 \times 20 = 40$

$2 \times 5 = 10$

$$\begin{array}{r} 200 \\ 50 \\ 40 \\ +\ 10 \\ \hline \underline{\qquad} \end{array}$$

2º) Decompondo os números 12 e 25.

$12 \times 25 = (10 + 2) \times (20 + 5) =$ ______ + ______ + ______ + ______ = ______

3º) Algoritmo usual.

Estúdio Félix Reiners/Arquivo da editora

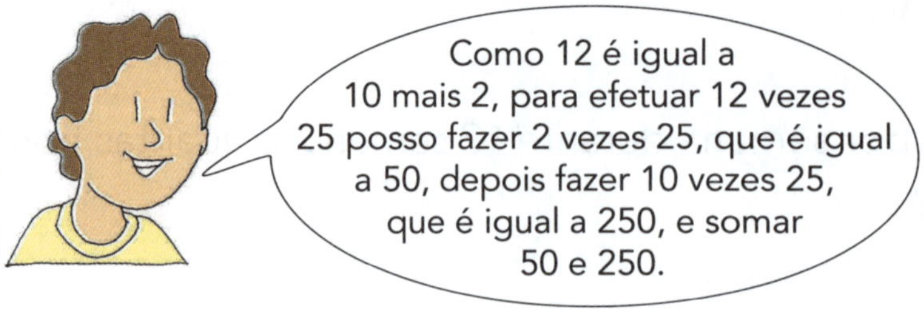

		D	U	
		[1]2	5	← fator
×		1	2	← fator
		5	0	
+	2	5	0	
				← produto

Verificar

Confirme o resultado mudando a ordem dos fatores e efetuando a multiplicação 25 × 12 pelo algoritmo usual.

Responder

Escreva a resposta. ______________________________

2 DISPOSIÇÃO RETANGULAR

As árvores nesta plantação estão em disposição retangular com 4 linhas e 5 colunas.

yanugkelid/Shutterstock

Plantação de árvores.

a) Qual é o número total de árvores?

____

b) Quais são as multiplicações correspondentes a essa situação?

____

c) E se fossem 12 linhas e 11 colunas, então qual seria o número total de árvores? ______________________________

3 NÚMERO DE POSSIBILIDADES

Uma lanchonete oferece 3 tipos de lanche no pão de forma (queijo, frango e patê de berinjela) e 4 tipos de suco de fruta (laranja, uva, morango e acerola).

Lanche de queijo e suco de laranja.

a) Quantas são as possibilidades de escolha de 1 lanche e 1 suco? ______________

b) Complete a tabela para comprovar sua resposta.

As imagens não estão representadas em proporção.

Possibilidades de escolha

Tipo de suco / Tipo de lanche	Laranja	Uva	Morango	Acerola
Queijo	**Q – L**	**Q – U**	**Q – M**	
Frango				
Patê de berinjela				

Tabela elaborada para fins didáticos.

c) E se fossem 9 tipos de lanche e 7 tipos de suco, quantas possibilidades de escolha seriam? ______________

4

Um celular é vendido à vista por R$ 350,00 ou a prazo em 3 prestações de R$ 125,00.

Qual é a diferença entre o preço total a prazo e o preço à vista?

____

5 Responda depressinha!
Quantos selos estão representados ao lado?

____

Empresa Brasileira de Correios e Telégrafos/ Departamento de Filatelia e Produtos.

Selos dos Correios.

6 O centro do Recife e bairros vizinhos são interligados por 7 pontes. As pontes 12 de setembro (**12S**), Maurício de Nassau (**MN**) e Buarque de Macedo (**BM**) ligam o bairro do Recife aos bairros de São José e Santo Antônio. As pontes 6 de março (**6M**), Boa Vista (**BV**), Duarte Coelho (**DC**) e Princesa Isabel (**PI**) ligam os bairros de São José e Santo Antônio aos bairros da Boa Vista e de Cais José Mariano. Veja a figura.

As imagens não estão representadas em proporção.

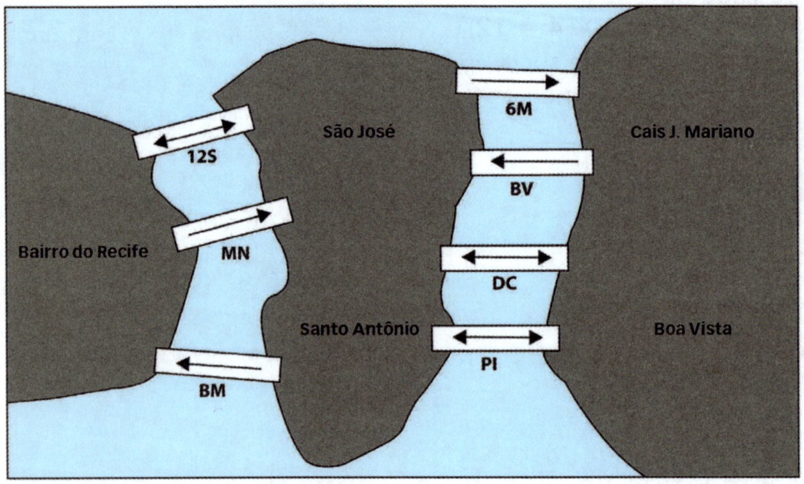

Estúdio Félix Reiners/Arquivo da editora

As setas indicam o sentido do trânsito em cada ponte, ou seja, se é mão dupla ou mão única. E, no caso de mão única, em que sentido flui o trânsito.

a) Quantos e quais são os possíveis caminhos para ir do bairro do Recife ao Cais José Mariano e ao bairro da Boa Vista, passando pelas pontes?

____

b) Quantos e quais são os possíveis caminhos para ir do Cais José Mariano e do bairro da Boa Vista até o bairro do Recife?

____

c) Quantas são as possibilidades de ir e voltar do bairro do Recife ao Cais José Mariano e ao bairro da Boa Vista, passando pelas pontes?

____

Multiplicação: algoritmo, vocabulário, cálculo mental, arredondamento e resultado aproximado

1 Patrícia decidiu decorar a parede de seu banheiro com o mesmo tipo de azulejo em 2 cores diferentes, como mostra a figura ao lado.

a) Quantos são os azulejos azuis?

____

b) Quantos são os azulejos vermelhos?

____

Les/Shutterstock

Azulejos.

c) Quantos azulejos há no total?
Calcule de 2 maneiras diferentes.

____

2 Complete a tabela de multiplicações.

Tabela de multiplicações

×	6	7	8	9	10	11
7		49				
8			64			
						99
	60					

Tabela elaborada para fins didáticos.

As imagens não estão representadas em proporção.

Estúdio Félix Reiners/Arquivo da editora

3 Faça o que se pede.

a) Calcule: $66 \times 194 =$ ______________

b) Complete: Os números 66 e 194 são chamados ______________, e o resultado, que é o número ______________, chama-se ______________.

4 Identifique a multiplicação de 2 fatores em cada caso.

a) Os 2 fatores são pares e o produto é 20. ______________

b) O 1º fator é o sucessor do 2º e o produto é 56. ______________

c) O 2º fator é 6 e o produto é 54. ______________

d) Os 2 fatores são iguais e o produto é 64. ______________

e) O 2º fator é o dobro do 1º e o produto é 50. ______________

5 ALGORITMO USUAL DA MULTIPLICAÇÃO

Observe atentamente os 2 exemplos e depois faça os demais.

$$\begin{array}{rl} & 432 \\ \times & 123 \\ \hline & {}^{1}1{}^{1}296 \longrightarrow 3 \times 432 \\ & 8640 \longrightarrow 20 \times 432 \\ + & \overset{1}{4}3200 \longrightarrow 100 \times 432 \\ \hline & 53136 \end{array} \qquad \begin{array}{rl} & 234 \\ \times & 101 \\ \hline & 234 \longrightarrow 1 \times 234 \\ & 0000 \longrightarrow 0 \times 234 \\ + & 23400 \longrightarrow 100 \times 234 \\ \hline & 23634 \end{array} \quad \text{ou} \quad \begin{array}{rr} & 234 \\ \times & 101 \\ \hline & 234 \\ + & 23400 \\ \hline & 23634 \end{array}$$

a) $143 \times 348 =$ __________ b) $241 \times 759 =$ __________ c) $102 \times 345 =$ __________

6 MULTIPLICAÇÃO E MEDIDAS

Segundo especialistas, o leite é essencial para o desenvolvimento das crianças, pois é um alimento com grande concentração de cálcio, importante na formação óssea.

Uma creche abriga 365 crianças. Durante o dia são servidos 2 copos de leite para cada criança.

Quantos copos de leite são consumidos em 2 semanas nessa creche? ______________________

Tarasyuk Igor/Shutterstock

2 copos de leite.

7 MAIS CÁLCULO MENTAL

Efetue as multiplicações mentalmente e registre-as.
Depois, confira os resultados com os colegas.

a) $10 \times 7 =$ ______
b) $100 \times 7 =$ ______
c) $1\,000 \times 7 =$ ______
d) $10\,000 \times 7 =$ ______
e) $45 \times 10 =$ ______
f) $45 \times 100 =$ ______
g) $45 \times 1\,000 =$ ______
h) $50 \times 1\,000 =$ ______
i) $400 \times 10 =$ ______
j) $400 \times 12 =$ ______
k) $30 \times 20 =$ ______
l) $600 \times 40 =$ ______
m) $40 \times 12 =$ ______
n) $80 \times 50 =$ ______
o) $3 \times 600 =$ ______
p) $2\,000 \times 7 =$ ______
q) $5 \times 400 =$ ______
r) $9 \times 20\,000 =$ ______
s) $300 \times 300 =$ ______
t) $8 \times 90 =$ ______
u) $80 \times 90 =$ ______

8 Responda depressinha!

a) Quantos anos há em 20 séculos? ______
b) Quantos metros há em 12 quilômetros? ______
c) Quantos minutos há em 4 horas? ______

tehn/Shutterstock

Cronômetro de uso culinário.

9 DESAFIO

Uma curiosa maneira de multiplicar!
Analise os 2 exemplos para descobrir como se faz. Depois, efetue as outras 2 multiplicações usando esse método e confira o resultado pelo algoritmo usual.

6×47

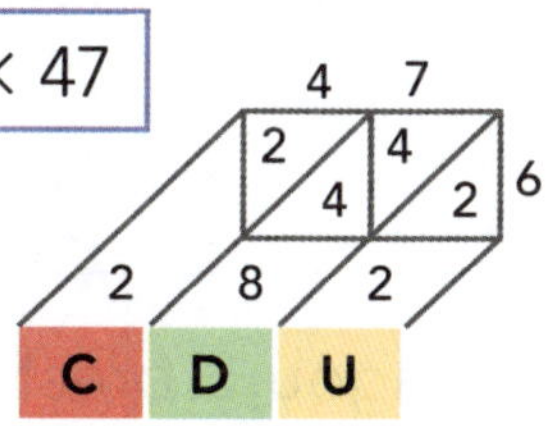

14×58

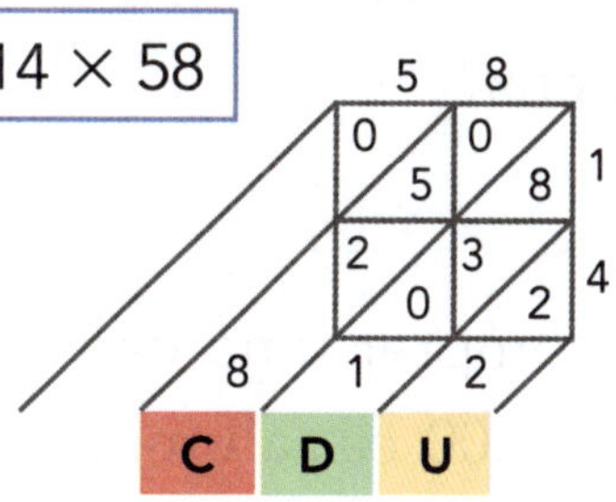

a) $4 \times 73 =$ ______

b) $93 \times 65 =$ ______

Blusas.

10 ARREDONDAMENTO E RESULTADO APROXIMADO

Se Diná vender as 3 blusas em sua loja, então ela vai receber aproximadamente R$ 120,00. Arredondamos o 39 para 40 e multiplicamos: $3 \times 40 = 120$.

Faça arredondamentos e pinte apenas o quadro com o número mais próximo do resultado. Depois, confira suas escolhas com as de um colega.

a) 19×987 → 2 000 | 20 000 | 200 000

b) 2×38 → 70 | 50 | 80

c) 41×59 → 2 400 | 240 | 2 000

d) 2003×3999 → 800 000 | 8 000 | 8 000 000

11 Resolva cada problema e registre como você pensou.

a) Cada caderno custa R$ 4,90 e cada pasta custa R$ 2,05. Luciana tem R$ 20,00 e pretende comprar 2 cadernos e 3 pastas. Com isso, quanto vai sobrar aproximadamente?

____

b) A distância entre as cidades paranaenses de Cascavel e Curitiba é 498 km. O pai de Raquel vai e volta com seu carro, de Cascavel a Curitiba, 4 vezes por mês. No total, quantos quilômetros ele percorre aproximadamente nas 4 viagens?

____

c) Para comprar uma caminhonete, uma empresa pagou 5 prestações de R$ 7 948,00 cada uma. Para comprar um trator, ela pagou 6 prestações de R$ 9 050,00 cada uma.

- Nas compras da caminhonete e do trator, quanto aproximadamente a empresa gastou?

____

- Quanto aproximadamente o trator custou a mais do que a caminhonete?

____

Propriedades da multiplicação e suas aplicações

1 **ATIVIDADE EM DUPLA** Vocês já viram algumas propriedades da adição, nas páginas 82 a 85. Agora vão verificar se essas propriedades valem ou não para a multiplicação. Inventem exemplos até chegarem a uma conclusão e depois respondam às questões propostas, cada um em seu livro.

a) A multiplicação possui a propriedade comutativa? ______________

b) A multiplicação possui elemento neutro?

Se sim, então qual é ele? ______________

c) A multiplicação possui a propriedade associativa? ______________

2 **MAIS UMA PROPRIEDADE DA MULTIPLICAÇÃO**

a) Observe os exemplos. Depois, efetue as outras multiplicações.

$5 \times 0 = 0 + 0 + 0 + 0 + 0 = 0$

$0 \times 2 = 2 \times 0 = 0 + 0 = 0$

$4 \times 0 =$ ____

$0 \times 1 =$ ____

$0 \times 3 =$ ____

$7 \times 0 =$ ____

b) Agora, responda: O que acontece em todas as multiplicações que têm o 0 (zero) como um dos fatores? ______________

3 Responda depressinha!

Qual é o resultado de $(77 \times 85) \times 0$? ______________

4 **ATIVIDADE ORAL EM GRUPO** Analisem os quadros e verifiquem se as afirmações confirmam as conclusões a que vocês chegaram nas atividades da página anterior.

- **Propriedade comutativa da multiplicação**
  A mudança na ordem dos fatores não altera o produto.
  Exemplo: $8 \times 7 = 56$ e $7 \times 8 = 56$, ou seja, $8 \times 7 = 7 \times 8$.

- **Propriedade associativa da multiplicação**
  Em uma multiplicação com três ou mais fatores, agrupando os fatores de maneiras diferentes, o produto não muda.
  Exemplo: $3 \times (5 \times 4) = (3 \times 5) \times 4$
  $3 \times 20 \qquad 15 \times 4$
  $60 \qquad 60$

- **O 1 é o elemento neutro da multiplicação**
  Se um dos fatores é 1, então o produto é igual ao outro fator.
  Exemplos: $75 \times 1 = 75$
  $1 \times 419 = 419$

- **Propriedade do zero na multiplicação**
  Se um dos fatores é zero, então o produto é zero.
  Exemplos: $39 \times 0 = 0$
  $0 \times 428 = 0$

5 A professora Marta passou este desafio à turma: calcular o valor de $7 \times 9 \times 13$.
Veja como alguns alunos fizeram.

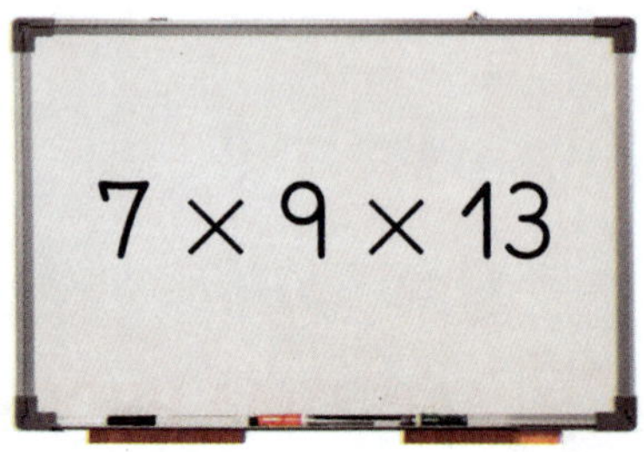

Denis Chernousov/Shutterstock
Lousa.

- Lucas multiplicou 7 por 9 e depois multiplicou 13 pelo resultado obtido.
- Carina multiplicou 9 por 13 e depois multiplicou 7 pelo resultado obtido.
- Marcela multiplicou 7 por 13 e depois multiplicou 9 pelo resultado obtido.

a) É possível afirmar que as 3 crianças chegaram ao mesmo resultado final? Por que isso aconteceu?

____

b) Efetue as multiplicações como as 3 crianças fizeram e veja o que acontece com os resultados.

____

6 Complete usando a propriedade do elemento neutro da multiplicação e a propriedade do 0 (zero) na multiplicação.

a) $47 \times 1 =$ ________

b) $0 \times 96 =$ ________

c) $1 \times 189 =$ ________

d) $61 \times 0 =$ ________

e) $1\,234 \times 0 =$ ________

f) ________ $\times 87 = 87$

7 Observe os botões desta cartela.

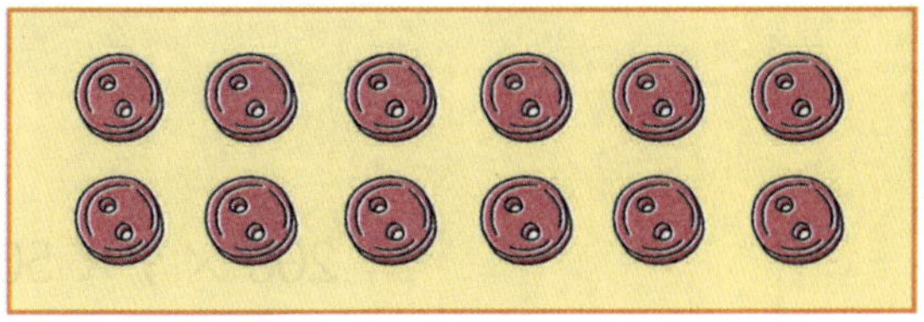

Estúdio Félix Reiners/Arquivo da editora

a) Indique as multiplicações que podemos efetuar para descobrir o total de botões.

- São 2 linhas com 6 botões em cada linha.

  ______ × ______ = ______

- São 6 colunas com 2 botões em cada coluna.

  ______ × ______ = ______

b) Agora, responda: Esta atividade confirma qual das propriedades da multiplicação? ________________________________

8 Desenhe e indique a multiplicação que podemos efetuar para descobrir a área de cada região plana. Considere  como 1 unidade de área.

a) Uma região retangular com 2 linhas e 3 colunas da malha quadriculada.

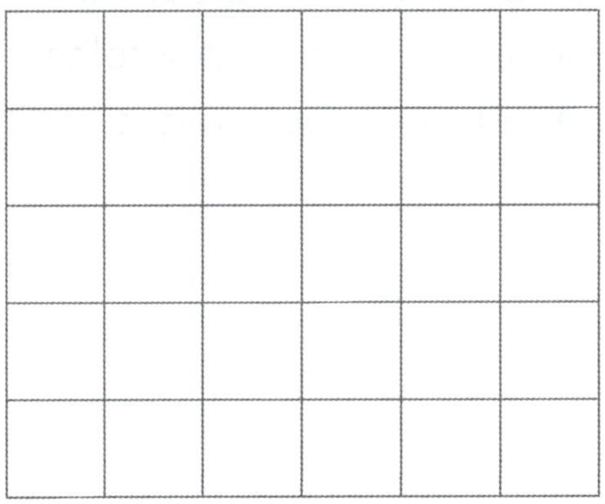

Área: ______ × ______ = ______

b) Uma região retangular com 3 linhas e 2 colunas da malha quadriculada.

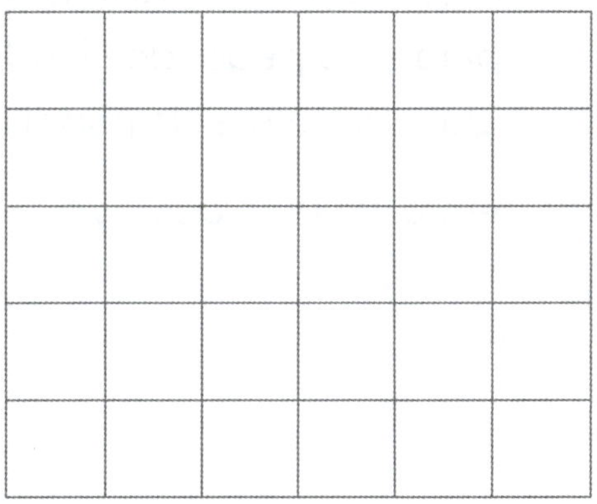

Ilustrações: Banco de imagens/Arquivo da editora

Área: ______ × ______ = ______

9 Observe como o uso das propriedades facilita alguns cálculos.

$47 \times \underbrace{4 \times 250}_{1000} = 47\,000$

$257 \times 2 = 2 \times 257 = 514$

Agora é sua vez! Efetue usando as propriedades da multiplicação e indique a ordem em que você efetuou as multiplicações.

a) $4 \times 39 \times 25 =$ ______________

d) $3 \times 100 \times 22 =$ ______________

b) $200 \times 9 \times 50 =$ ______________

e) $35 \times 200 \times 5 =$ ______________

c) $186 \times 3 =$ ______________

f) $999 \times 2 =$ ______________

10 **DESAFIO**

Imagine que você tivesse uma calculadora com defeito e que ela só efetuasse a operação de adição. Como você faria para descobrir com ela o resultado de $2\,748 \times 4$? ______________________________

11 Para os alunos do 5º ano **A** e do 5º ano **B** trabalharem com sólidos geométricos, o professor Edu distribuiu cópias dos moldes das planificações do cubo, do paralelepípedo, do cilindro e do cone, colocando 1 molde por folha.

Quantas folhas de papel o professor Edu distribuiu, sabendo que há 35 alunos em cada uma dessas turmas? ______________

Múltiplo de um número natural

Estúdio Félix Reiners/Arquivo de editora

Ao ser ligado, o trem de brinquedo de Pedro apita de 10 em 10 minutos.

Considerando o **0** (zero) como ponto de partida, ele apitará depois de **10** minutos, **20** minutos, **30** minutos, **40** minutos, e assim por diante.

> Esta sequência de números — 0, 10, 20, 30, 40, ... — é chamada **sequência dos múltiplos de 10**, que indicaremos assim:
>
> M(10): 0, 10, 20, 30, 40, 50, ...

Os três pontinhos indicam que a sequência não tem fim, continua sempre.

1 O trem de brinquedo de Carla apita de 8 em 8 minutos após ser ligado.

a) Complete: O trem de Carla apita no ponto de partida (0) e também depois de 8 minutos, ______ minutos, ______ minutos, ______ minutos, ______ minutos, e assim por diante.

Sequência de números: 0, 8, ______, ______, ______, ______, ...

b) Agora, responda: Como se chama essa sequência de números?

____

c) Como é indicada essa sequência? ______________________________

d) Se o trem de Pedro e o de Carla forem ligados juntos, então quantos minutos depois da partida apitarão ao mesmo tempo pela primeira vez?

____

2 Veja o preço dos livros.

a) Complete a tabela com o preço dos livros de acordo com a quantidade.

Preço dos livros

Quantidade de livros	0	1	2	3	4	5	6
Preço (em reais)	0	12					

Tabela elaborada para fins didáticos.

As imagens não estão representadas em proporção.

Estúdio Félix Reiners/Arquivo de editora

b) O que representam os números da segunda linha da tabela?

____

3 A professora Cármen pediu a seus alunos que determinassem os primeiros múltiplos de 15.

a) Pedro efetuou só multiplicações. Faça como Pedro e complete.

M(15): _____, _____, _____, _____, _____, _____, _____, ...

b) Márcia efetuou só adições. Faça como Márcia e complete.

M(15): _____, _____, _____, _____, _____, _____, _____, ...

4 MAIS MÚLTIPLOS

a) Faça da maneira que quiser e registre.

- Múltiplos de 3: ______________________________
- Múltiplos de 6: ______________________________
- Múltiplos de 25: ______________________________
- M(50): ______________________________
- M(7): ______________________________
- M(29): ______________________________

b) Agora, responda: Qual número aparece em todas as sequências? __________

5 FAÇA DO SEU JEITO!

Descubra e responda. Depois, veja como os colegas fizeram.

a) 42 é múltiplo de 6? __________

b) 26 é múltiplo de 4? __________

c) 405 é múltiplo de 9? __________

d) 18 é múltiplo de quais números? ______________________________

Divisão de números naturais

As ideias da divisão

1 Em uma fábrica trabalham 456 funcionários, distribuídos igualmente em 3 setores. Quantos funcionários trabalham em cada setor?

Compreender

Você sabe que há 456 funcionários na fábrica e que eles estão distribuídos igualmente em 3 setores. Quer saber quantos funcionários há em cada setor.

Planejar

Uma das ideias da divisão é repartir igualmente. Então, para resolver esse problema, você deve efetuar a divisão 456 ÷ 3.

Executar

Vamos efetuar essa divisão pelo algoritmo usual. Observe e, depois, copie no caderno o algoritmo usual simplificado.

C D U
4 5 6 | 3
− 3 | 1 (C D U)
1

4 C ÷ 3 = 1 C. Sobra 1 C.

C D U
4 5 6 | 3
− 3 | 1 5 (C D U)
1 5
− 1 5
0 0

1 C = 10 D
+ 5 D
15 D
15 D ÷ 3 = 5 D
Não sobra dezena.

C D U
4 5 6 | 3
− 3 | 1 5 2 (C D U)
1 5
− 1 5
0 0 6
− 6
0

6 U ÷ 3 = 2 U.
Não sobra unidade.
A divisão 456 ÷ 3 é exata (resto 0).

Algoritmo usual simplificado

dividendo → 4 5 6 | 3 ← divisor
0 | 1 5 2 ← quociente
↑
resto

456 ÷ 3 = 152

Verificar

Para tirar a prova da divisão exata 456 ÷ 3 = 152, fazemos a multiplicação do divisor pelo quociente e obtemos o dividendo. Verifique.

1 5 2
× 3
_____

Responder

Registre a resposta. ______________________________

2 Efetue as divisões pelo algoritmo usual.

a) 868 ÷ 4 = ________ **b)** 1 736 ÷ 2 = ________ **c)** 912 ÷ 3 = ________

Estúdio Félix Reiners/Arquivo de editora

3 Veja a resolução do seguinte problema.

Em uma padaria as broas de milho serão embaladas em pacotes com 6 broas em cada um. Quantos pacotes serão obtidos com 136 broas? Temos aqui uma situação que envolve outra ideia da divisão: a de "medida" ou de "Quantos cabem?". Devemos efetuar 136 ÷ 6 para saber quantos grupos de 6 cabem em 136.

Pelo algoritmo usual.

	C	D	U			
	1	3	6	6		
−	1	2		0	2	2
	0	1	6	C	D	U
	−	1	2			
		0	4			

Temos aqui uma divisão não exata. Indicamos assim:

136 ÷ 6 = 22 e resto 4

Sua verificação:

$$\begin{array}{r} \overset{1}{2}2 \\ \times\ 6 \\ \hline 132 \end{array} \qquad \begin{array}{r} 132 \\ +\ 4 \\ \hline 136 \end{array}$$

Então serão obtidos 22 pacotes e sobrarão 4 broas de milho sem embalar.

Agora, efetue as divisões pelo algoritmo usual e faça a verificação.

a) 727 ÷ 2 = ________ **b)** 1 085 ÷ 5 = ________ **c)** 95 ÷ 3 = ________

4 PROBLEMAS

Leia, pense e resolva.

a) Roberto distribuiu certa quantia entre seus 5 sobrinhos. Cada um recebeu R$ 48,00 e Roberto ainda ficou com R$ 43,00. Que quantia ele tinha?

____

b) Emília comprou 5 m de tecido e pagou R$ 190,00. Quanto ela pagaria por 4 m?

____

Karan Miri/Shutterstock/Glow Images

Material de corte e costura.

c) Cláudio tem 2 notas de R$ 20,00, 2 notas de R$ 10,00 e algumas notas de R$ 5,00. No total, ele tem R$ 135,00. Quantas são as notas de R$ 5,00?

____

d) Na turma de José há 16 meninas, e o total de alunos é 36. Quantas equipes de basquete é possível formar só com os meninos?

____

e) Cada garrafa de água de coco custa R$ 6,00. Quantas garrafas de água de coco a turma de Lucas pode comprar com R$ 55,00?

____

f) Quantas semanas completas têm os meses de junho e julho juntos?

____

Divisão: cálculo mental, arredondamento e resultado aproximado

1 CÁLCULO MENTAL

Observe os exemplos.

$90 \div 3 \rightarrow 9$ dezenas $\div 3 = 3$ dezenas $= 30$
ou
$90 \div 3 = 30$, porque $30 \times 3 = 90$ ou porque $3 \times 30 = 90$.

$5\,400 \div 9 \rightarrow 54$ centenas $\div 9 = 6$ centenas $= 600$
ou
$5\,400 \div 9 = 600$, porque $9 \times 600 = 5\,400$.

$25\,000 \div 5 \rightarrow 25$ milhares $\div 5 = 5$ milhares $= 5\,000$
ou
$25\,000 \div 5 = 5\,000$, porque $5 \times 5\,000 = 25\,000$.

Agora, calcule mentalmente, anote o resultado e depois confira com os colegas.

a) $60 \div 3 =$ ______
$600 \div 3 =$ ______
$6\,000 \div 3 =$ ______
$60\,000 \div 3 =$ ______

b) $56 \div 7 =$ ______
$560 \div 7 =$ ______
$5\,600 \div 7 =$ ______
$56\,000 \div 7 =$ ______

c) $800 \div 4 =$ ______

d) $24\,000 \div 8 =$ ______

e) $72\,000 \div 9 =$ ______

f) $6\,300 \div 7 =$ ______

2 Responda depressinha!

a) Distribuindo igualmente 200 folhas de papel sulfite para 4 equipes, quantas folhas cada equipe receberá? ______

b) Se em cada vasilhame cabem 5 litros de água, então com 100 litros de água podemos encher quantos vasilhames? ______

3 MAIS CÁLCULO MENTAL

Observe os exemplos.

$320 \div 40 = 8$, porque $8 \times 40 = 320$	$4\,500 \div 90 = 50$
$6\,000 \div 3\,000 = 2$, porque $2 \times 3\,000 = 6\,000$	$12\,000 \div 400 = 30$

Agora, efetue as divisões mentalmente, registre os resultados e depois confira com os colegas.

a) $800 \div 20 =$ ______
b) $700 \div 70 =$ ______
c) $100\,000 \div 20 =$ ______
d) $5\,400 \div 60 =$ ______
e) $80\,000 \div 4\,000 =$ ______
f) $30\,000 \div 500 =$ ______
g) $3\,000 \div 50 =$ ______
h) $90\,000 \div 300 =$ ______
i) $60\,000 \div 60 =$ ______

4 Responda depressinha!

Com os 120 alunos de 5º ano de uma escola foram formadas turmas com 30 alunos cada uma. Quantas turmas foram formadas? ______

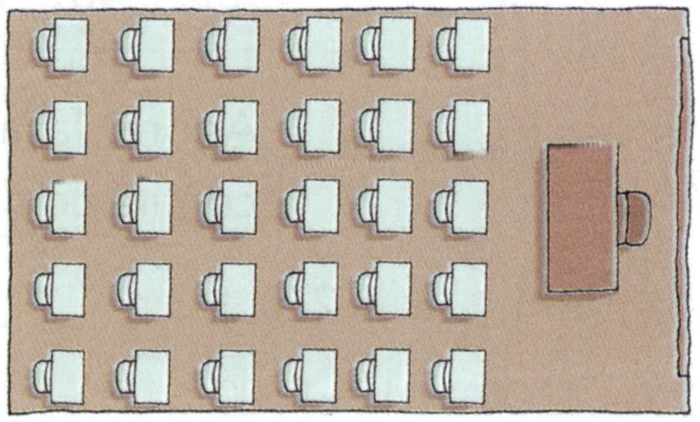

Estúdio Félix Reiners/Arquivo da editora

5 Veja outro exemplo de divisão resolvida mentalmente.

$515 \div 5 = ?$

Como $515 = 500 + 15$, podemos fazer:

$515 \div 5$ → $500 \div 5 = 100$ e $15 \div 5 = 3$ → $515 \div 5 = 100 + 3 = 103$

Agora, resolva mais estas divisões.

a) $321 \div 3 =$ ______
b) $735 \div 7 =$ ______
c) $929 \div 9 =$ ______
d) $832 \div 4 =$ ______

6 Efetue mentalmente e registre.

a) $80 + 20 =$ ______
b) $80 - 20 =$ ______
c) $80 \times 20 =$ ______
d) $80 \div 20 =$ ______
e) $20\,000 + 2\,000 =$ ______
f) $20\,000 \div 2\,000 =$ ______

7 ARREDONDAMENTO E RESULTADO APROXIMADO

As imagens não estão representadas em proporção.

Estúdio Félix Reiners/Arquivo da editora

Veja mais exemplos de arredondamento e divisão com quociente aproximado.

> $806 \div 8 \rightarrow$ Arredondando: $800 \div 8 = 100$ (resultado aproximado de $806 \div 8$)
> $320 \div 79 \rightarrow 320 \div 80 = 4$
> $14\,987 \div 489 \rightarrow 15\,000 \div 500 = 30$

Agora, faça arredondamentos, calcule os resultados aproximados, anote e confira com os colegas.

a) $271 \div 3 \rightarrow 270 \div 3 =$ ____________

b) $1\,000 \div 11 \rightarrow 1\,000 \div 10 =$ ____________

c) $99 \div 20 \rightarrow$ ____________

d) $598 \div 19 \rightarrow$ ____________

e) $1\,211 \div 29 \rightarrow$ ____________

f) $4\,978 \div 51 \rightarrow$ ____________

g) $20\,034 \div 999 \rightarrow$ ____________

h) $99\,679 \div 9\,895 \rightarrow$ ____________

8 Responda depressinha!

Laura vai guardar 396 bombons artesanais em caixas com 18 bombons. Ela precisará de aproximadamente quantas caixas? ____________

9 CALCULADORA

Maria e sua irmã vão visitar uma tia que mora em outro estado. Elas compraram as passagens aéreas de ida por R$ 799,00 e as passagens de volta em uma promoção, por R$ 405,00. O total da compra será pago em 4 prestações iguais.

a) Faça arredondamentos e calcule mentalmente o valor aproximado de cada prestação. ____________

b) Use uma calculadora, descubra o valor exato de cada prestação e verifique se está próximo do valor aproximado do item **a**. ____________

Divisão e multiplicação: operações inversas

1 Observe as operações que podemos escrever com os números 40, 50 e 2000.

$40 \times 50 = 2000$ | $50 \times 40 = 2000$ | $2000 \div 50 = 40$ | $2000 \div 40 = 50$

Faça o mesmo com os números de cada item.

a) 5, 11 e 55 ____________________

b) 20, 30 e 600 ____________________

2 Descubra os números desconhecidos e complete as divisões. Registre também as operações que você efetuou para descobrir os números desconhecidos.

a) 80 ÷ □ = 40

b) □ ÷ 6 = 60

c) □ | 3 — resto 0, quociente 200

d) 8 100 | □ — resto 0, quociente 90

3 **PROBLEMA**

Se triplicar a quantia que tem, então Pedro ficará com R$ 120,00. Quanto ele tem? ____________________

4 **CALCULADORA**

Use a multiplicação para descobrir qual das divisões abaixo está correta. Depois, confira essa divisão com a calculadora e pinte seu quadrinho.

$1863 \div 39 = 47$ | $1833 \div 39 = 47$ | $1813 \div 39 = 47$

5 **DESAFIO**

a) Pensei em um número, dividi por 7, multipliquei o resultado por 8 e obtive 96. Complete o esquema e responda: Em que número pensei? _____

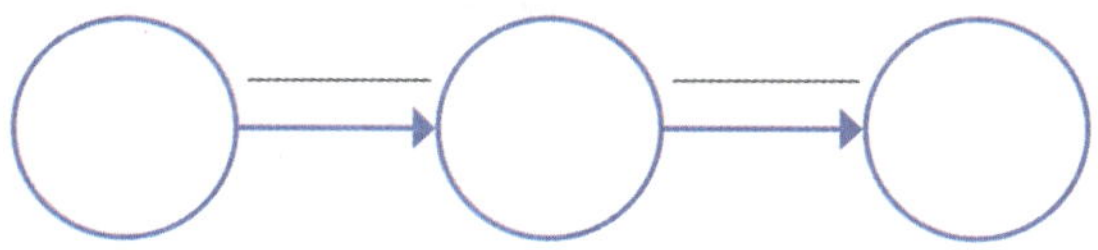

b) Pensei em um número. Multipliquei esse número por 20. Dividi o resultado por 3. Depois, subtraí 9 e obtive 31. Em que número pensei? _______

Algoritmos da divisão

Algoritmo usando a operação inversa

Gyorgy Barna/Shutterstock/Glow Images

Buquê com 1 dúzia de flores.

1 Quantas dúzias de flores um florista pode separar, no máximo, quando tem 84 flores?

Precisamos resolver a divisão 84 ÷ 12.

Estúdio Félix Reiners/Arquivo da editora

Verificamos que número devemos multiplicar por 12 para obter resultado 84 ou chegar mais próximo de 84 sem ultrapassá-lo.

Complete.

As imagens não estão representadas em proporção.

$$\begin{array}{r} 12 \\ \times\ 5 \\ \hline \_\_\_ \end{array} \qquad \begin{array}{r} 12 \\ \times\ 6 \\ \hline \_\_\_ \end{array} \qquad \begin{array}{r} 12 \\ \times\ 7 \\ \hline \_\_\_ \end{array}$$

84 ÷ 12 = ______

Com 84 flores, o florista pode separar, no máximo, ______ dúzias de flores.

2 Quantas dúzias seriam se, na situação anterior, o florista tivesse 100 flores? Devemos efetuar 100 ÷ 12. Observe e complete.

$$\begin{array}{r} {}^{1} \\ 12 \\ \times\ 7 \\ \hline 84 \end{array} \qquad \begin{array}{r} {}^{1} \\ 12 \\ \times\ 8 \\ \hline 96 \end{array} \qquad \begin{array}{r} {}^{1} \\ 12 \\ \times\ 9 \\ \hline 108 \end{array} \text{ (passa de 100)}$$

$$100 \ \underline{|\ 12\ }$$

Então, 100 ÷ 12 = ______ e resto ______.

Resposta: ______________________________

____

3 Efetue as divisões usando a operação inversa.

a) 78 ÷ 13 = ______ **b)** 113 ÷ 14 = ______ **c)** 484 ÷ 44 = ______

Algoritmo das estimativas

1 **ATIVIDADE ORAL EM GRUPO** O dono de uma loja comprou 21 bonecas de mesmo preço por R$ 756,00. Quanto custou cada boneca?

Para responder a essa questão, devemos efetuar a divisão 756 ÷ 21.

Veja como efetuar usando o algoritmo das estimativas.

756	21
− 420	20
336	10
− 210	5
126	1 +
− 105	36
021	
− 21	
00	

Quantas vezes 21 cabe em 756?
Estimamos 20 e fazemos 20 × 21 = 420.
Quantas vezes 21 cabe nos 336 que restaram?
Estimamos 10 e fazemos 10 × 21 = 210.
Quantas vezes 21 cabe nos 126 que restaram?
Estimamos 5 e fazemos 5 × 21 = 105.
Quantas vezes 21 cabe nos 21 que restaram?
Cabe 1 vez.
Adicionamos 20 + 10 + 5 + 1 = 36.
Logo, 756 ÷ 21 = 36 e resto 0.

Converse com os colegas sobre outra maneira de fazer as estimativas para essa mesma divisão (756 ÷ 21). Depois, respondam à questão proposta.

____

2 Faça estas divisões usando o algoritmo das estimativas.

a) 884 ÷ 26 = ________ b) 420 ÷ 15 = ________ c) 3636 ÷ 22 = ________

Algoritmo usual: divisão por número de 2 ou mais algarismos

1 Analise este exemplo de divisão, pelo algoritmo usual.

2882 ÷ 45

```
  UM C  D  U
   2  8  8  2 | 4 5
 - 2  7  0    |----
   0  1  8    | 6
              | D U
```

$6 \times 45 = 270$

Dividimos 288 dezenas por 45 e obtemos 6 dezenas.
Restam 18 dezenas.

18 D = 180 U
+ 2 U
182 U

182 ÷ 45 = 4 e resto 2

```
  UM C  D  U
   2  8  8  2 | 4 5
 - 2  7  0    |----
   0  1  8  2 | 6 4
    - 1  8  0 | D U
      0  0  2 |
```

$4 \times 45 = 180$

Algoritmo usual simplificado

```
   2 8 8 2 | 4 5
 - 2 7 0   |----
   0 1 8 2 | 6 4
   - 1 8 0 |
     0 0 2 |
```

2882 ÷ 45 = 64
e resto 2

```
dividendo → 2 8 8 2 | 4 5 ← divisor
resto     →       2 | 6 4 ← quociente
```

Observe o algoritmo simplificado e o nome dos termos. Depois, faça a verificação.

quociente × divisor + resto = dividendo

2 Efetue mais esta divisão pelo algoritmo usual. Durante o processo você vai efetuar as divisões citadas na sequência da fala da menina ilustrada abaixo. Depois, faça a verificação.

Félix Reiners/Arquivo da editora

Algoritmo usual simplificado

```
   1 7 8 3 5 | 1 2 3
 -           |------
   ________  |
   -         |
   ________  |
     -       |
   ________  |
```

Verificação

3 Pratique um pouco o algoritmo usual da divisão. Faça também a verificação.

a) 420 ÷ 12 = ________ b) 5 374 ÷ 25 = ________ c) 6 654 ÷ 54 = ________

4 **DESAFIO**

Efetue 432 ÷ 36 por 4 processos diferentes.

5 **PROBLEMAS**

a) Em um cinema há 572 poltronas distribuídas em fileiras com 22 poltronas cada uma. Ana e seu pai sentaram-se na penúltima fileira.

Quantas fileiras havia na frente deles? ________________

b) Edna trabalha em uma biblioteca. Dos 1 404 livros que tinha para arrumar, ela colocou 1 236 em algumas estantes.
O restante ela guardou em caixas em que cabiam 18 livros cada uma. De quantas caixas ela precisou? ________________

Estúdio Félix Reiners/Arquivo da editora

Divisor de um número natural

1 Tenho 6 lápis e quero colocá-los em caixas de modo que as quantidades em todas as caixas sejam iguais e não sobrem lápis.

Ilustrações: Félix Reiners/Arquivo da editora

a) Veja alguns casos possíveis e complete os outros. Registre todos e faça os desenhos.

Usando 1 caixa, coloco os 6 lápis.

Usando 2 caixas, coloco 3 lápis em cada caixa.

Usando 3 caixas, coloco _____ lápis em cada caixa.

Usando _____ caixas, coloco _____ lápis em cada caixa.

Não há outras possibilidades.

Os números 1, 2, 3 e 6 são chamados **divisores** de 6.

Indicamos assim: D(6): 1, 2, 3, 6

b) Agora, responda: Por que não podemos usar 4 caixas para distribuir esses lápis? ______________________________

Dizemos então que 4 **não é divisor** de 6.

2 E se o número de lápis na atividade 1 fosse 10?

Félix Reiners/Arquivo da editora

a) Complete.

Possibilidades

Quantidade de caixas	1	2		
Quantidade de lápis em cada caixa				

Tabela elaborada para fins didáticos.

b) Agora, responda: Quais são os divisores de 10? ______________________________

c) Como eles são indicados? ______________________________

d) Nesse caso, podemos usar 3 caixas? Por quê?

____

3 Complete como nas atividades anteriores.

a) Se temos 9 lápis, então podemos usar 1 caixa, 3 caixas ou _____ caixas. Os divisores de 9 são D(9): __________.

b) Se temos 8 lápis, então podemos usar 1 caixa, _____ caixas, _____ caixas ou _____ caixas. Então D(8): __________.

9 lápis.

4 Indique.

a) Os divisores de 4: __________

b) Os divisores de 12: __________

c) Os divisores de 7: __________

d) D(16): __________

e) D(5): __________

f) D(14): __________

5 **ATIVIDADE ORAL** O que acontece com a divisão de um número natural por qualquer um de seus divisores? E com a divisão de um número natural por outro número natural que não é seu divisor?

6 Descubra e responda.

a) 6 é divisor de 48? _____

b) 7 é divisor de 67? _____

c) 15 é divisor de 205? _____

d) 9 é divisor de 504? _____

7 Registre os divisores.

a) Divisores de 36: __________

b) Divisores de 75: __________

c) Divisores de 100: __________

8 Juca tem 12 balas e quer dar a 1 ou mais crianças a mesma quantidade, sem que sobrem balas. A quantas crianças ele pode distribuir as 12 balas?

____

Explorar e Descobrir

Veja como Ana descobriu geometricamente os divisores de 8. Ela construiu todas as regiões retangulares com área de 8 ▭ tendo como medida da largura e medida do comprimento somente números naturais.

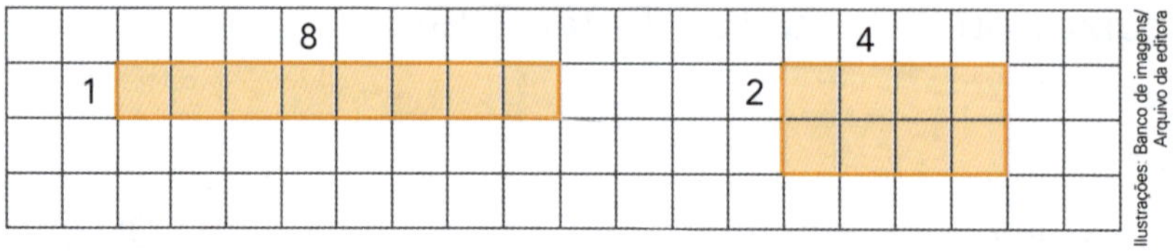

Escrevendo essas dimensões, ela obteve os divisores de 8: D(8): 1, 2, 4, 8.

- Explore o processo geométrico, descubra e registre.

> Atenção! É comum escrever os divisores em ordem crescente.

a) Divisores de 12: ______________________

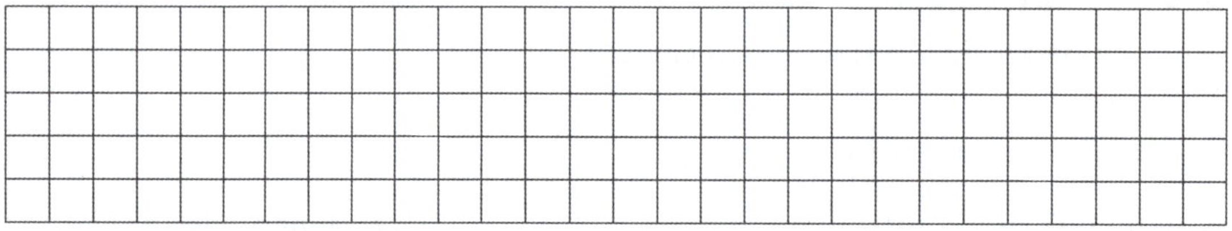

b) Divisores de 7: ______________________

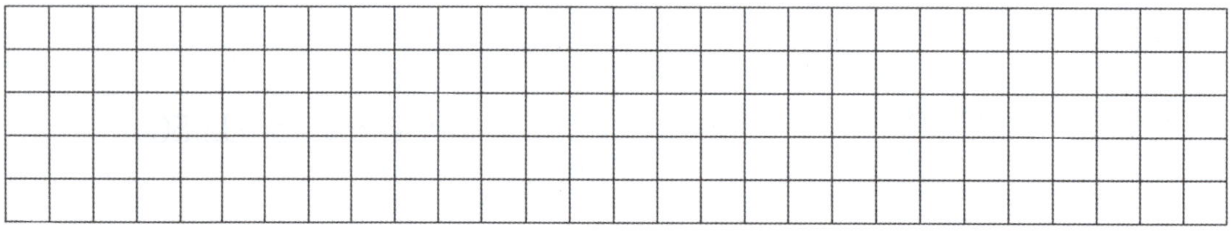

- Observe as regiões retangulares que Paulo desenhou para descobrir os divisores de um número natural.

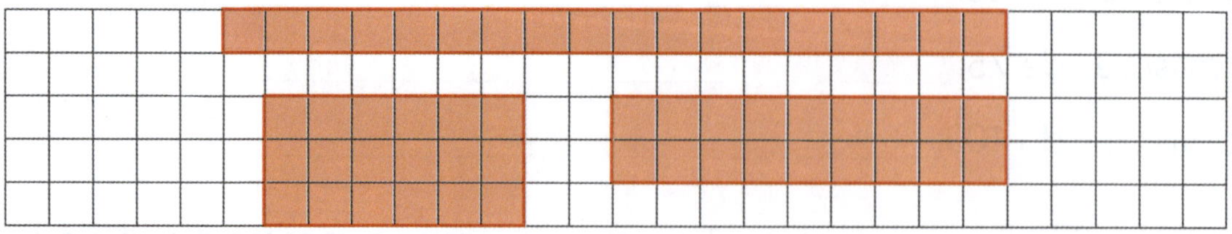

a) Ele descobriu os divisores de qual número natural? ____

b) Registre-os aqui. ______________________________

9 DIVISORES E MULTIPLICAÇÃO

Veja outra maneira de determinar os divisores de um número natural. Por exemplo, os divisores de 18.

Escrevemos todas as multiplicações de 2 números naturais com resultado 18 (escrevendo 1×18 não é preciso escrever 18×1):

$1 \times 18 = 18$ $\qquad$ $2 \times 9 = 18$ $\qquad$ $3 \times 6 = 18$

Os fatores das multiplicações são os divisores de 18.

D(18): 1, 2, 3, 6, 9, 18

Use esse processo para determinar os divisores.

> Por isso se diz também que 1, 2, 3, 6, 9 e 18 são os fatores de 18.

a) Divisores de 20 ou fatores de 20: ____________________

b) Divisores de 25 ou fatores de 25: ____________________

c) D(21): ____________________

d) D(3): ____________________

e) D(30): ____________________

10 SIMETRIA

Observe.

D(12): 1, 2, 3, 4, 6, 12

$3 \times 4 = 12$

$2 \times 6 = 12$

$1 \times 12 = 12$

D(16): 1, 2, 4, 8, 16

$4 \times 4 = 16$

$2 \times 8 = 16$

$1 \times 16 = 16$

Verifique e responda: Isso também acontece com D(18), D(9) e D(21)? __________

11 DESAFIO

a) Os divisores de um número natural estão escritos em ordem crescente. Complete com os que estão faltando.

1, ______, 3, ______, 7, 14, 21, ______

b) Esses são todos os divisores de que número natural? ______

12 **ATIVIDADE EM DUPLA** Conversem sobre o que fazer para responder às questões abaixo. Depois, cada um calcula e registra a resposta.

a) 12 é divisor de 2616? ____________ b) 588 é múltiplo de 8? ____________

Saiba mais

Para um ano ser **bissexto**, seu número deve ser um múltiplo de 4.
Se seu número terminar em 00, deve ser também múltiplo de 400.

Estúdio Félix Reiners/Arquivo da editora

13 Com base nas informações dadas no **Saiba mais**, justifique as afirmações feitas por Paula e Antônio.

14 Complete.

a) O século XXI teve início no dia 1º/1/2001 e vai até o dia ____/____/________.

b) Os 4 primeiros anos bissextos do século XXI são: ____________, ____________, ____________ e ____________.

c) O último ano bissexto do século XXI será ____________.

Mais atividades e problemas

1 Paula, Ana e Sandra fizeram bandeirinhas para uma festa na rua.

Estúdio Félix Reiners/Arquivo da editora

Com cada folha de papel dá para fazer 13 bandeirinhas. Paula fez 259 bandeirinhas, Ana fez 278 e Sandra fez 269.
Quantas folhas de papel foram usadas para fazer todas essas bandeirinhas?

____

2 Descubra e registre os números que são, ao mesmo tempo, divisores de 40 e divisores de 24. _______________

3 **ESTIMATIVA**

a) Faça uma estimativa: o dobro da terça parte de 12 é igual ou diferente de a terça parte do dobro de 12? _______________

b) Agora calcule, registre, confira sua estimativa e complete.

Qual é o dobro da terça parte de 12? _____

Qual é a terça parte do dobro de 12? _____

Os resultados são _______________ e minha estimativa _______________.

4 **O SEMÁFORO**

O semáforo na frente da casa de Bia abre para o pedestre a cada 20 segundos. Bia ficou observando esse semáforo da janela de sua casa das 11 horas e 50 minutos até as 12 horas e 15 minutos.
Nesse período, quantas vezes o semáforo abriu para os pedestres?

____

5 No final do ano letivo, os alunos do 5º ano **A** de uma escola se reuniram em duplas para fazer o levantamento da quantidade de livros que cada um leu durante o ano.

Descubra os números em cada caso e registre.

a) Marcos: ________________ e Sabrina:________________.
Juntos: 16 livros.
Ambos leram a mesma quantidade de livros.

b) Fabiana: ________________ e Carol: ________________.
Juntas: 24 livros.
Fabiana leu o dobro da quantidade de livros de Carol.

c) Rogério: ________________ e Leandro: ________________.
Juntos: 22 livros.
Leandro leu 4 livros a mais do que Rogério.

d) Paula: ________________ e Adriano: ________________.
Juntos: 18 livros.
Paula leu a metade da quantidade de livros de Adriano.
(Dica: se Paula leu a metade da quantidade de Adriano, então Adriano leu o dobro da quantidade de Paula.)

e) Francisco: ________________ e Paulo: ________________.
Juntos: 25 livros.
Paulo leu 3 livros a menos do que Francisco.
(Dica: Francisco leu 3 livros a mais do que Paulo.)

6 Na turma do 5º ano **B** dessa escola, o levantamento foi feito com os alunos reunidos em trios. Descubra os números nestes casos e registre.

a) Antônio: ____________; Bruno: ____________ e Camila: ____________.
Juntos: 32 livros.
Antônio e Bruno leram a mesma quantidade de livros.
Camila leu o dobro da quantidade de Antônio.

b) Davi: ____________; Elza: ____________ e Maria: ____________.
Juntos: 34 livros.
Davi e Elza leram a mesma quantidade de livros.
Maria leu 4 livros a mais do que Elza.

Livros.

7 CALCULADORA E REGULARIDADE

a) Use uma calculadora e efetue estas multiplicações.

$11 \times 11 =$ ______

$111 \times 111 =$ ______

$1111 \times 1111 =$ ______

b) Agora, descubra a regularidade e determine, sem o uso da calculadora, o resultado destas multiplicações.

$11\,111 \times 11\,111 =$ ______

$111\,111 \times 111\,111 =$ ______

8 Um comerciante comprou 15 bicicletas iguais e gastou R$ 2 130,00. Ele conseguiu vender todas as bicicletas e arrecadou R$ 2 550,00 ao todo. Calcule e responda.

a) Nessa venda ele teve lucro ou prejuízo? De quanto? ______

b) Por quanto ele comprou cada bicicleta? ______

c) Por quanto ele vendeu cada bicicleta? ______

d) Qual foi o lucro na venda de cada bicicleta? ______

9 DESAFIO

Observe a sequência, calcule e responda: Quantos palitos são necessários para construir 20 quadrados? ______

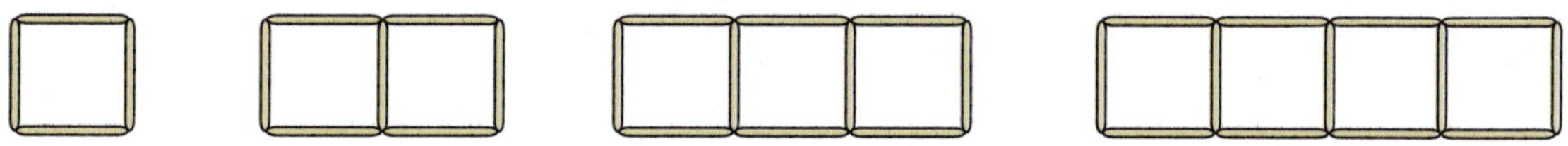

Banco de imagens/Arquivo da editora

4 palitos. 1 quadrado. | 7 palitos. 2 quadrados. | 10 palitos. 3 quadrados. | 13 palitos. 4 quadrados.

10 Veja o dinheiro de Rafael e de Mara.

As imagens não estão representadas em proporção.

Estúdio Félix Reiners/Arquivo da editora

Reprodução/Casa da Moeda do Brasil/Ministério da Fazenda

Em cada item abaixo complete as operações com os números que faltam. Use também os sinais = e ≠ para comparar os resultados obtidos nas 2 operações. Observe o item **a**, que já está feito.

a) Quanto Rafael e Mara têm, em reais: 5 + 1 e 3 × 2 ⟶ 6 = 6

b) Se cada um ganhar 5 reais: _____ + _____ + _____ e _____ × _____ + _____ ⟶ _____

c) Se cada um gastar 3 reais: _____ + _____ − _____ e _____ × _____ − _____ ⟶ _____

d) Se a quantia de cada um dobrar: _____ × (_____ + _____) e _____ × (_____ × _____) ⟶ _____

e) Se cada um ficar com a terça parte da quantia que tem:

(_____ + _____) ÷ _____ e

(_____ × _____) ÷ _____ ⟶ _____

11 OPERAÇÕES E MEDIDAS

Calcule e complete. No primeiro traço coloque o maior valor possível.

a) 880 min = _____ h _____ min

b) 100 dias = _____ semanas e _____ dias

c) 368 cm = _____ m e _____ cm

d) 12 500 kg = _____ t e _____ kg

e) 738 meses = _____ anos e _____ meses

f) 7 400 segundos = _____ h _____ min _____ s

VAMOS VER DE NOVO?

1 LETRAS E NÚMEROS

a) Descubra os algarismos correspondentes a **A** e **B** na adição do quadro.

$$\begin{array}{r} {}^{1\,1}\\ A5A \\ +\ B6A \\ \hline 1\,324 \end{array}$$

A: ________

B: ________

b) Agora, represente e efetue a multiplicação correspondente.

B × ABA = ________ × ________ = ________

2 Observe as figuras com atenção e complete.

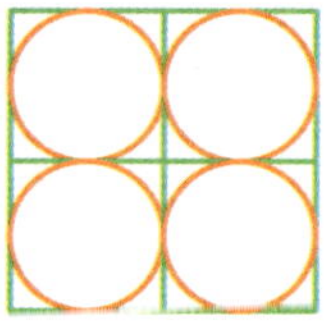

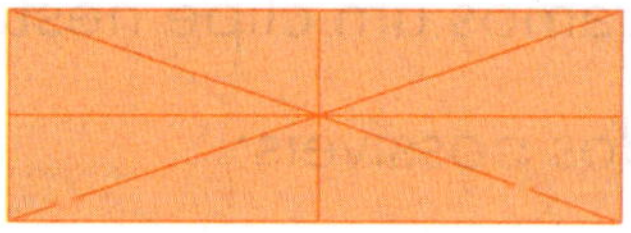

Ilustrações: Banco de imagens/Arquivo da editora

a) A 1ª figura tem ________ quadrados e ________ circunferências.

As imagens não estão representadas em proporção.

b) A 2ª figura tem ________ regiões retangulares e ________ regiões triangulares.

3 POSSIBILIDADES

Quando fazemos um levantamento de possibilidades, estamos usando o raciocínio combinatório.

Descubra todas as possibilidades de se fazer um pagamento de R$ 15,00 com notas de R$ 10,00, notas de R$ 5,00 e moedas de R$ 1,00 e complete.

Possibilidades

1	1	0
1	0	5

Reprodução/Casa da Moeda do Brasil/Ministério da Fazenda

Tabela elaborada para fins didáticos.

4 Arredonde cada número para a ordem exata mais próxima da ordem indicada pelo algarismo destacado.

a) **2**97 468 → ________

b) 1 29**4** 782 → ________

c) **5** 237 128 656 → ________

d) 1 200 **9**78 056 → ________

5 RESULTADOS POSSÍVEIS E CHANCES

Em cada item indique todos os resultados possíveis e escreva se todos **têm** ou **não têm** a mesma chance de ocorrer.

Ilustrações: Estúdio Félix Reiners/ Arquivo da editora

a) Quando lançamos um dado.

- Resultados possíveis: sair ____________________.
- Eles ____________ a mesma chance de ocorrer.

b) Quando giramos um clipe nesta roleta.

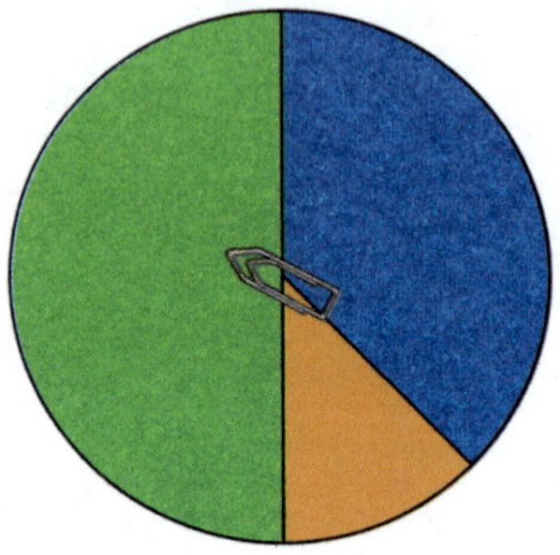

Banco de imagens/ Arquivo da editora

- Resultados possíveis: sair ____________________
  ____________________.
- Eles ____________________.

c) Quando giramos um clipe nesta roleta.

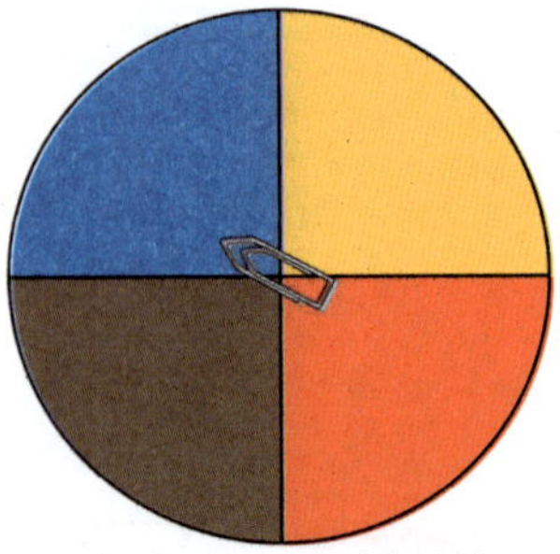

Banco de imagens/ Arquivo da editora

- Resultados possíveis: ____________________
  ____________________.
- Eles ____________________.

d) Quando lançamos uma moeda e verificamos que face caiu para cima.

- Resultados possíveis: ____________________.
- Eles ____________________.

e) Quando sorteamos uma destas moedas.

As imagens não estão representadas em proporção.

Reprodução/Casa da Moeda do Brasil/ Ministério da Fazenda

- ____________________
- ____________________

f) Quando sorteamos uma destas moedas.

Reprodução/Casa da Moeda do Brasil/ Ministério da Fazenda

- ____________________
- ____________________

O QUE ESTUDAMOS

Retomamos as operações de multiplicação e divisão: suas ideias, seus algoritmos e o nome de seus termos.

$$\begin{array}{r}
\overset{3}{1}\,4 \leftarrow \text{fator}\\
\times\ \ 9 \leftarrow \text{fator}\\
\hline
1\,2\,6 \leftarrow \text{produto}
\end{array}$$

$$\begin{array}{r|l}
\text{dividendo} \rightarrow 9\ 2 & 1\ 5 \leftarrow \text{divisor}\\
\cline{2-2}
-\ 9\ 0 & 6 \leftarrow \text{quociente}\\
\cline{1-1}
\text{resto} \rightarrow 0\ 2 &
\end{array}$$

Constatamos propriedades da multiplicação.

- Na ordem dos fatores.

  $3 \times 5 = 5 \times 3$

  ↑ 15 ↑ 15

- Na maneira de agrupar mais do que 2 fatores.

  $(2 \times 5) \times 3 = 2 \times (5 \times 3) = 2 \times 5 \times 3$

Identificamos a multiplicação e a divisão como operações inversas.

- $12 \times 20 = 240$ e $240 \div 20 = 12$
- $300 \div 6 = 50$ e $50 \times 6 = 300$
- O dobro de que número é igual a 78? De 39.

  $2 \times ? = 78$ $78 \div 2 = 39$

Exploramos arredondamento, cálculo mental e resultado aproximado, envolvendo multiplicação e divisão.

- 98×41 → aproximadamente 4 000 $100 \times 40 = 4\,000$
- $5\,972 \div 603$ → aproximadamente 10 $6\,000 \div 600 = 10$

Resolvemos problemas envolvendo multiplicação e divisão.

Se 3 televisores custam R$ 1 500,00, então qual é o preço de 2 televisores? R$ 1 000,00

$1\,500 \div 3 = 500$ $2 \times 500 = 1\,000$

- Quando você tem várias lições de casa para fazer em um mesmo dia, você escreve uma lista para ajudar a se lembrar de todas elas?
- Você costuma rever em casa o que estudou na escola?
- Você tem cuidado de sua postura ao estudar? Cuidado para não prejudicar a coluna!

Unidade 5

Expressões numéricas, divisibilidade e estatística

- O que mostra esta cena?
- Que produtos estão com os preços indicados?
- Você já foi a alguma loja parecida com esta? Conte para os colegas.

Para iniciar

São muitas as situações do dia a dia em que usamos as operações matemáticas. Nas compras, por exemplo, além de saber efetuar as operações, precisamos saber em que ordem elas devem ser efetuadas.

Nesta Unidade vamos aprofundar um pouco mais o estudo das operações e de suas aplicações.

- Analise a cena das páginas de abertura desta Unidade. Converse com os colegas e respondam às questões a seguir.

Ilustrações: Estúdio Félix Reiners/Arquivo da editora

- Converse com os colegas sobre mais estas questões.

a) A divisão indicada é exata, pois seu resto é 0 (zero).

⬢ | 6
0

Quais números até 30 podem ir no lugar do ⬢?

b) Esta divisão também é exata.

Que números podem ir no lugar do ⬢?

6 | ⬢
0

c) Neste gráfico de setores, o setor verde indica os votos de 15 pessoas.

- Quantos votos o setor amarelo indica?
- E o setor azul?
- Quantas pessoas estão representadas ao todo no gráfico?

Cor favorita em um grupo de pessoas

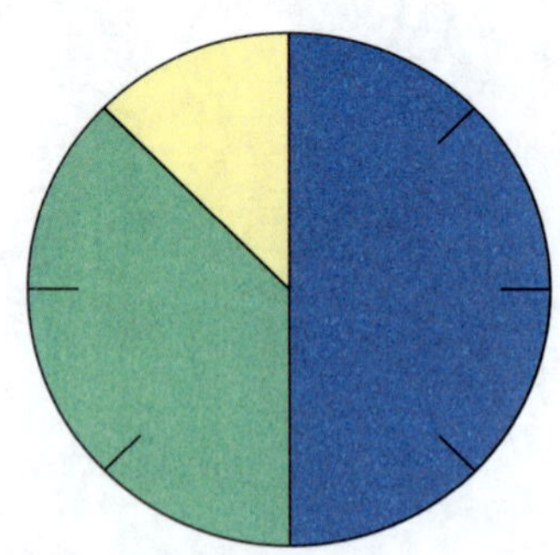

Banco de imagens/Arquivo da editora

Gráfico elaborado para fins didáticos.

Expressões numéricas

As imagens não estão representadas em proporção.

1 Calcule a quantia de Rafael e de Patrícia e registre.

Rafael.

____

Patrícia.

____

Rafael e Patrícia também calcularam suas próprias quantias. Veja como eles fizeram.

Rafael	**Patrícia**
Primeiro multiplicou: $3 \times 10 = 30$	Primeiro adicionou: $10 + 1 = 11$
Depois adicionou: $30 + 1 = 31$	Depois multiplicou: $3 \times 11 = 33$
Indicou assim: $3 \times 10 + 1 = 31$	Indicou assim: $3 \times (10 + 1) = 33$

$3 \times 10 + 1$ e $3 \times (10 + 1)$ são exemplos de **expressões numéricas**.

Explorar e Descobrir

Veja as notas de Luciana.

As imagens não estão representadas em proporção.

Reprodução/Casa da Moeda do Brasil/Ministério da Fazenda

- Que quantia Luciana tem? Faça ao lado um registro que mostre como você pensou. ________
- Vamos usar expressões numéricas para calcular a quantia de Luciana.
  - **a)** Escreva uma expressão numérica usando somente adições e calcule seu valor.

    ____
  - **b)** Você encontrou a mesma quantia do primeiro item? ________
- Agora, vamos escrever uma expressão numérica usando multiplicações e uma adição.
  - **a)** Complete e resolva na ordem em que as operações aparecem.

    ____ × ____ + ____ × ____ = ____
  - **b)** E agora, você encontrou a mesma quantia do primeiro item? ________

Estúdio Félix Reiners/Arquivo da editora

2 Analise a orientação e observe os exemplos. Depois, calcule o valor das demais expressões numéricas.

> **1ª orientação**
> Nas expressões numéricas com parênteses, devemos efetuar primeiro as operações que estão dentro deles.

$3 \times (5 + 2)$

3×7

21

$(7 + 1) \div (5 - 3)$

$8 \div 2$

4

a) $10 - (3 - 1)$

b) $(6 + 6) \div 3$

c) $(5 - 1) \div (3 + 1)$

d) $40 \div (10 \div 2)$

3 Leia com atenção.

O valor de 3 + 4 + 2 é 9. Podemos fazer 7 + 2 ou 3 + 6 ou 5 + 4.	O valor de 2 × 5 × 3 é 30. Podemos fazer 10 × 3 ou 2 × 15 ou 6 × 5.

- Complete a orientação.

> **2ª orientação**
> Nas expressões numéricas sem parênteses que só têm + ou que só têm ×, podemos agrupar de qualquer modo, pois essas operações admitem a propriedade ______________.

- Agora é sua vez! Calcule o valor das expressões numéricas.

a) 6 × 2 × 3 = ________

b) 10 + 60 + 20 = ________

c) 5 + 6 + 4 = ________

d) 3 × 3 × 3 = ________

4 Veja mais uma orientação e alguns exemplos.

> **3ª orientação**
> Nas demais expressões com +, −, × e ÷, sem parênteses, devemos fazer:
> 1º) × e ÷, na ordem em que aparecem.
> 2º) + e −, na ordem em que aparecem.

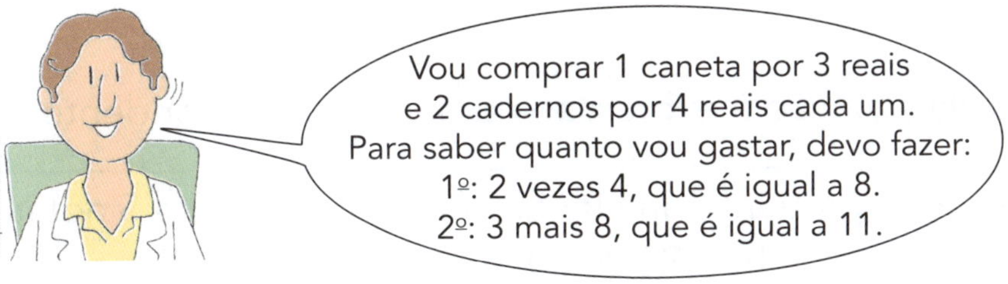

Estúdio Félix Reiners/Arquivo da editora

Essa quantia gasta pode ser indicada pela expressão 3 + 2 × 4. Seu valor é 11.

7 − 3 − 1 vale 3. ⟶ Como não há × nem ÷, seguimos a ordem da expressão.
7 − 3 = 4   4 − 1 = [3]

5 × 3 + 10 ÷ 2 vale 20. ⟶ Primeiro fazemos × e ÷, depois +.
5 × 3 = 15   10 ÷ 2 = 5   15 + 5 = [20]

12 − 4 × 2 + 1 vale 5. ⟶ Primeiro fazemos ×, depois − e + na ordem em que aparecem.
4 × 2 = 8   12 − 8 = 4   4 + 1 = [5]

Agora, você calcula o valor de cada expressão numérica.

a) $40 \div 4 \times 2 =$ ______ b) $5 - 6 \div 3 + 1 =$ ______

As imagens não estão representadas em proporção.

5 Analise com atenção as situações e as 4 expressões numéricas.

a) 

Ilustrações: Estúdio Félix Reiners/ Arquivo da editora

b) 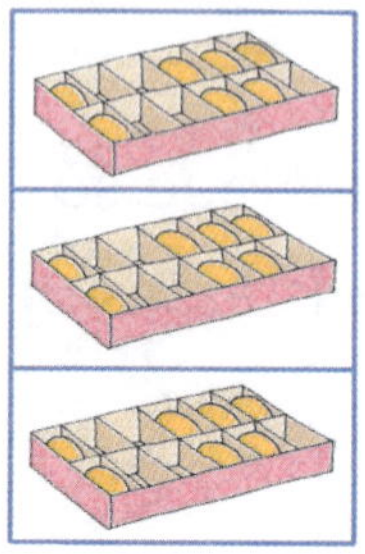

c) 

d) 

$3 \times (2 + 5)$
$3 \times 2 + 5$
$7 - 2 - 3$
$(3 + 5) \div 2$

Relacione cada situação com a expressão numérica correspondente e escreva seu valor.

a) ______ ______ b) ______ ______ c) ______ ______ d) ______ ______

6 Calcule o valor das expressões numéricas usando as 3 orientações já conhecidas.

a) $(8 + 6) \div (8 - 1) =$ ______ c) $70 \div 10 \times 7 =$ ______

b) $3 \times 4 - 3 \times 2 =$ ______ d) $70 \div (10 \times 7) =$ ______

7 Complete e ligue cada situação à expressão numérica correspondente.

José tinha 4 notas de R$ 10,00 e 2 notas de R$ 5,00. No total, tinha R$ ______.	Maura tinha R$ 50,00, ganhou R$ 20,00 e gastou R$ 30,00. Ficou com R$ ______.	Ivo tinha 5 notas de R$ 10,00 e gastou R$ 20,00. Ficou com R$ ______.

$5 \times 10 - 20$	$4 \times 10 + 2 \times 5$	$50 + 20 - 30$

8 **PROBLEMAS**

Represente cada situação com uma expressão numérica e dê a resposta de acordo com seu valor.

a) Paula comprou 2 tubos de cola e 3 réguas. Cada tubo de cola custou R\$ 5,00 e cada régua custou R\$ 2,00. Quanto Paula gastou?

Expressão numérica: ____________________

Resposta: ____________________

b) Lucas comprou 1 estojo de R\$ 6,00 e 1 mochila de R\$ 15,00. Pagou com R\$ 30,00. Quanto ele recebeu de troco?

Expressão numérica: ____________________

Resposta: ____________________

9 Veja mais uma orientação e um exemplo. Depois, calcule o valor da outra expressão numérica.

> **4ª orientação**
>
> Nas expressões numéricas com parênteses ( ), colchetes [ ] ou chaves { }, efetuamos:
>
> - primeiro as operações que estão dentro dos parênteses;
> - depois as operações que estão dentro dos colchetes;
> - finalmente as operações que estão dentro das chaves.

$25 + 5 \times \{46 - [(68 + 2) \div 7] \times 4\} =$
$= 25 + 5 \times \{46 - [70 \div 7] \times 4\} =$
$= 25 + 5 \times \{46 - 10 \times 4\} =$
$= 25 + 5 \times \{46 - 40\} =$
$= 25 + 5 \times 6 =$
$= 25 + 30 = \boxed{55}$

$3 \times \{[(5 + 4) \div (8 - 5) + 7]\} \div 6 =$

10 Determine o valor de mais estas expressões numéricas.

a) $100 \div 5 + 3 \times 20 - 5 =$

b) $(45 \div 9) \times (38 - 30) =$

c) $(12 - 3 + 5) \div 2 =$

d) $4 \times (10 \div 2 + 4 \times 5) + 1 =$

e) $50 - 3 \times [21 \div (3 + 4)] - 1 + 2 \times 5 =$

11 EXPRESSÃO NUMÉRICA E GEOMETRIA

a) Escreva o número de vértices (**V**), o número de faces (**F**) e o número de arestas (**A**) de cada poliedro. Em seguida, calcule para cada poliedro o valor da expressão numérica correspondente a V + F − A.

Ilustrações: Banco de imagens/Arquivo da editora

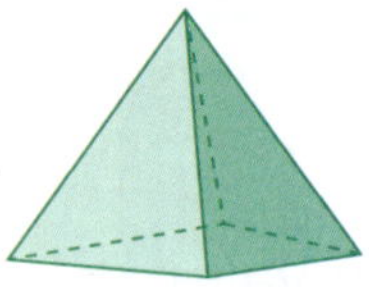

Poliedro I.

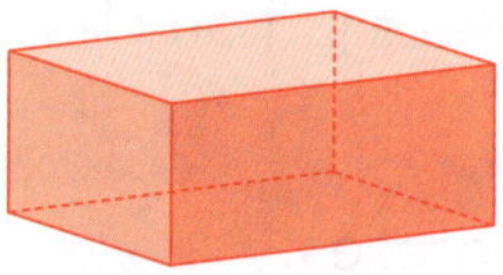

Poliedro II.

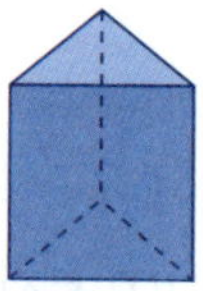

Poliedro III.

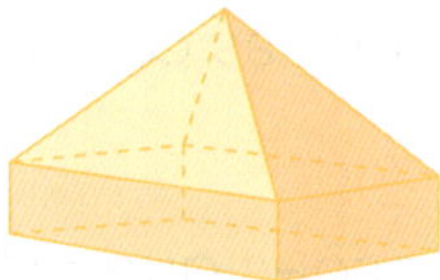

Poliedro IV.

b) O que aconteceu com o valor da expressão V + F − A em todos estes poliedros?

Estúdio Félix Reiners/Arquivo da editora

Propriedade distributiva

1 Veja como estavam arrumados os brinquedos em uma loja.

Ilustrações: Estúdio Félix Reiners/Arquivo da editora

3 × (4 + 2)
Total: 18 brinquedos

Veja agora os mesmos brinquedos arrumados de outra maneira.

3 × 4   3 × 2

3 × 4 + 3 × 2
Total: 18 brinquedos

Estas 2 expressões numéricas têm o mesmo valor. Complete-as.

____ × (____ + ____) = ____ × ____ + ____ × ____ = 18

As imagens não estão representadas em proporção.

2 Para indicar a quantia total referente às notas ao lado, Pedro e Marta usaram as seguintes expressões numéricas.

Pedro: 3 × (5 + 2)   Marta: 3 × 5 + 3 × 2

Reprodução/Casa da Moeda do Brasil/Ministério da Fazenda

a) Qual é o valor de cada expressão numérica que eles escreveram?

____

b) Relacione as 2 expressões numéricas com = (é igual a) ou ≠ (é diferente de).

____

3 Calcule o valor das expressões numéricas e complete com = ou ≠ entre elas para comprovar a propriedade distributiva da multiplicação em relação à subtração.

a) 4 × (7 − 2) ____ 4 × 7 − 4 × 2   **b)** 10 × 6 − 10 × 1 ____ 10 × (6 − 1)

4 Veja um exemplo geométrico da propriedade distributiva. Podemos calcular o número total de quadrinhos de 2 maneiras.

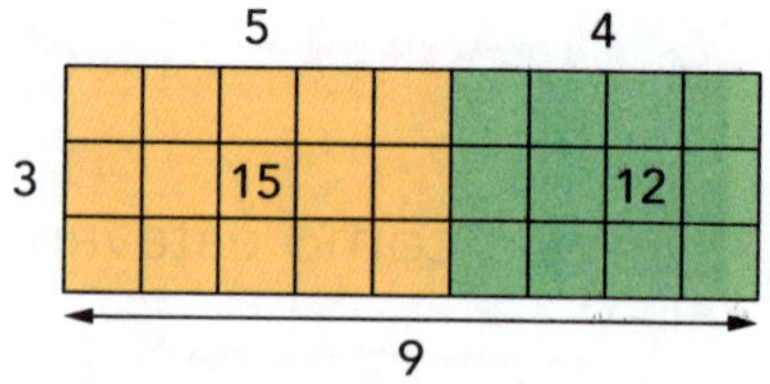

Banco de imagens/Arquivo da editora

- Usando a figura toda: $3 \times (5 + 4) = 3 \times 9 = 27$
- Usando as 2 partes da figura (laranja e verde) separadamente:

$\boxed{3 \times 5} + \boxed{3 \times 4} = 15 + 12 = 27$

Complete: ____ × (____ + ____) = ____ × ____ + ____ × ____

5 Comprove geometricamente a propriedade distributiva nestes exemplos:

a) 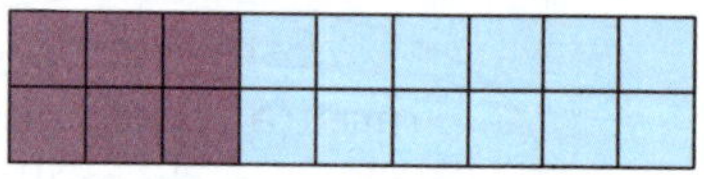

b) 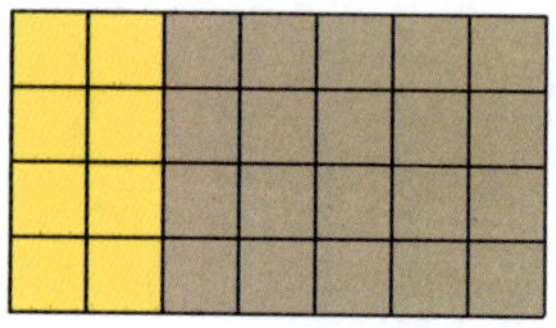

Ilustrações: Banco de imagens/Arquivo da editora

6 **CÁLCULO MENTAL**

Aplicando a propriedade distributiva podemos efetuar algumas multiplicações mentalmente. Observe.

$6 \times 25 \longrightarrow 6 \times (20 + 5)$ (120, 30)

$120 + 30 = 150$

$3 \times 126 \longrightarrow 3 \times (100 + 20 + 6)$ (300, 60, 18)

$300 + 60 + 18 = 378$

Podemos simplificar a representação dos cálculos.

$4 \times 35 = 140$
$120 + 20$

$3 \times 126 = 378$
$300 + 60 + 18$

$67 \times 2 = 134$
$120 + 14$

Agora, calcule mentalmente usando a propriedade distributiva e registre o resultado.

a) $5 \times 43 =$ ______ b) $7 \times 14 =$ ______ c) $8 \times 122 =$ ______ d) $35 \times 6 =$ ______

Divisibilidade

Retomando múltiplos e divisores de um número natural

1 Todas as caixas têm o "peso" igual. Observe as balanças e responda.

Ilustrações: Estúdio Félix Reiners/Arquivo da editora

a) Quais números as 5 balanças vão registrar? ______

b) Que nome pode ser dado a esses números? ______

c) Continuando a colocar caixas iguais a essas na balança, ela pode registrar 220 g? Justifique.

______

2 Arnaldo tem um rolo de fita com 8 metros e pretende vendê-lo inteiro ou cortando-o em pedaços, todos com medidas iguais em metros exatos.

a) Complete como ele pode vender o rolo de fita.

1 pedaço de 8 m. ______ pedaços de 2 m.

______ pedaços de 4 m. ______ pedaços de 1 m.

b) Que nome é dado aos números que indicam os pedaços de fita?

______

c) Quais são eles? ______

As imagens não estão representadas em proporção.

Caixa de presente com laço de fita.

3 Escreva o que se pede.

a) Múltiplos de 12: ______

b) Divisores de 12: ______

c) D(25): ______

d) M(25): ______

4 **DESAFIO**

Use 2 destes números para completar a sentença.

37 17 111

______ é divisor de ______.

Número primo

1 DIVISORES E NÚMERO PRIMO

- Escreva os divisores.

a) Divisores de 15: ________

b) Divisores de 9: ________

c) Divisores de 12: ________

d) Divisores de 5: ________

e) Divisores de 17: ________

f) Divisores de 2: ________

Número primo é todo número natural maior do que 1 cujos divisores são apenas o 1 e ele mesmo.

Estúdio Félix Reiners/Arquivo da editora

- Agora, leia a informação e responda.

a) Dos números 2, 5, 9, 12, 15 e 17, quais são números primos? ________

b) 21 é número primo? ________

c) Quais são os números primos até 20? ________

Saiba mais

A palavra **primo** vem do latim *primus*, que significa "primeiro".

A partir dos números primos, usando a multiplicação, podemos obter (gerar) os demais números naturais maiores do que 1, chamados de **números compostos**. Por exemplo:

$4 \longrightarrow 2 \times 2$ $\qquad 21 \longrightarrow 3 \times 7$ $\qquad 27 \longrightarrow 3 \times 3 \times 3$

2

Todo número composto pode ser escrito como uma multiplicação de números primos. Veja os exemplos e complete os itens.

$15 = 3 \times 5$

$8 = 2 \times \mathbf{4}$
$2 \times 2 \times 2$

$18 = \mathbf{6} \times 3$ ou $\mathbf{9} \times 2$
$2 \times 3 \times 3$ $\qquad 3 \times 3 \times 2$

a) $36 = 2 \times 2 \times$ ______ $\times$ ______

b) $14 =$ ________

c) $30 =$ ________

d) $40 =$ ________

Mínimo múltiplo comum (mmc) e máximo divisor comum (mdc) de números naturais

1 Observe os saltos do grilo e do sapo.

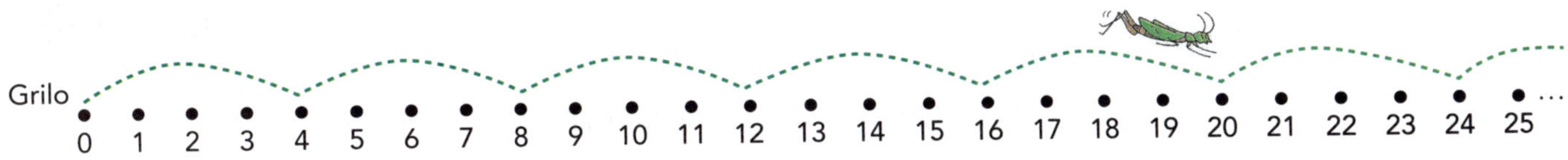

Estúdio Félix Reiners/Arquivo da editora

a) Escreva a sequência dos números sobre os quais o grilo está saltando. As imagens não estão representadas em proporção.

____

b) Que sequência é essa? ______________________________

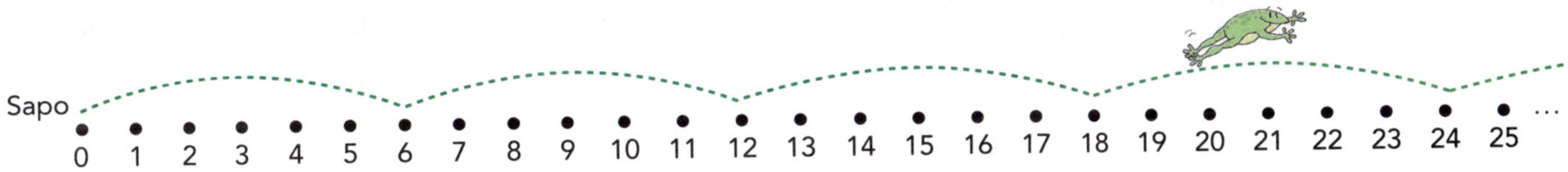

Estúdio Félix Reiners/Arquivo da editora

c) Escreva a sequência dos números sobre os quais o sapo está saltando.

____

d) Que sequência é essa? ______________________________

e) Circule nas 2 sequências os números que tanto o grilo como o sapo saltaram.

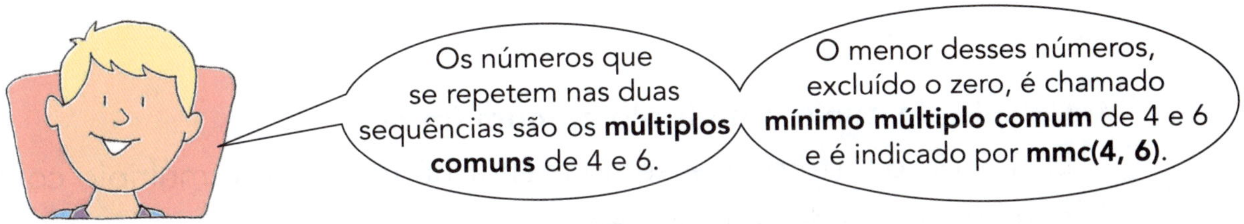

Estúdio Félix Reiners/Arquivo da editora

f) Quais são os 4 primeiros múltiplos comuns de 4 e 6? ______________

g) Qual é o mínimo múltiplo comum de 4 e 6? ________

h) Complete: mmc(______, ______) = ______

2 Escreva os 5 primeiros números de cada sequência. Depois, complete.

Múltiplos de 15 ⟶ M(15): ____________________

Múltiplos de 20 ⟶ M(20): ____________________

Múltiplos comuns de 15 e 20 ⟶ ____________________

mmc(15, 20) = ________

3 A professora Zuza quer repartir 8 cadernos e 12 lápis igualmente para um grupo de alunos de modo que não sobrem cadernos nem lápis. Complete.

Ilustrações: Félix Reiners/Arquivo da editora

a) Se fosse repartir só os cadernos, então poderia ser para ______, ______, ______ ou ______ alunos.

b) Se fosse repartir só os lápis, então poderia ser para ______, ______, ______, ______, ______ ou ______ alunos.

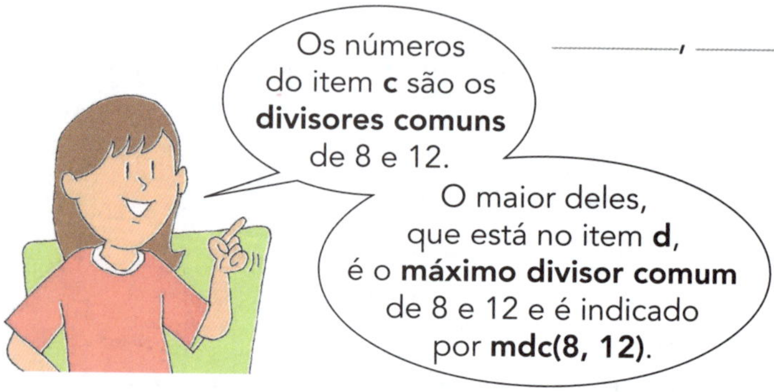

c) Juntos, os cadernos e os lápis poderão ser repartidos para ______, ______ ou ______ alunos.

d) Se ela for repartir para o maior número possível de pessoas, então o grupo será formado por ______ alunos.

4 Observe os números em cada item da atividade anterior e escreva o nome que se dá a esses números. Depois, complete.

Números 1, 2, 4 e 8: ____________________

Números 1, 2, 3, 4, 6 e 12: ____________________

Números 1, 2 e 4: ____________________ mdc(8, 12) = ______

5 CÁLCULO MENTAL

a) **Cálculo do mínimo múltiplo comum (mmc)**

Excluindo o 0 (zero), pense no menor número que é múltiplo comum dos números indicados e registre-o.

- mmc(6, 10) = ______
- mmc(3, 7) = ______
- mmc(12, 8) = ______
- mmc(15, 5) = ______
- mmc(4, 14) = ______
- mmc(9, 12) = ______

b) **Cálculo do máximo divisor comum (mdc)**

Pense sempre no maior número que é divisor comum dos números indicados e registre-o.

- mdc(14, 10) = ______
- mdc(20, 50) = ______
- mdc(6, 18) = ______
- mdc(9, 15) = ______
- mdc(4, 9) = ______
- mdc(12, 30) = ______

6 Na loja de tecidos de Alfredo há 2 peças de seda, uma com 20 m e outra com 12 m de medida de comprimento. Ele quer cortar as 2 peças de seda em partes iguais, com o maior comprimento possível, de modo que não sobre tecido.

a) Quantos metros de comprimento deve ter cada parte? ______

b) Quantas partes ele vai obter em cada peça?

______

7 De 3 em 3 horas partem ônibus de Campo Grande (Mato Grosso do Sul) a Belo Horizonte (Minas Gerais). De 4 em 4 horas partem ônibus de Campo Grande a Porto Alegre (Rio Grande do Sul).
À meia-noite, ou 0 hora, partiram simultaneamente ônibus de Campo Grande a Belo Horizonte e a Porto Alegre. A que horas ocorrerá a próxima partida simultânea? ______

8 O dono do terreno retangular indicado na figura ao lado quer dividi-lo em lotes iguais, todos quadrados, e com o maior tamanho possível.

Banco de imagens/Arquivo da editora

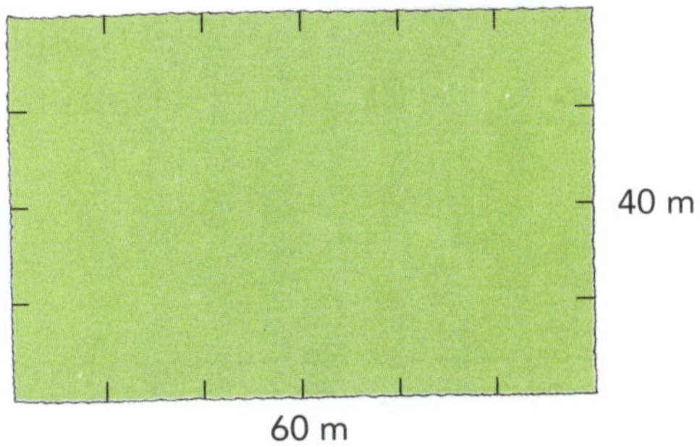

a) Qual deve ser a medida do comprimento do lado de cada lote? ______

b) Quantos lotes serão? ______

c) Faça a divisão do terreno na figura.

9 Carlos tem várias moedas, todas de 25 centavos. Rosa também tem várias moedas, todas de 10 centavos. Qual é o menor número de moedas que cada um deve separar para que obtenham quantias iguais com essas moedas?

______

BRINCANDO TAMBÉM APRENDO

1ª atividade: Cruzadinha

Complete de acordo com o indicado.

a) O resultado da adição chama-se... →

	O		

b) Em $60 \times 20 = 1\,200$, a operação é a... →

					P							

c) O resultado da subtração chama-se... →

					E			

d) Em $60 - 20 = 40$, a operação chama-se... →

				R				

e) Em $60 + 20 = 80$, os números 60 e 20 são as... →

	A						

f) Em $60 + 20 = 80$, a operação chama-se... →

			Ç		

g) O resultado da multiplicação é o... →

		O				

h) O resultado da divisão chama-se... →

					E			

i) Em $60 \div 20 = 3$, a operação é a... →

				S		

2ª atividade: Números cruzados

Complete os quadros com os valores indicados nas horizontais, colocando 1 algarismo em cada quadrinho. Com os valores das verticais você faz a verificação.

a)

	C ↓	D ↓
A →		
B →		

Horizontais
- **A**: $10 + 5 \times 11 =$ ______
- **B**: $75 - 15 - 20 =$ ______

Verticais
- **C**: $(3 + 5) \times (10 - 2) =$ ______
- **D**: $100 \div 5 + 30 =$ ______

b)

	G ↓	H ↓
E →		
F →		

Horizontais
- **E**: mmc(4, 6) = ______
- **F**: mdc(40, 60) = ______

Verticais
- **G**: mdc(12, 24) = ______
- **H**: mmc(4, 10) = ______

Estatística

Interpretação de tabelas e gráficos

1 TABELA

Veja a questão que foi proposta em uma votação na turma de Aline.

Qual é seu animal doméstico favorito?

a) Complete a tabela com o que está faltando.

Animais domésticos favoritos

As imagens não estão representadas em proporção.

Animal	Marcas	Quantidade de votos
 Cachorro	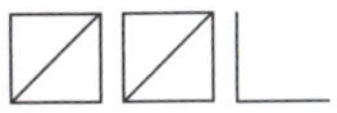	12
 Gato		
 Passarinho		7
 Tartaruga		

Ilustrações: Estúdio Félix Reiners/Arquivo da editora

Tabela elaborada para fins didáticos.

b) Agora, responda: Qual animal foi o mais votado? Quantos votos ele teve?

____

c) Quantos alunos votaram? ______________________________

d) **ATIVIDADE EM GRUPO** Façam a mesma pesquisa em sua turma e escrevam no caderno um texto-síntese sobre a pesquisa realizada. Nesse texto, descrevam como vocês fizeram a pesquisa, quantas pessoas responderam à pergunta e quais foram os resultados obtidos.

Sugestões de...

Livros

Animais domésticos. Blumenau: Todolivro, 2006.

O guia completo dos animais. Jinny Johnson. Barueri: Girassol, 2009.

2 GRÁFICO DE BARRAS

Na volta das férias, cada equipe de uma turma fez uma pesquisa a partir desta questão.

Você assistiu a quantos filmes nas férias?

Image Source/Cold River Product/Latinstock

Pessoas assistindo a um filme.

O resultado da pesquisa feita pela equipe de Álvaro foi registrado neste gráfico de barras. Veja.

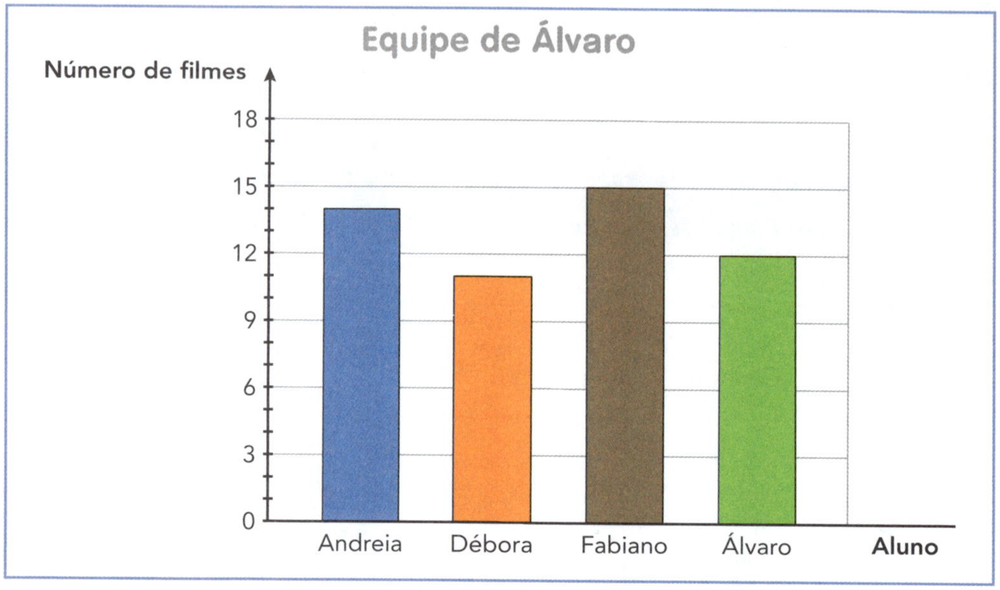

Banco de imagens/Arquivo da editora

Gráfico elaborado para fins didáticos.

a) Qual dos alunos dessa equipe assistiu a mais filmes? A quantos filmes esse aluno assistiu? ______

b) Qual dos alunos assistiu a exatamente 11 filmes? ______

c) Álvaro assistiu a quantos filmes? ______

d) Quantos filmes Fabiano viu a mais do que Álvaro? ______

e) Quais alunos assistiram a mais do que 10 filmes? ______

f) Quem assistiu a mais filmes: Álvaro ou Andreia? ______

g) Quem assistiu a menos do que 14 filmes? ______

h) Formule mais uma pergunta sobre essa pesquisa e dê a resposta.

______

______

3 GRÁFICO DE SETORES

Veja no gráfico de setores o registro das vendas de um dia em uma loja de CDs, por gênero de música.

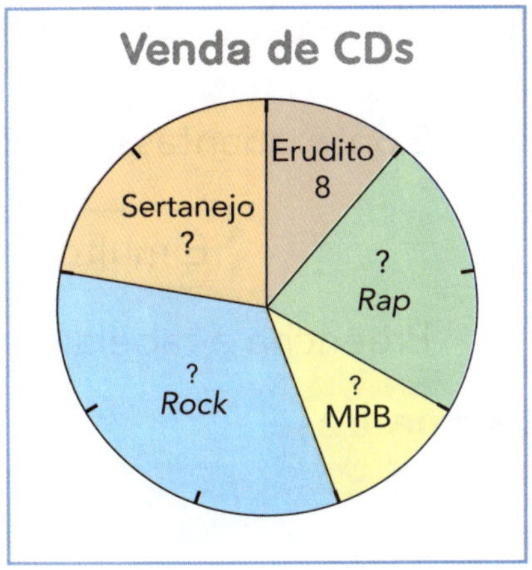

Gráfico elaborado para fins didáticos.

a) No gráfico há marcações que dividem a circunferência em quantas partes iguais?

____

b) Você sabe qual é o nome que damos às regiões coloridas desse tipo de gráfico? ________________

c) O setor marrom corresponde a quantos CDs? ______________________

d) O setor verde corresponde a quantas vezes o setor marrom? ____________________

e) Então, quantos CDs do gênero *rap* foram vendidos nesse dia? ______________

f) Qual foi o gênero musical mais vendido? Quantos CDs? ______________

g) Quantos CDs foram vendidos no total? ______________________

4 GRÁFICO DE SEGMENTOS

Este gráfico mostra a evolução da temperatura em uma cidade, registrada de 4 em 4 horas durante certo dia.

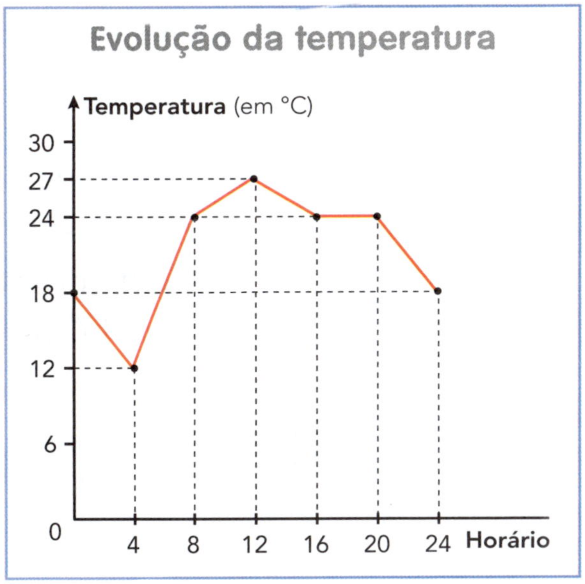

Gráfico elaborado para fins didáticos.

a) Qual foi a temperatura registrada às 20 h? ____________

b) E às 12 h? ____________

c) Em que momentos do dia foram registrados 24 °C? ______________________

d) Dos registros feitos às 4 h e às 8 h, a temperatura subiu ou caiu? Quantos graus? ______________

e) Qual foi a temperatura máxima registrada no dia? A que horas? ______________________

f) Qual foi a temperatura mínima registrada no dia? A que horas?

____

g) Qual foi a variação da temperatura registrada às 8 h e às 12 h?

____

Construção de tabelas e gráficos

1 Conte quantas de cada uma das vogais (**a**, **e**, **i**, **o**, **u**) há na frase em destaque.

É muito importante preservar os rios e as florestas.

Preencha a tabela e complete o gráfico de barras com essa contagem.

Vogais na frase

Vogal	Número de vezes que aparece

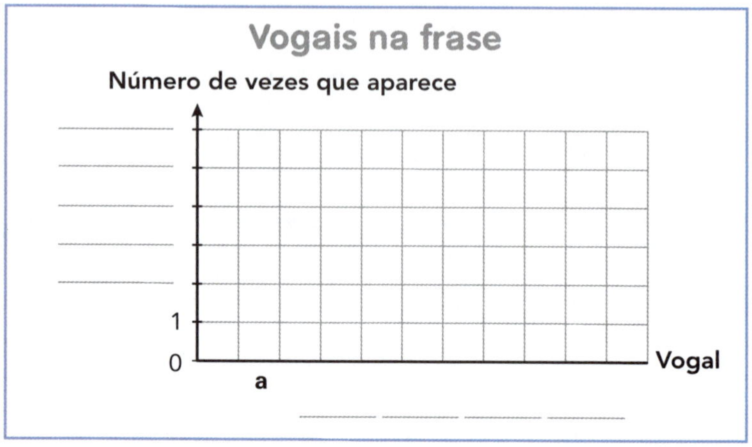

Banco de imagens/Arquivo da editora

Tabela e gráfico elaborados para fins didáticos.

a) Que vogal aparece com maior frequência? ______________

b) E com menor frequência? ______________

c) Qual é a frequência com que aparece a vogal **i**? ______________

2 **ATIVIDADE EM GRUPO**

a) Forme uma equipe com mais 2 colegas e façam uma pesquisa em sua turma: "Para qual time de futebol você torce?".

b) Registrem na tabela o número de votos para os 4 times mais votados. Depois, na malha quadriculada, construam um gráfico de barras.

Times mais votados de sua turma

Time	Quantidade de votos

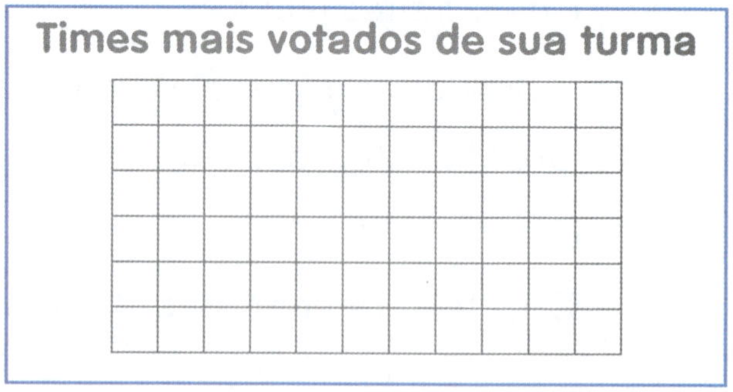

Tabela e gráfico elaborados para fins didáticos.

c) Escrevam no caderno um texto-síntese sobre os resultados obtidos na pesquisa realizada.

Média de 2 ou mais números

Explorar e Descobrir

ATIVIDADE EM GRUPO (TODA A TURMA)

Parte 1

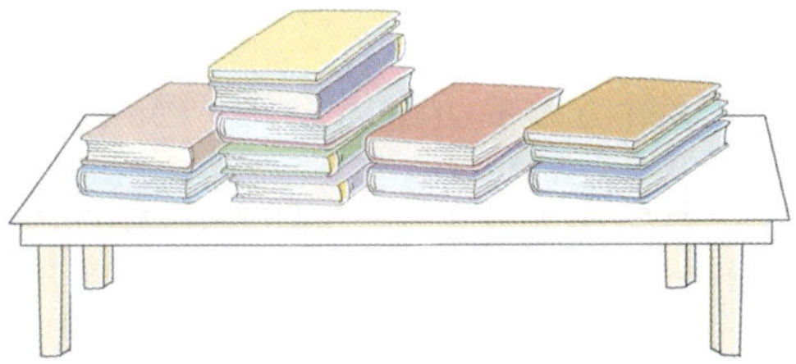

Estúdio Félix Reiners/ Arquivo da editora

- Formem 4 pilhas de livros, uma com 2 livros, uma com 5 livros, outra com 2 livros e a última com 3 livros, como na figura ao lado.
- Façam uma arrumação de modo que os livros fiquem ainda em 4 pilhas, mas todas com o mesmo número de livros.
- Depois respondam (cada um em seu livro).

  a) Quantos livros havia em cada pilha antes da arrumação? ______

  b) Quantos livros ficaram em cada pilha depois da arrumação? ______

Veja como podemos ilustrar essa situação.

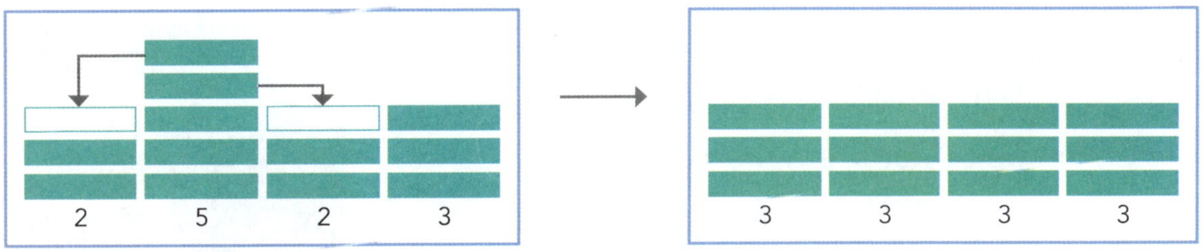

Parte 2

- Agora vamos pensar em quais operações matemáticas devem ser efetuadas para determinar o número total de livros e o número de livros em cada pilha, depois da arrumação.
- Em seguida, respondam (cada um em seu livro).

  a) Quais operações matemáticas foram realizadas nessa situação?

  ______

  b) Usem os dados do problema e indiquem e efetuem essas operações.

  ______

  c) Completem.

Dizemos que o número ______ é a **média** dos números ______.

1 Valdir disputou 3 partidas de basquete e marcou 15 pontos, 19 pontos e 14 pontos.

a) Quantos pontos ele marcou no total? ______________________

b) Imagine agora se ele tivesse marcado esse mesmo total de pontos nas 3 partidas, mas com o mesmo número de pontos em cada uma delas. Qual seria o número de pontos por partida? ______________________

c) Então nas 3 partidas que disputou, Valdir fez quantos pontos em média por partida? ______________________

d) Qual é a média de pontos por partida de um jogador que fez 18 pontos, 23 pontos, 21 pontos e 18 pontos em 4 partidas? ______________________

2 Cláudia assistiu à TV durante 2 horas na sexta-feira, 3 horas no sábado e 4 horas no domingo. Nesse fim de semana, em média, durante quantas horas por dia ela assistiu à TV? ______________________

Estúdio Félix Reiners/Arquivo da editora

3 **DESAFIO**

Danilo resolveu viajar de Cuiabá (Mato Grosso) para Porto Seguro (Bahia). Durante os 4 dias da viagem ele planejou gastar R$ 20,00 por dia, em média, com alimentação.

No 1º dia ele gastou R$ 18,00, no 2º dia R$ 24,00 e no 3º dia, R$ 17,00.

Calcule, responda e faça a verificação. Para não ultrapassar a média planejada, quanto ele pôde gastar no 4º dia? ______________________

Saiba mais

A população média por quilômetro quadrado de uma cidade, estado ou país é chamada **densidade demográfica**. Por exemplo: uma cidade com população de 300 000 habitantes e área de 2 000 km² tem densidade demográfica de 150 habitantes por km², pois 300 000 ÷ 2 000 = 150.

4 CALCULADORA

Em 2010, considerando todos os estados brasileiros e o Distrito Federal, este último era o que tinha a maior densidade demográfica. O que tinha menor densidade demográfica era o estado de Roraima.

Considere os dados aproximados do Censo 2010.

Ismar Ingber/Pulsar Imagens

Vista aérea do Eixo Monumental, Brasília, Distrito Federal. Foto de 2016.

Distrito Federal

População: 2 572 100 habitantes

Área: 5 780 km²

Jorge Macedo/Futura Press

Vista aérea do bairro de Caçari, Boa Vista, Roraima. Foto de 2013.

Roraima

População: 450 500 habitantes

Área: 225 000 km²

Fonte de consulta: IBGE ESTADOS. Disponível em: <www.ibge.gov.br/estadosat/>. Acesso em: 27 mar. 2017.

Use uma calculadora, descubra e responda.

a) Qual era a densidade demográfica do Distrito Federal em 2010?

____

b) A densidade demográfica de Roraima era maior ou menor do que 2 habitantes por km²? _______________

BRINCANDO TAMBÉM APRENDO

JOGO PARA 2 PARTICIPANTES.

Jogo com gráficos e tabelas

Inicialmente os jogadores preparam os papeizinhos para sorteio.

Cada jogador sorteia um papel, localiza a letra correspondente na tabela ou em um dos gráficos e anota os pontos na tabela de pontuação.

Ganha o jogo quem conseguir o maior total de pontos após 7 rodadas.

Material necessário

- 14 papeizinhos com as letras **A** a **N**

Pontos correspondentes à letra

Letra	Quantidade de pontos
D	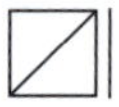
H	
L	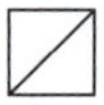

Pontos correspondentes à letra

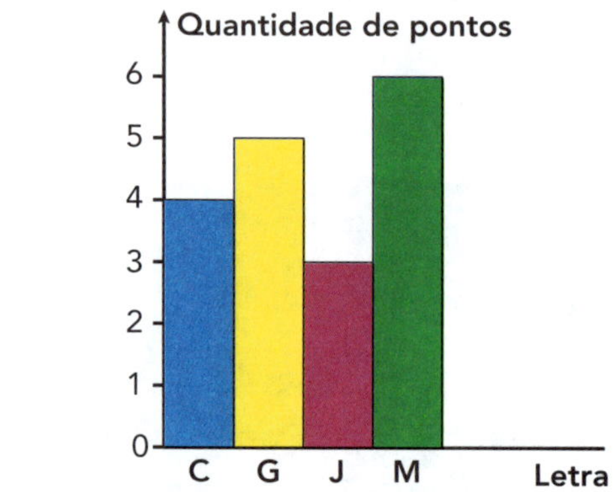

Pontos correspondentes à letra

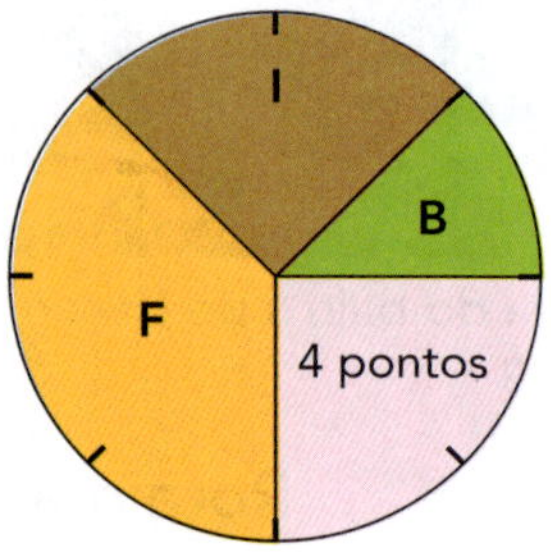

Pontos correspondentes à letra

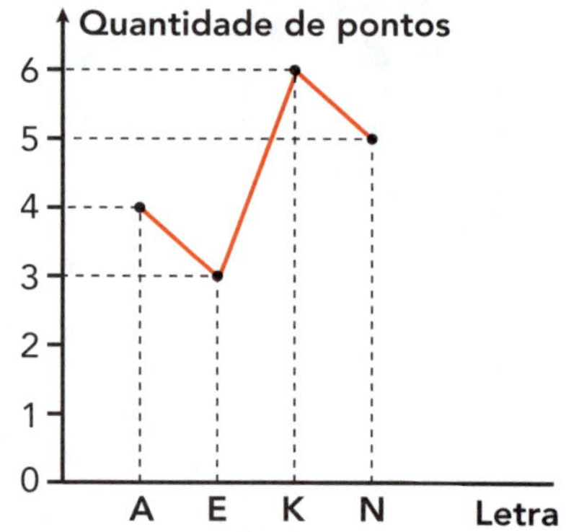

Tabela e gráficos elaborados para fins didáticos.

Tabela de pontuação

Nome \ Rodada	1ª	2ª	3ª	4ª	5ª	6ª	7ª	Total de pontos

Vencedor: ______________________________

Mais atividades e problemas

1 Complete.

a) $4 \times 3 \times 5 =$ ______

b) $20 - 10 \div 5 =$ ______

c) $(5 + 4) \div (7 - 4) =$ ______

d) $12 \div 6 \div 2 =$ ______

e) $17 +$ ______ $+ 4 = 25$

f) $2 +$ ______ $\times 2 = 12$

2 CALCULADORA

Use uma calculadora, descubra o número e complete.

a) $8027 - 541 =$ ______

b) $37 \times 956 =$ ______

c) ______ $\div 25 = 49$

d) $7000 -$ ______ $= 1274$

e) $1036 \div 37 + 412 =$ ______

f) $5040 - 420 \times 12 =$ ______

3 Escreva os números indicados.

a) Os múltiplos de 35 menores do que 150. ______

b) Os divisores ímpares de 30. ______

c) Os 4 primeiros múltiplos comuns de 4 e 10. ______

d) Os divisores comuns de 25 e 40. ______

e) Os números primos entre 20 e 30. ______

f) A soma de mdc(4, 10) com mmc(6, 9). ______

4 Daniel está doente. O médico receitou um comprimido de 6 em 6 horas e um xarope de 4 em 4 horas. À meia-noite ele tomou um comprimido e o xarope. Indique os horários.

a) Durante o dia, um horário em que ele voltará a tomar um comprimido e o xarope ao mesmo tempo. ______

b) Um horário em que ele tomará um comprimido, mas não tomará o xarope.

______

c) Um horário em que ele não tomará nem comprimido nem xarope.

______

5 Na escola de Patrícia há 4 turmas de 5º ano: 5º **A**, 5º **B**, 5º **C** e 5º **D**. Ela e os colegas estão fazendo um levantamento da quantidade de meninos e meninas nessas turmas.

Veja parte do registro que eles fizeram.

Alunos nas turmas

Turma	Meninos	Meninas	Total
5º **A**	18	16	
5º **B**	19		32

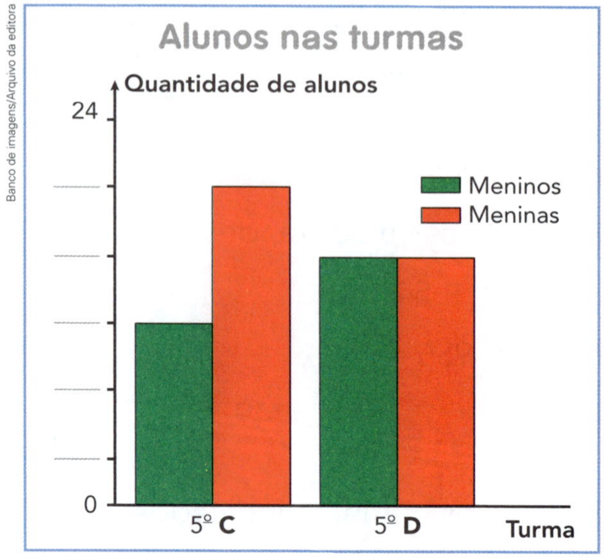

Tabela e gráfico elaborados para fins didáticos.

a) De 0 a 24 alunos, há quantas partes iguais no eixo do gráfico?

____

b) Então cada uma dessas partes corresponde a quantos alunos?

____

c) Complete o gráfico de barras acima.

d) Agora, complete a tabela. Nela, inclua os valores do 5º **C** e do 5º **D**.

e) Registre os números e compare-os com >, < ou =.

- Meninos do 5º **A** e meninas do 5º **A**. ________
- Alunos do 5º **B** e alunos do 5º **C**. ________
- Meninas do 5º **B** e meninas do 5º **D**. ________
- Meninos do 5º **D** e meninas do 5º **B**. ________
- Meninos do 5º **A** e meninos do 5º **B**. ________
- Meninos do 5º ano e meninas do 5º ano. ________

6 **ATIVIDADE EM GRUPO** Alex elaborou este gráfico de segmentos, a partir dos dados da sua conta de água.

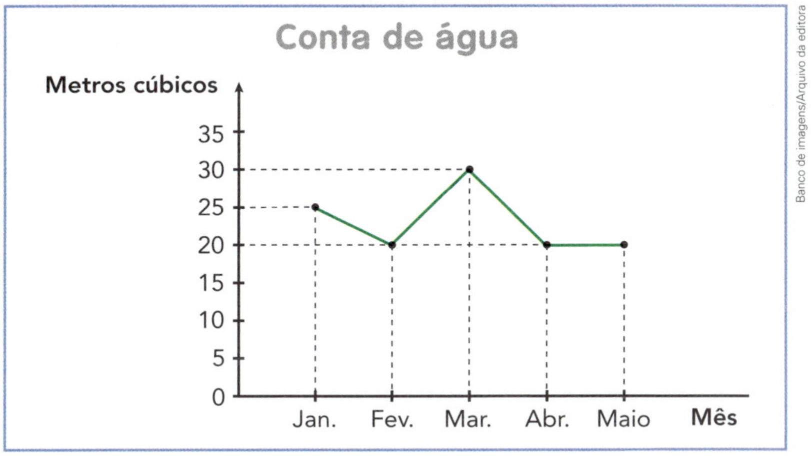

Gráfico elaborado para fins didáticos.

1 metro cúbico corresponde à capacidade de um cubo com arestas de 1 metro.

a) O que está representado no eixo horizontal deste gráfico?

____

b) E o que está representado no eixo vertical?

____

c) O que o gráfico está mostrando?

____

d) Quantos metros cúbicos foram consumidos em março? _______________

e) Em que meses o consumo foi igual? _______________

f) Em que mês o consumo foi menor do que 20 metros cúbicos?

____

g) Qual foi a média de consumo nesses 5 meses? _______________

h) De janeiro para fevereiro, o consumo aumentou ou diminuiu? Quanto?

____

i) Agora, junto com os demais grupos, elaborem e respondam outras questões referentes ao gráfico.

____

____

7 PROBLEMA

Leia, pense, resolva e responda.

Em um jogo que Mauro comprou, são distribuídas igualmente 30 fichas azuis e 18 fichas verdes entre os participantes e não podem sobrar fichas. Qual é o maior número de participantes que esse jogo pode ter?

____

8 MAIS EXPRESSÕES NUMÉRICAS

Complete.

a) $3 + 8 \times 2 =$ ______

b) $(3 + 8) \times 2 =$ ______

c) ______ $- 6 + 2 = 3$

d) ______ $- (6 + 2) = 3$

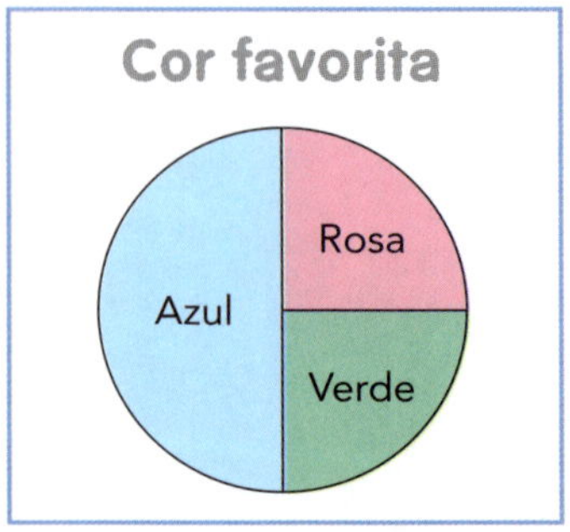

Banco de imagens/Arquivo da editora

Gráfico elaborado para fins didáticos.

9 Uma pesquisa sobre a cor favorita foi feita com 32 alunos da turma de Mauro. O resultado está neste gráfico de setores. Calcule e escreva quantos votos cada cor teve.

- Azul: ______________.
- Verde: ______________.
- Rosa: ______________.

Saiba mais

Alguns gráficos, para ficarem mais bonitos e chamativos, trazem figuras relativas ao assunto focalizado. São os **gráficos pictóricos**.

Veja um exemplo ao lado.

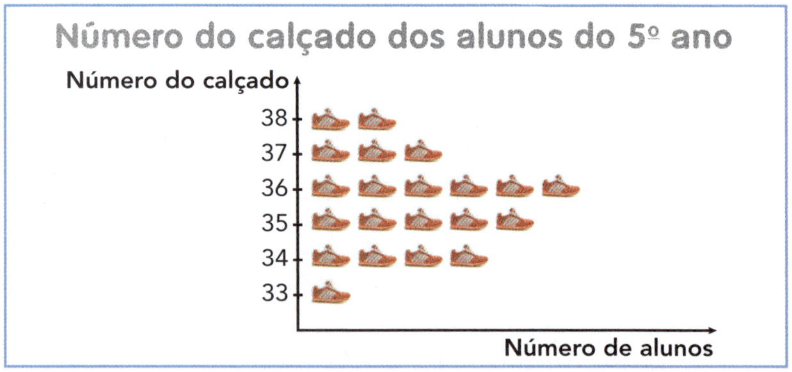

Vadim Ponomarenko/Shutterstock; Banco de imagens/Arquivo da editora

Gráfico elaborado para fins didáticos.

Sugestão de...

Livro

Bola no pé: a incrível história do futebol. Luísa Massarani e Marcos Abrucio. São Paulo: Cortez, 2004.

10 PESQUISA

ATIVIDADE EM GRUPO

a) Procurem um gráfico pictórico em revistas e jornais, recortem-no, colem-no em uma folha de papel sulfite e apresentem para toda a turma.

b) Levantem questões referentes ao gráfico pictórico pesquisado e ao gráfico do **Saiba mais** e conversem com toda a turma para responder a elas.

VAMOS VER DE NOVO?

1 Escreva por extenso ou com algarismos.

a) 1 000 106 ____________________

b) Quinze bilhões, doze milhões e duzentos mil. ____________________

2 Um tesouro foi guardado em um destes baús: **L**, **J** ou **K**. Parta de **A** e procure as regiões planas simétricas em relação aos eixos vermelhos horizontais ou verticais. Registre o roteiro e escreva onde está o tesouro.

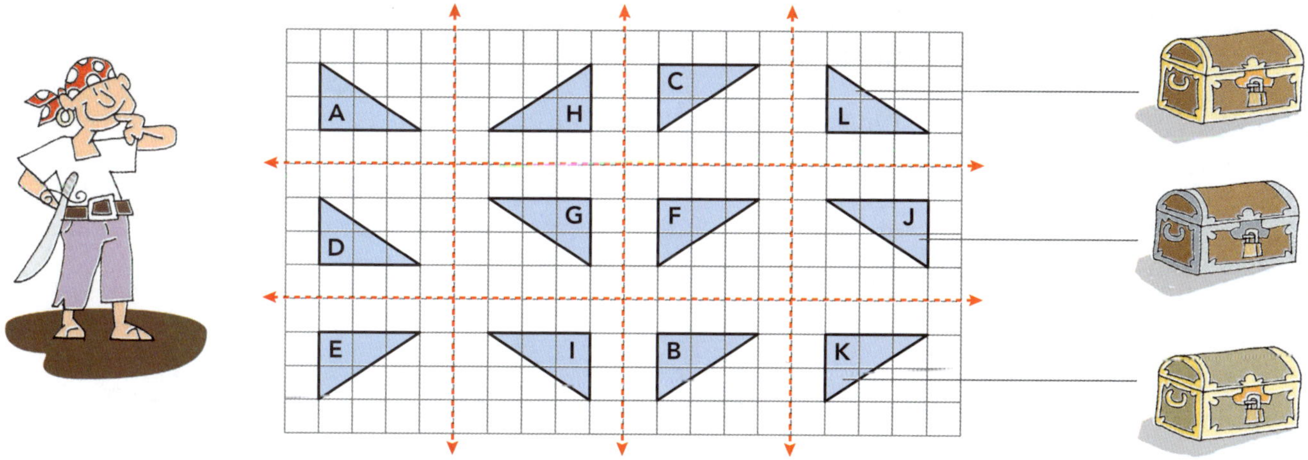

Ilustrações: Estúdio Félix Reiners/Arquivo da editora

A → ☐ → ☐ → ☐ → ☐ ____________________

3 Luís ganhou 4 selos para sua coleção, mas não sabe a origem deles. Observe as dicas e complete o quadro com as características dos selos.

- O selo com a figura de um trem é vermelho e o com uma flor não é francês.
- O selo alemão tem a figura de um corredor.
- O selo da Suíça não é vermelho e o selo com um avião não é amarelo.
- O selo dos Estados Unidos é azul e o selo com a figura de uma flor é verde.

País				
Cor				
Figura				

O QUE ESTUDAMOS

Estudamos o significado de expressão numérica e conhecemos a ordem em que as operações devem ser efetuadas para calcular o valor da expressão numérica.

$18 - (7 + 3)$ → $18 - 10 = 8$

$18 - 7 + 3$ → $11 + 3 = 14$

$3 + 4 \times 5$ → $3 + 20 = 23$

Retomamos as ideias de múltiplo e de divisor de um número natural e vimos o significado de mínimo múltiplo comum (mmc) e máximo divisor comum (mdc) de 2 ou mais números naturais.

- mmc(6, 10) = 30, pois 30 é o menor número natural diferente de 0 (zero) que é, ao mesmo tempo, múltiplo de 6 e múltiplo de 10.
- mdc(20, 12) = 4, pois 4 é o maior número natural que é, ao mesmo tempo, divisor de 20 e divisor de 12.

Estudamos alguns assuntos de estatística e tratamento da informação.

Vimos, por exemplo, como interpretar e construir tabelas e gráficos com base nas respostas dadas em uma pesquisa.

Em uma turma com 30 alunos, por exemplo.

- **Tabela**

  Qual é sua cor favorita?

Cor favorita

Cor	Marcas	Quantidade de votos
Azul		6
Verde		10
Amarelo		4
Vermelho		10

- **Gráfico de barras**

  Qual é seu animal favorito?

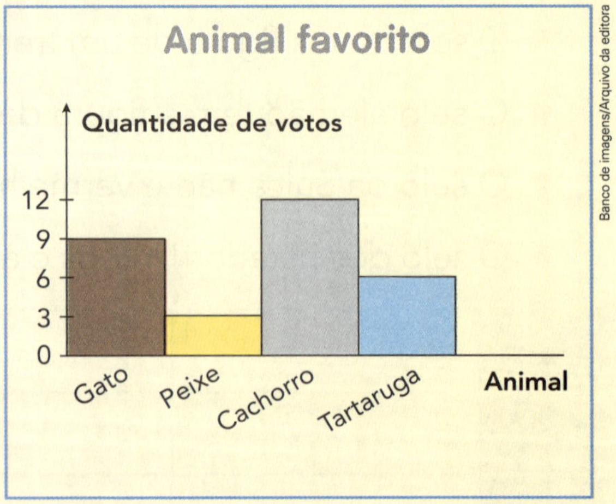

Tabela e gráfico elaborados para fins didáticos.

- **Gráfico de segmentos**

Quantos alunos faltaram na escola em cada dia da semana?

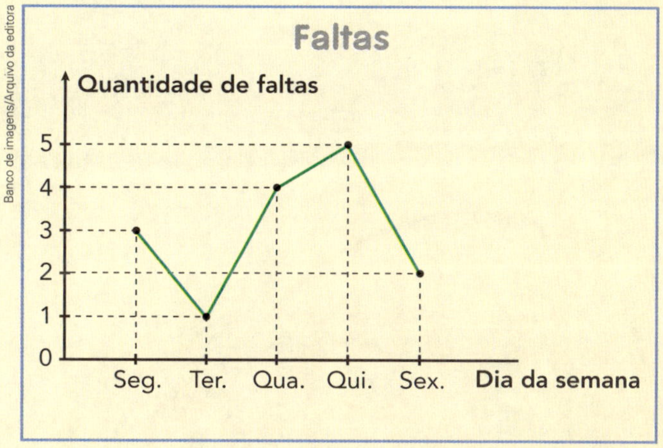

- **Gráfico de setores**

O número de meninas é o dobro do de meninos.

Quantos meninos e meninas há na turma?

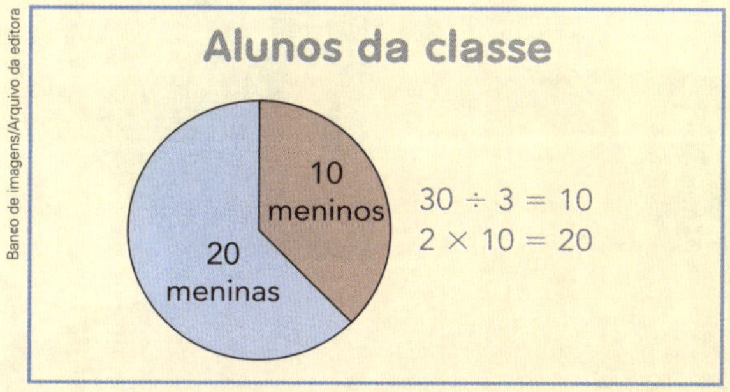

Gráficos elaborados para fins didáticos.

Conhecemos a ideia de média de 2 ou mais números.

Se uma pessoa gastou R$ 25,00 na sexta-feira, R$ 35,00 no sábado e R$ 36,00 no domingo, dizemos que, nesses 3 dias, em média, ela gastou R$ 32,00 por dia.

$25 + 35 + 36 = 96$ $\qquad$ $96 \div 3 = 32$

- Você entendeu bem a ordem das operações no cálculo do valor de uma expressão numérica?
- Você tem dado suas opiniões nas atividades em grupo? E tem ouvido com atenção e respeito as opiniões dos colegas?
- Você tem distribuído bem suas atividades de estudo, lazer, uso do celular, descanso e outras?

Unidade 6

Frações

Ricardo Chucky/Arquivo da editora

- O que mostra esta cena?
- Que gênero de texto aparece em destaque na cena?
- Que ingredientes aparecem sobre a mesa?
- Você já participou de uma cena como esta? Em caso afirmativo, conte para os colegas como foi a experiência!

Para iniciar

As frações são usadas em muitas situações do dia a dia. Um exemplo é na elaboração de receitas culinárias.

Nesta Unidade vamos retomar o estudo das frações e aprender mais sobre elas.

- Analise a cena das páginas de abertura desta Unidade. Converse com os colegas e respondam às questões a seguir.

Ilustrações: Estúdio Félix Reiners/Arquivo da editora

- Converse com os colegas sobre mais estas questões.

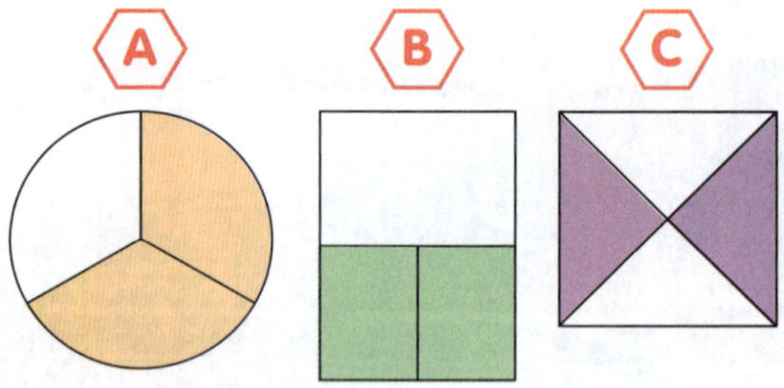

Ilustrações: Banco de imagens/Arquivo da editora

a) Em qual destas figuras a parte pintada representa $\frac{2}{3}$ da figura?

b) Que número é o denominador da fração $\frac{2}{3}$? O que ele indica?

c) E que número é o numerador desta fração? O que ele indica?

d) Como se lê essa fração?

e) Uma pessoa tinha R$ 20,00 e gastou $\frac{1}{5}$ dessa quantia. Quantos reais ela gastou? Com quanto ainda ficou?

As ideias de fração

Fração de uma figura ou de um objeto

1 Você já sabe. Complete.

a) A região delimitada pela circunferência abaixo foi dividida em _____ partes iguais.

b) Foram pintadas _____ dessas partes.

c) Escrevemos a fração $\frac{\square}{\square}$ para indicar as partes em amarelo.

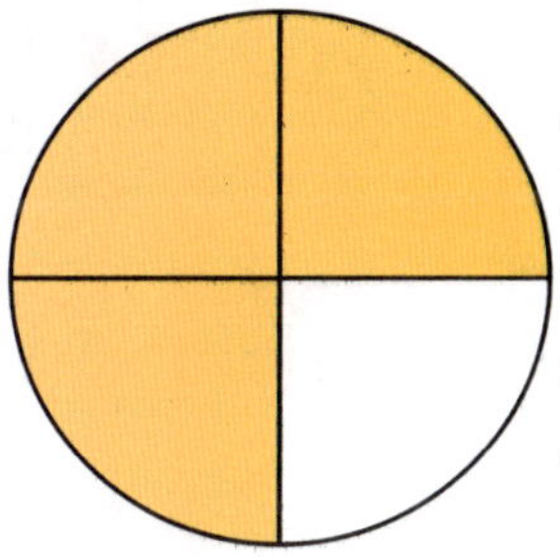

Banco de imagens/Arquivo da editora

número de partes pintadas → 3 ← numerador da fração

número de partes iguais em que a região foi dividida → 4 ← denominador da fração

Explorar e Descobrir

- Pegue uma folha de papel, dobre-a em 2 partes iguais e pinte 1 delas de vermelho.
  - a) Quantas partes iguais há ao todo? _______________
  - b) Quantas delas foram pintadas de vermelho? _______________
  - c) Indique com uma fração a parte pintada de vermelho. $\frac{\square}{\square}$
  - d) Complete: Você pintou um ___________ ou a ___________ da folha.
- Agora, dobre outra folha de papel em 4 partes iguais. Pinte 1 parte de roxo.
  - a) Complete: Há _______ partes iguais ao todo e _______ parte foi pintada.
  - b) Indique com uma fração a parte pintada de roxo. $\frac{\square}{\square}$
  - c) Complete: Você pintou um _______________ da folha.
- Desta vez a dobra da folha será em 8 partes iguais. Pinte 3 partes de verde.

  Complete: Há _______ partes iguais ao todo e _______ partes foram pintadas.

  Ou seja, você pintou $\frac{\square}{\square}$ (leitura: _______________) da folha.

2 A fração que representa a parte da *pizza* que Bia está comendo é $\frac{1}{3}$.

Escreva a fração que indica a parte da *pizza* que sobrou no prato. ______

Estúdio Félix Reiners/Arquivo da editora

3 Indique a fração correspondente à parte da figura que está pintada em cada item.

a) 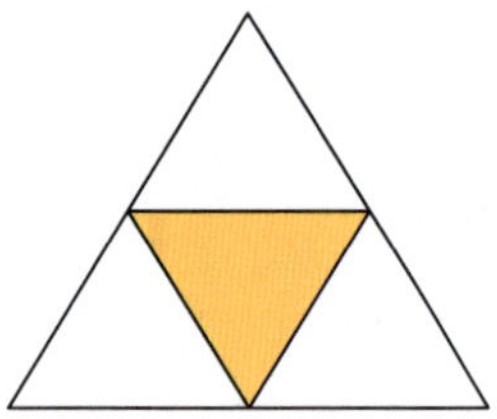 ______

b) 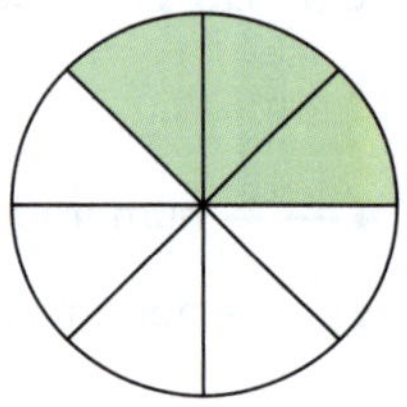 ______

c) 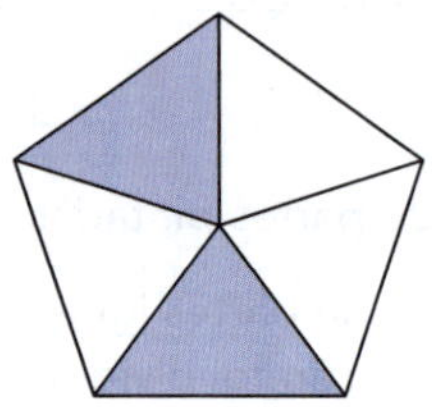 ______

d) 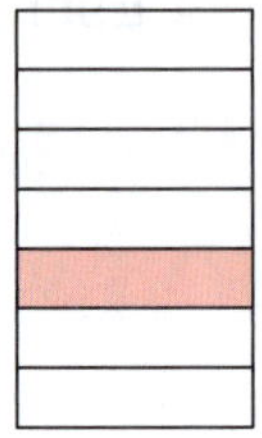 ______

Ilustrações: Banco de imagens/Arquivo da editora

4 Pinte a parte da figura indicada pela fração em cada item.

a) $\frac{5}{8}$

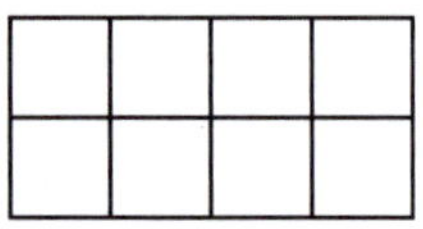

b) $\frac{1}{2}$

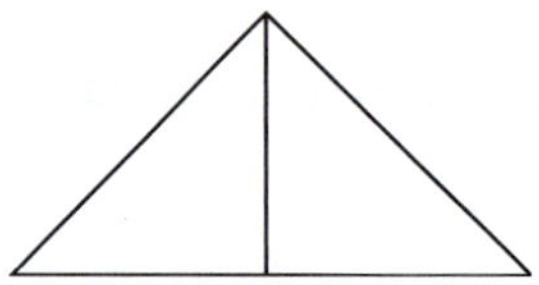

c) $\frac{2}{3}$

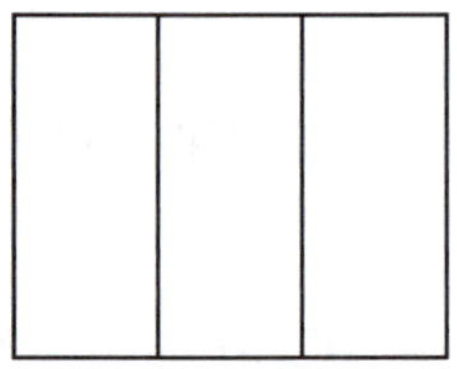

Ilustrações: Banco de imagens/Arquivo da editora

5 Responda com a fração correspondente.

a) Que parte da parede representada ao lado já foi pintada? E que parte ainda falta pintar?

______

Estúdio Félix Reiners/Arquivo da editora

b) O frasco ao lado estava cheio de tinta. Que parte já foi usada?

______

Estúdio Félix Reiners/Arquivo da editora

As imagens não estão representadas em proporção.

6 **ATIVIDADE ORAL EM DUPLA** Vocês já ouviram a expressão **em uma fração de segundo**? O que ela quer dizer?

7 LEITURA DE FRAÇÕES

A leitura das frações com denominadores de 2 até 9 você já conhece.

- $\frac{1}{2}$ — Um meio.
- $\frac{3}{4}$ — Três quartos.
- $\frac{5}{6}$ — Cinco sextos.
- $\frac{7}{8}$ — Sete oitavos.
- $\frac{1}{3}$ — Um terço.
- $\frac{1}{5}$ — Um quinto.
- $\frac{4}{7}$ — Quatro sétimos.
- $\frac{1}{9}$ — Um nono.

Veja também a leitura das frações com denominadores 10, 100 ou 1 000 (chamadas **frações decimais**).

- $\frac{1}{10}$ — Um décimo.
- $\frac{1}{100}$ — Um centésimo.
- $\frac{1}{1\,000}$ — Um milésimo.

Agora, conheça a leitura de frações com outros denominadores.

- $\frac{5}{12}$ — Cinco doze avos.
- $\frac{3}{20}$ — Três vinte avos.
- $\frac{7}{31}$ — Sete trinta e um avos.

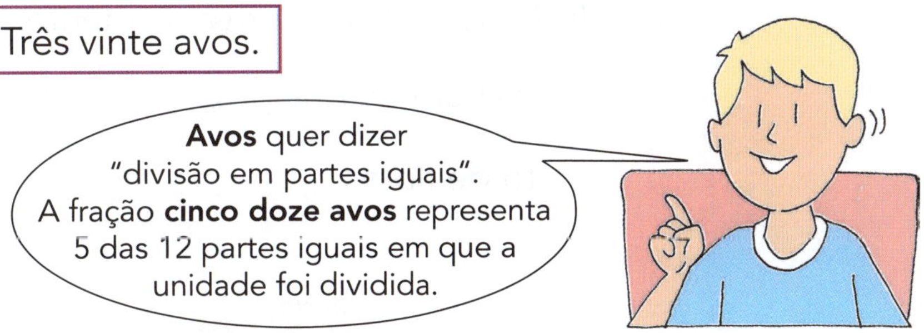

Estúdio Félix Reiners/Arquivo da editora

Agora, escreva como se lê ou indique a fração.

a) $\frac{4}{5}$ → ____________________

b) $\frac{7}{100}$ → ____________________

c) $\frac{11}{15}$ → ____________________

d) $\frac{6}{7}$ → ____________________

e) Nove milésimos. → ________

f) Sete trinta avos. → ________

g) Cinco sextos. → ________

h) Nove décimos. → ________

Saiba mais

Há cerca de 3 000 anos os egípcios consideravam frações só as de numerador igual a 1, ou seja, $\frac{1}{2}$, $\frac{1}{3}$, $\frac{1}{4}$, $\frac{1}{5}$, $\frac{1}{6}$, etc.

Fração de um conjunto de elementos

1 Na foto ao lado há 8 balões, dos quais 5 são vermelhos: 5 em 8.

Dizemos que $\frac{5}{8}$ (cinco oitavos) dos balões são vermelhos.

$5 \leftarrow$ número de balões vermelhos
$8 \leftarrow$ número total de balões

BouleShutterstock

Balões coloridos.

Escreva as frações, considerando o total de balões.

a) A fração correspondente aos balões amarelos. ____________

b) A fração correspondente ao balão azul. ____________

c) A fração correspondente aos balões que não são vermelhos. ____________

2 Indique a fração correspondente a cada caso. As imagens não estão representadas em proporção.

a) As flores vermelhas neste conjunto de flores. ____________

b) Os serrotes neste grupo de ferramentas. ____________

LanKS/Shutterstock

Flores.

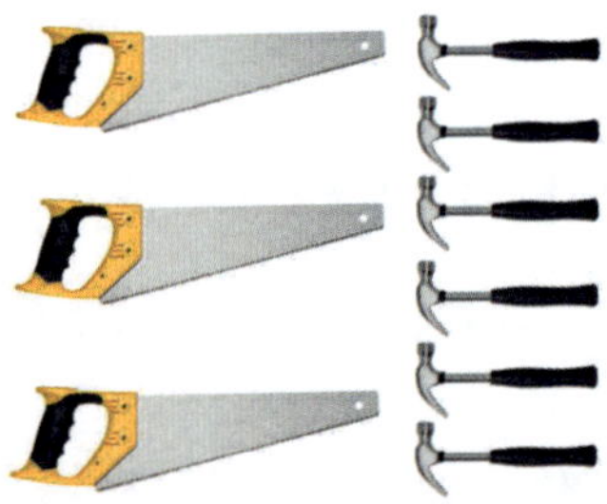

Gearstd/Shutterstock

Ferramentas.

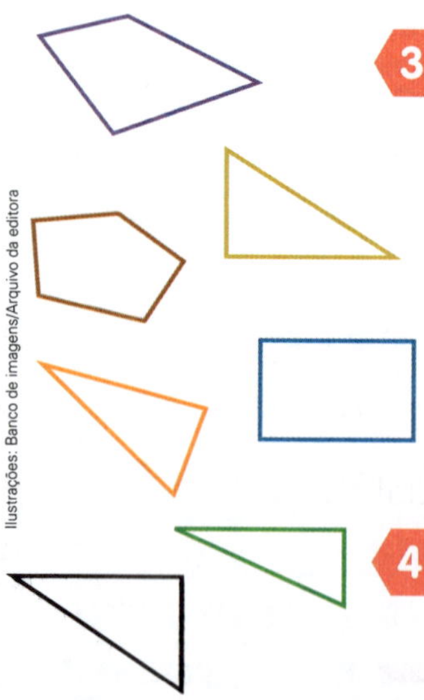

Ilustrações: Banco de imagens/Arquivo da editora

3 Observe os polígonos ao lado e responda.

a) Do total de polígonos, que fração representa os triângulos? ____________

b) Que fração representa os quadriláteros? ____________

c) Que fração representa o pentágono? ____________

d) E que fração representa os polígonos com mais de 3 lados? ____________

4 Em um grupo com 7 meninos e 3 meninas, as meninas correspondem a que fração do grupo? ____________

Fração de um número

1 Complete cada item e descubra a fração de um número.

a) Para calcular $\frac{1}{2}$ de um número (a metade) dividimos o número por 2.

$\frac{1}{2}$ de 14 = ______, pois ______ ÷ ______ = ______.

b) Para calcular $\frac{1}{3}$ de um número (a terça parte) dividimos por 3.

$\frac{1}{3}$ de 15 = ______, pois ____________________.

c) $\frac{1}{5}$ de 40 = ______

d) $\frac{1}{8}$ de 32 = ______

2 Rafaela comprou 1 dúzia de ovos e usou $\frac{5}{6}$ deles para fazer uma receita. Quantos ovos ela usou?

Estúdio Félix Reiners/Arquivo da editora

Eduardo Santaliestra/Arquivo da editora

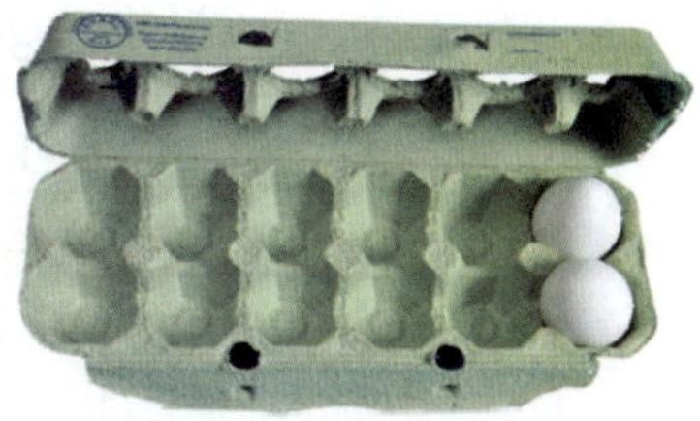

$\frac{1}{6}$ **de 1 dúzia de ovos.**

Banco de imagens/Arquivo da editora

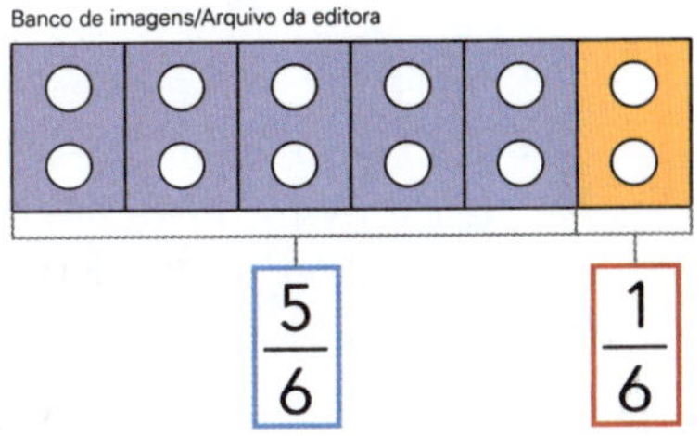

Complete e depois escreva a resposta do problema. As imagens não estão representadas em proporção.

$\frac{5}{6}$ de 12 = ______, pois ______ ÷ ______ = ______ e ______ × ______ = ______.

Resposta: ____

3 **CÁLCULO MENTAL**

Calcule mentalmente e escreva o resultado.

a) $\frac{3}{4}$ de 8 = ______

b) $\frac{2}{3}$ de 6 = ______

c) $\frac{5}{7}$ de 21 = ______

d) $\frac{3}{5}$ de 20 = ______

Estúdio Félix Reiners/Arquivo da editora

Fração e divisão

Explorar e Descobrir

- Divida a região determinada pelo quadrado ao lado em 4 partes iguais. Depois, pinte as 4 partes de amarelo.

Banco de imagens/Arquivo da editora

  a) Que fração indica a parte da região que você pintou? $\frac{\square}{\square}$

  b) Complete.

> Como a região toda foi pintada, dizemos que $\frac{\square}{\square}$ é o mesmo que 1 inteiro ou 1 unidade.
>
> Indicamos assim: $\frac{\square}{\square} = 1$

- Veja agora.

  a) Represente com uma fração a parte pintada.

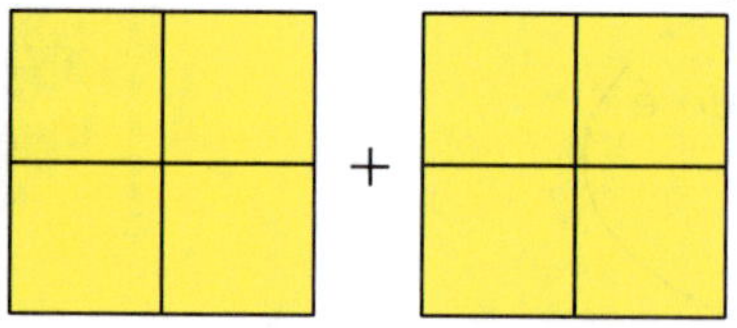

Banco de imagens/Arquivo da editora

$\frac{\square}{\square}$ ou ______ inteiros ou ______ unidades

$\frac{\square}{\square} + \frac{\square}{\square}$

  b) Em quantas partes iguais cada região foi dividida? ____________________

  c) Quantas partes foram pintadas ao todo?

  ____

  d) Complete o que Júlio está falando.

Estúdio Félix Reiners/Arquivo da editora

- Agora, considere como unidade a mesma região quadrada.

  a) Desenhe e pinte o correspondente a $\frac{12}{4}$.

  b) As partes pintadas correspondem a quantos inteiros ou unidades?

  ____

1 Analisando a atividade da página anterior, podemos perceber estas relações.

$\frac{4}{4} = 4 \div 4 = 1$ $\frac{8}{4} = 8 \div 4 = 2$ $\frac{12}{4} = 12 \div 4 = 3$

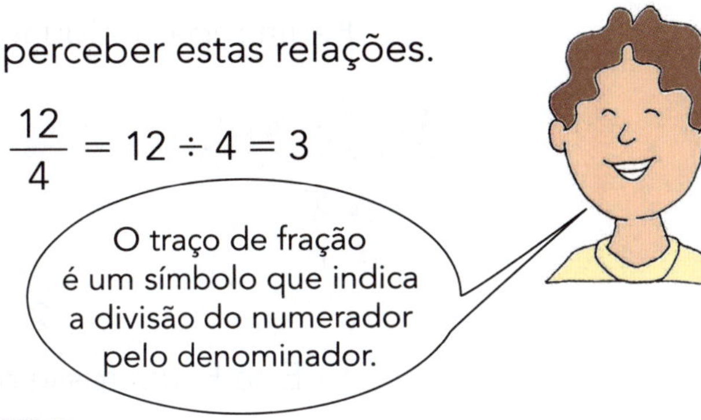

Estúdio Félix Reiners/Arquivo da editora

Verifique essa ideia em mais estes itens. Escreva a fração e o número natural que representam o que foi pintado das figuras.

a) 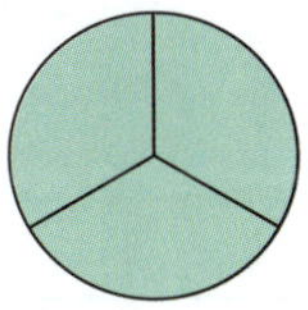 ______

b) 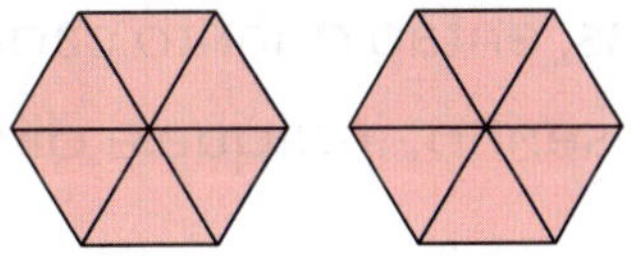 ______

Ilustrações: Banco de imagens/ Arquivo da editora

2 Escreva o número natural representado em cada item.

a) $\frac{5}{5} =$ ______

b) $\frac{10}{2} =$ ______

c) $\frac{872}{8} =$ ______

d) $\frac{26}{13} =$ ______

e) $\frac{8}{8} =$ ______

f) $\frac{18}{2} =$ ______

3 Escreva frações que representem cada número natural.

a) $2 = \frac{\square}{10}$ ou $\frac{10}{\square}$, e outras.

b) $3 = \frac{\square}{\square}$ ou $\frac{\square}{\square}$, e outras.

c) $4 = \frac{12}{\square}$ ou $\frac{\square}{12}$, e outras.

4 **ATIVIDADE ORAL EM DUPLA** As frações que representam números naturais são chamadas **frações aparentes**.

Por que será que elas têm esse nome? Você conhece o ditado popular: "As aparências enganam"? Dá para fazer alguma relação entre o nome e esse ditado popular? Troque ideias com um colega.

Estúdio Félix Reiners/Arquivo da editora

5 Observe com atenção as frações e assinale com um **X** apenas os quadrinhos das frações aparentes. Em seguida, em cada fração aparente, indique quantos inteiros ou unidades ela representa.

☐ $\frac{12}{4} =$ ______ ☐ $\frac{8}{5} =$ ______ ☐ $\frac{3}{6} =$ ______ ☐ $\frac{6}{3} =$ ______

6 Paula repartiu igualmente 1 melão entre seus 2 primos.

Chrisbrignell/Shutterstock Zelenskaya/Shutterstock

1 $\qquad \frac{1}{2} \qquad \frac{1}{2}$

1 melão $\div 2 = \frac{1}{2}$ melão ou $1 \div 2 = \frac{1}{2}$

a) Complete: Cada um recebeu $\frac{\square}{\square}$ melão.

b) E se Paula fosse repartir igualmente o melão entre 4 pessoas, então quanto cada uma receberia? Faça um desenho, indique a divisão e responda.

____

7 Veja 2 maneiras de dividir igualmente 2 folhas de papel sulfite entre 3 pessoas: Mário (**M**), André (**A**) e Sílvia (**S**).

Ilustrações: Banco de imagens/Arquivo da editora

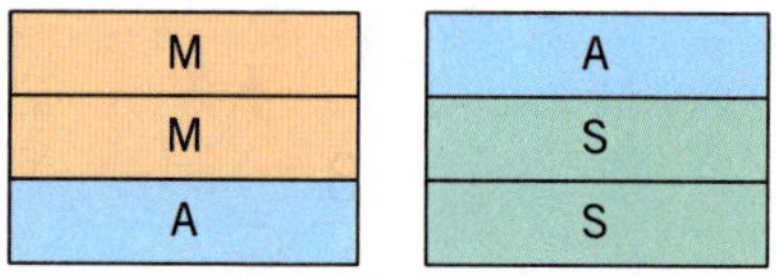

ou

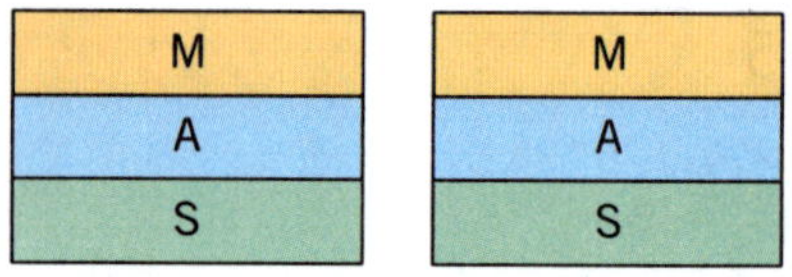

Escrevemos 2 folhas $\div 3 = \frac{2}{3}$ de folha, ou simplesmente $2 \div 3 = \frac{2}{3}$.

Cada pessoa vai receber o correspondente a $\frac{2}{3}$ de uma folha.

Faça desenhos ou verifique concretamente e complete.

Se 3 folhas de papel sulfite forem repartidas entre 4 pessoas, então cada uma vai ficar com $\frac{\square}{\square}$ de folha, pois ______ $\div$ ______ $= \frac{\square}{\square}$.

8 **CÁLCULO MENTAL**

Efetue as divisões mentalmente e registre os resultados.

a) $5 \div 7 =$ ______ **b)** $12 \div 4 =$ ______ **c)** $21 \div 3 =$ ______

9 Invente os valores e complete.

a) Um bolo foi repartido igualmente entre ______ pessoas. Cada uma recebeu ______ do bolo, pois ______ $\div$ ______ $=$ ______.

b) ______ litros de suco foram repartidos igualmente em ______ copos. Cada copo ficou com ______ de um litro, pois ______ $\div$ ______ $=$ ______.

Número misto

Explorar e Descobrir

ATIVIDADE EM DUPLA

- Destaquem as tiras da página 21 do **Ápis divertido**.
- Peguem 1 tira que representa 1 inteiro. Peguem também 3 tiras que representam $\frac{1}{3}$ e arrume-as sobre a tira de 1 inteiro.

  a) Quantos terços vocês precisam para formar 1 inteiro? ________________

  b) Complete: Então, $\frac{\square}{\square} = 1$.

- Agora, peguem 1 tira de 1 inteiro e 1 tira de $\frac{1}{3}$. Troquem a tira do inteiro por tiras de terços.

  a) Quantos terços vocês pegaram ao todo? ________________

  b) Podemos representar esses terços assim: $1\frac{1}{3}$. Esse é um **número na forma mista** ou, simplesmente, **número misto**. Leia a explicação e complete.

Estúdio Félix Reiners/Arquivo da editora

$1\frac{1}{3}$ é um **número misto**, ou seja, ele é formado por um número natural (1) e uma fração $\left(\frac{1}{3}\right)$.

Esse número misto pode ser escrito em forma de fração: $1\frac{1}{3} = \frac{4}{3}$, pois

$$1\frac{1}{3} = 1 + \frac{1}{3} = \frac{\square}{\square} + \frac{1}{\square} = \frac{\square}{\square}.$$

(1 = $\frac{\square}{\square}$)

- Agora, vamos trabalhar com outro número misto. Peguem 1 tira de 1 inteiro e 2 tiras de $\frac{1}{6}$.

  a) Complete: Devemos trocar a tira do inteiro por ________________, porque $\frac{\square}{\square} = 1$.

  b) Quantos sextos vocês pegaram ao todo? ________________

  c) Complete: $1\frac{2}{6} = 1 + \frac{2}{6} = \frac{\square}{\square} + \frac{2}{6} = \frac{\square}{\square}$

  (1 = $\frac{\square}{\square}$)

1 Para fazer pão de queijo, Tatiane comprou 1 queijo inteiro e mais a metade de outro queijo do mesmo tipo.

Ilustrações: Félix Reiners/Arquivo da editora

Indicamos assim: $1 + \frac{1}{2}$ ou $1\frac{1}{2}$.

$1\frac{1}{2}$ é um número na forma mista ou, simplesmente, número misto. Lemos assim: um inteiro e um meio.

Veja que, se o queijo inteiro for cortado em 2 partes iguais, Tatiane ficará com 3 metades ou três meios $\left(\frac{3}{2}\right)$.

As imagens não estão representadas em proporção.

Logo, $1\frac{1}{2} = \frac{3}{2}$.

Faça o mesmo para o caso de 2 queijos inteiros e mais um quarto de queijo. Indique o número misto e a fração correspondente.

____

2 Veja outros exemplos de números mistos e as frações correspondentes.

Ilustrações: Banco de imagens/Arquivo da editora

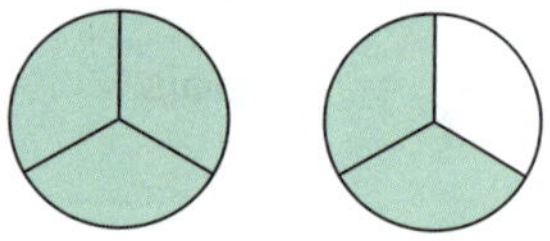

$1\frac{2}{3} = 1 + \frac{2}{3} = \frac{3}{3} + \frac{2}{3} = \frac{5}{3}$

$2\frac{7}{10} = 2 + \frac{7}{10} = \frac{20}{10} + \frac{7}{10} = \frac{27}{10}$

$1\frac{3}{4} = 1 + \frac{3}{4} = \frac{4}{4} + \frac{3}{4} = \frac{7}{4}$

Agora, escreva um número misto e a fração correspondente à parte pintada em mais estes casos.

a) 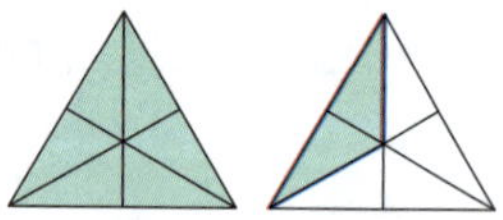

_____ = _____ + _____ = _____ + _____ = _____

b) 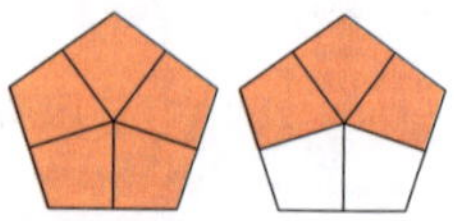

____

c) 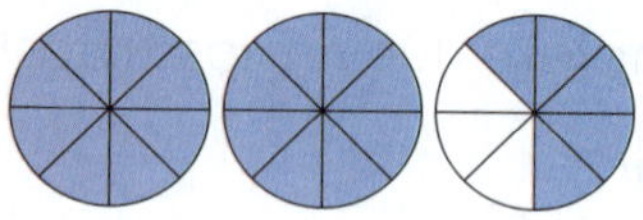

____

3 A professora de Cássia propôs à turma o seguinte problema.

> Como repartir igualmente 4 folhas de cartolina para 3 alunos?

Um grupo fez assim:

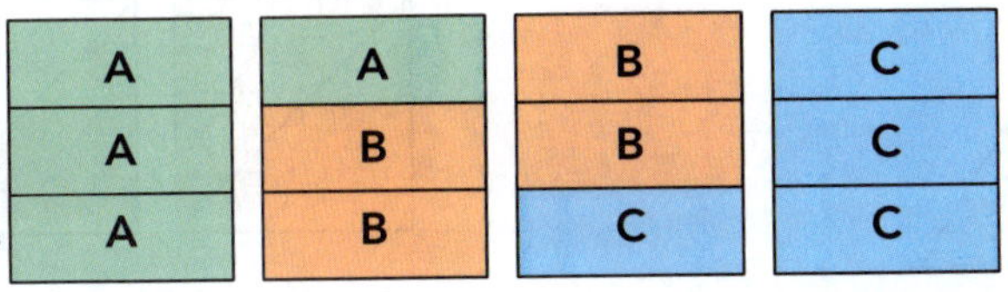

Outro grupo fez assim:

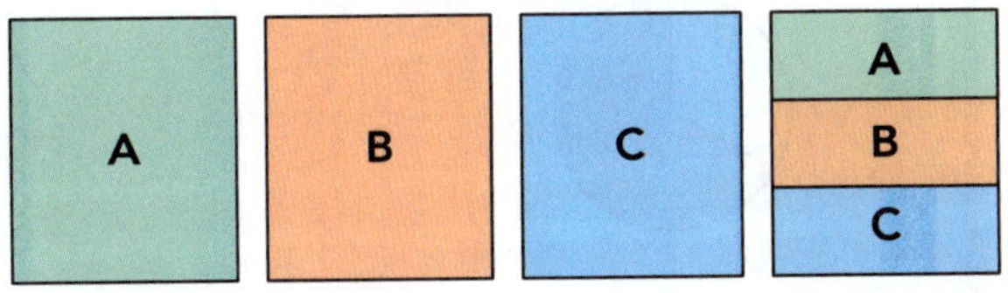

Ilustrações: Banco de imagens/Arquivo da editora

Indique a divisão correspondente a essa situação e escreva o resultado de 2 maneiras (fração e número misto): ____________________

4 Observe a reta numerada.

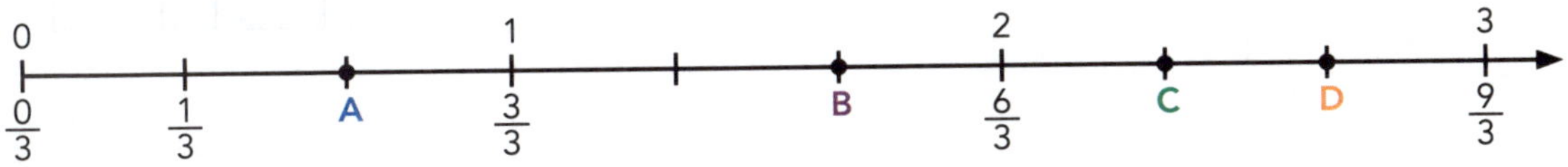

a) Em quantas partes iguais estão divididos os inteiros? ____________

b) Escreva a letra que corresponde a cada fração ou a cada número misto.

$1\frac{2}{3}$: ________ $2\frac{2}{3}$: ________ $\frac{2}{3}$: ________ $2\frac{1}{3}$: ________

5 Observe mais uma reta numerada.

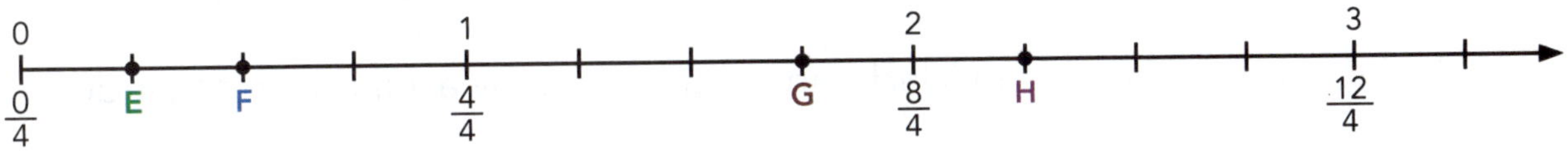

a) Em quantas partes iguais estão divididos os inteiros? ____________

b) Indique com uma fração ou um número misto a posição de cada ponto representado na reta numerada.

E: ________ **F**: ________ **G**: ________ **H**: ________

6 Complete.

a) $2\frac{1}{2}$ cm = ________ mm

b) $1\frac{1}{4}$ m = ________ cm

7 **DESAFIO**

Quantos minutos correspondem a $2\frac{1}{4}$ horas? ____________

Frações próprias e frações impróprias

1 Observe as figuras e indique a fração que representa a parte pintada em cada item.

Ilustrações: Banco de imagens/Arquivo da editora

a) 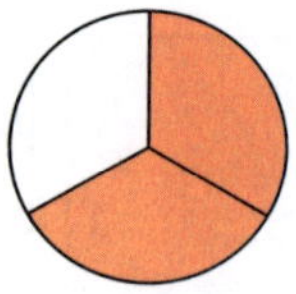

______

b) 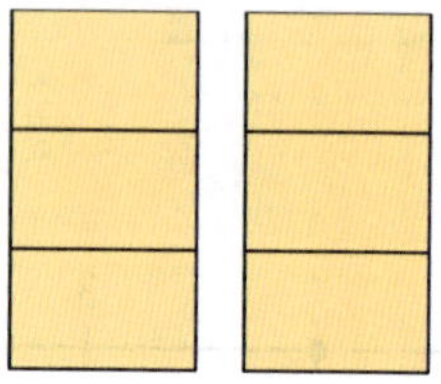

______

c) 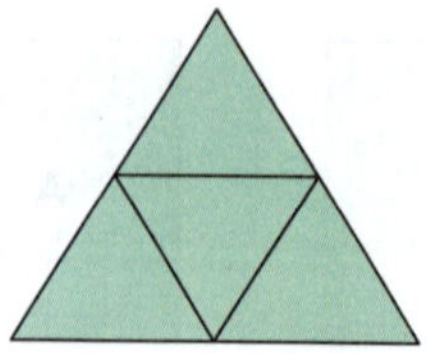

______

d) 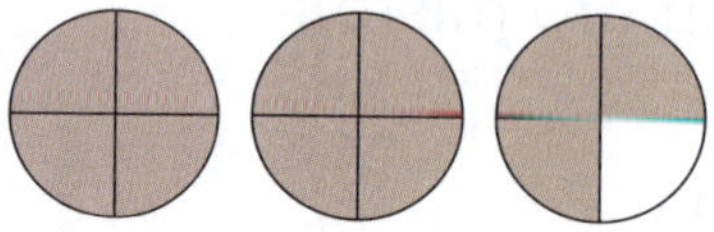

______

e) 

______

f) 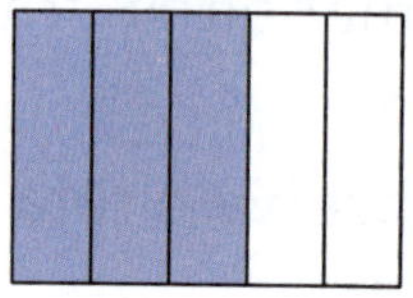

______

> Frações com valor **menor do que 1 unidade** são chamadas de **frações próprias.**
>
> Frações com valor **igual a 1 unidade** ou **maior do que 1 unidade** são chamadas de **frações impróprias.** Elas correspondem aos números naturais e aos números mistos.

2 Analise as frações da atividade anterior e indique aqui o que se pede.

a) As frações próprias. ______

b) As frações impróprias. ______

3 Como podemos identificar as frações próprias e impróprias sem usar figuras?

- **ATIVIDADE ORAL EM GRUPO** Converse com os colegas sobre essa pergunta.
- Agora, escreva se cada fração é fração própria ou fração imprópria.

Nas frações próprias coloque "< 1" e nas impróprias indique o número natural ou o número misto correspondente.

a) $\frac{10}{5}$ ______

b) $\frac{7}{4}$ ______

c) $\frac{2}{9}$ ______

d) $\frac{5}{8}$ ______

e) $\frac{9}{9}$ ______

f) $\frac{11}{5}$ ______

Frações equivalentes

Explorar e Descobrir

Nesta atividade você vai usar 1 folha de papel sulfite, régua, caneta e 1 lápis vermelho.

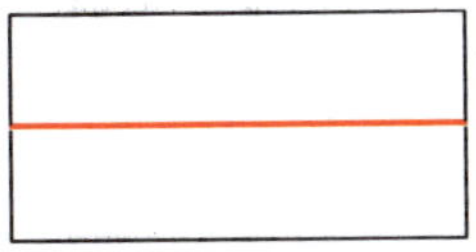

a) Dobre a folha ao meio, como na figura ao lado. Com régua e caneta, marque a linha sobre a dobra.

Depois, pinte 1 das partes $\left(\frac{1}{2}\right)$ de vermelho.

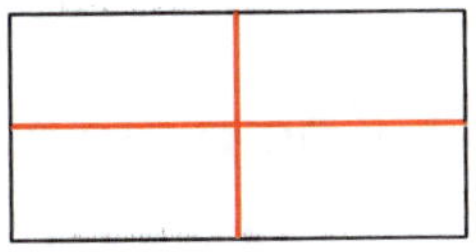

b) Dobre outra vez a folha ao meio e marque a dobra com caneta, como mostra a figura ao lado.
Depois, complete.
Agora, a folha está dividida em ________ partes iguais e a parte vermelha corresponde a $\frac{1}{2}$ ou ________.

Ilustrações: Banco de imagens/Arquivo da editora

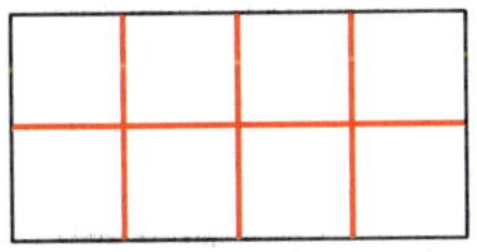

c) Dobre novamente a folha ao meio 2 vezes, para ficar como indica a figura ao lado. Marque as dobras com caneta.
Depois, complete.
A folha, agora, está dividida em ________ partes iguais e a parte vermelha, de acordo com a figura, corresponde a ________ ou ________ ou ________.

d) Pinte as figuras dos itens **a**, **b** e **c** indicando como ficou a folha em cada etapa.

Estúdio Félix Reiners/Arquivo da editora

$\frac{1}{2}$, $\frac{2}{4}$ e $\frac{4}{8}$ representam o mesmo pedaço da folha.

Por isso dizemos que $\frac{1}{2}$, $\frac{2}{4}$ e $\frac{4}{8}$ são **frações equivalentes** (*equi*: mesmo ou igual; *valente*: valor).

Indicamos assim: $\frac{1}{2} = \frac{2}{4}$ ou $\frac{2}{4} = \frac{4}{8}$ ou $\frac{1}{2} = \frac{4}{8}$ ou $\frac{1}{2} = \frac{2}{4} = \frac{4}{8}$.

e) Agora, faça mais dobras na folha e descubra mais uma fração equivalente a $\frac{1}{2}$, $\frac{2}{4}$ e $\frac{4}{8}$. Justifique com um desenho. ________________

1 Vamos descobrir frações equivalentes nesta figura.

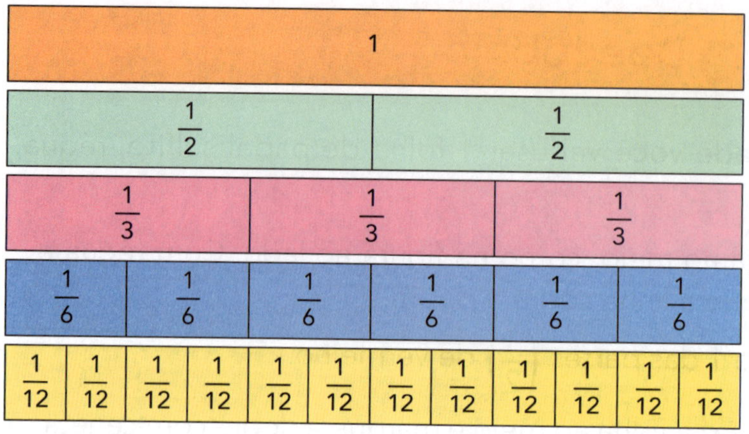

Ilustrações: Banco de imagens/Arquivo da editora

Complete com frações equivalentes.

a) $\frac{1}{2} = \frac{3}{\square}$

b) $\frac{1}{3} = \frac{\square}{6}$

c) $\frac{1}{3} = \frac{4}{\square}$

d) $\frac{4}{12} = \frac{2}{\square}$

e) $\frac{2}{2} = \frac{\square}{6}$

f) $\frac{6}{12} = \frac{\square}{2}$

2 Calcule quanto gastou cada um.

a) Pedro gastou $\frac{3}{4}$ de R$ 36,00. ______

b) André gastou $\frac{6}{9}$ de R$ 36,00. ______

c) Lígia gastou $\frac{1}{2}$ de R$ 48,00. ______

d) Bia gastou $\frac{2}{3}$ de R$ 36,00. ______

3 Agora, analise com atenção e descubra, entre as 4 frações da atividade anterior, as 2 frações que são equivalentes. Justifique.

______

______

4 **DESAFIO**

ATIVIDADE ORAL EM GRUPO Como descobrir se $\frac{3}{4}$ e $\frac{7}{10}$ são ou não frações equivalentes? Converse com os colegas sobre isso. Uma dica: usem o número 20, que é múltiplo de 4 e de 10.

5 UMA PROPRIEDADE DAS FRAÇÕES EQUIVALENTES

Vamos usar algumas frações equivalentes das atividades anteriores. Observe.

$\frac{2}{4} = \frac{4}{8}$ (× 2, × 2) $\quad \frac{2}{6} = \frac{1}{3}$ (÷ 2, ÷ 2) $\quad \frac{1}{3} = \frac{4}{12}$ (× 4, × 4) $\quad \frac{4}{12} = \frac{1}{3}$ (÷ 4, ÷ 4) $\quad \frac{1}{2} = \frac{3}{6}$ (× 3, × 3) $\quad \frac{6}{12} = \frac{1}{2}$ (÷ 6, ÷ 6)

> Se temos uma fração e queremos descobrir uma fração equivalente a ela, multiplicamos ou dividimos o numerador e o denominador pelo mesmo número, diferente de 0 (zero).

Complete para que as frações sejam equivalentes.

a) $\frac{1}{2} = \frac{5}{\square}$ (× 5, × 5)

b) $\frac{6}{9} = \frac{\square}{3}$ (___, ÷ 3)

c) $\frac{3}{12} = \frac{1}{\square}$ (___, ___)

d) $\frac{4}{5} = \frac{8}{\square}$ (___, ___)

e) $\frac{8}{24} = \frac{1}{\square}$ (___, ___)

f) $\frac{2}{7} = \frac{\square}{28}$ (___, ___)

g) Desafio

$\frac{4}{10} = \frac{\square}{15}$ (___, ___)

6 Complete com = se as frações forem equivalentes e com ≠ se não forem.

a) $\frac{3}{7}$ ___ $\frac{12}{21}$ b) $\frac{1}{3}$ ___ $\frac{4}{12}$ c) $\frac{10}{15}$ ___ $\frac{2}{3}$ d) $\frac{8}{15}$ ___ $\frac{4}{5}$

7 ATIVIDADE ORAL EM GRUPO

$\frac{1}{3}$ e $\frac{2}{6}$ são frações equivalentes, pois $\frac{1 \times 2}{3 \times 2} = \frac{2}{6}$.

Por que nestes desenhos essas frações não indicam partes iguais?

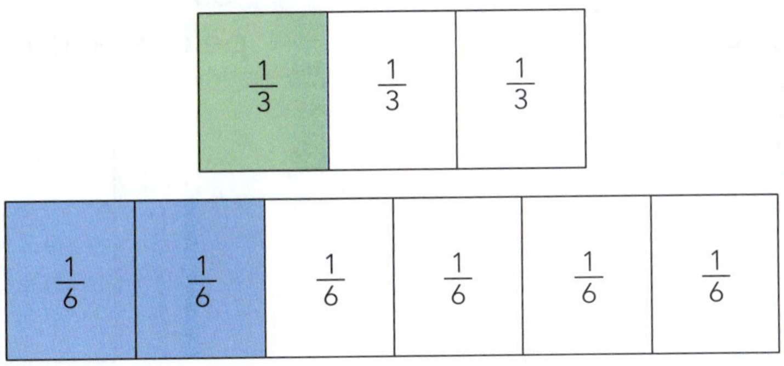

Ilustrações: Banco de imagens/Arquivo da editora

Simplificação de frações

1 Na turma de Fabiano a professora propôs um desafio que gerou reações diferentes entre os alunos.

Veja a questão, pense na solução e depois leia o que disseram 2 alunos da turma.

> Pintar a parte correspondente a $\frac{21}{28}$ da região determinada por uma circunferência.

Ilustrações: Estúdio Félix Reiners/Arquivo da editora

O que Aline fez foi a **simplificação** da fração $\frac{21}{28}$, ou seja, obteve uma fração equivalente e mais simples: $\frac{21}{28}\overset{\div 7}{\underset{\div 7}{=}}\frac{3}{4}$.

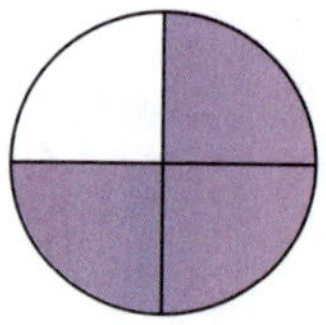

Ilustrações: Banco de imagens/Arquivo da editora

E como você faria se fosse para pintar o correspondente a $\frac{5}{15}$ da região determinada pela circunferência? Faça os cálculos e pinte.

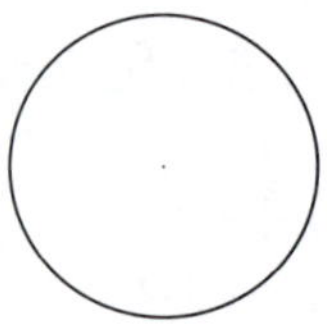

2 Faça as simplificações necessárias e pinte o correspondente ao indicado.

a) $\frac{13}{26}$ da região determinada pelo triângulo.

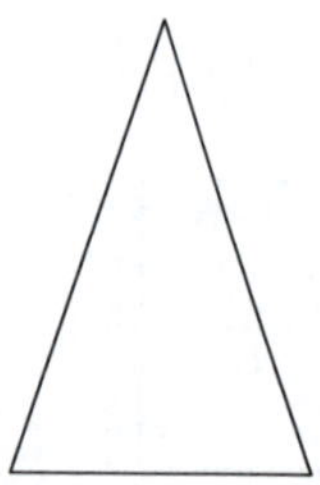

b) $\frac{22}{33}$ da região determinada pelo retângulo.

Ilustrações: Banco de imagens/Arquivo da editora

3 DESAFIO

Sem usar calculadora, descubra e complete.

$\frac{28}{35}$ de R$ 50,00 é igual a R$ ________.

4 Veja agora como Álvaro fez para pintar o correspondente a $\frac{45}{120}$ da região determinada por uma circunferência.

Assim como Aline, ele simplificou a fração: $\frac{45}{120}\begin{smallmatrix}\div 3\\ \div 3\end{smallmatrix} = \frac{15}{40}$.

Mas o problema continuou complicado: como dividir a região em 40 partes iguais?

Logo Álvaro resolveu o problema, pois simplificou a fração $\frac{15}{40}$ dividindo outra vez o numerador e o denominador: $\frac{15}{40}\begin{smallmatrix}\div 5\\ \div 5\end{smallmatrix} = \frac{3}{8}$.

Veja como Álvaro indicou na lousa tudo o que fez.

Agora ficou fácil pintar. Pinte o correspondente à fração $\frac{45}{120}$.

Ilustrações: Estúdio Félix Reiners/Arquivo da editora

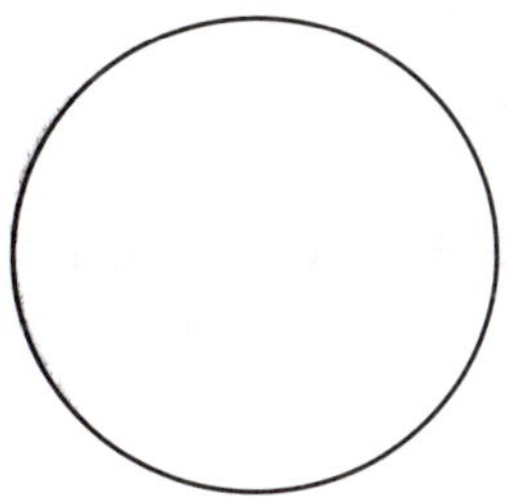

Banco de imagens/Arquivo da editora

De todas as frações equivalentes a $\frac{45}{120}$, a mais simples é $\frac{3}{8}$. Por isso, dizemos que $\frac{3}{8}$ é uma **fração irredutível**, ou seja, não admite mais simplificação.

5 Assinale com um **X** os quadrinhos das frações irredutíveis e simplifique as demais até obter uma fração irredutível.

☐ $\frac{9}{14}$ = ________ ☐ $\frac{15}{2}$ = ________

☐ $\frac{25}{40}$ = ________ ☐ $\frac{16}{20}$ = ________

6 DESAFIO

Descubra e registre a fração equivalente a $\frac{10}{15}$, com denominador 6. ________

7 Veja o que Ariane quer saber.

Como $\frac{1}{2}$ é fração irredutível, as frações equivalentes a ela são:

$$\frac{1}{2} \overset{\times 2}{\underset{\times 2}{=}} \frac{2}{4} \overset{\times 3}{\underset{\times 3}{=}} \frac{3}{6} \overset{\times 4}{\underset{\times 4}{=}} \frac{4}{8} = \frac{5}{10} = \frac{6}{12} = \ldots$$

Outro exemplo: $\frac{2}{5}$ também é irredutível; logo, as frações equivalentes a ela são:

$$\frac{2}{5} \overset{\times 2}{\underset{\times 2}{=}} \frac{4}{10} \overset{\times 3}{\underset{\times 3}{=}} \frac{6}{15} = \frac{8}{20} = \frac{10}{25} = \frac{12}{30} = \ldots$$

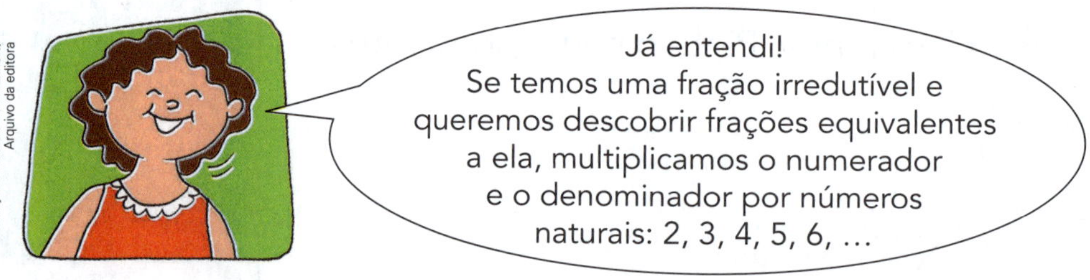

Ilustrações: Estúdio Félix Reiners/Arquivo da editora

Veja mais algumas frações irredutíveis e escreva as frações equivalentes a cada uma delas.

a) $\frac{1}{9}$ = ______________________

b) $\frac{4}{3}$ = ______________________

c) $\frac{2}{7}$ = ______________________

d) $\frac{5}{6}$ = ______________________

8 **ATIVIDADE ORAL EM GRUPO** A fração $\frac{6}{24}$ não é irredutível. Converse com os colegas e indique as frações equivalentes a ela.

9 **QUEM SOU EU?**

Sou uma das frações ao lado.

Sou equivalente a $\frac{1}{3}$.

Meu numerador é 6.

Sou ______________.

$\frac{6}{6}$ $\frac{6}{9}$ $\frac{2}{6}$ $\frac{6}{18}$ $\frac{3}{9}$

Comparação de frações

Frações com denominadores iguais

1 Observe ao lado um círculo dividido em 8 partes iguais.

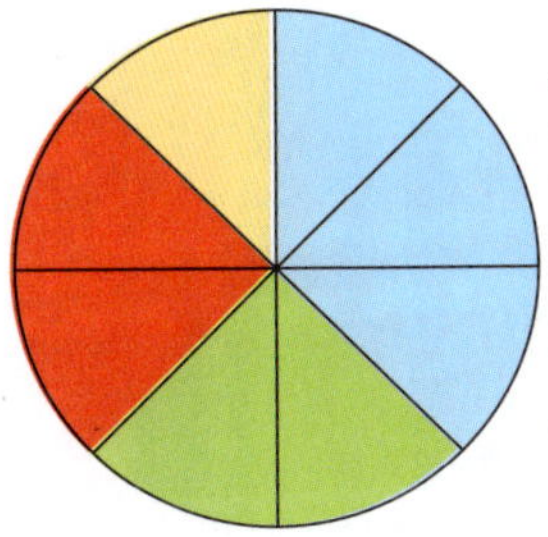

Banco de imagens/Arquivo da editora

A parte pintada de verde $\left(\frac{2}{8}\right)$ é maior do que a pintada de amarelo $\left(\frac{1}{8}\right)$.

Indicamos essa comparação assim: $\boxed{\frac{2}{8} > \frac{1}{8}}$. E lemos: dois oitavos do círculo é maior do que um oitavo desse mesmo círculo.

Registre a comparação das frações desse mesmo círculo.

a) Parte azul $\left(\frac{3}{8}\right)$ com parte vermelha $\left(\frac{2}{8}\right)$. ______

b) Parte amarela $\left(\frac{\square}{\square}\right)$ com parte azul $\left(\frac{\square}{\square}\right)$. ______

c) Parte vermelha $\left(\frac{\square}{\square}\right)$ com parte verde $\left(\frac{\square}{\square}\right)$. ______

2 Lívia usou a reta numerada para comparar $\frac{5}{6}$ com $\frac{3}{6}$ de uma mesma unidade.

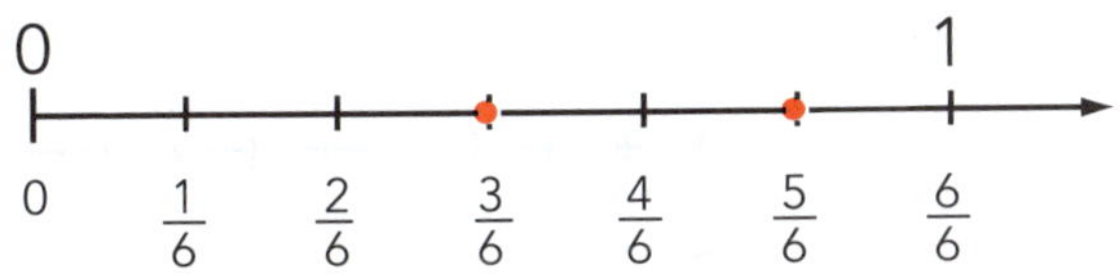

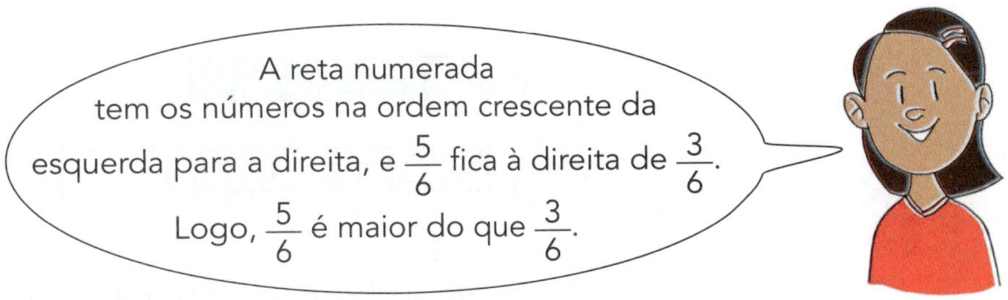

Estúdio Félix Reiners/Arquivo da editora

Use a reta numerada acima e compare as frações.

a) $\frac{1}{6}$ ____ $\frac{4}{6}$ b) $\frac{6}{6}$ ____ $\frac{5}{6}$ c) $\frac{2}{6}$ ____ $\frac{1}{6}$ d) $\frac{4}{6}$ ____ $\frac{5}{6}$

3 **ATIVIDADE ORAL EM GRUPO** Converse com os colegas sobre uma forma prática para comparar 2 frações de uma mesma unidade com denominadores iguais. Depois, faça a comparação destas frações e registre.

a) $\frac{5}{9}$ ____ $\frac{7}{9}$ b) $\frac{7}{10}$ ____ $\frac{3}{10}$ c) $\frac{2}{5}$ ____ $\frac{4}{5}$ d) $\frac{7}{8}$ ____ $\frac{1}{8}$

Frações com denominadores diferentes

1 CÁLCULO MENTAL

ATIVIDADE ORAL EM GRUPO Pedro foi ao mercado e gastou $\frac{5}{10}$ do que tinha na compra de uma melancia e $\frac{3}{8}$ do que tinha na compra de um salsão.

Qual custou mais caro: a melancia ou o salsão?

Félix Reiners/Arquivo da editora

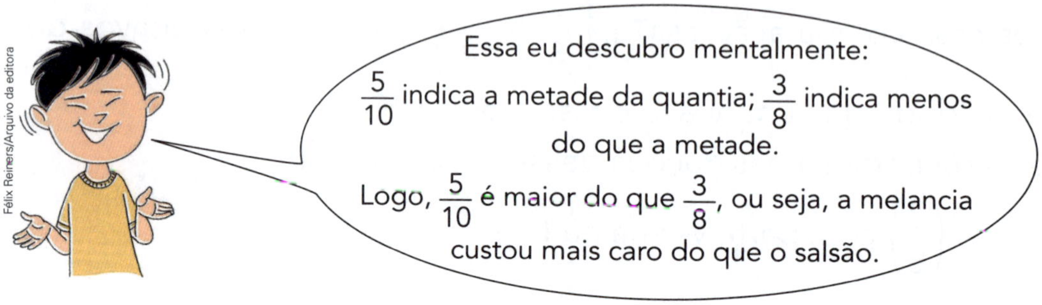

As comparações abaixo também podem ser feitas mentalmente. Converse com os colegas e complete.

a) $\frac{3}{3}$ ____ $\frac{5}{7}$ **b)** $\frac{4}{8}$ ____ $\frac{3}{4}$ **c)** $\frac{5}{5}$ ____ $\frac{6}{3}$ **d)** $\frac{4}{8}$ ____ $\frac{3}{6}$

2 Algumas comparações de frações com denominadores diferentes são difíceis de fazer mentalmente. Veja alguns exemplos e faça o que se pede.

a) Comparação de $\frac{7}{10}$ com $\frac{3}{4}$.

- Lucas usou a mesma figura duas vezes.
- Rute usou a reta numerada.

Ilustrações: Banco de imagens/Arquivo da editora

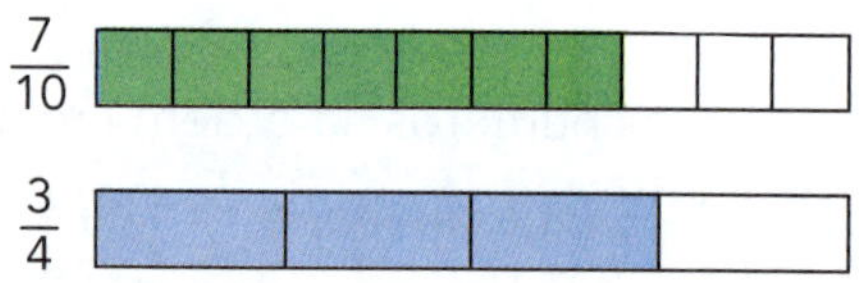

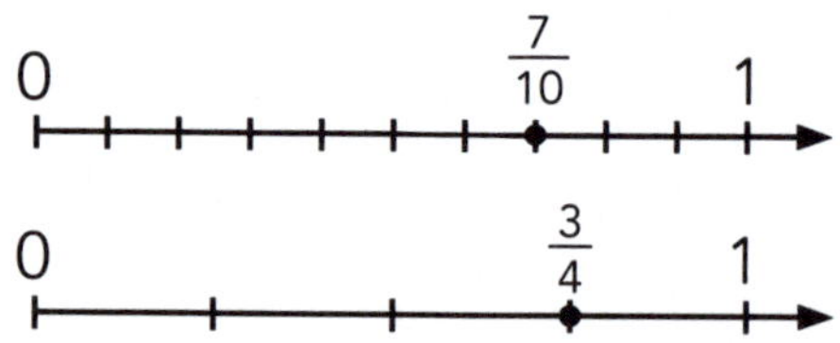

Observe as figuras e faça a comparação: $\frac{7}{10}$ ____ $\frac{3}{4}$

b) Comparação de $\frac{3}{5}$ com $\frac{4}{7}$, escolhendo um número para total.

Marisa calculou $\frac{3}{5}$ de 70 e $\frac{4}{7}$ de 70.

Com os valores obtidos, pôde fazer a comparação de $\frac{3}{5}$ com $\frac{4}{7}$.

Complete.

$\frac{3}{5}$ de 70 = ____ $\frac{4}{7}$ de 70 = ____ $\frac{3}{5}$ ____ $\frac{4}{7}$

c) Comparação de $\frac{5}{8}$ e $\frac{7}{10}$.

Marcelo usou frações equivalentes a cada uma das frações e procurou 2 frações com denominadores iguais.

$\boxed{\frac{5}{8}} \rightarrow \frac{5}{8}, \frac{10}{16}, \frac{15}{24}, \frac{20}{32}, \boxed{\frac{25}{40}}, \frac{30}{48}, \ldots$

$\boxed{\frac{7}{10}} \rightarrow \frac{7}{10}, \frac{14}{20}, \frac{21}{30}, \boxed{\frac{28}{40}}, \ldots$

Analise com atenção e compare.

$\frac{25}{40}$ _____ $\frac{28}{40}$ $\frac{5}{8}$ _____ $\frac{7}{10}$

3 **FAÇA DO SEU JEITO!**

Nice e Enzo estão lendo um mesmo livro. Nice já leu $\frac{3}{5}$ do total de páginas e Enzo já leu $\frac{2}{3}$ do total de páginas.

Calcule e responda. Qual deles leu mais? _____

Félix Reiners/Arquivo da editora

4 Em uma escola, o 5º ano **A** e o 5º ano **B** têm o mesmo número de alunos.

No 5º ano **A**, as meninas são $\frac{3}{4}$ da turma e, no 5º ano **B**, as meninas são $\frac{5}{7}$ da turma.

As imagens não estão representadas em proporção.

Em qual dessas turmas há mais meninas? _____

5 **DESAFIO**

ATIVIDADE ORAL EM GRUPO Converse com os colegas, descubra e responda.

A unidade é a mesma figura. Qual das duas meninas pintou mais?

_____

Lígia.

Maria.

Ilustrações: Félix Reiners/Arquivo da editora

6 Compare as frações de mesma unidade colocando $>$, $<$ ou $=$.
Procure fazer mentalmente. Quando não der, recorra às frações equivalentes. No final, faça a correção com os colegas. Em cada item, um de vocês faz a comparação e justifica. Os demais conferem.

a) $\frac{7}{11}$ ____ $\frac{4}{11}$ b) $\frac{4}{8}$ ____ $\frac{6}{12}$ c) $\frac{5}{9}$ ____ $\frac{3}{3}$ d) $\frac{1}{6}$ ____ $\frac{3}{10}$

7 Escreva as frações conforme pedido. No item **a**, descubra mentalmente. No item **b**, use frações equivalentes.

a) $\frac{7}{7}$, $\frac{8}{9}$, $\frac{3}{6}$ e $\frac{2}{8}$ em ordem crescente: ____________________

b) $\frac{7}{10}$, $\frac{8}{15}$ e $\frac{5}{6}$ em ordem decrescente: ____________________

8 Marina e Gérson, cada um com seu carro, estão indo de **A** para **B**.

Marina já percorreu $\frac{3}{5}$ do percurso e Gérson percorreu $\frac{5}{10}$.

a) Qual deles está mais perto de **B**? Justifique.

____

b) Confira sua resposta localizando na figura a posição dos carros.

9 **DESAFIO**

Dos 60 adesivos que tinha, Antenor deu $\frac{7}{15}$ para Júlia e $\frac{9}{20}$ para Mara. Qual delas ganhou menos adesivos? Resolva de 2 maneiras diferentes: usando o número 60 e sem usar o número 60.

____

Estúdio Félix Reiners/Arquivo da editora

Operações envolvendo frações

Adição e subtração de frações com denominadores iguais

1 Ângela fez uma torta e a dividiu em 8 fatias iguais. No almoço, seus familiares comeram 5 fatias. No jantar, comeram mais 2 fatias.

Shutterstock/Glow Images

Torta dividida em 8 fatias iguais.

- Responda com frações.
  - a) Que parte da torta foi comida no almoço? ______
  - b) Que parte da torta foi comida no jantar? ______
  - c) Que parte da torta foi comida no total, considerando o almoço e o jantar? ______
  - d) Que parte da torta sobrou após o jantar? ______
- Indique com frações as operações correspondentes aos itens **c** e **d**.

____

2 Observe as figuras e efetue as operações.

a) 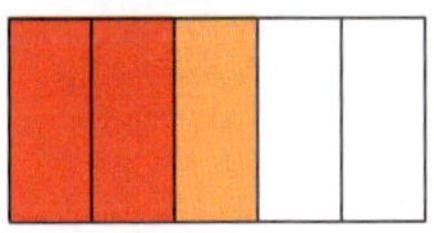

$\frac{2}{5} + \frac{1}{5} = \frac{\square}{\square}$

b) 

$\frac{5}{6} - \frac{2}{6} = \frac{\square}{\square}$

c) 

$\frac{\square}{\square} + \frac{\square}{\square} = \frac{\square}{\square}$

d) 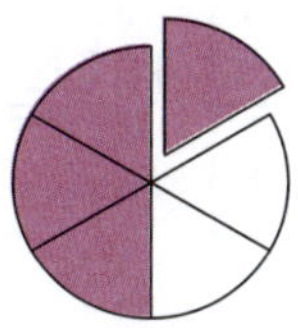

$\frac{\square}{\square} - \frac{\square}{\square} = \frac{\square}{\square}$

Ilustrações: Banco de imagens/Arquivo da editora

3 **ATIVIDADE ORAL EM GRUPO** Elabore com os colegas uma forma prática para efetuar a adição e a subtração de frações de uma mesma unidade com denominadores iguais.

4 Efetue as operações.

a) $\frac{7}{10} + \frac{2}{10} =$ ______

b) $\frac{5}{7} - \frac{1}{7} =$ ______

c) $\frac{3}{8} + \frac{1}{8} + \frac{5}{8} =$ ______

d) $\frac{7}{11} + \frac{5}{11} - \frac{1}{11} =$ ______

Estúdio Félix Reiners/Arquivo da editora

Adição e subtração de frações com denominadores diferentes

1 Em uma construção, o terreno foi aproveitado da seguinte forma.

$\frac{5}{6} \rightarrow$ casa $\quad \frac{1}{8} \rightarrow$ jardim $\quad$ Restante $\rightarrow$ área livre

Que fração do terreno é ocupada pela casa e pelo jardim juntos?

Precisamos efetuar a adição $\frac{5}{6} + \frac{1}{8}$.

Como essas frações têm denominadores diferentes, recorremos às **frações equivalentes** a elas. Complete.

Frações equivalentes a $\frac{\square}{\square} \rightarrow \frac{5}{6}, \frac{\square}{\square}, \frac{\square}{\square}, \frac{\square}{\square}, \ldots$

Frações equivalentes a $\frac{\square}{\square} \rightarrow \frac{1}{8}, \frac{2}{16}, \frac{\square}{\square}, \frac{\square}{\square}, \ldots$

Escolhemos as frações equivalentes a $\frac{5}{6}$ e $\frac{1}{8}$ que tenham denominadores **iguais**.

$\frac{5}{6} + \frac{1}{8} = \frac{\square}{\square} + \frac{\square}{\square} = \frac{\square}{\square}$ Resposta: ______________________________

2 Um automóvel já percorreu $\frac{1}{6}$ do percurso entre **A** e **B**.

Quanto ele ainda tem de percorrer para completar $\frac{3}{4}$ do percurso?

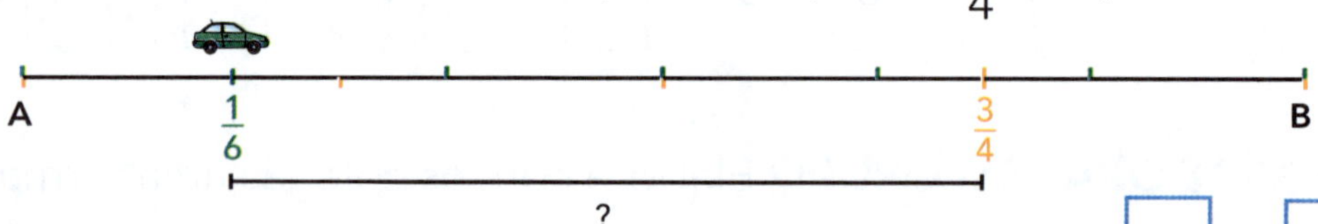

a) Indique a subtração que deve ser feita para resolver a situação. $\frac{\square}{\square} - \frac{\square}{\square}$

b) Efetue essa subtração usando frações equivalentes, como na atividade 1. Depois, escreva a resposta do problema.

$\frac{\square}{\square} - \frac{\square}{\square} = \frac{\square}{\square} - \frac{\square}{\square} = \frac{\square}{\square}$ ______________________________

3 Efetue mais estas adições e subtrações e dê o resultado com uma fração irredutível. Se a fração for imprópria, transforme-a em número natural ou misto.

a) $\frac{3}{7} + \frac{2}{7} =$ ____________

b) $\frac{5}{9} - \frac{2}{9} =$ ____________

c) $\frac{3}{4} - \frac{1}{6} =$ ____________

d) $\frac{7}{10} + \frac{3}{5} =$ ____________

e) $\frac{1}{2} + \frac{1}{3} =$ ____________

f) $1\frac{5}{6} - \frac{1}{2} =$ ____________

g) $2\frac{1}{3} + 3\frac{2}{3} =$ ____________

h) $4 - 3\frac{3}{4} =$ ____________

4 Os 2 recipientes ao lado são iguais.
Responda e justifique por meio de operações.

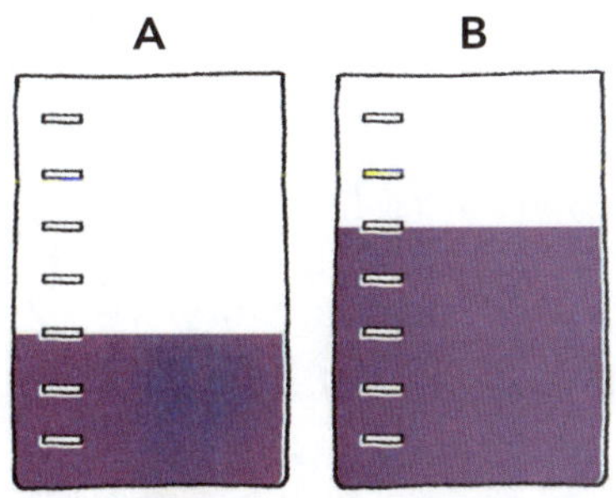

Estúdio Félix Reiners/Arquivo da editora

a) Despejando o líquido do recipiente **A** no recipiente **B**, este ficará cheio?

____

b) Comparando os níveis nos recipientes **A** e **B**, quanto há em **B** a mais do que em **A**?

____

5 **FRAÇÕES E QUADRADOS**

a) Ligue pares de frações formando 14 quadrados ao todo.

b) Agora, descubra a soma de cada par de frações. O que acontece com essas somas?

____

____

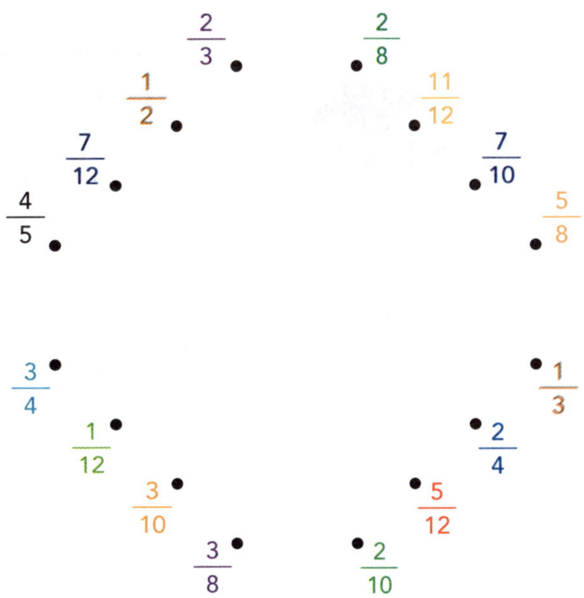

6 Este gráfico de setores mostra como Paula aproveita seu tempo em um dia.

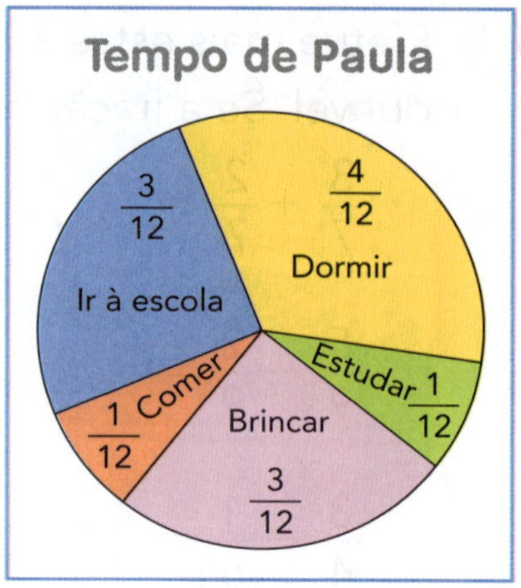

Gráfico elaborado para fins didáticos.

a) Paula gasta mais tempo do dia na escola ou com alimentação? Justifique.

____

b) Complete: O tempo que Paula gasta dormindo é o mesmo que gasta ______________________ e ______________________.

c) Complete.

Paula gasta $\frac{\square}{\square}$ do tempo a mais dormindo do que na escola.

d) Cite 2 atividades do dia de Paula que, juntas, consomem metade do tempo.

____

7 Maria e César vão para a escola a pé. Veja.

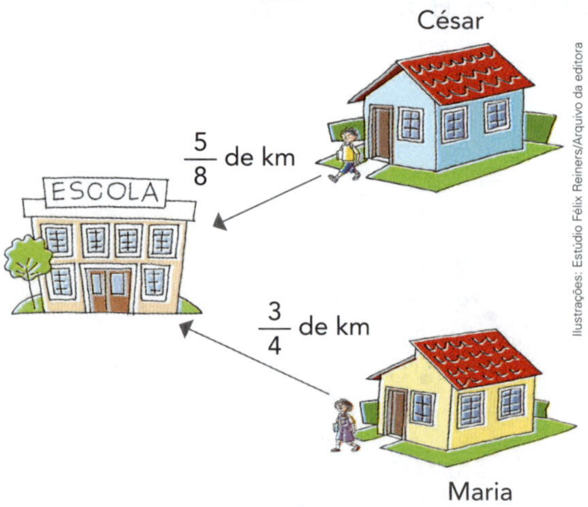

a) Quem anda mais: Maria ou César? Quanto a mais?

____

b) Maria foi à escola e depois à casa de César. Ela andou mais ou menos de 1 quilômetro? Justifique.

____

8 **DESAFIO**

Calcule o resultado em cada item e dê o resultado com uma fração irredutível.

a) $\frac{6}{7} - \left(\frac{1}{7} + \frac{4}{7}\right) =$ ______________________

b) $2 \times \frac{3}{10} =$ ______________________

Multiplicação de fração por número natural

Grigoryeva Liubov Dmitrievna/Shutterstock

Bolo dividido em 8 fatias iguais.

1 Um bolo foi dividido em 8 fatias iguais.
Simone e suas 4 colegas comeram 1 fatia cada uma.

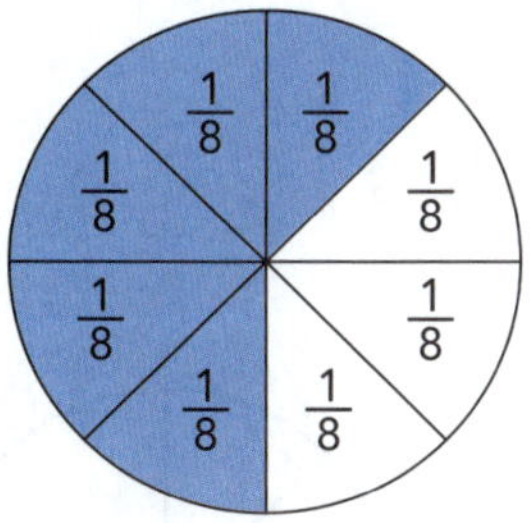

Banco de imagens/Arquivo da editora

- Responda.

  a) Que fração do bolo indica cada fatia? ______________

  b) Quantas pessoas são no total? ______________

  c) Juntas, que parte do bolo elas comeram? ______________

- Use adição de parcelas iguais para indicar a parte do bolo que elas comeram.

$$5 \times \frac{1}{8} = \frac{\square}{\square} + \frac{\square}{\square} + \frac{\square}{\square} + \frac{\square}{\square} + \frac{\square}{\square} = \frac{\square}{\square}$$

As imagens não estão representadas em proporção.

2 As 3 vasilhas são iguais. Jonas colocou suco de laranja em 2 delas. Depois, despejou tudo em **C**.

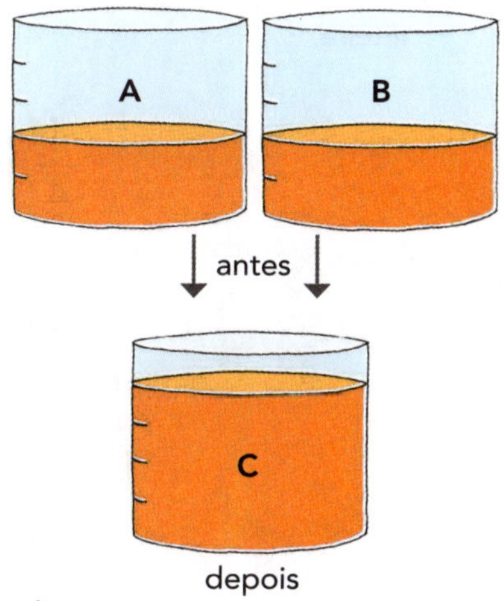

Ilustrações: Félix Reiners/Arquivo da editora

a) Escreva as frações em relação à vasilha.

- Do suco que havia em **A**: ______________
- Do que havia em **B**: ______________
- Do que ficou em **C**: ______________

As vasilhas são graduadas em partes iguais.

b) Assinale com um **X** os quadrinhos das operações que correspondem ao valor obtido do que ficou na vasilha **C**. Depois, efetue-as verificando os valores assinalados.

☐ $\frac{2}{5} + \frac{2}{5} =$ ______________ ☐ $2 \times \frac{2}{5} =$ ______________

☐ $5 \times \frac{2}{5} =$ ______________

3 Use adição de parcelas iguais e efetue mais estas multiplicações de número natural por fração. Dê os resultados em frações irredutíveis.

a) $3 \times \frac{2}{9} =$ ______________ **c)** $4 \times \frac{1}{6} =$ ______________

b) $2 \times \frac{4}{13} =$ ______________ **d)** $3 \times \frac{2}{7} =$ ______________

Divisão de fração por número natural

1 Alex tem $\frac{1}{4}$ de uma goiabada e vai repartir igualmente entre seus 2 sobrinhos.

Que parte da goiabada inteira cada sobrinho vai ganhar?

Para responder precisamos efetuar a divisão $\frac{1}{4} \div 2$.

Observe a sequência de figuras e complete.

Ilustrações: Banco de imagens/Arquivo da editora

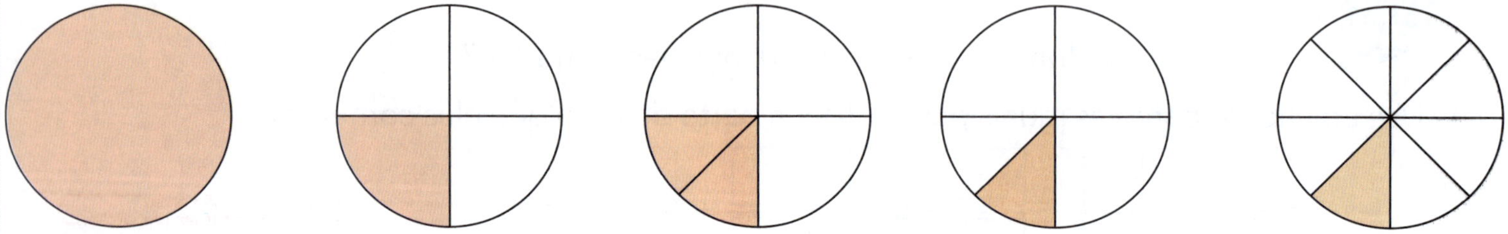

Goiabada inteira. | $\frac{1}{4}$ da goiabada. | $\frac{1}{4} \div 2$ | A parte de cada um. | Parte correspondente a _____ da goiabada inteira.

$$\frac{1}{4} \div 2 = \frac{\square}{\square}$$

Resposta: ____________________

2 Veja mais esta divisão de fração por número natural: $\frac{2}{3} \div 5$.

Vamos dividir $\frac{2}{3}$ de uma unidade (escolhemos, por exemplo, a região determinada por um retângulo) por 5.

Para isso, pintamos $\frac{2}{3}$ da região retangular. Dividimos essa parte pintada em 5 partes iguais e hachuramos 1 dessas partes.

Ilustrações: Banco de imagens/Arquivo da editora

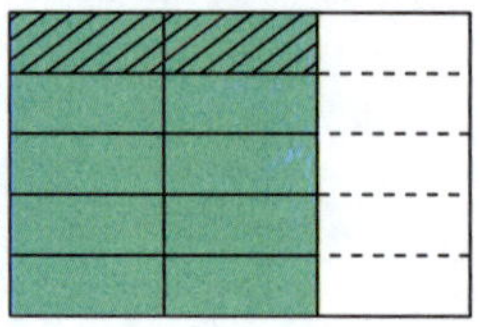

A parte hachurada corresponde a $\frac{2}{15}$ da região retangular inicial.

$$\frac{2}{3} \div 5 = \frac{2}{15}$$

Efetue agora $\frac{1}{2} \div 3$. Complete a figura e a divisão correspondente.

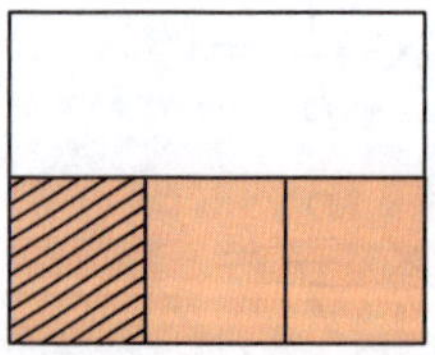

$$\frac{1}{2} \div 3 = \_\_\_\_\_$$

Explorar e Descobrir

- **ATIVIDADE ORAL EM GRUPO** Você efetuou várias multiplicações de número natural por fração, usando adição de parcelas iguais, e verificou que:

$5 \times \frac{1}{8} = \frac{5}{8}$ $2 \times \frac{4}{13} = \frac{8}{13}$ $2 \times \frac{2}{5} = \frac{4}{5}$ $3 \times \frac{2}{7} = \frac{6}{7}$

Converse com os colegas e descubra um processo que permite determinar o resultado diretamente. Depois, use a conclusão e efetue mais estas multiplicações.

a) $5 \times \frac{2}{11} =$ ________

b) $2 \times \frac{3}{8} =$ ________

c) $4 \times \frac{1}{9} =$ ________

- **ATIVIDADE ORAL EM GRUPO** Para efetuar divisões de fração por número natural você usou figuras e verificou que:

$\frac{1}{4} \div 2 = \frac{1}{8}$ $\frac{2}{3} \div 5 = \frac{2}{15}$ $\frac{1}{2} \div 3 = \frac{1}{6}$

Converse com os colegas, descubra um processo prático e efetue mais estas divisões, agora sem o uso de figuras.

a) $\frac{3}{4} \div 2 =$ ________

b) $\frac{1}{2} \div 4 =$ ________

c) $\frac{3}{7} \div 3 =$ ________

- Indique a multiplicação ou a divisão correspondente, efetue e complete.

a) O produto de 5 e $\frac{1}{8}$ é $\frac{\square}{\square}$. ________

b) O quociente de $\frac{3}{7}$ por 2 é $\frac{\square}{\square}$. ________

c) O dobro de $1\frac{1}{2}$ é ____. ________

d) A terça parte de $2\frac{1}{2}$ é $\frac{\square}{\square}$. ________

3 Pratique mais um pouco as operações estudadas, envolvendo frações.

a) $\frac{2}{9} + \frac{3}{9} =$ ____________

b) $\frac{1}{6} + \frac{1}{4} =$ ____________

c) $\frac{7}{9} - \frac{4}{9} =$ ____________

d) $\frac{2}{3} - \frac{1}{5} =$ ____________

e) $3 \times \frac{2}{11} =$ ____________

f) $\frac{2}{3} \div 3 =$ ____________

g) $3 \div 7 =$ ____________

h) $1\frac{2}{3} + 2\frac{1}{3} =$ ____________

victoriaKh/Shutterstock

Garrafa de 1 litro de leite.

4 Gabriel tomou $\frac{1}{4}$ de 1 litro de leite pela manhã. À tarde, tomou $\frac{1}{3}$ de litro e, à noite, $\frac{1}{6}$ de litro.

a) Que fração de 1 litro de leite ele tomou no dia todo? ____________

b) Que fração ainda sobrou de 1 litro? ____________

c) Se à noite ele tivesse tomado o dobro do que tomou, então que fração de 1 litro ele teria bebido à noite? ____________

d) Se pela manhã ele tivesse tomado a metade do que tomou, então que fração ele teria bebido pela manhã? ____________

Mais atividades e problemas

1 Divida a região determinada pelo retângulo ao lado em 12 partes iguais. Pinte $\frac{7}{12}$ dessa região e complete.

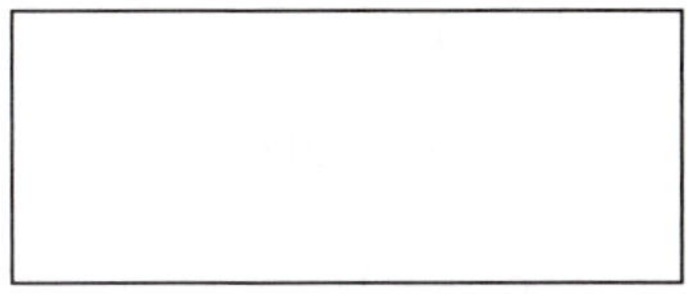
Banco de imagens/Arquivo da editora

A parte não pintada corresponde a $\frac{\square}{\square}$ da região.

2 Complete. Quando usar frações, use apenas frações irredutíveis.

a) Dividindo um período de 3 horas em 5 intervalos de mesma duração, cada intervalo terá $\frac{\square}{\square}$ de hora ou _______ minutos.

b) Se Luciano acertou 10 questões e errou 2 questões na prova de Matemática, então ele acertou $\frac{\square}{\square}$ das questões e errou $\frac{\square}{\square}$ das questões.

3 Compare os números e coloque $>$, $<$ ou $=$ entre eles.

a) $\frac{2}{9}$ _______ $\frac{4}{9}$ b) $\frac{5}{10}$ _______ $\frac{3}{8}$ c) $\frac{4}{18}$ _______ $\frac{6}{27}$

4 Observe o trecho de 0 a 1 da reta numerada.

a) Complete: Os pontos verdes dividem o trecho em 3 partes iguais; os pontos azuis, em _______ partes iguais; e os pontos laranja em _______ partes iguais.

b) Localize e registre as frações $\frac{2}{3}$, $\frac{1}{4}$, $\frac{3}{5}$, $\frac{2}{5}$, $\frac{3}{4}$ e $\frac{1}{3}$ na reta.

c) Agora, complete as 6 frações na ordem crescente.

$\frac{\square}{\square}$, $\frac{\square}{\square}$, $\frac{\square}{\square}$, $\frac{\square}{\square}$, $\frac{\square}{\square}$ e $\frac{\square}{\square}$.

5 Descubra e responda.

Terminando o mês de agosto, são completados $\frac{3}{4}$, $\frac{2}{3}$ ou $\frac{5}{6}$ do ano? _______

6 Para fazer 3 vasos iguais, Marcelo usou $2\frac{1}{4}$ embalagens de barro. Que fração de 1 embalagem de barro ele usou em cada vaso? ______

Fabio Colombini/Arquivo da editora

Objeto de cerâmica marajoara sendo moldado no torno.

7 Veja a receita que Marta encontrou para fazer um coquetel de frutas.

$\frac{1}{5}$ L de xarope de groselha

$\frac{3}{10}$ L de suco de limão

$\frac{2}{5}$ L de suco de laranja

As imagens não estão representadas em proporção.

a) Em cada dosador abaixo, que está graduado em litros, pinte a quantidade necessária de cada ingrediente para fazer o coquetel de frutas.

Ilustrações: Banco de imagens/Arquivo da editora

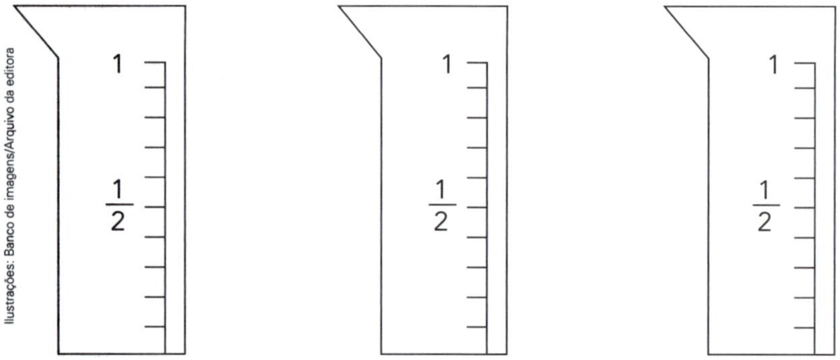

Groselha. Limão. Laranja.

b) Agora, pinte na figura ao lado os 3 ingredientes juntos e responda: O coquetel todo tem que fração do litro? ______

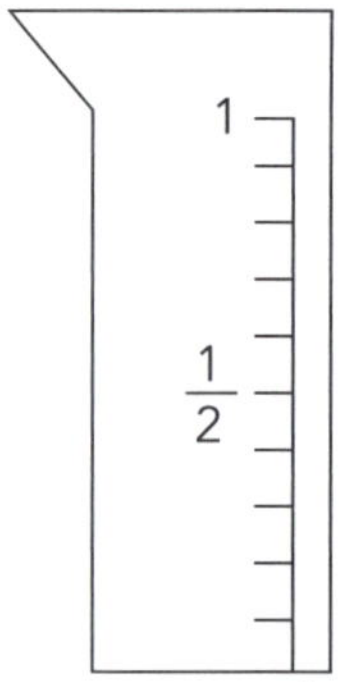

Coquetel.

8 **REDUÇÃO E AMPLIAÇÃO**

Construa o retângulo **B**, cujas dimensões têm $\frac{1}{2}$ das dimensões de **A**, e o retângulo **C**, cujas dimensões têm $\frac{3}{2}$ das dimensões de **A**.

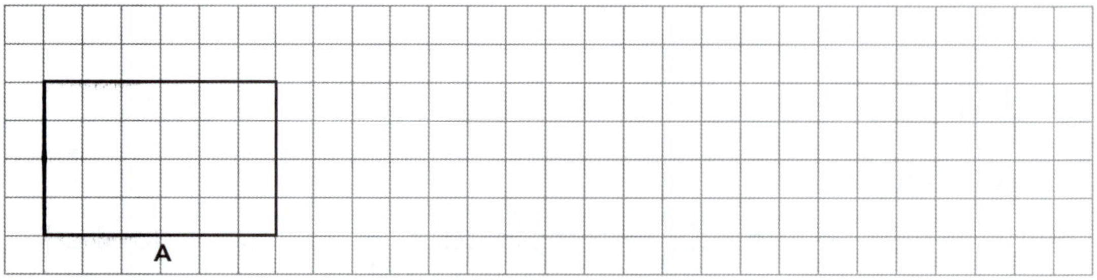

Banco de imagens/Arquivo da editora

9 O QUE É, O QUE É?

Quanto mais se tira maior fica. Para descobrir, complete.

- O primeiro $\frac{1}{3}$ da palavra BOM. → B
- A primeira $\frac{1}{2}$ da palavra URSO. → ____________
- O primeiro $\frac{1}{4}$ da palavra AMOR. → ____________
- Os últimos $\frac{2}{5}$ da palavra TALCO. → ____________

A resposta é: ____________.

Félix Reiners/Arquivo da editora

10 Dependendo de sua natureza, o lixo pode ter diferentes destinos: ir para o aterro sanitário (ser enterrado), ser usado para produzir adubo, ser incinerado (por exemplo, o lixo hospitalar) ou ser reciclado (isto é, reaproveitado).
Em uma cidade foram coletadas 180 toneladas de lixo reciclável em um mês, nas seguintes quantidades.

As imagens não estão representadas em proporção.

Fotos: Joaquim Martins/Shutte stock

Papel: $\frac{1}{2}$ do total.

Plástico: $\frac{3}{5}$ da quantidade de papel.

Metal: $\frac{2}{9}$ da quantidade de plástico.

Vidro: o dobro da quantidade de metal.

a) Quantas toneladas de cada material foram coletadas?

____

b) Que fração indica a quantidade de metal em relação à de vidro? ____________

c) **ATIVIDADE ORAL EM GRUPO (TODA A TURMA)** Você sabe como é feita a coleta de lixo reciclável? Na sua cidade é feita essa coleta? E na sua escola? Converse sobre isso com os colegas.

VAMOS VER DE NOVO?

1 O pedreiro Douglas está usando tijolos que têm as medidas indicadas ao lado.

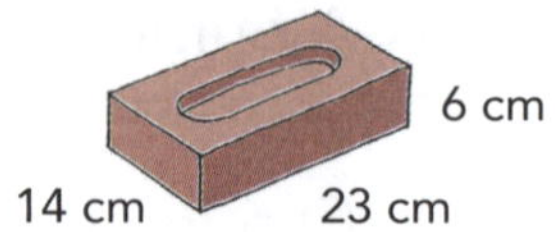

a) Quantos tijolos ele usou para construir o empilhamento ao lado? ____________

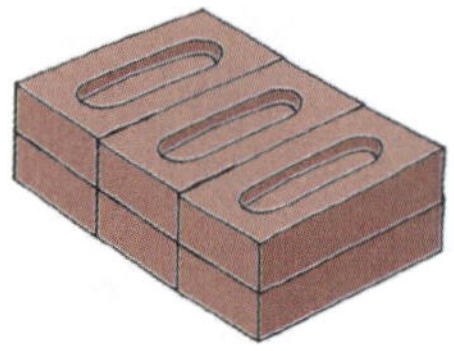

Ilustrações: Estúdio Félix Reiners/Arquivo da editora

b) Quais são as medidas das 3 dimensões desse empilhamento? ____________

2 Descubra o "peso" de cada fruta e também quantos gramas vai registrar a última balança.

As imagens não estão representadas em proporção.

Ilustrações: Estúdio Félix Reiners/Arquivo da editora

3 Um computador está sendo vendido à vista por R$ 950,00, ou a prazo em 3 prestações de R$ 335,00. Qual é a diferença entre os preços a prazo e à vista? ____________

4 Calcule o valor de cada expressão numérica e faça a comparação entre elas, colocando $>$, $<$ ou $=$.

a) $3 + 8 \times 2$ ______ $(3 + 8) \times 2$

b) $15 - 8 - 4$ ______ $12 \div 2 \div 2$

5 Na turma de João, uma atividade recreativa de 1 h e 15 min foi dividida em 3 etapas, todas de mesma duração.

Quanto durou cada etapa? ____________

O QUE ESTUDAMOS

Trabalhamos com várias ideias relacionadas à fração.

- Fração de uma figura ou de um objeto.

Parte pintada de vermelho:
$\frac{1}{4}$ da região retangular.

- Fração de um conjunto de elementos.

Pipas verdes: 3 em 5 ou $\frac{3}{5}$ do total.

Ilustrações: Banco de imagens/Arquivo da editora

- Fração de um número.

$\frac{2}{3}$ de R$ 60,00 = R$ 40,00

$60 \div 3 = 20 \qquad 2 \times 20 = 40$

- Fração indicando uma divisão.

Para repartir igualmente 1 queijo entre 2 pessoas, devo dar $\frac{1}{2}$ do queijo para cada uma.

$$1 \div 2 = \frac{1}{2}$$

Retomamos e ampliamos a leitura das frações.

$\frac{1}{2}$: Um meio. $\qquad$ $\frac{3}{7}$: Três sétimos.

$\frac{1}{100}$: Um centésimo. $\qquad$ $\frac{2}{11}$: Dois onze avos.

Introduzimos a ideia de frações equivalentes.

$\frac{1}{2}$ 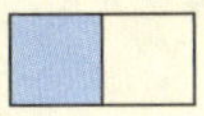 $\qquad$ $\frac{2}{4}$ 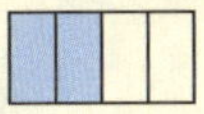 $\qquad$ $\frac{1}{2} = \frac{2}{4}$

Fizemos comparação de frações e efetuamos operações com frações.

$\frac{3}{8} < \frac{1}{2} \qquad \frac{2}{7} > \frac{1}{7}$

$\frac{3}{8} + \frac{2}{8} = \frac{5}{8} \qquad \frac{4}{5} - \frac{1}{5} = \frac{3}{5}$

$2 \times \frac{2}{9} = \frac{4}{9} \qquad \frac{3}{5} \div 4 = \frac{3}{20}$

Resolvemos problemas que envolvem frações.

Jair tinha R$ 28,00 e gastou $\frac{3}{4}$ dessa quantia. Com quanto ele ficou? R$ 7,00.

$\frac{3}{4}$ de 28 = 21, pois $28 \div 4 = 7$ e $3 \times 7 = 21$. $\qquad 28 - 21 = 7$

- Qual conteúdo você achou mais fácil nesta Unidade?
- E qual você achou mais difícil? Qualquer dúvida ou dificuldade, fale sempre com o professor.

Unidade 7
Porcentagem e probabilidade

Ricardo Chucky/Arquivo da editora

- O que mostra esta cena?
- Quais produtos aparecem à venda?
- Ao serem comprados, esses produtos costumam ficar em qual cômodo de uma residência?

Para iniciar

Em muitas situações do dia a dia precisamos usar porcentagens em vez de usar frações.

Nesta Unidade vamos estudar a ideia de porcentagem e algumas de suas aplicações, como em probabilidade.

- Analise a cena das páginas de abertura desta Unidade. Converse com os colegas e respondam às questões a seguir.

Ilustrações: Estúdio Félix Reiners/Arquivo da editora

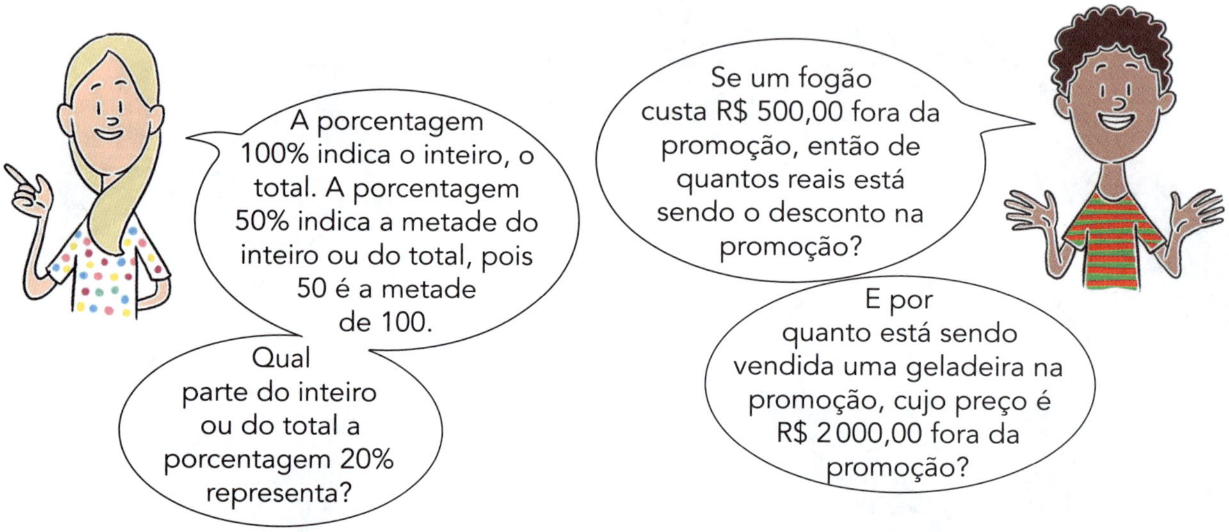

- Converse com os colegas sobre mais estas questões.

  a) Considere as porcentagens **50%**, **20%**, **100%** e **25%**. Qual dessas porcentagens corresponde a cada expressão dos quadros?

inteiro ou total	metade	metade da metade	quinta parte

  b) Pedro tinha R$ 20,00 e gastou 50% dessa quantia na compra de um lanche. Quanto ele gastou? E com quanto ele ainda ficou?

  c) Ao girar um clipe nesta roleta, em qual cor há mais chances de ele parar?

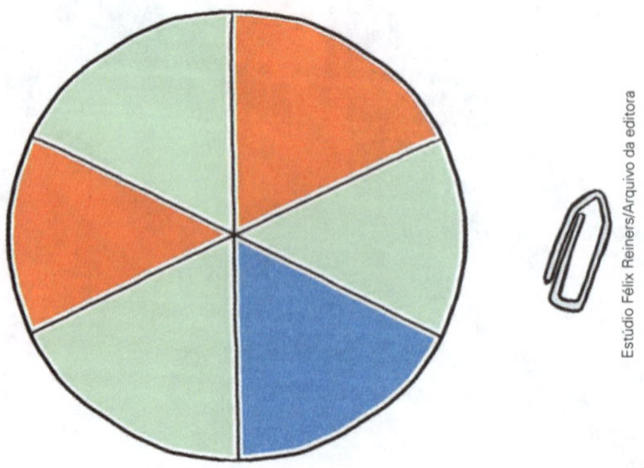

Estúdio Félix Reiners/Arquivo da editora

A ideia de porcentagem

A expressão **por cento** vem do latim *per centum*, que quer dizer "por um cento" ou "em cem".

Por exemplo, sabe-se que cerca de 70 por cento da massa de uma pessoa é constituída de água; assim, uma pessoa que pesa 100 kg tem cerca de 70 kg de água em seu organismo.

A expressão "70 por cento" pode ser substituída por 70 em 100 ou $\frac{70}{100}$. E, no lugar da expressão "por cento", podemos usar o símbolo **%**.

Portanto, temos 70 por cento ou 70 em 100 ou $\frac{70}{100}$ ou 70%.

1 Porcentagens e frações estão relacionadas. Por exemplo, se uma figura está dividida em 100 partes iguais e 35 dessas partes estão pintadas de verde, podemos escrever que foram pintadas de verde 35 partes em 100 ou $\frac{35}{100}$ da figura ou 35 por cento (35%) da figura. Como podemos simplificar $\frac{35}{100}$, obtendo $\frac{7}{20}$, temos:

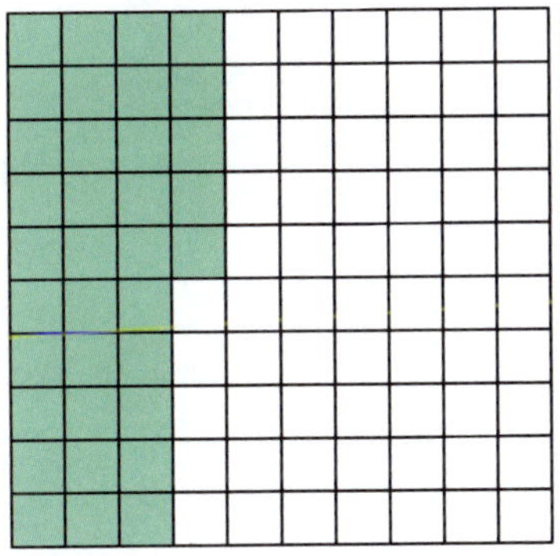

Banco de imagens/Arquivo da editora

$35\% = \frac{35}{100}$ ou $35\% = \frac{7}{20}$

Indique a parte da figura que não foi pintada de verde.

- Em porcentagem: ______
- Em forma de fração irredutível: ______

2 Escreva a fração irredutível correspondente à porcentagem e vice-versa.

a) 20% = ______

b) 67% = ______

c) $\frac{9}{100}$ = ______

d) $\frac{7}{50}$ = ______

3 Pinte de vermelho 50% da região retangular e 75% do círculo. O restante pinte com a cor que quiser.

Ilustrações: Banco de imagens/Arquivo da editora

> Toda fração de **denominador igual a 100** representa uma porcentagem.
> Toda porcentagem pode ser representada por uma fração de **denominador igual a 100** ou por uma fração equivalente a ela.

4 Você sabia que $\frac{3}{4}$ da superfície da Terra são cobertos de água? Isso equivale a dizer que 75% da superfície da Terra é coberta de água.

Ilustrações: Estúdio Félix Reiners/Arquivo da editora

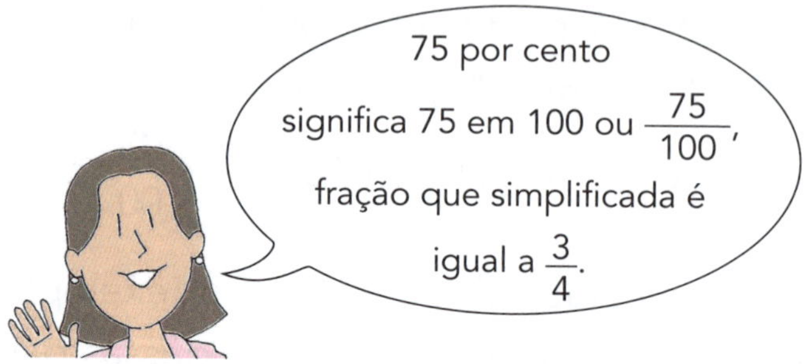

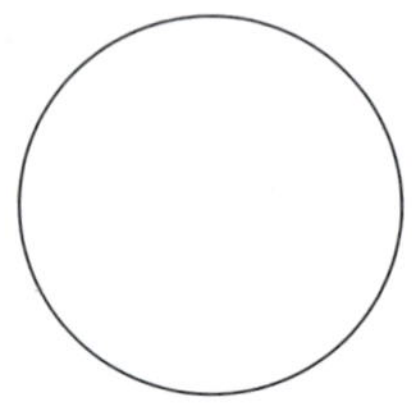

Banco de imagens/Arquivo da editora

Para representar essa porcentagem, pinte 75% da região circular determinada pela circunferência acima.

5 Analise com atenção as informações que envolvem porcentagem.

- 100% dos alunos da turma de Roberto participaram da excursão.

  $100\% \longrightarrow 100 \text{ em } 100 \longrightarrow \frac{100}{100} = 1$ (total)

  Então, todos os alunos da turma de Roberto participaram da excursão.

- Marisa gastou 50% da quantia que tinha.

  $50\% \longrightarrow 50 \text{ em } 100 \longrightarrow \frac{50}{100} = \frac{1}{2}$ (metade)

  Logo, Marisa gastou a metade da quantia que tinha.

- Pedro já leu 25% das páginas de um livro.

  $25\% \longrightarrow 25 \text{ em } 100 \longrightarrow \frac{25}{100} = \frac{1}{4}$ (metade da metade)

  Logo, Pedro já leu metade da metade das páginas do livro.

Estúdio Félix Reiners/Arquivo da editora

Agora, responda.

a) Se a turma de Roberto tem 35 alunos, então quantos alunos participaram da excursão? ________________

b) Se Marisa tinha R$ 40,00, então quanto ela gastou? ________________

c) Se o livro que Pedro está lendo tem 80 páginas, então quantas páginas ele já leu? ________________

6 Escreva a fração irredutível correspondente a cada porcentagem. Veja os exemplos.

$10\% = \frac{10^{\div 10}}{100_{\div 10}} = \frac{1}{10}$ $\qquad$ $20\% = \frac{20^{\div 20}}{100_{\div 20}} = \frac{1}{5}$

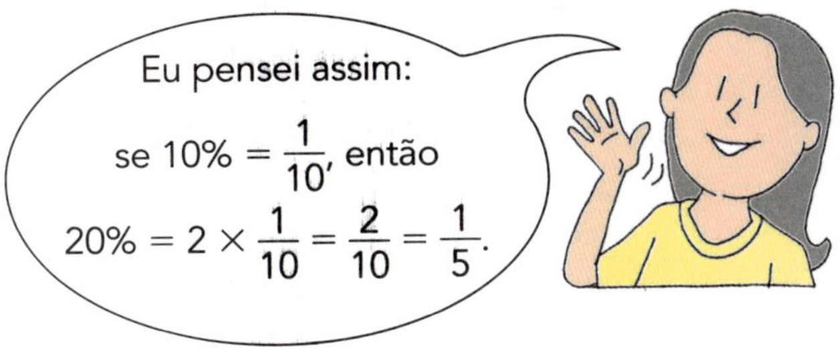

Estúdio Félix Reiners/Arquivo da editora

a) 30% = ______

b) 45% = ______

c) 60% = ______

7 **ATIVIDADE ORAL** O que significa 150%? E 200%?

8 Transforme a fração dada em uma fração equivalente com denominador 100. Depois, escreva-a na forma de porcentagem.

a) $\frac{14}{40}$ = ______

b) $\frac{4}{25}$ = ______

c) $\frac{27}{50}$ = ______

d) $\frac{8}{200}$ = ______

9 Complete com porcentagem. Lembre-se de que o total em porcentagem é 100%.

a) Um carro já percorreu 60% de um percurso. Para completar o percurso, o carro ainda tem de percorrer ______ dele.

b) Em uma cidade, 55% dos habitantes são homens. Então, ______ dos habitantes são mulheres.

c) Márcio é pedreiro e já cimentou 80% de uma parede. Então, ainda falta cimentar ______ da parede.

d) Em uma sessão de cinema foram ocupadas 92% das poltronas. Desse modo, ______ das poltronas ficaram vazias.

e) Agora, você inventa as porcentagens.
Em uma partida de basquete Raul acertou ______ dos arremessos e errou ______ dos arremessos.

10 A figura ao lado mostra um terreno reservado para plantio no sítio de Nivaldo.

Ele resolveu plantar alface em 70% do terreno. Para isso, ele dividiu o terreno em 10 partes iguais e plantou alface em 7 delas.

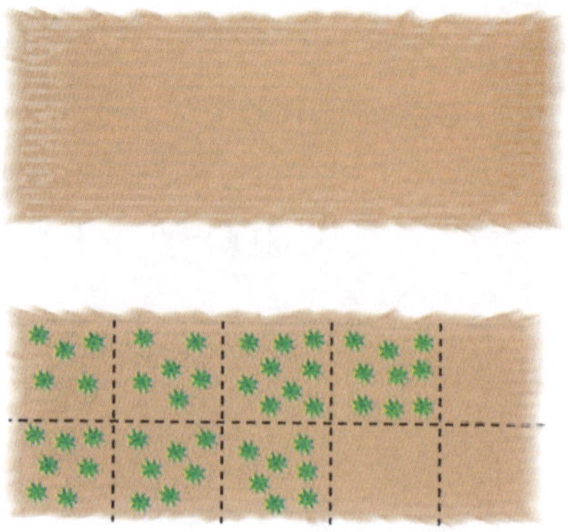

Ilustrações: Estúdio Félix Reiners/Arquivo da editora

a) Explique por que Nivaldo fez a divisão do terreno dessa maneira. ______________________

b) Escreva a porcentagem que indica a parte do terreno que não foi plantada com alface. ________

11 Observe o contorno ao lado.

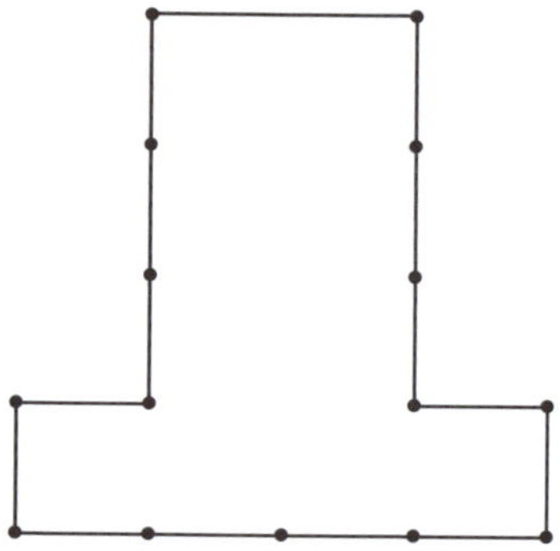

Banco de imagens/Arquivos da editora

a) Pinte de amarelo 40% da região plana determinada por este contorno, pinte 10% de verde e pinte o restante de marrom.

b) Agora, indique a porcentagem correspondente à parte marrom: ________ da região plana.

12 Represente a parte pintada de cada figura na forma de porcentagem.

a) 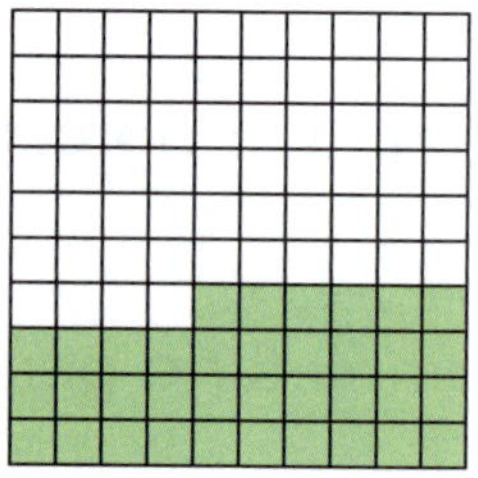

____

b) 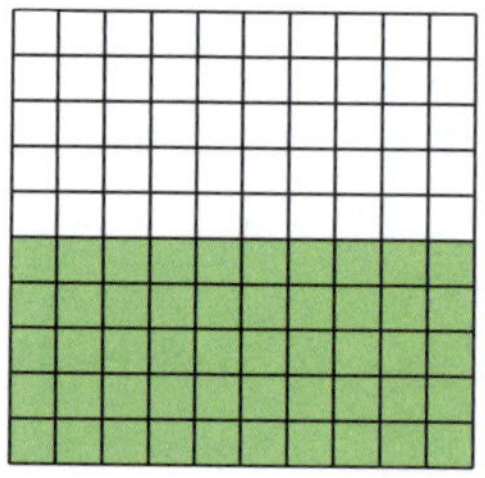

____

c) 

____

Ilustrações: Banco de imagens/Arquivos da editora

13 Represente cada parte do círculo na forma indicada.

a) Em porcentagem.

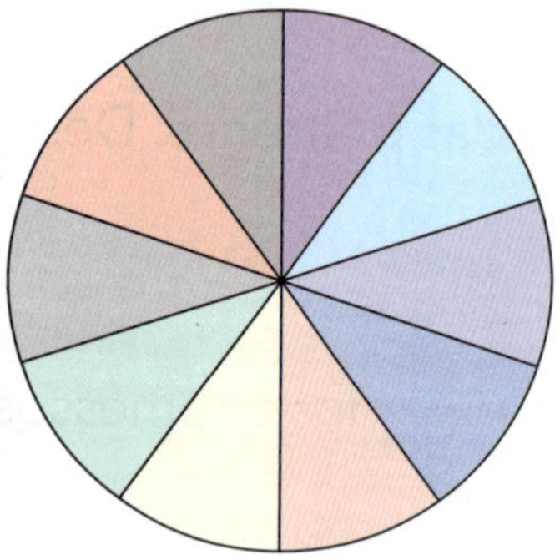

b) Em fração.

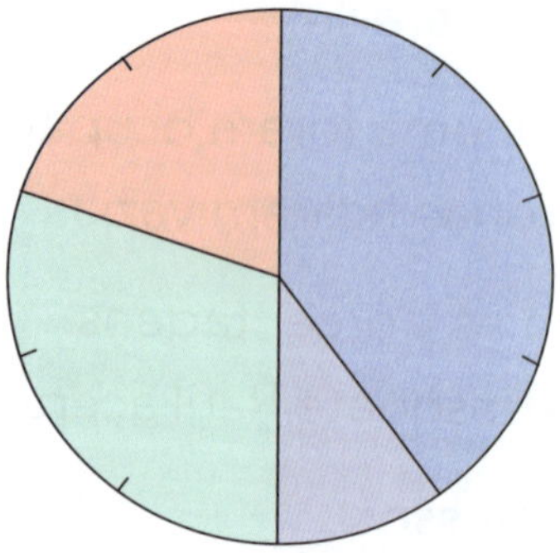

c) Em porcentagem.

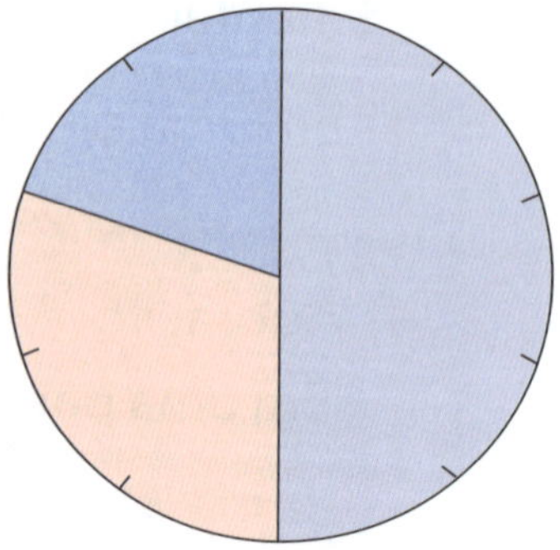

Ilustrações: Banco de imagens/Arquivo da editora

14 O 5º ano **C** está organizando uma excursão, na qual irão 80% dos alunos da turma. Se essa turma tem 30 alunos, então quantos alunos irão na excursão?

Precisamos calcular o valor de 80% de 30.

Estúdio Félix Reiners/Arquivo da editora

$80\% = \frac{80^{\div 20}}{100^{\div 20}} = \frac{4}{5}$

80% de $30 = \frac{4}{5}$ de 30

$\frac{1}{5}$ de $30 = 6$, pois $30 \div 5 = 6$

$\frac{4}{5}$ de $30 = 4 \times 6 = 24$

Assim: 80% de 30 = 24

Resposta: Irão 24 alunos nessa excursão.

Veja mais 2 exemplos de como calcular a porcentagem de um número.

- 45% de 80

  $45\% = \frac{45^{\div 5}}{100^{\div 5}} = \frac{9}{20}$

  45% de $80 = \frac{9}{20}$ de $80 = 36$, pois $80 \div 20 = 4$ e $9 \times 4 = 36$.

  45% de 80 = 36

- 75% de R$ 136,00

  $75\% = \frac{75^{\div 25}}{100^{\div 25}} = \frac{3}{4}$

  75% de $136 = \frac{3}{4}$ de $136 = 102$, pois $136 \div 4 = 34$ e $3 \times 34 = 102$.

  75% de R$ 136,00 = R$ 102,00

Agora, calcule e registre.

a) 60% de 800 = ______

b) 5% de 120 = ______

c) 35% de R$ 1 500,00 = ______

d) 12% de R$ 5 000,00 = ______

15 Paulo já leu 15% das 80 páginas de um livro.

Quantas páginas ele leu? ____________________

16 Bia tinha R$ 60,00. Ela gastou 40% dessa quantia na compra de uma camiseta e 5% na compra de um sorvete. Quanto ela gastou no total? ________________

17 Do salário mensal de R$ 1 500,00 que recebe, Joel gasta aproximadamente 20% em alimentação e R$ 120,00 na mensalidade do curso de inglês. Complete.

a) Em alimentação ele gasta aproximadamente ________________.

b) Ele gasta R$ ________________ dos R$ 1 500,00 com a mensalidade do curso.

Então: __________ em 1 500 = $\frac{\square}{\square} = \frac{\square}{\square}$ = __________%

18 **PESQUISAR OS PREÇOS É SEMPRE NECESSÁRIO!**

O mesmo modelo de geladeira está sendo vendido em 2 lojas por preços diferentes.

Na loja Compre Aqui o preço é R$ 600,00, mas está sendo dado um desconto de 15%.

Na loja Não Compre Lá o preço é R$ 550,00, mas está sendo dado um desconto de 8%.

ProstoSvet/Shutterstock

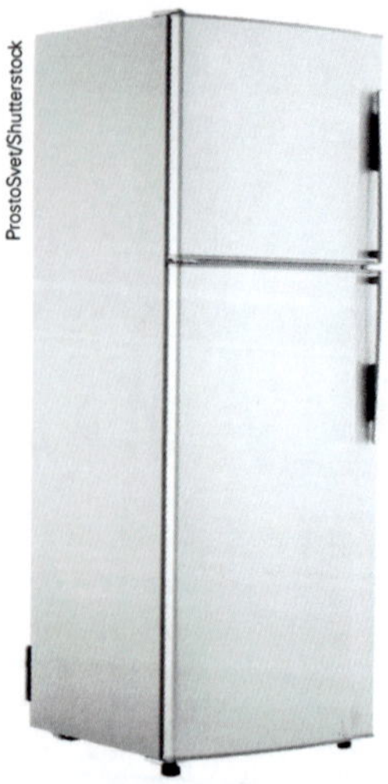

Geladeira.

a) Calcule por quanto está sendo vendida a geladeira em cada uma das lojas.

____

b) Em qual dessas lojas a geladeira está mais barata? ________________

19 Calcule o preço de cada produto à vista.

As imagens não estão representadas em proporção.

Hamurishi/Shutterstock/Glow Images

Bicicleta R$ 400,00
Televisão R$ 600,00
Desconto de 30% nas compras à vista.

Leelaryonkul/Shutterstock/Glow Images

a) Bicicleta: ______________

b) Televisão: ______________

20 Na turma de Maurício há 12 meninos e 18 meninas.

a) Qual é a porcentagem de meninos nessa turma, em relação ao total de alunos? ______________

b) E de meninas? ______________

21 O preço de um carrinho passou de R$ 20,00 para R$ 22,00. Qual foi a porcentagem de aumento? ______________

Estúdio Félix Reiners/Arquivo da editora

22 **CÁLCULO MENTAL**

- Calcule mentalmente e registre.

a) 100% de 30 dias = ______________

b) 50% de 60 alunos = ______________

c) 25% de 80 laranjas = ______________

d) 200% de R$ 120,00 = ______________

- Calcule mentalmente e complete com as porcentagens correspondentes.

a) 3 em 12 = ______________%

b) 7 em 14 = ______________%

c) 9 em 9 = ______________%

d) 4 em 40 = ______________%

23 ESTATÍSTICA E PORCENTAGEM

Em uma escola de Educação Infantil o número total de alunos é 200. Veja no gráfico o registro do número de faltas em 1 semana de aula.

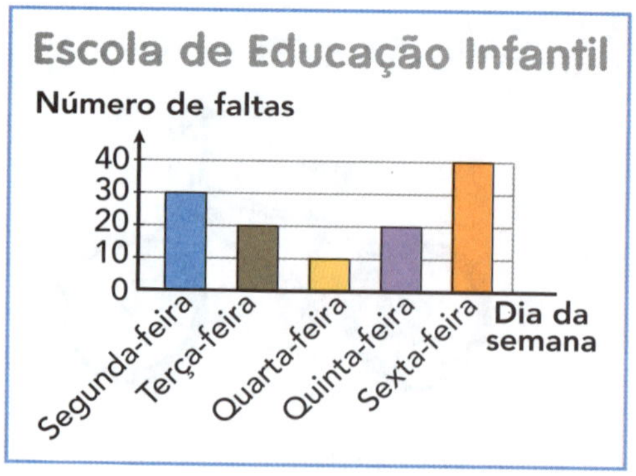

Banco de imagens/Arquivo da editora

Gráfico elaborado para fins didáticos.

a) Em que dia dessa semana houve mais faltas? Quantas faltas?

____

b) Em que dia da semana houve exatamente 30 faltas? _______________

c) Veja que podemos representar as faltas de cada dia da semana em relação ao número total de alunos por meio de porcentagem.

Segunda-feira: 30 em 200 $= \frac{30^{\div 2}}{200_{\div 2}} = \frac{15}{100} = 15\%$

Então, na segunda-feira o número de faltas corresponde a 15% dos alunos da escola.

Complete a tabela ao lado colocando o número de faltas e a porcentagem correspondente em relação ao total de alunos.

Escola de Educação Infantil

Dia da semana	Número de faltas	Porcentagem
Segunda-feira		
Terça-feira		
Quarta-feira		
Quinta-feira		
Sexta-feira		

Tabela elaborada para fins didáticos.

24 Analise o gráfico de setores e o que ele está indicando.

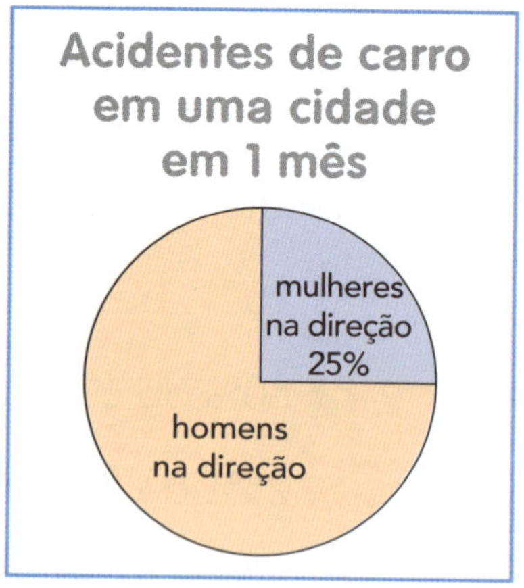

Banco de imagens/Arquivo da editora

Gráfico elaborado para fins didáticos.

a) Que porcentagem dos acidentes de carro teve homens na direção? _______________

b) Se o total de acidentes nesse mês foi 80, então em quantos deles os homens estavam na direção?

____

c) **ATIVIDADE ORAL EM GRUPO** Converse com os colegas sobre problemas de trânsito, respeito aos sinais, causas de acidentes, cuidados que devemos tomar ao atravessar a rua, etc.

25 Responda depressinha!

Se Jairo comprar 1 bola de R$ 30,00, então vai gastar 50% da quantia que tem.

Qual é a quantia que ele tem? ____________

26 As áreas verdes nos mapas abaixo mostram a mata Atlântica em 2 momentos. Em 1 500, na época da chegada dos portugueses ao Brasil, ela ocupava uma área de cerca de 1 300 000 km^2.

Observe que, dessa data até hoje, ela vem sofrendo um processo de destruição. Atualmente, a área ainda existente da mata Atlântica está reduzida a aproximadamente 8% do que era em 1 500 (dados de 2014-2015).

Mata Atlântica: evolução do desmatamento

Banco de imagens/Arquivo da editora

Fonte de consulta: SOS MATA ATLÂNTICA. **Atlas da mata Atlântica**. Disponível em: <www.sosma.org.br/projeto/atlas-da-mata-atlantica/>. Acesso em: 20 jul. 2017.

Responda às questões. Se necessário, use a calculadora.

a) Qual é, atualmente, a área aproximada da mata Atlântica?

____

b) Em que parte do Brasil se situa a mata Atlântica?

____

c) Que medidas podem ser tomadas para conter o processo de destruição da mata Atlântica?

____

____

d) Quantos anos do descobrimento do Brasil comemoram-se neste ano?

____

TECENDO SABERES

De acordo com o Censo 2010, nesse ano o Brasil tinha aproximadamente 21 milhões de jovens entre 12 e 17 anos, e 30% deles não tinham acesso à internet.

Pressmaster/Shutterstock/Glow Images

Adolescentes usando computador.

Adolescentes e o uso seguro da internet

Em relação ao uso seguro da tecnologia, um total de 48% dos meninos e 31% das meninas já encontrou pessoalmente alguém que só havia conhecido pela internet. O compartilhamento de informações pessoais, a exposição de situações de seu cotidiano, fotos e a permissão de acesso livre a qualquer pessoa aos seus dados são fatores que tornam o adolescente vulnerável às pessoas que queiram manipular essas informações para constrangê-los ou assediá-los.

[...]

Para os adolescentes brasileiros, a internet é uma grande biblioteca, um lugar para fazer amizades, um caminho para o avanço profissional e um local que possibilita contato com outros povos. Quanto ao apoio dos pais ou responsáveis para o uso seguro da internet, 54% dos entrevistados afirmaram contar com algum acompanhamento desses adultos e 46% afirmaram não ter ninguém acompanhando o que fazem na internet.

UNICEF BRASIL. Disponível em: <www.unicef.org/brazil/pt/media_26452.htm>. Acesso em: 20 jul. 2017.

1 **ATIVIDADE ORAL EM GRUPO** Converse com os colegas sobre o que é a internet.

2 De acordo com o Censo 2010, quantos jovens entre 12 e 17 anos não tinham acesso à internet? ______________________

3 **ATIVIDADE EM GRUPO** Vamos reproduzir essa pesquisa na sala de aula.
Cada aluno do grupo deve informar: se tem acesso à internet (sim ou não); o local em que acessa (em casa, na escola ou em local público); com que frequência (uso diário, semanal ou mensal); os usos que faz da internet (diversão, busca de informações, comunicação/redes sociais, pesquisa escolar); e as ferramentas mais usadas (mensagens, *e-mails*, jogos, redes sociais).
Montem uma tabela com esses dados e construam um gráfico em malha quadriculada.
Indiquem em forma de fração e de porcentagem os alunos do grupo que não têm acesso à internet em relação ao total de alunos do grupo.

4 Com base no segundo parágrafo do texto e no uso que você faz da internet, cite alguns pontos positivos e alguns pontos negativos que a internet oferece.

____

____

____

____

5 Leia a tirinha.

© Joaquín Salvador Lavado (Quino)/Acervo do cartunista

Quino. **Toda Mafalda**. São Paulo: Martins Fontes, 1991. p. 92.

Além de permitir o acesso a informações, diversão e comunicação em redes sociais, o uso *on-line* permite a produção de ideias (em *blogs* escritos ou em vídeo, fóruns e listas de discussão).

a) O *blog* é uma das ferramentas de comunicação mais populares da internet. Pesquise o significado do termo e associe essa ferramenta com a tirinha da Mafalda.

____

____

____

b) Se você fosse fazer um *blog*, qual assunto escolheria? E você faria postagens de textos ou de vídeos? Compare sua escolha com a dos colegas.

____

6 **ATIVIDADE ORAL** Você concorda que as crianças necessitam de apoio, orientação e acompanhamento dos adultos quando navegam na internet? Você pede ajuda a algum adulto quando está navegando?

Probabilidade

1 **ATIVIDADE ORAL EM GRUPO** Se você retirasse, sem olhar, 1 bola do vidro ao lado, então a chance maior seria a de pegar uma bola vermelha ou uma bola azul? Por quê? Converse com os colegas.

koosen/Shutterstock

Vidro com bolas iguais, mas de cores diferentes.

> A medida da chance, chamada **probabilidade**, muitas vezes pode ser indicada por uma fração.

No exemplo acima, como há um total de 5 bolas e 3 delas são vermelhas, a **probabilidade** de retirar, sem olhar, 1 bola vermelha é **3 em 5** ou $\frac{3}{5}$.
Indique com uma fração a probabilidade de retirar 1 bola azul.

____

2 A roleta abaixo tem 4 partes iguais, sendo que 2 delas são vermelhas. Responda utilizando fração.

a) Girando bem forte a seta da roleta, qual é a probabilidade de ela parar em cada cor?

- No vermelho: ______
- No laranja: ______
- No azul: ______
- No verde: ______

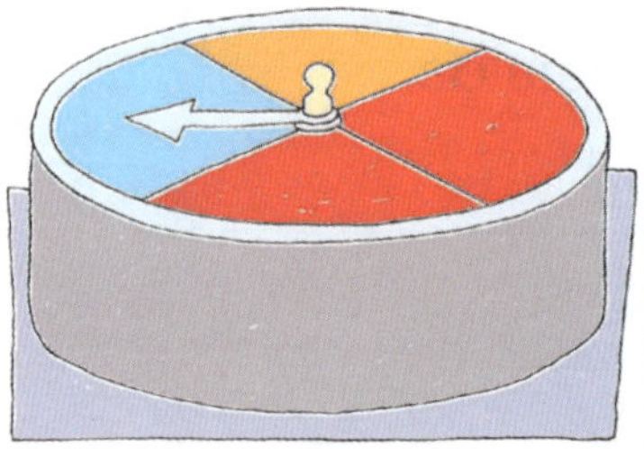
Estúdio Félix Reiners/Arquivo da editora

b) Responda rapidamente!
Qual é a probabilidade de a seta não parar no azul? ______

3 Responda usando fração.
Se você colocar o nome completo de todos os alunos de sua turma em um saquinho e sortear um deles, então qual é a probabilidade de tirar o seu nome?

____

Saiba mais

A teoria das probabilidades se iniciou a partir da análise dos jogos de azar (dados, baralho, etc.) cerca de 400 anos atrás.

4 Luciano vai lançar ao ar 1 moeda de R$ 0,05. Qual é a probabilidade de ela cair com a face  voltada para cima? ______

Reprodução/Casa da Moeda do Brasil/ Ministério da Fazenda

5 Em um saquinho há 12 cartões com a letra **A**, 5 cartões com a letra **B** e 3 cartões com a letra **C**. Na retirada de 1 desses cartões ao acaso, qual é a probabilidade de cada tipo de cartão sair, em relação ao total de cartões? Complete.

a) **A** → ____ em ____ → Em fração: ____ ou ____ → Em porcentagem: ____

b) **B** → ____ em ____ → Em fração: ____ ou ____ → Em porcentagem: ____

c) **C** → ____ em ____ → Em fração: ____ → Em porcentagem: ____

6 **AGORA É VOCÊ QUEM CRIA A SITUAÇÃO!**

Complete as frases abaixo e ilustre a situação com um desenho.

Em uma caixa há ______ cartões azuis, ______ cartões vermelhos e ______ cartões brancos. Sorteando um desses cartões, a probabilidade de sair um cartão ______ é 50%.

7 **DESAFIO**

Observe as roletas e responda.

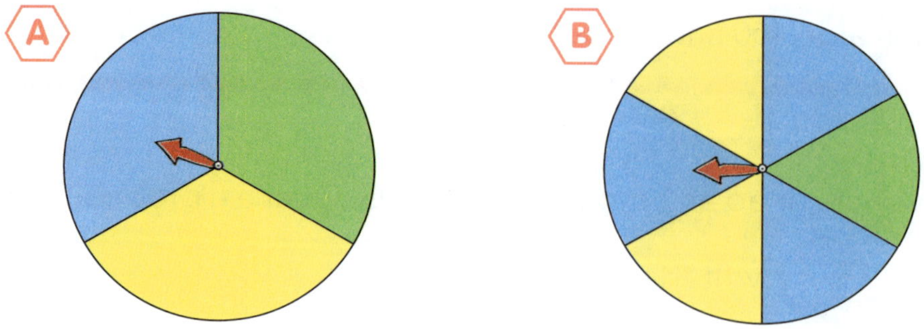

Ilustrações: Banco de imagens/ Arquivo da editora

a) Girando o ponteiro na roleta **B**, qual é a probabilidade de ele parar no verde? ________

b) Girando os ponteiros nas 2 roletas, em qual delas a probabilidade de ele parar no azul é maior? Por quê? ________

c) A probabilidade de o ponteiro parar no amarelo é maior em qual das roletas? Por quê? ________

8 Imagine que você vai sortear 1 dos 12 meses do ano.

a) Qual é a probabilidade de sair um mês que começa pela letra **J**? ________

b) E de sair um mês do 1º semestre? ________

c) E de sair um mês que tem pelo menos 27 dias? ________

d) E de sair um mês que começa pela letra **R**? ________

Mais atividades e problemas

1 Durante 1 mês do ano os alunos das 3 turmas do 5º ano da escola de Augusto retiraram da biblioteca 300 livros ao todo.

Os alunos do 5º ano **A** retiraram 40% do total. Os alunos do 5º ano **B** retiraram 25% do total.

Calcule e complete a tabela.

Livros retirados da biblioteca

Turma	Número de livros retirados	Porcentagem do total
5º **A**		40%
5º **B**		25%
5º **C**		

Tabela elaborada para fins didáticos.

2 Uma roleta tem 5 setores de tamanhos iguais marcados com os números de 1 a 5.

Essa roleta será girada. Registre a probabilidade em cada caso.

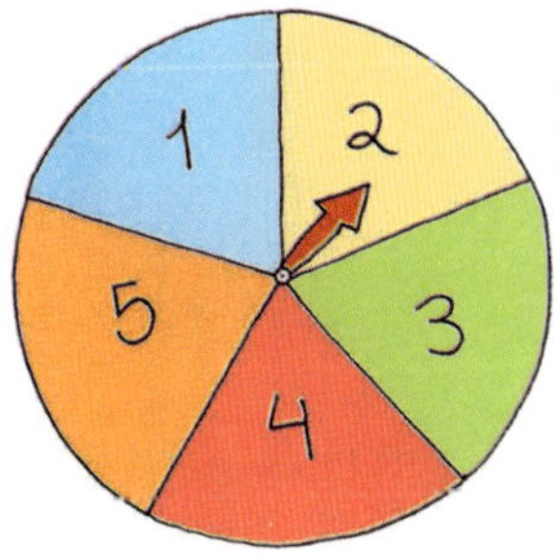

Estúdio Félix Reiners/Arquivo da editora

a) De sair um número ímpar. ________

b) De sair um divisor de 20. ________

3 NÚMEROS CRUZADOS

Calcule e use os resultados das horizontais para preencher o quadro (1 algarismo em cada quadrinho). Depois, calcule e use os resultados das verticais para conferir.

	D↓	E↓	F↓
A→			
B→			
C→			

Horizontais

A: 50% de 224 = ________

B: 25% de 1 200 = ________

C: $\frac{1}{6}$ de 900 = ________

Verticais

D: 10% de 1 310 = ________

E: $\frac{3}{2}$ de 70 = ________

F: 20% de 1 000 = ________

4 METADE DA POPULAÇÃO MUNDIAL ESTÁ ACIMA DO PESO

Segundo dados da Organização Mundial da Saúde (OMS), em 2010 aproximadamente metade da população do planeta estava acima do peso, cerca de 30% estava obesa e entre 7% e 8% estavam debilitadas pela obesidade severa (situação em que o Índice de Massa Corporal (IMC) está acima de 35).
De acordo com o Instituto Brasileiro de Geografia e Estatística (IBGE), o Brasil apresentava, em 2010, cerca de 192 milhões de habitantes. Com base nessas informações, responda.

a) Aproximadamente quantos brasileiros estavam obesos em 2010?

____

b) Aproximadamente quantos brasileiros sofriam de obesidade severa em 2010? _______________

5 Este gráfico apresenta o número de alunos, por idade, do 5º ano e do 6º ano do período da manhã de uma escola.

Banco de imagens/Arquivo da editora

Gráfico elaborado para fins didáticos.

Indique a probabilidade em cada caso, ao realizar um sorteio de 1 desses alunos.

a) De um aluno de 9 anos ser sorteado.

____

b) De um aluno com pelo menos 10 anos ser sorteado.

____

6 Quando lançamos 2 dados de cores diferentes, as possibilidades de resultados são: 1 e 1; 1 e 2; 1 e 3; ... até 6 e 6.

Estúdio Félix Reiners/Arquivo da editora

a) Quantas são as possibilidades ao todo? ______

b) Qual é a probabilidade de se obter soma 7 nos resultados? ______

7 **ESTATÍSTICA**

Na turma de Renata foi feita uma pesquisa com a seguinte pergunta.

> Qual é sua fruta predileta entre uva, caju, abacaxi e açaí?

Veja o gráfico de setores com o resultado da pesquisa.

a) Complete a tabela, sabendo que a turma de Renata tem 30 alunos.

Fruta predileta

Fruta	Porcentagem	Número de votos
Uva	10%	
Caju	30%	
Abacaxi	40%	
Açaí		

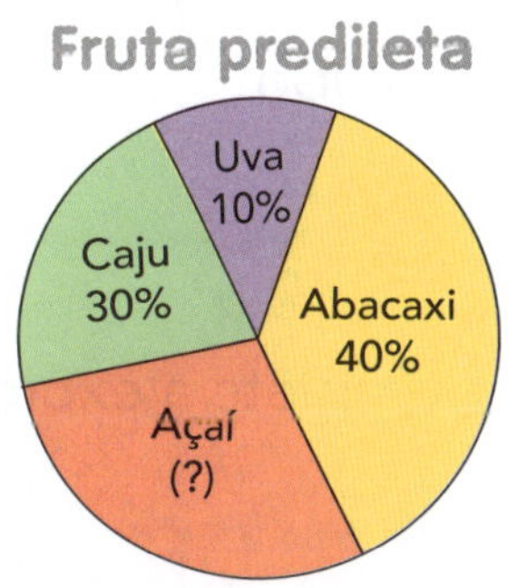

Banco de imagens/Arquivo da editora

Tabela e gráfico elaborados para fins didáticos.

b) Agora, complete de acordo com os resultados da pesquisa.

A fruta mais votada foi ______, com ______ votos, e a fruta menos votada foi ______, com ______ % dos votos.

______ recebeu o triplo dos votos de ______.

VAMOS VER DE NOVO?

1 PROPORCIONALIDADE

Complete.

a) Cada grupo de 5 alunos vai receber 8 folhas de papel sulfite.
Então, em uma turma com 30 alunos serão necessárias ______ folhas.

b) Maurício pagou R$ 14,00 por 6 pêssegos.
Se tivesse comprado 3 pêssegos, então ele teria pago R$ ______.

c) Pedro comprou 4 cadernos e pagou R$ 10,00.
Com R$ 50,00 ele pode comprar ______ cadernos.

d) $\frac{1}{2}$ da melancia pesou 3 kg. O "peso" de $1\frac{1}{2}$ da melancia está próximo de ______ kg.

2 Na figura ao lado temos uma planificação de um cubo. Ao ser montado, quais serão as cores das faces opostas do cubo?

Banco de imagens/Arquivo da editora

____

3 Complete a expressão com números para que o valor dela seja 12.

______ + ______ × ______ + ______

4 Veja as medidas de capacidade de 3 reservatórios de água.
Complete: A medida da capacidade do reservatório ______ corresponde a $\frac{3}{4}$ da medida da capacidade de ______.

Estúdio Félix Reiners/Arquivo da editora

O QUE ESTUDAMOS

Vimos que porcentagem corresponde a uma fração de denominador 100 ou outra fração equivalente a ela.

- 40% corresponde a $\frac{40}{100}$ ou $\frac{2}{5}$, pois $\frac{40^{\div 20}}{100_{\div 20}} = \frac{2}{5}$.
- $\frac{1}{4}$ corresponde a 25%, pois $\frac{1^{\times 25}}{4_{\times 25}} = \frac{25}{100} = 25\%$.

Estudamos porcentagem de figuras e de números.

- Pintar 25% da região plana determinada pela circunferência.

  $25\% = \frac{25}{100} = \frac{1}{4}$

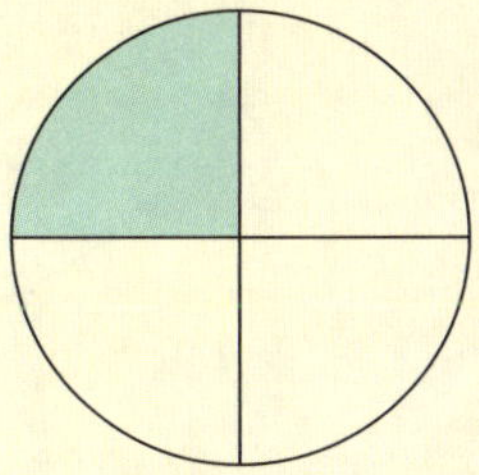
Banco de imagens/Arquivo da editora

- 45% de 60 = 27

  $\frac{45}{100} = \frac{9}{20}$ $60 \div 20 = 3$ e $9 \times 3 = 27$

Trabalhamos com a noção de probabilidade, que é a medida da chance de algo acontecer. Ela pode ser indicada por uma fração ou por uma porcentagem.

Sorteando 1 letra da palavra TIGRE, a probabilidade de sair uma vogal é 2 em 5 ou $\frac{2}{5}$ ou 40%.

Resolvemos problemas que envolvem porcentagem.

O preço do carrinho passou de R$ 20,00 para R$ 22,00.

Qual foi a porcentagem do aumento? 10%

$22 - 20 = 2$ 2 em 20 $= \frac{2}{20} = \frac{10}{100} = 10\%$

- Quando você tem várias tarefas para um mesmo dia, você escreve uma lista para ajudar a se lembrar de todas elas?
- Você costuma rever em casa o que estudou na escola?
- Dos assuntos estudados durante ano, de qual você gostou mais?

Unidade 8

Mais geometria

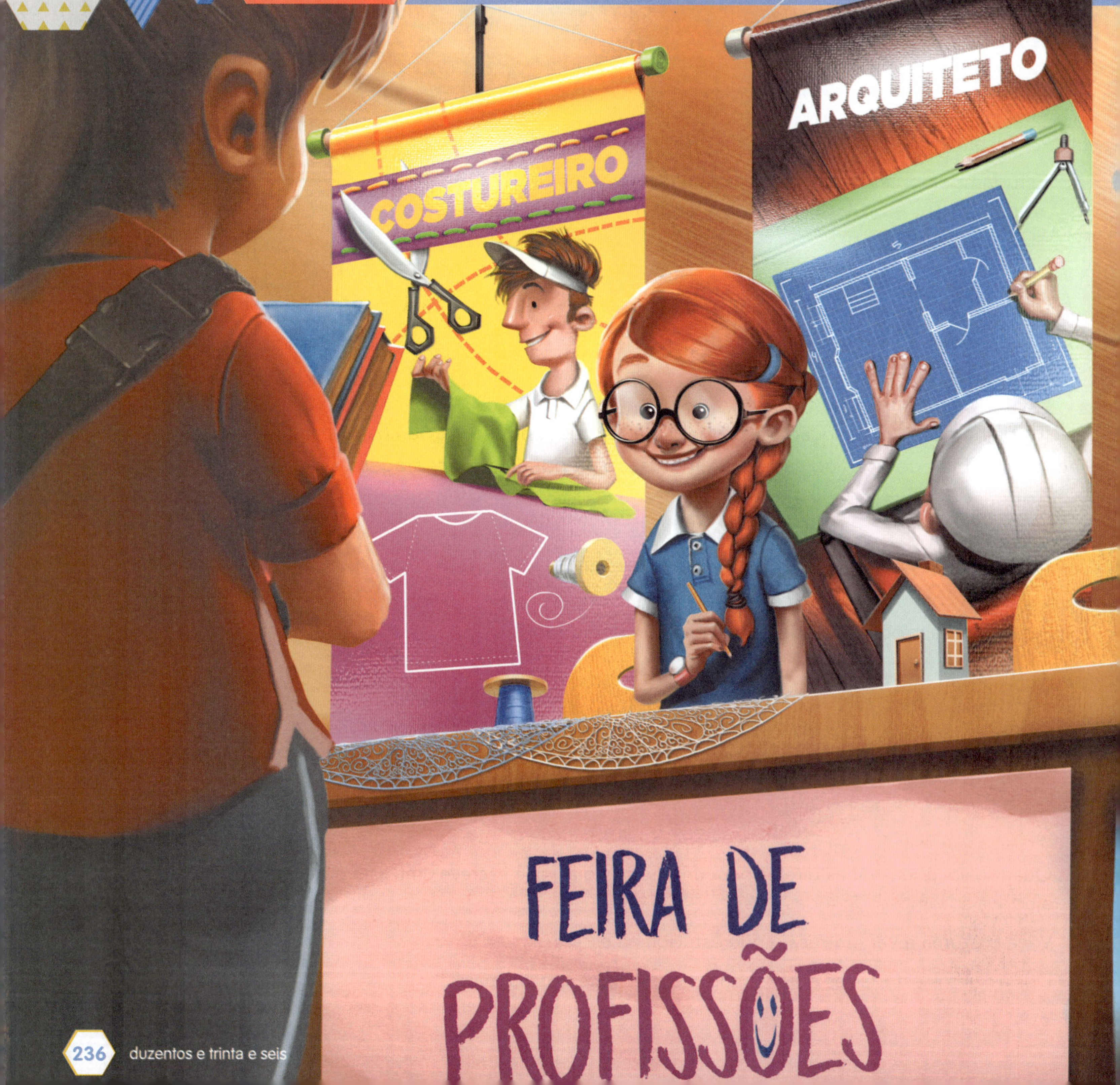

Ricardo Chucky/Arquivo da editora

SEJAM BEM-VINDOS

- O que mostra esta cena?
- Quais profissões aparecem nos cartazes?
- Você conhece alguém que exerça alguma dessas profissões?

Para iniciar

São muitas as profissões que, para seu desempenho, precisam de conhecimentos de Geometria.

Nesta Unidade, vamos retomar e ampliar o estudo das figuras geométricas. Vamos conhecer, por exemplo, a figura chamada **ângulo**.

- Analise a cena das páginas de abertura desta Unidade. Converse com os colegas e respondam às questões a seguir.

Ilustrações: Estúdio Félix Reiners/Arquivo da editora

- Converse com os colegas sobre mais estas questões.
  - **a)** Que nome damos a cada figura geométrica desenhada ao lado?

  - **b)** Todo triângulo é um polígono?
  - **c)** E todo polígono é um triângulo?

  - **d)** Como foi formada a figura ao lado?

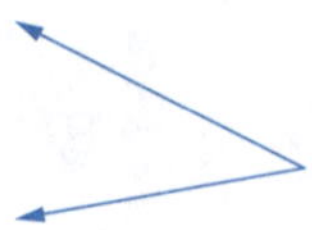

  - **e)** Como deve estar um pedaço de barbante para dar ideia de um segmento de reta?

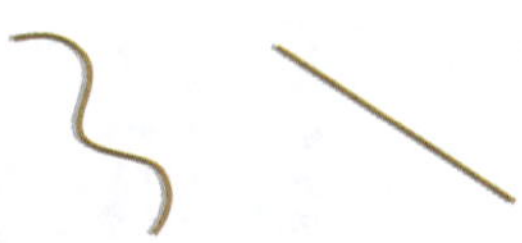

Ilustrações: Banco de imagens/Arquivo da editora

Atividades com figuras geométricas já estudadas

1 **ATIVIDADE ORAL EM DUPLA** Beatriz ganhou um computador de presente de aniversário. Como ela já sabia usar o programa para desenhar, decidiu fazer um desenho com figuras geométricas.

Este é o desenho que Beatriz fez usando figuras geométricas que está estudando nas aulas de Matemática.

Estúdio Félix Reiners/Arquivo da editora

a) Analisem o desenho e respondam: Beatriz usou sólidos geométricos ou regiões planas para compor seu desenho?

b) Localizem partes do desenho que dão ideia das seguintes figuras geométricas.

- Uma região retangular.
- Uma região quadrada.
- Uma região triangular.
- Uma região circular.
- Um segmento de reta.

2 Observe as figuras geométricas desenhadas abaixo.

Ilustrações: Banco de imagens/Arquivo da editora

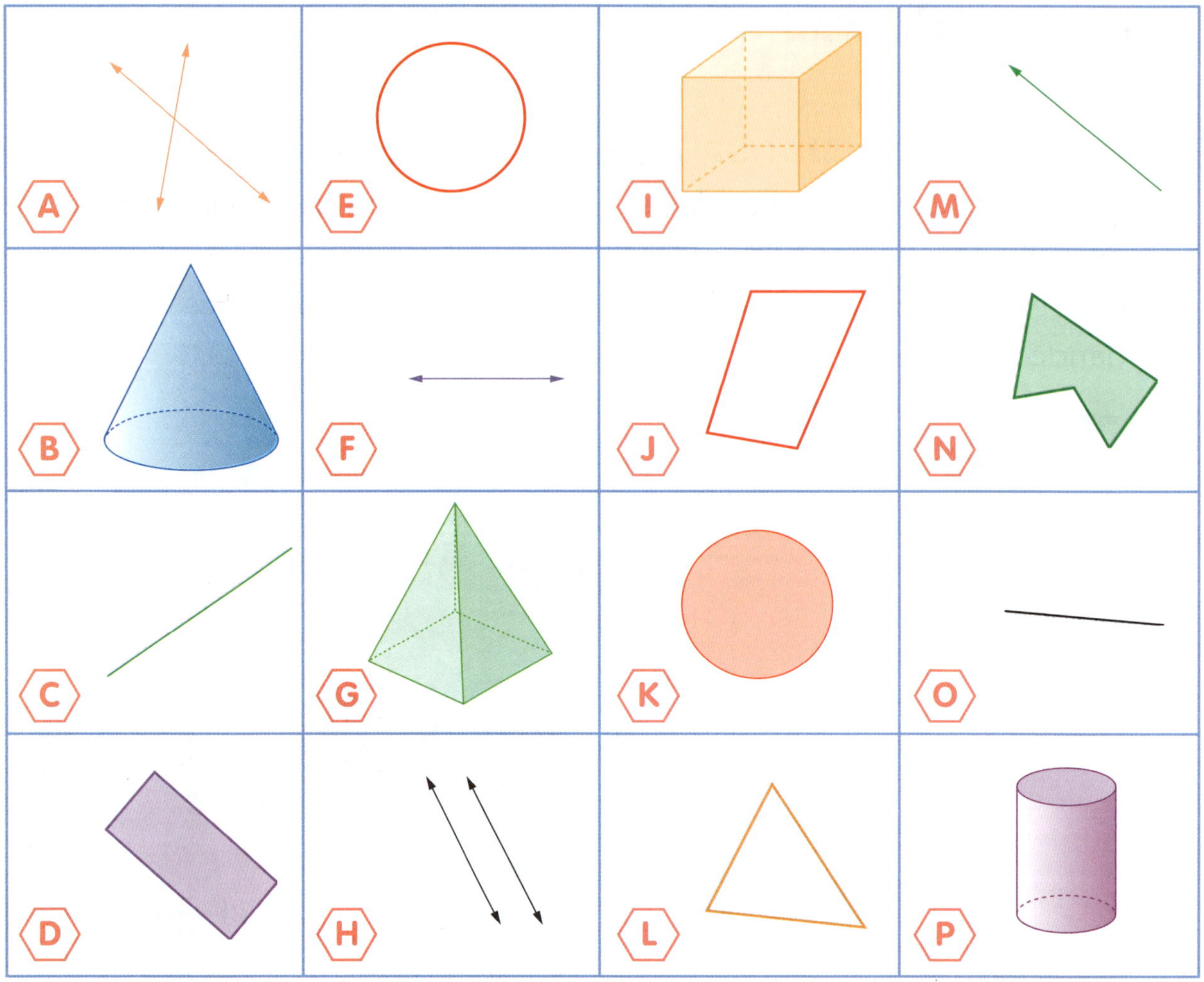

Escreva em cada item a letra da figura correspondente. Se tiver alguma dúvida, volte à Unidade 2 ou consulte o **Glossário** no final do livro.

a) Os sólidos geométricos. ________

b) As regiões planas. ____________

c) Os contornos de regiões planas. ____________

d) Os segmentos de reta. ________

e) A reta. ________

f) A semirreta. ________

g) Os poliedros. ________

h) Os corpos redondos. ________

i) Os polígonos. ________

j) As regiões poligonais. ________

k) As 2 retas paralelas. ________

l) As 2 retas concorrentes. ________

m) O cone. ________

n) A pirâmide. ________

o) A circunferência. ________

p) O círculo. ________

q) A região retangular. ________

Ângulo

1 **ATIVIDADE ORAL EM GRUPO** Veja as imagens e observe os **ângulos** indicados em vermelho.

As imagens não estão representadas em proporção.

Bielous Natalita/Shutterstock

Trave de futebol.

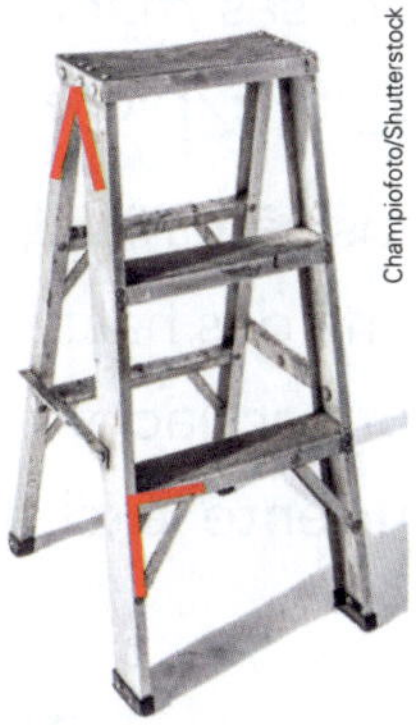
Champiofoto/Shutterstock

Escada.

Lev Kropotov/Shutterstock

Thavorn C/Shutterstock

Relógio.

Tymonko Galyna/Shutterstock

Casinha de madeira.

Árvore.

Converse com os colegas: Como vocês acham que deve ser uma figura para ser chamada de ângulo?

Procurem no **Glossário** a palavra **ângulo** e verifiquem seu significado. Vejam também qual é o vértice do ângulo.

2 **ATIVIDADE EM GRUPO** Vejam algumas maneiras de explorar a ideia de ângulo. Com os colegas, inventem outras.

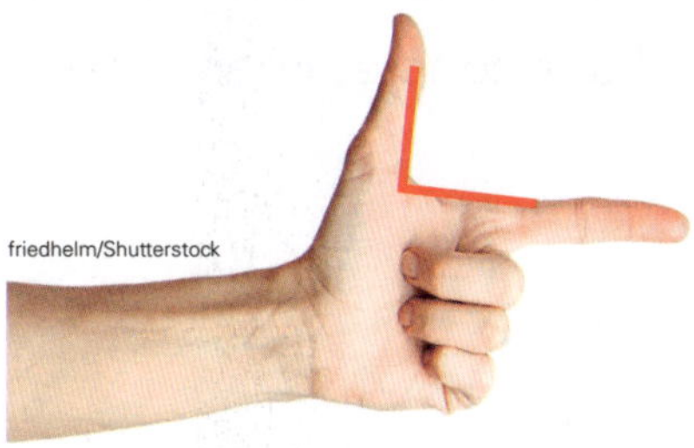
friedhelm/Shutterstock

Com 2 dedos de uma mesma mão.

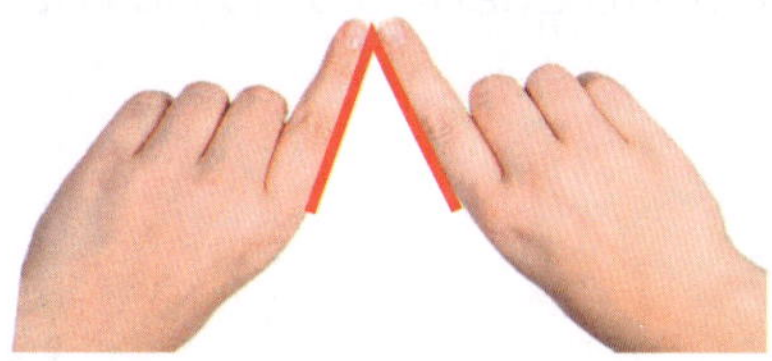
tkemot/Shutterstock

Com 2 dedos, um de cada mão.

Happy Stock Photo/Shutterstock

Com 1 canudo dobrado.

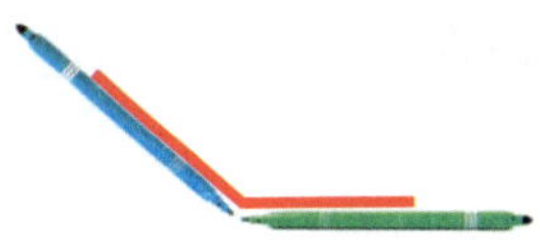
timquo/Shutterstock

Com 2 canetas.

Explorar e Descobrir

- Destaque as hastes da página 25 do **Ápis divertido**. Monte o objeto conforme a figura ao lado, fixando as hastes com um percevejo. Esta é a posição inicial do objeto.

Posição inicial.

- Gire as hastes de diversas maneiras. Você pode dar 1 volta completa, como os ponteiros de um relógio. Explore seu objeto!
- Deixe as hastes na posição inicial, como na primeira figura. Gire apenas uma das hastes, para que o objeto fique como na figura ao lado.

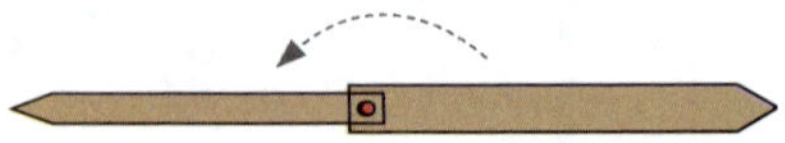

O ângulo correspondente é chamado **ângulo de meia-volta** (ou **ângulo de $\frac{1}{2}$ volta**). Veja.

- Desenhe abaixo um ângulo de meia-volta.

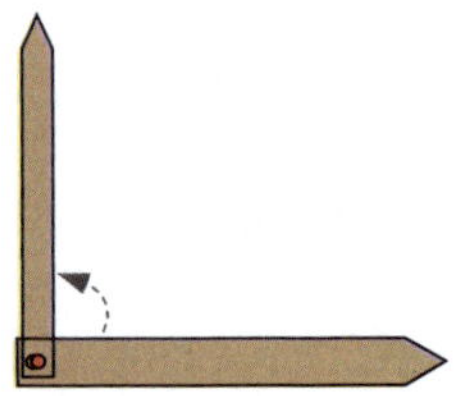

- Agora, partindo das hastes na posição inicial, faça o giro para que o objeto fique como na figura ao lado.
- Desenhe abaixo o ângulo correspondente e escreva o nome que pode ser dado a ele.
- Novamente partindo das hastes na posição inicial, desenhe abaixo como fica o objeto quando uma das hastes dá 1 volta completa. Faça concretamente esse giro.

3 Responda e marque os ângulos de cada figura.

a) Quantos ângulos tem um triângulo? ______________

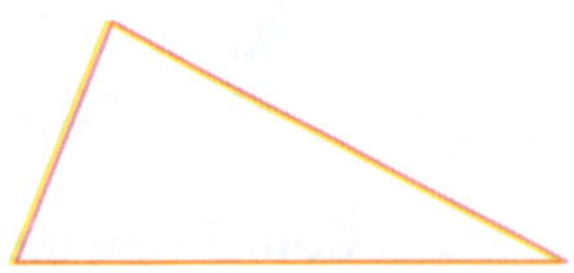

b) Quantos ângulos tem um retângulo? ______________

Ângulo reto

1 Observe os cantos de sua régua. O ângulo formado em cada um deles dá ideia de **ângulo reto**.

Veja outros exemplos de ângulos retos, assinalados em vermelho.

Christos Siatos/Shutterstock

Régua.

Bielous Natalita/Shutterstock

Trave de futebol.

vovan/Shutterstock

Ângulos retos sobre os cantos da folha.

As imagens não estão representadas em proporção.

Agora, use o objeto construído com as hastes do **Ápis divertido** e indique com ele um ângulo reto. Confira com os colegas.

2 Assinale apenas as figuras que sugerem ângulos retos.

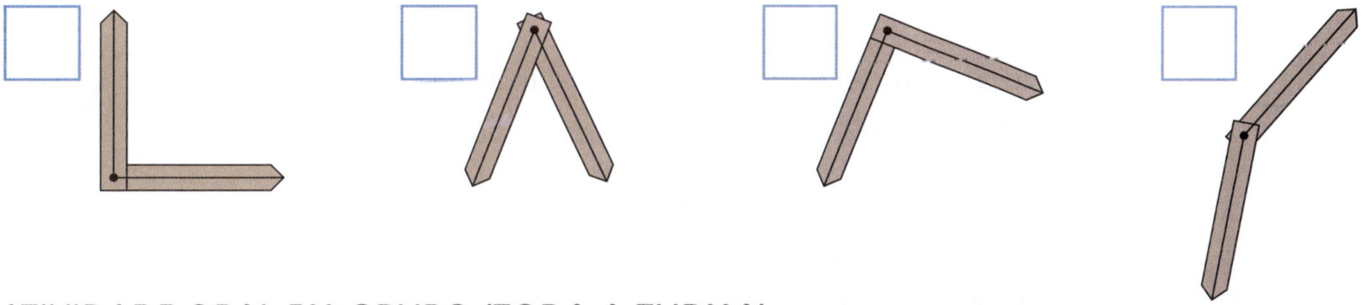
Ilustrações: Banco de imagens/Arquivo da editora

3 **ATIVIDADE ORAL EM GRUPO (TODA A TURMA)**

a) Em quais objetos da sala de aula há ângulos retos?

b) Quantos ângulos retos aparecem em cada canto da sala de aula?

4 Use o canto de uma régua e trace 3 ângulos retos, em posições diferentes. Marque o sinal de ângulo reto, como na figura ao lado.

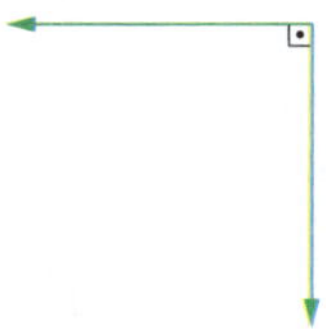
Banco de imagens/Arquivo da editora

Explorar e Descobrir

DOBRADURA E ÂNGULO RETO

- Dobre pela metade uma folha de papel sulfite. Em seguida, dobre novamente pela metade, de modo que, ao desdobrar a folha, as dobras tenham formado 4 ângulos retos.
- Em seguida, faça linhas pontilhadas indicando cada dobra e assinale os ângulos retos.
- Finalmente, reproduza no caderno a folha e indique nela as dobras e os ângulos retos, como na figura ao lado.

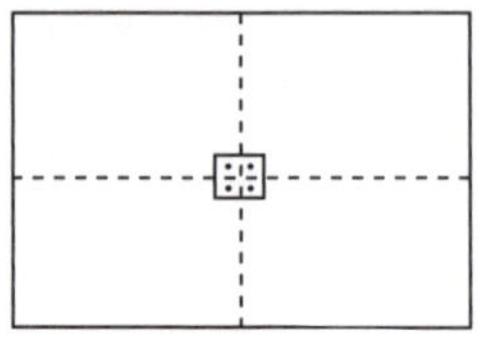

Banco de imagens/Arquivo da editora

5 Marque os ângulos retos em cada polígono. Depois, escreva quantos ângulos retos há em cada um deles.

a) 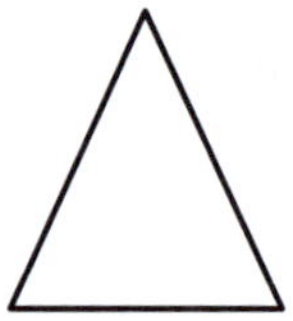 ____________

b) 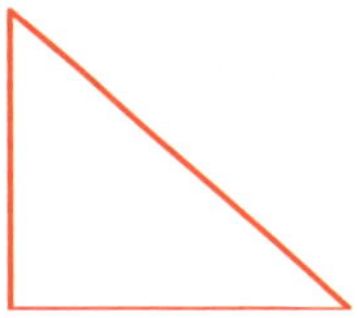 ____________

c) 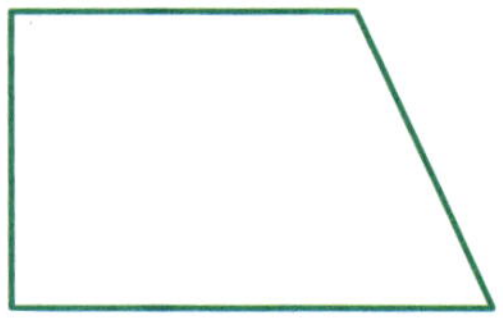 ____________

d)  ____________

Ilustrações: Banco de imagens/Arquivo da editora

6 Observe a letra desenhada ao lado e indique quantos ângulos retos há nela. Desenhe nesses ângulos retos o sinal correspondente. ____________

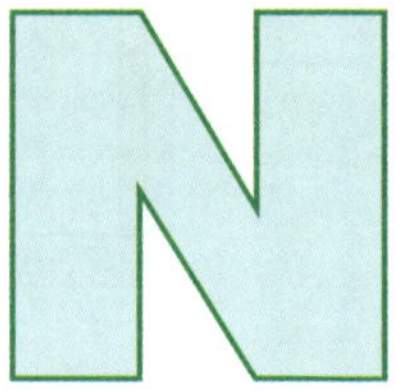

Banco de imagens/Arquivo da editora

7 Faça o que se pede.

a) Escreva as horas exatas em que os ponteiros do relógio formam um ângulo reto. Uma delas está desenhada ao lado. Desenhe a outra.

Thavorn C/Shutterstock

____

b) Responda depressinha!
Às 3 h 30 min o ângulo formado pelos ponteiros é reto? Desenhe os ponteiros para justificar sua resposta.

Thavorn C/Shutterstock

____

Ângulo raso, ângulo agudo e ângulo obtuso

1 Use o objeto construído com as hastes do **Ápis divertido** e represente cada ângulo mostrado. Confira sempre com os colegas.

Este ângulo, correspondente à meia-volta, é chamado **ângulo raso**.

O **ângulo reto** você já conhece. É o que tem a abertura igual à do canto da porta, do canto da régua, etc.

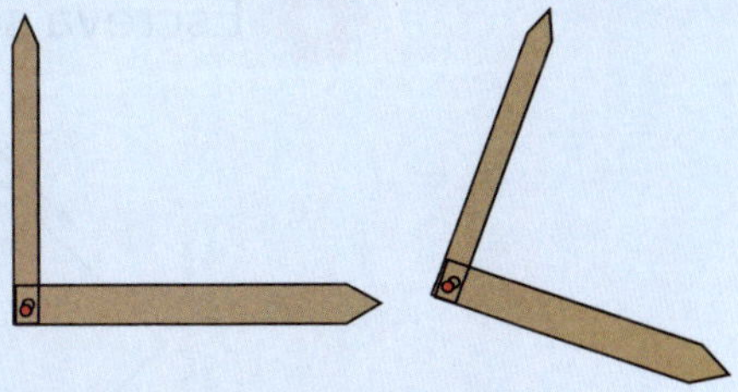

Ilustrações: Banco de imagens/Arquivo da editora

Agora você vai conhecer o nome de outros ângulos. Represente-os com as hastes.

Ângulo agudo: é "mais fechado" do que o ângulo reto.

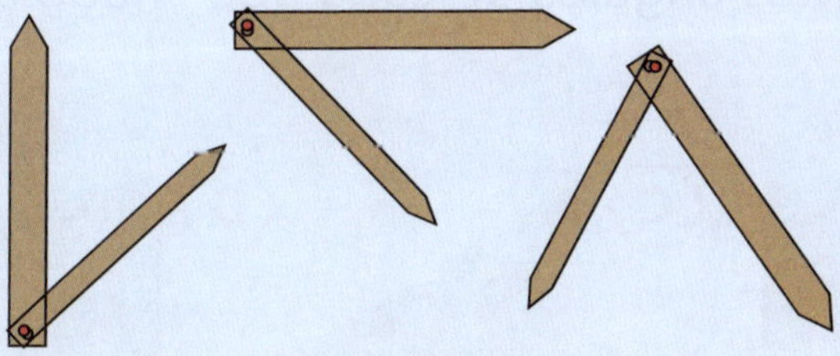

Ângulo obtuso: é "mais aberto" do que o ângulo reto, sem chegar à abertura do ângulo raso.

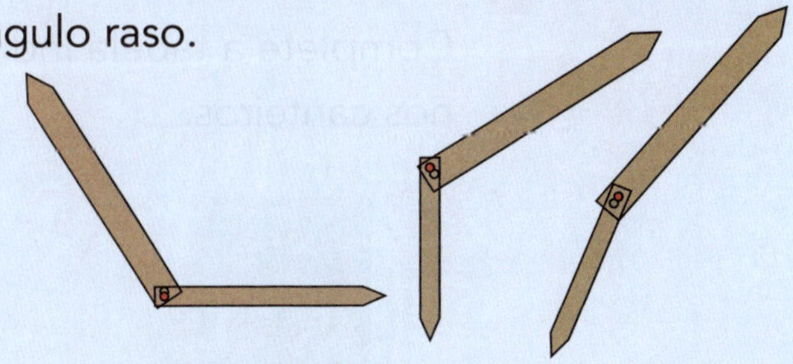

2 **ATIVIDADE EM DUPLA** Construam ângulos com 2 dedos, com 2 canetas ou com as hastes do **Ápis divertido**.
Um constrói o ângulo e o outro diz se o ângulo é reto, agudo ou obtuso. Depois vocês invertem os papéis.

As imagens não estão representadas em proporção.

fridhelm/Shutterstock

Com 2 dedos de uma mesma mão.

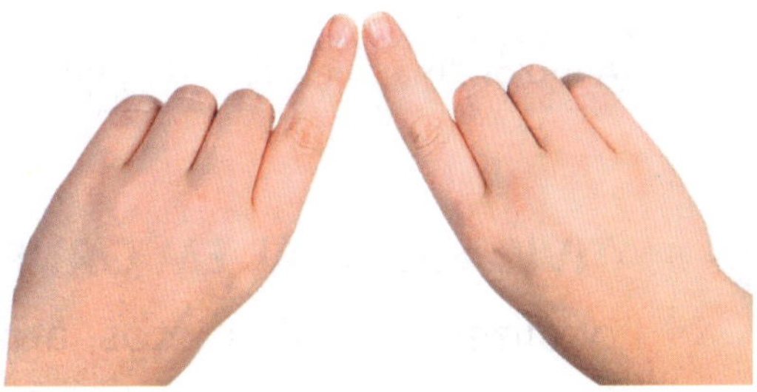

tkemot/Shutterstock

Com 2 dedos, um de cada mão.

3 Escreva se cada ângulo é reto, agudo ou obtuso. No ângulo reto, coloque o sinal correspondente.

Ilustrações: Banco de imagens/Arquivo da editora

a) 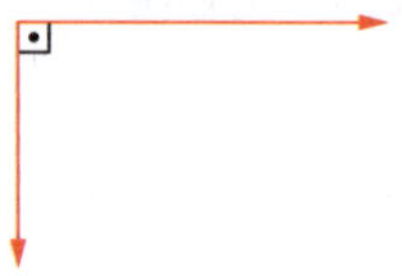

______

b) 

______

c) 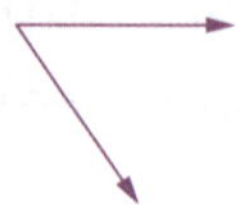

______

d) 

______

4 Escreva se cada ângulo indicado é reto, obtuso ou agudo.

Ilustrações: Banco de imagens/Arquivo da editora

a) 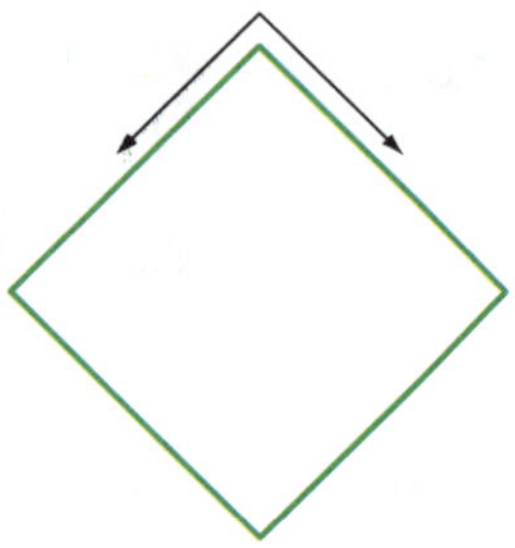

______

b) 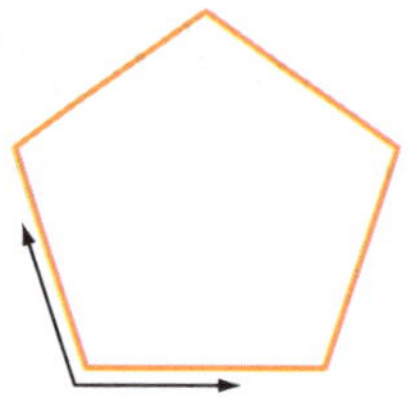

______

c) 

______

5 Observe os 4 canteiros da horta da chácara do sr. Lourenço, vistos de cima. Complete a tabela indicando quantos ângulos de cada tipo citado aparecem nos canteiros.

Ilustrações: Estúdio Félix Reiners/Arquivo da editora

A 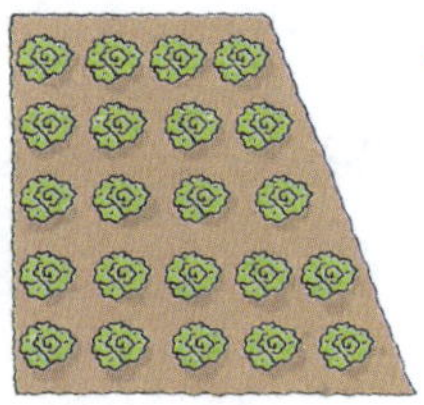

B 

C 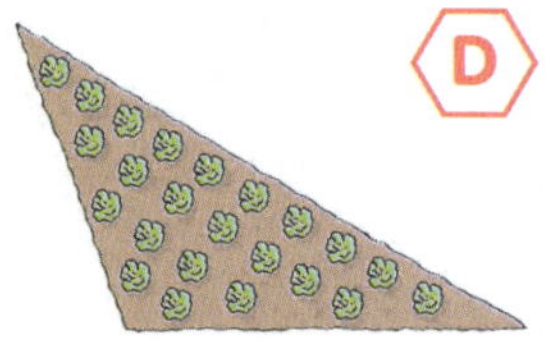

D 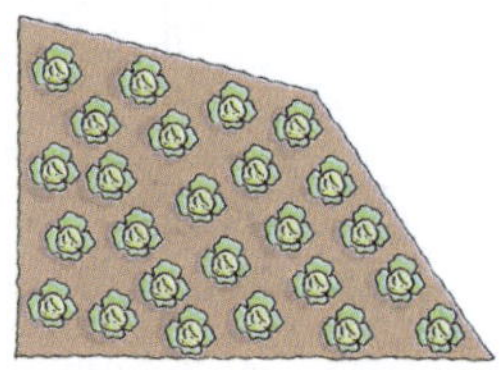

As imagens não estão representadas em proporção.

Ângulos nos canteiros da horta

Ângulos \ Canteiros	Canteiro **A**	Canteiro **B**	Canteiro **C**	Canteiro **D**
Ângulos retos	2			
Ângulos "mais fechados" do que o reto	1			
Ângulos "mais abertos" do que o reto	1			

Tabela elaborada para fins didáticos.

6 **ATIVIDADE ORAL EM GRUPO**

Localizem ângulos retos, agudos e obtusos nestes sinais de trânsito.

Ilustrações: Banco de imagens/Arquivo da editora

Medida de ângulo

As imagens não estão representadas em proporção.

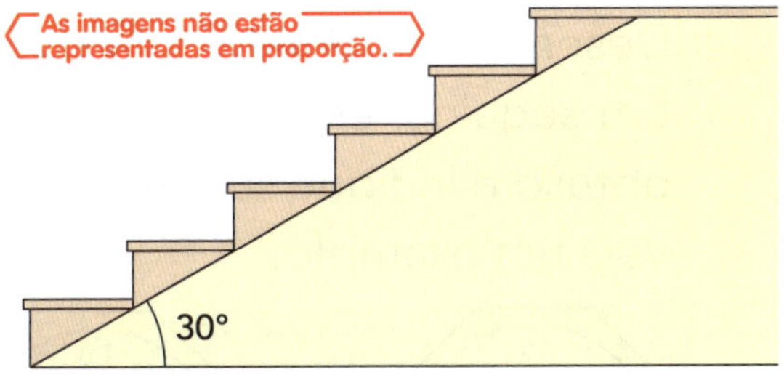

Estúdio Félix Reiners/Arquivo da editora

Quando um arquiteto projeta a construção de uma escada, como a da figura ao lado, ele determina qual deve ser seu ângulo de inclinação.

Para isso, ele usa a medida da abertura do ângulo ou, simplesmente, a **medida do ângulo**. Nesse exemplo, a medida indicada é 30 graus (30°).

1 GRAU: UNIDADE DE MEDIDA DE ÂNGULO

Imagine uma circunferência dividida em 360 partes iguais. A partir de cada uma dessas partes, podemos traçar um ângulo com vértice no centro da circunferência. Fazendo isso, a medida do ângulo traçado é **um grau (1°)** e a medida da volta completa é 360°.

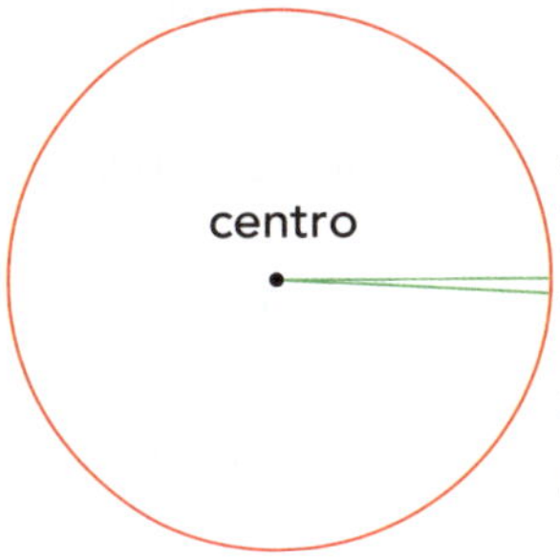

Banco de imagens/Arquivo da editora

Observe os ângulos abaixo e escreva suas medidas.

a) Ângulo de meia-volta (metade de 360°).

______

b) Ângulo reto $\left(\frac{1}{4} \text{ de } 360°\right)$.

______

2 Vamos escrever a medida do ângulo formado pelos ponteiros dos relógios em algumas horas exatas. Veja, ao lado, quando o relógio marca 1 hora. Escreva a medida do ângulo assinalado em mais estes casos.

30°
(90 ÷ 3 = 30 ou 360 ÷ 12 = 30)

a)  ______

c)  ______

e)  ______

b)  ______

d)  ______

f)  ______

Ilustrações: Estúdio Félix Reiners/Arquivo da editora

3 Desenhe os ponteiros na posição correta, de acordo com o horário indicado. Em seguida, escreva se o ângulo formado pelos ponteiros é reto, agudo ou obtuso e indique sua medida, em graus.
Veja um exemplo.

Ilustrações: Banco de imagens/Arquivo da editora

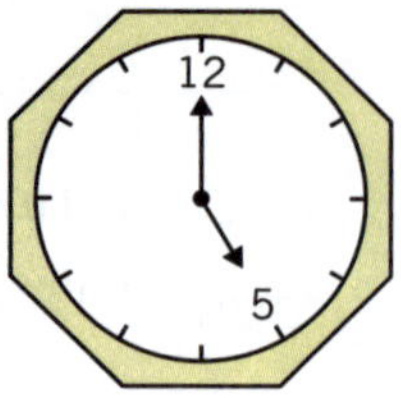

17 horas.

Ângulo obtuso.

150°

a)
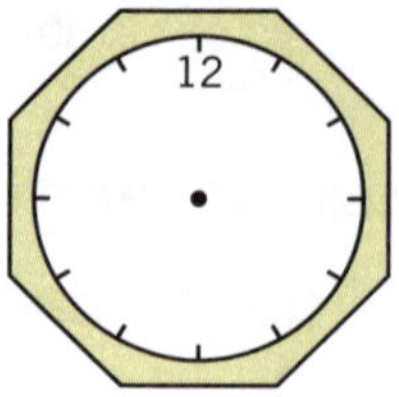

9 horas.

______

______

b)
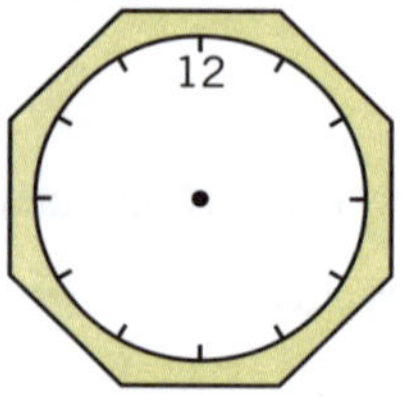

11 horas.

______

______

c)
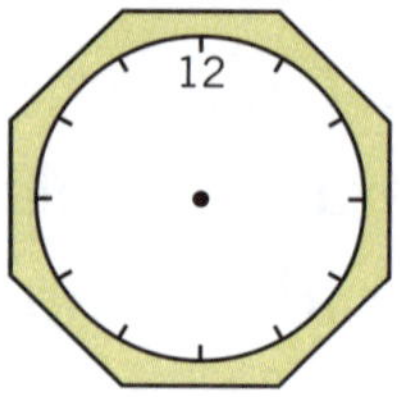

20 horas.

______

______

4 Responda.

a) Qual é a medida de todos os ângulos retos? ______

b) Quais são as possíveis medidas dos ângulos agudos?

______

c) Quais são as possíveis medidas dos ângulos obtusos?

______

5 Observe os ângulos desenhados ao lado.
O ângulo reto pode ser representado por AÔB ou BÔA.

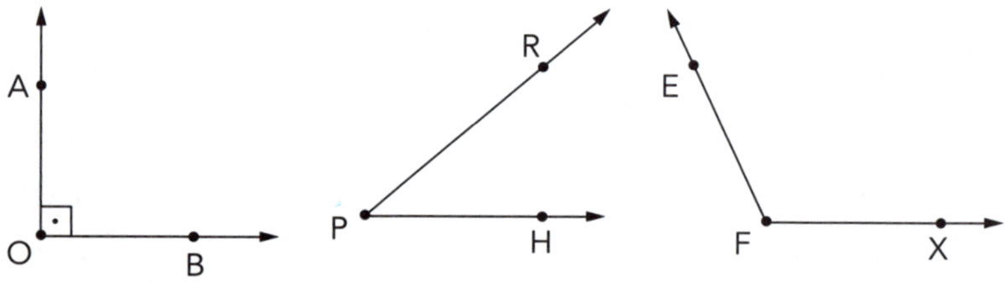

Ilustrações: Banco de imagens/Arquivo da editora

a) Represente os outros ângulos.

Ângulo agudo: ______. Ângulo obtuso: ______.

b) Use uma régua e trace os ângulos MŜC e VĴN.
Não se esqueça: A letra do meio é o vértice do ângulo e indica o ponto de onde partem as 2 semirretas que formam o ângulo.

6 Na natureza, a forma de muitas coisas lembra figuras geométricas conhecidas.

As imagens não estão representadas em proporção.

Alexdrim/Shutterstock/Glow Images

Estrela-do-mar.

4Max/Shutterstock/Glow Images

Abelha em favo de mel.

Anna Sedneva/Shutterstock

Fatia de laranja.

Veja as figuras abaixo, relacionadas à forma da estrela-do-mar, à do favo de mel e à da laranja. Descubra e registre a medida de cada ângulo, indicada com "?".
Dica: Em cada figura, os ângulos indicados têm medidas iguais.

a)

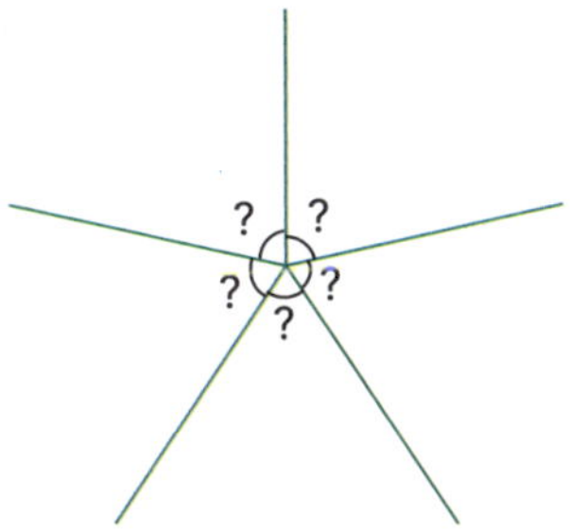

______

b)

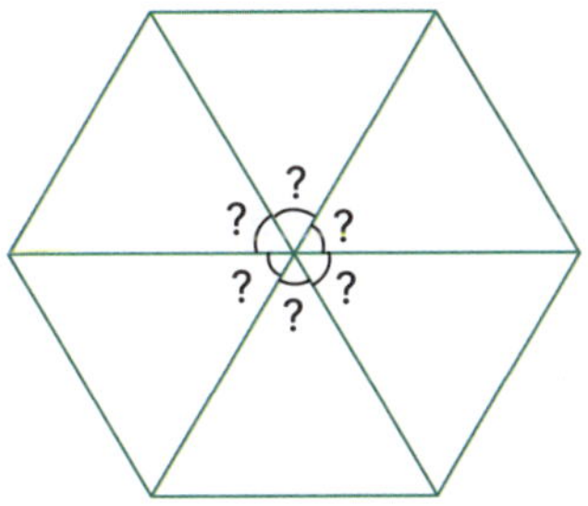

______

c)

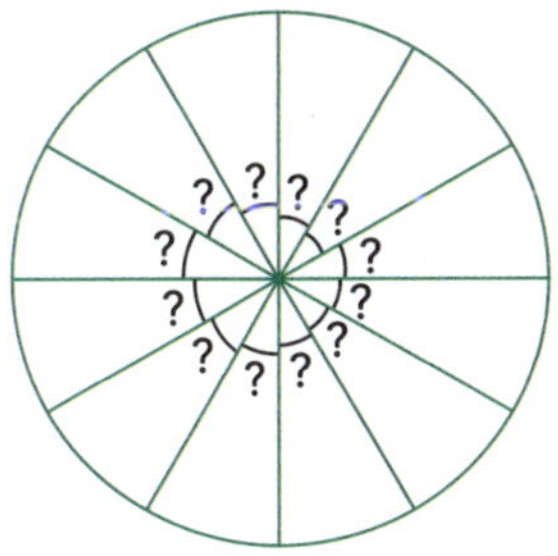

______

Ilustrações: Banco de imagens/Arquivo da editora

7 Os resultados de uma pesquisa feita pela equipe de Joana foram registrados no gráfico de setores desenhado ao lado. Para isso, a região determinada pela circunferência foi dividida em 10 partes iguais e foram pintados 4 setores, um de cada cor.

Pesquisa da equipe de Joana

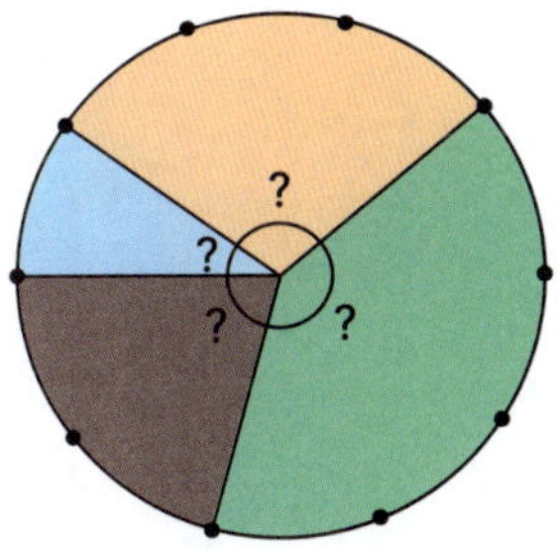

Banco de imagens/Arquivo da editora

Gráfico elaborado para fins didáticos.

a) Analise o gráfico e registre a medida do ângulo de cada setor.

Azul: ______ Marrom: ______

Laranja: ______ Verde: ______

b) Responda sem fazer cálculos: Qual é a soma das medidas dos 4 ângulos dos setores desse gráfico? ______

c) Faça a adição para conferir. Você acertou a resposta? ______

Explorar e Descobrir

- Desenhe, pinte de amarelo e recorte uma região quadrada com lados de 3 cm. Em seguida, dobre-a por um de seus eixos de simetria, como mostram as figuras abaixo.
- Finalmente, desdobre-a, faça uma linha tracejada na dobra, marque as medidas dos 6 ângulos formados e cole a figura no espaço ao lado.

Cole aqui

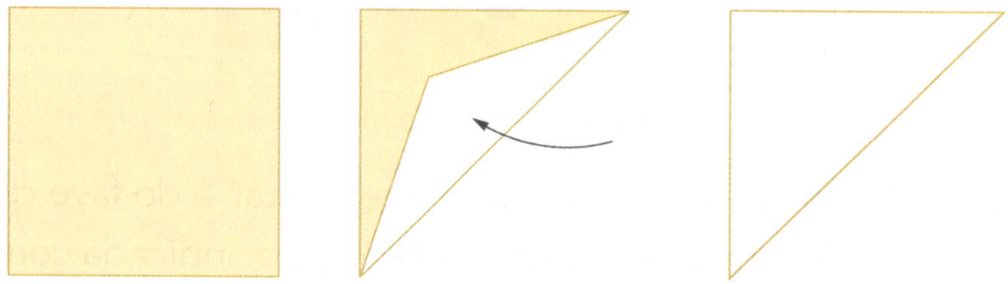

Ilustrações: Banco de imagens/Arquivo da editora

8 TRANSFERIDOR: INSTRUMENTO PARA MEDIR ÂNGULOS, EM GRAUS

Observe alguns ângulos sendo medidos com o uso do transferidor. Analise a posição do transferidor e a medida do ângulo assinalado.

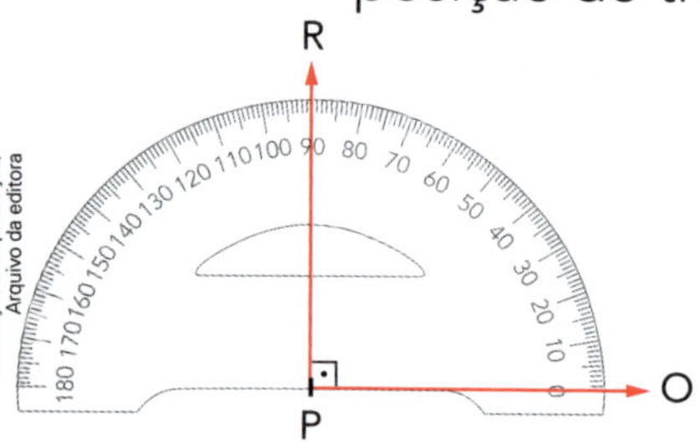

90°

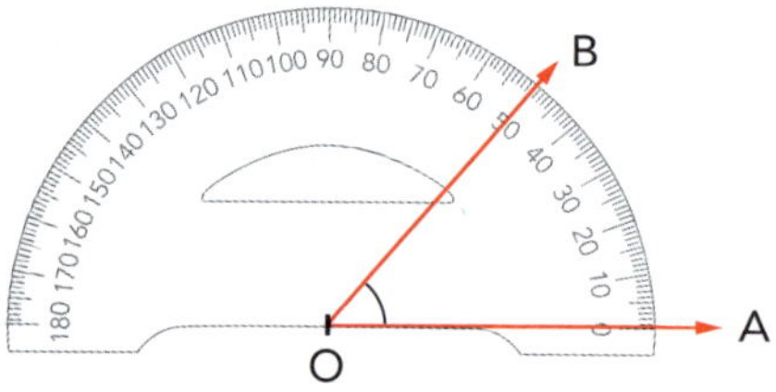

50°

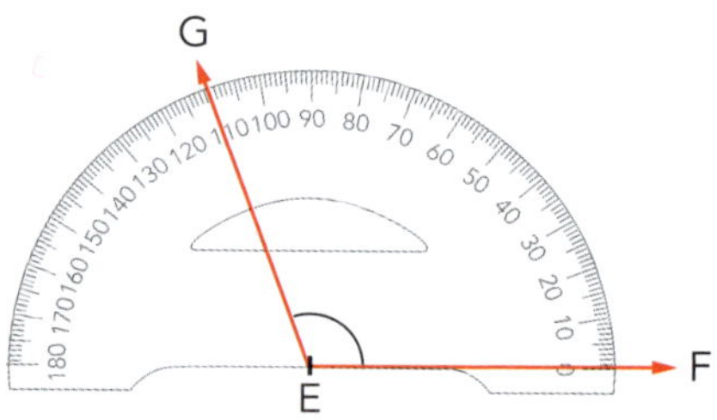

110°

Ilustrações: Reprodução/Arquivo da editora

Agora°, registre a medida dos ângulos indicados.

a)

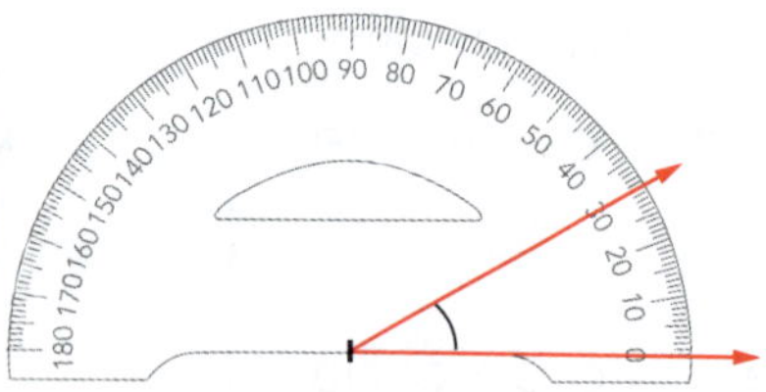

______

c) **Atenção!**

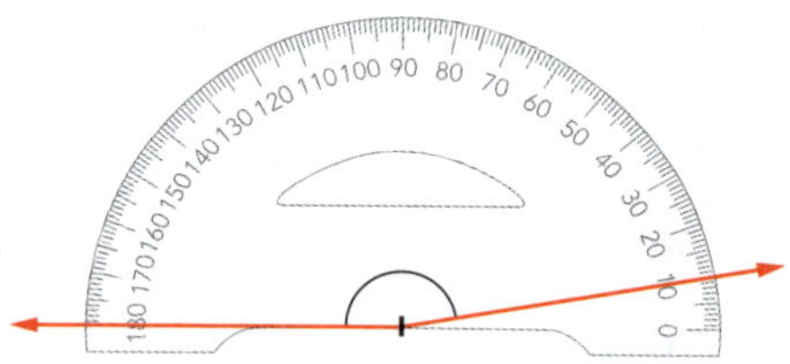

______

b)

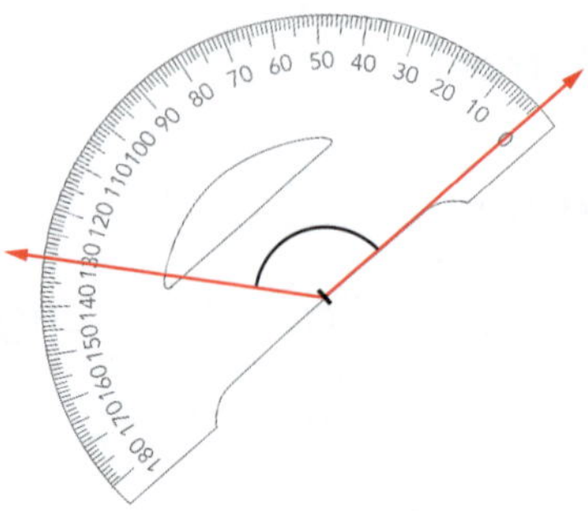

______

d)

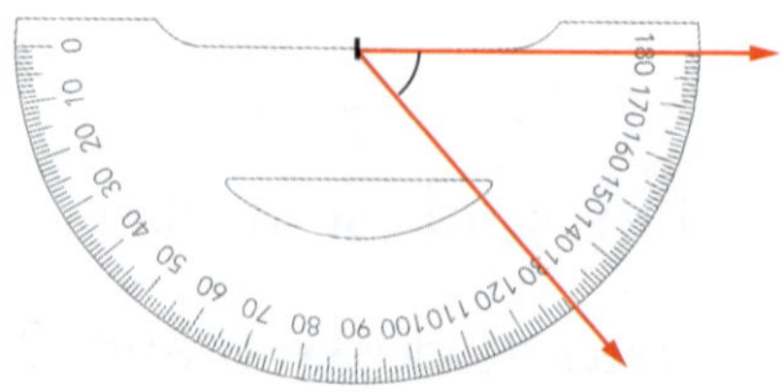

______

Ilustrações: Reprodução/Arquivo da editora

9 ESTIMATIVA E USO DO TRANSFERIDOR

Faça uma estimativa da medida de cada ângulo e registre na tabela.
Depois, use um transferidor e determine a medida exata de cada ângulo. Registre na tabela a medida exata e o nome do ângulo (reto, agudo ou obtuso).

Ângulos

Ângulo	Estimativa da medida	Medida exata	Nome
AÔB			
RĤS			
EF̂G			
MP̂V			

Tabela elaborada para fins didáticos.

Ilustrações: Banco de imagens/Arquivo da editora

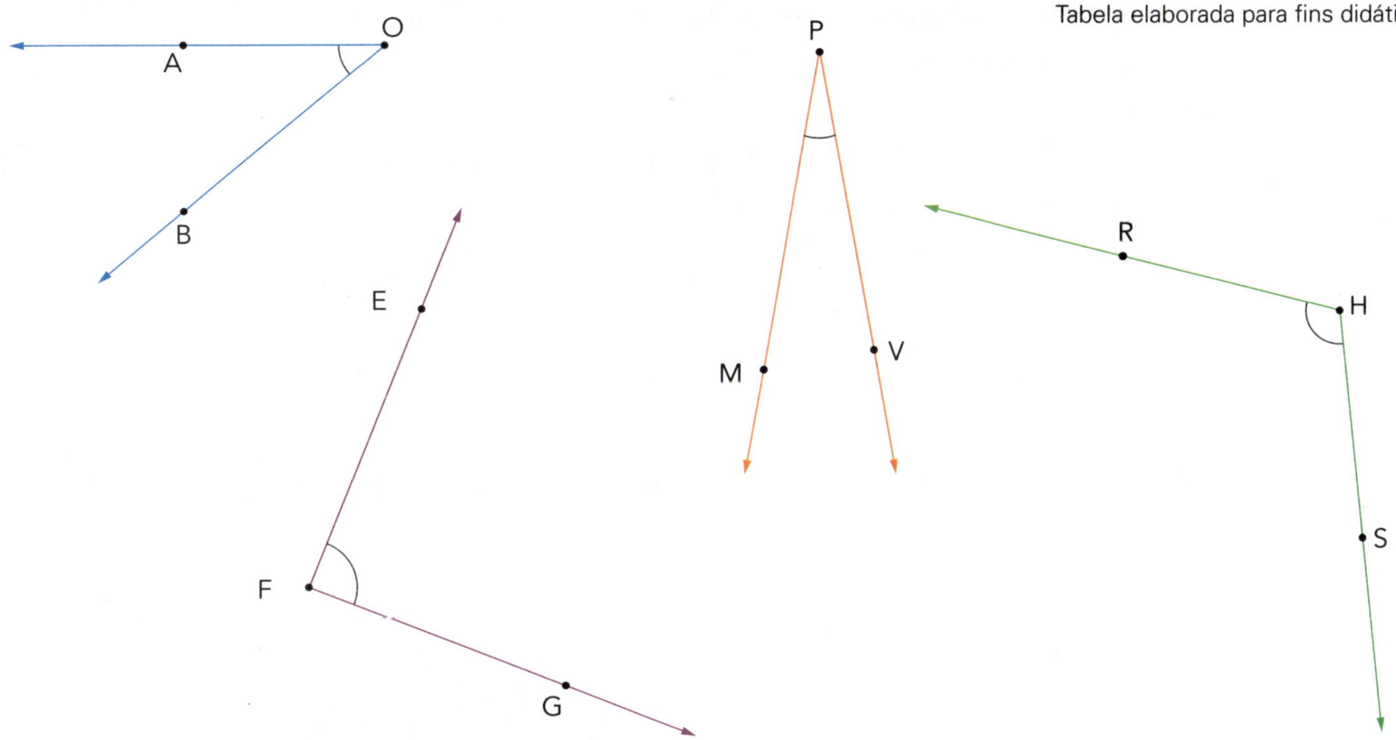

10 Rafael desenhou 6 ângulos em seu caderno com as seguintes medidas: 180°, 20°, 70°, 90°, 115° e 160°.
Identifique cada um deles e registre. Depois, use um transferidor para conferir.

a) 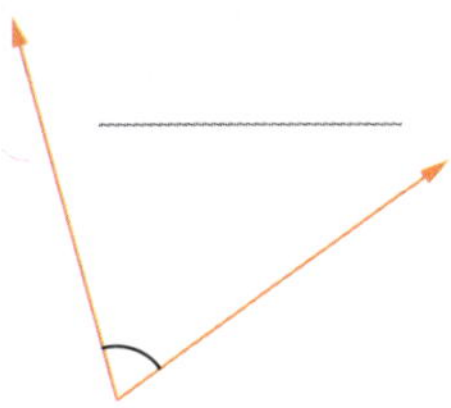 ____________

c) 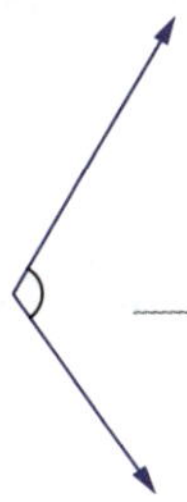 ____________

e) 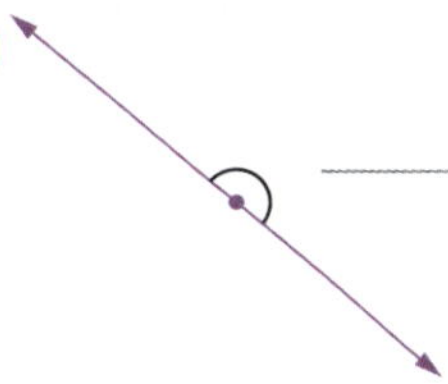 ____________

b) 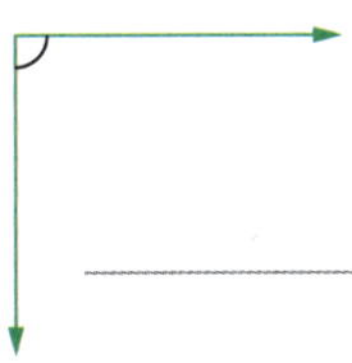 ____________

d)  ____________

f)  ____________

Ilustrações: Banco de imagens/Arquivo da editora

BRINCANDO TAMBÉM APRENDO

JOGO PARA 2 PARTICIPANTES.

Jogando com pontos cardeais e ângulos

Material necessário

- 10 papéis com as letras **A** a **J**

Inicialmente, os jogadores analisam os códigos que serão usados, a tabela de pontuação e os exemplos.

Em cada rodada, cada jogador sorteia um papel, localiza os pontos cardeais correspondentes e verifica qual é o ângulo da figura obtida. Depois, consulta a tabela de pontuação e anota os pontos obtidos.

Ao final de 5 rodadas, cada jogador soma seus pontos. O vencedor é aquele que obtiver mais pontos ao todo.

Letras e códigos

A	S e O
B	N e O
C	O e NE
D	SO e S
E	N e S
F	SE e N
G	SO e NO
H	O e NO
I	L e SO
J	NE e N

Pontos cardeais

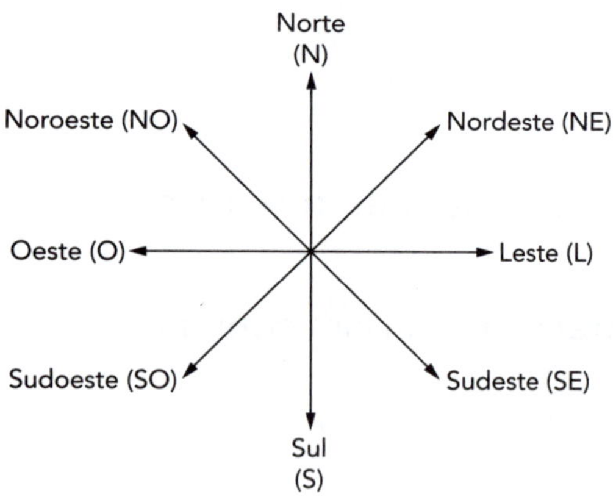

Tabela de pontuação

Ângulo de 180°	10 pontos
Ângulo de 90°	7 pontos
Ângulo com menos de 90°	6 pontos
Ângulo com mais de 90° e com menos de 180°	8 pontos

Tabela elaborada para fins didáticos.

Exemplos:

Letra **J**: NE e N

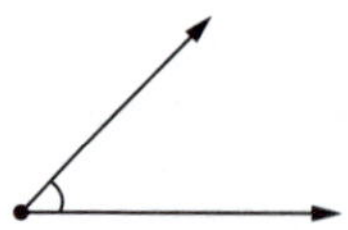

6 pontos.

Letra **B**: N e O

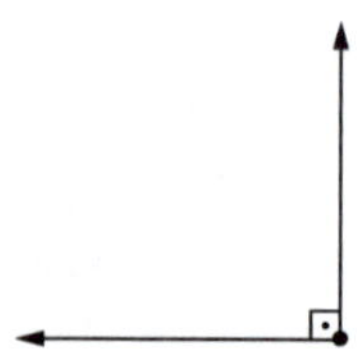

7 pontos.

Ilustrações: Banco de imagens/Arquivo da editora

Retas perpendiculares

Na Unidade 2, você já estudou retas paralelas e retas concorrentes.

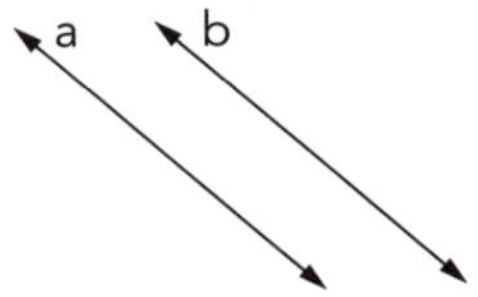

As retas **a** e **b** são **paralelas.**

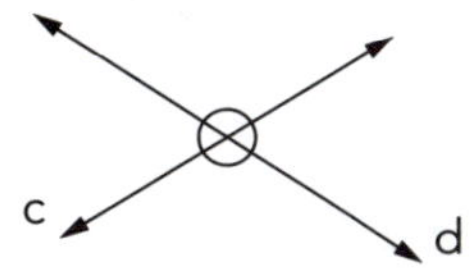

As retas **c** e **d** são **concorrentes.**

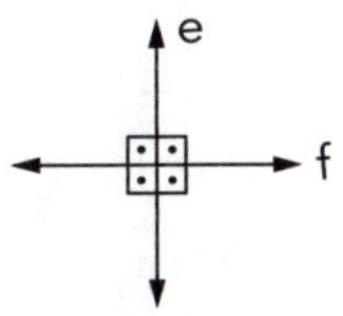

As retas **e** e **f** são **concorrentes.**

Ilustrações: Banco de imagens/Arquivo da editora

Veja agora: 2 retas concorrentes formam 4 ângulos. Quando esses 4 ângulos são retos, dizemos que elas são **retas perpendiculares**.

1 Considere as figuras acima e responda.

a) As retas **c** e **d** são perpendiculares? ______________

b) As retas **e** e **f** são perpendiculares? ______________

2 Escreva a posição relativa das retas em cada item, ou seja, se são **paralelas**, **concorrentes perpendiculares** ou **concorrentes não perpendiculares**.

a) 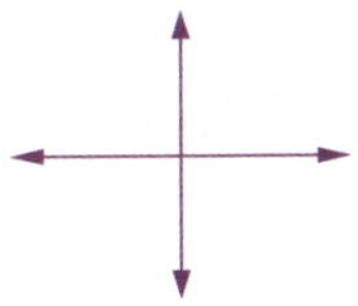

____

____

b) 

____

____

c) 

____

____

d) 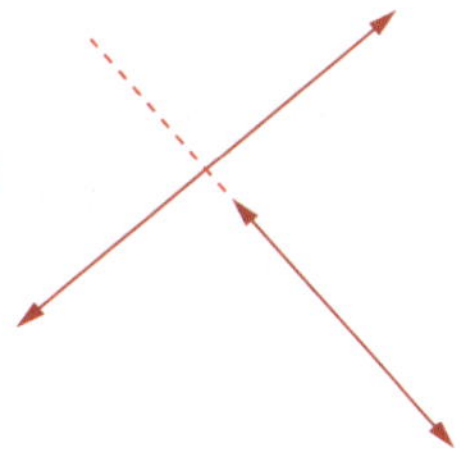

____

____

e) 

____

____

f) 

____

____

Ilustrações: Banco de imagens/Arquivo da editora

3 Como são as medidas dos ângulos formados por 2 retas concorrentes, mas não perpendiculares? Faça um desenho ao lado e responda.

____

4 Vamos retomar a figura da página 64, na qual cada rua dá ideia de uma reta.

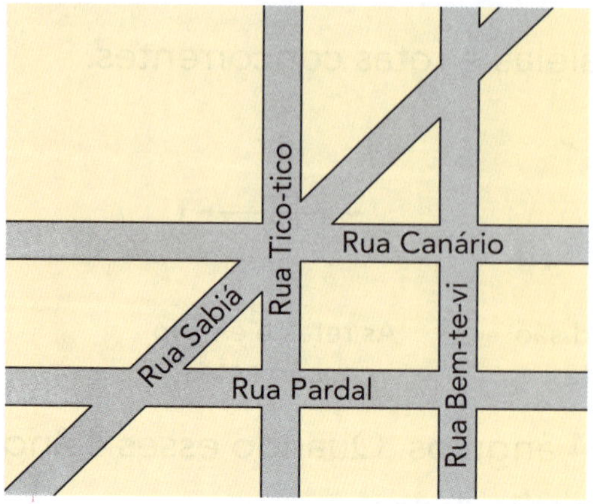

Estúdio Félix Reiners/Arquivo da editora

Indique o que se pede.

a) 2 ruas paralelas. ______

b) 2 ruas perpendiculares. ______

______

c) 2 ruas concorrentes, mas não perpendiculares. ______

5 Observe as retas desenhadas ao lado.
Agora, escreva a posição relativa das retas nos seguintes casos.

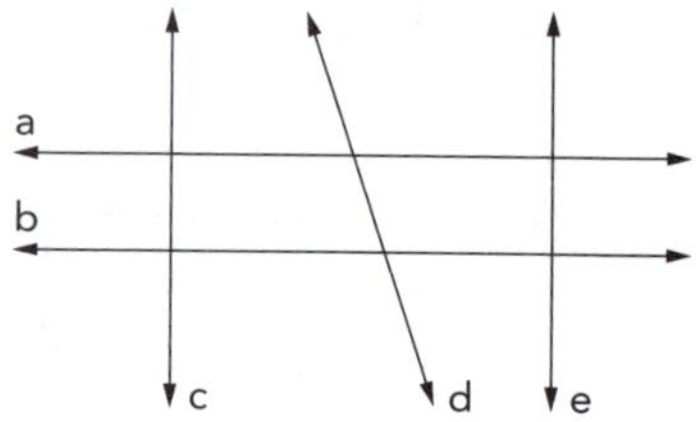

Banco de imagens/Arquivo da editora

a) **a** e **b** ______

b) **c** e **a** ______

c) **d** e **b** ______

d) **e** e **b** ______

e) **c** e **e** ______

f) **c** e **d** ______

6 Pedro desenhou 3 regiões planas. Depois as recortou e fez algumas dobras, indicadas nas figuras abaixo por linhas tracejadas.
Em cada figura, escreva a posição das linhas tracejadas: paralelas, concorrentes perpendiculares ou concorrentes não perpendiculares.

a) 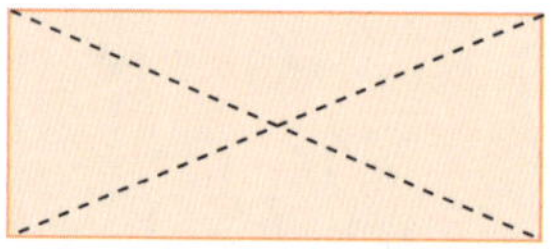

______

______

b) 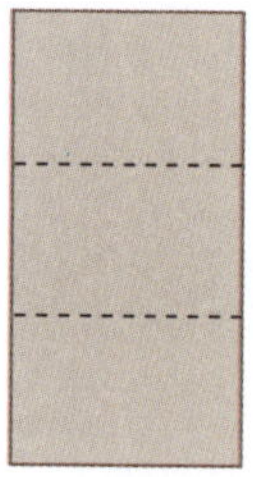

______

c) 

______

______

Ilustrações: Banco de imagens/Arquivo da editora

7 Desenhe 3 retas abaixo: duas delas paralelas e a terceira perpendicular às outras duas.

BRINCANDO TAMBÉM APRENDO

Avião de papel

Vamos construir um avião usando dobraduras?

1 Pegue uma folha de papel sulfite, dobre-a ao meio no sentido do comprimento.

2 Dobre os cantos da folha em relação ao centro como mostra a figura.

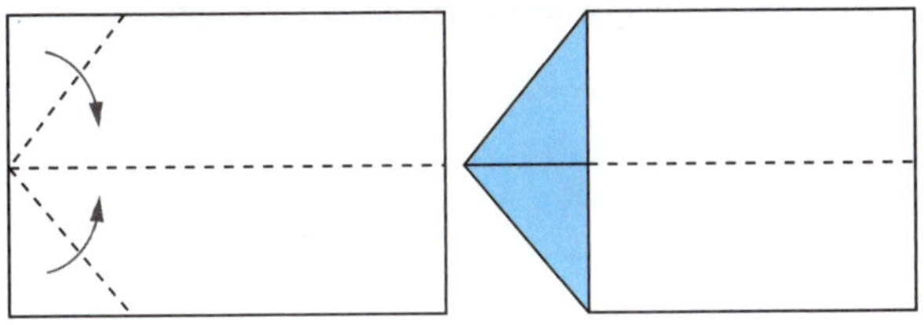

3 Faça uma nova dobra como indicado.

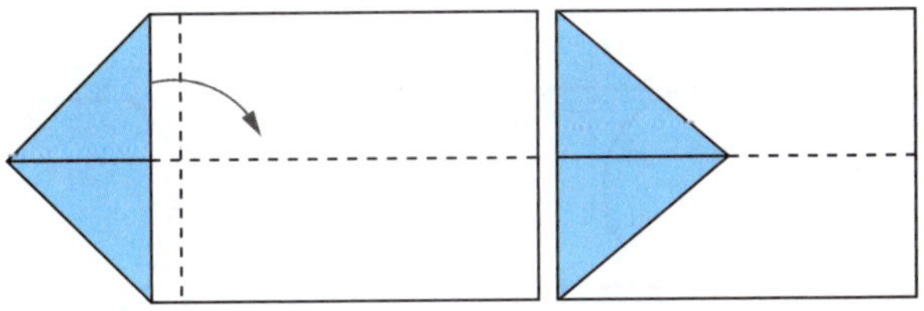

4 Dobre novamente os cantos em relação ao centro.

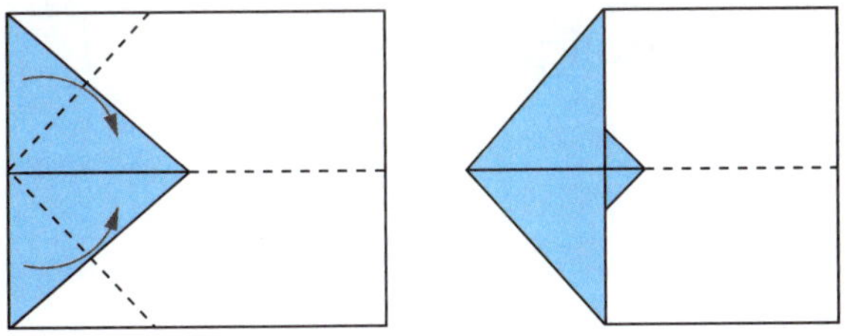

5 Dobre a pontinha da folha como indicado.

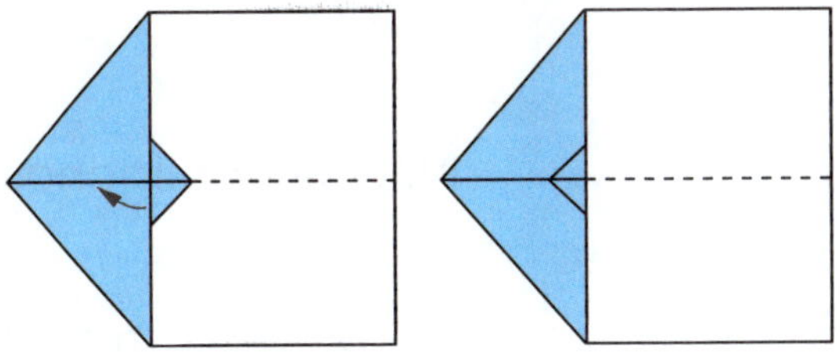

Ilustrações: Banco de imagens/Arquivo da editora

6 Dobre no sentido do comprimento, como indicado.

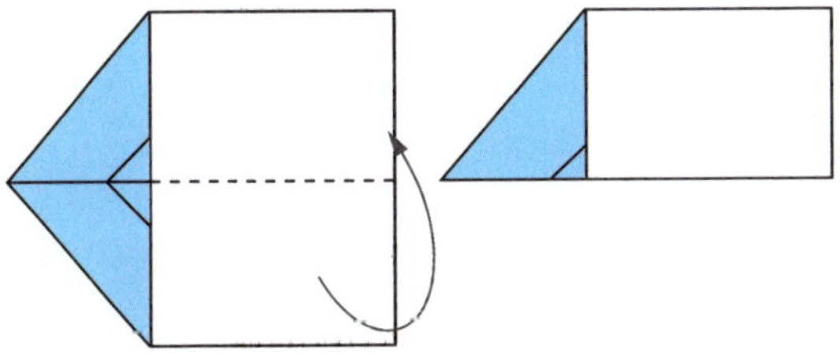

7 Faça a última dobra com cada parte como indicado. Seu avião está pronto!

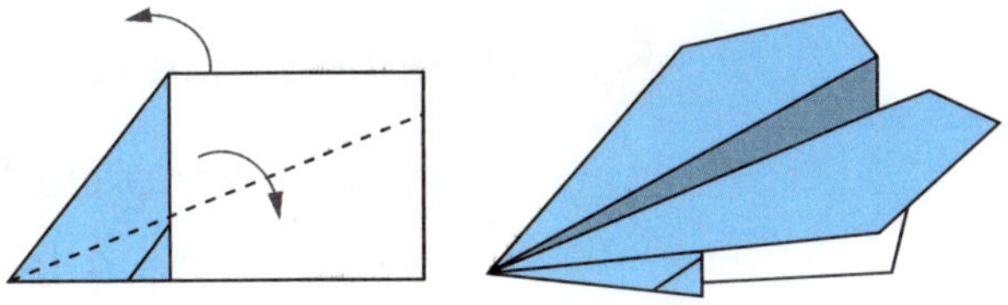

Agora, construa outro avião igual a esse, desdobre a folha e observe as dobras. Com lápis vermelho, marque na folha um par de dobras que representem retas perpendiculares. Com lápis verde, marque na folha um par de dobras que representem retas concorrentes não perpendiculares.

Polígonos

1 **ATIVIDADE ORAL EM GRUPO** Você se lembra? **Polígono** é uma linha fechada formada apenas por segmentos de reta que não se cruzam.

São polígonos: 

Não são polígonos: 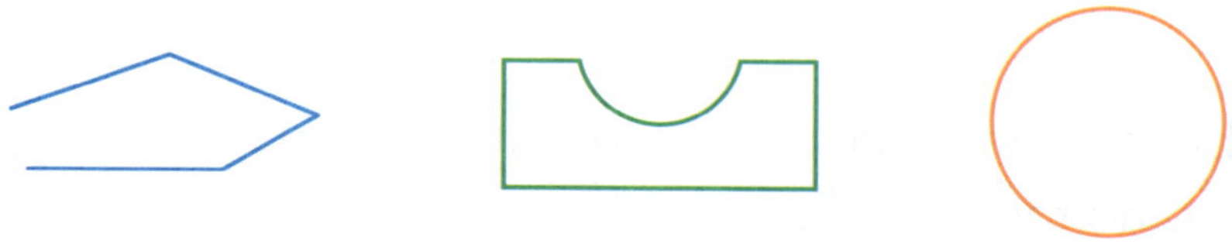

Ilustrações: Banco de imagens/Arquivo da editora

Converse com os colegas e, juntos, justifiquem os exemplos acima.

2 É um polígono? Escreva **sim** ou **não**.

a)  ________

c) 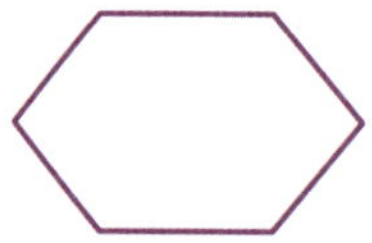 ________

e)  ________

g) 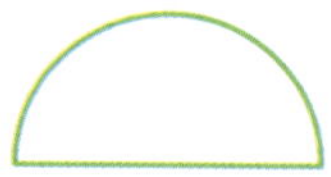 ________

b)  ________

d) 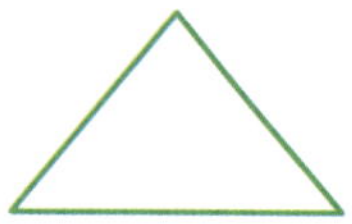 ________

f) 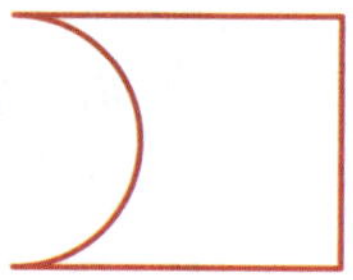 ________

h) 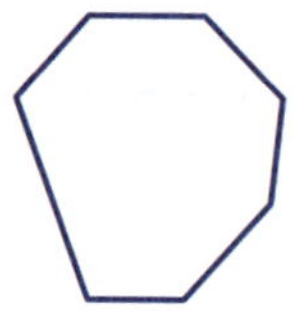 ________

Ilustrações: Banco de imagens/Arquivo da editora

3 Desenhe o que se pede.

a) Um polígono de 5 lados e um polígono de 4 lados que não seja um quadrado.

b) Dois contornos que não sejam polígonos.

4 Você já estudou também que o polígono recebe um nome de acordo com o número de lados. Para cada polígono a seguir, escreva o número de lados e o nome correspondente.

a) 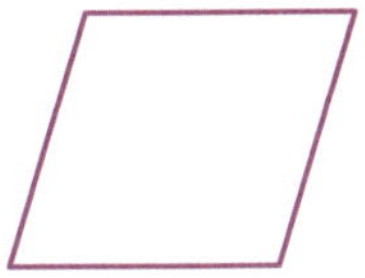

____

____

c) 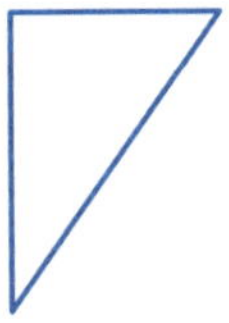

____

____

e) 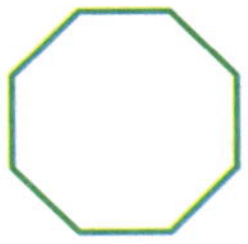

____

____

g) 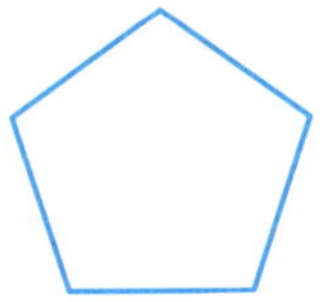

____

____

b) 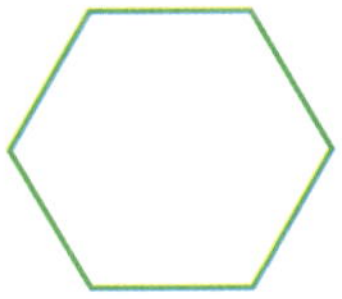

____

____

d) 

____

____

f) 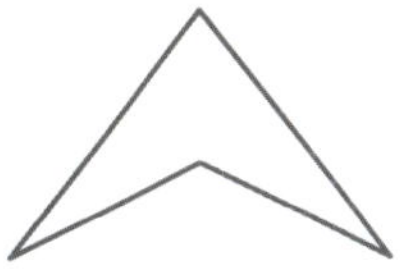

____

____

h) 

____

____

Ilustrações: Banco de imagens/Arquivo da editora

5 O contorno de algumas figuras planas das imagens abaixo lembram polígonos.

A 

Reprodução/Arquivo da editora

B 

Iara Venanzi/kino.com.br

C 

Jacek/kino.com.br

As imagens não estão representadas em proporção.

D 

Iwona grodzka/Shutterstock

E 

Ilustração digital/Arquivo da editora

F 

Sam Woolford/Shutterstock/Glow Images

G 

Agostinho Gonçalves/Shutterstock

H 

Smit/Shutterstock

I 

Eduard Isakov/Shutterstock

J 

Reprodução/Casa da Moeda do Brasil/Ministério da Fazenda

Indique em quais imagens há figuras planas cujos contornos dão ideia de cada polígono.

a) Triângulo: ______________________

b) Quadrilátero: ______________________

c) Pentágono: ______________________

d) Hexágono: ______________________

6 Escreva o nome de cada polígono e indique quantos lados ele tem. Em seguida, marque os ângulos com uma cor e os vértices com outra e indique quantos são os ângulos e quantos são os vértices.

a) 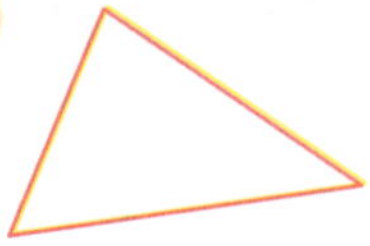

b) 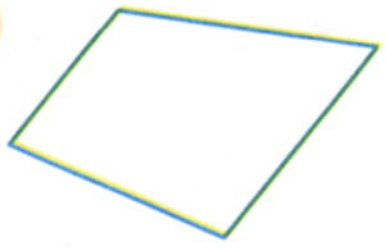

c) 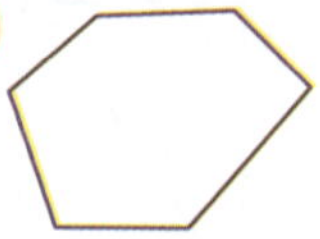

d) 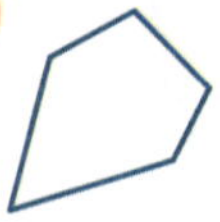

Ilustrações: Banco de imagens/Arquivo da editora

7 **POLÍGONO REGULAR**

Se todos os lados de um polígono têm a mesma medida e todos os ângulos têm a mesma medida, ele é chamado **polígono regular**.

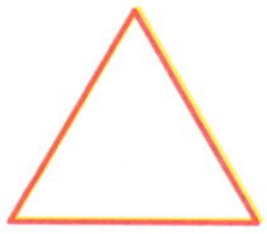

Triângulo regular.

Quadrilátero regular (quadrado).

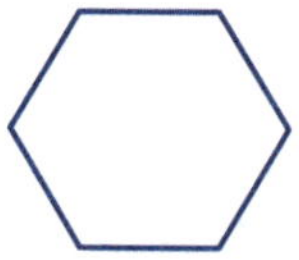

Hexágono regular.

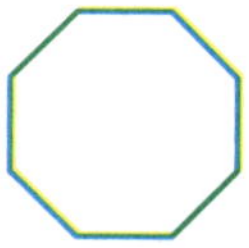

Octógono regular.

Ilustrações: Banco de imagens/Arquivo da editora

Analise todos os lados e todos os ângulos de cada polígono abaixo. Assinale com um **X** apenas os quadrinhos dos que são polígonos regulares.

a)  ☐

d) 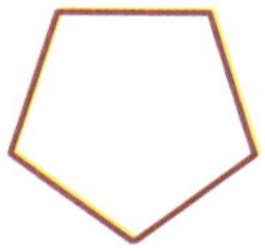 ☐

g) 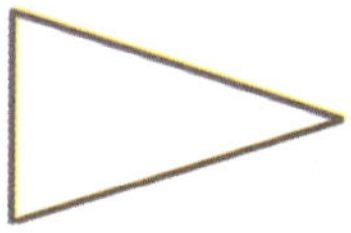 ☐

b) 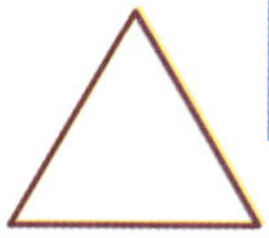 ☐

e) 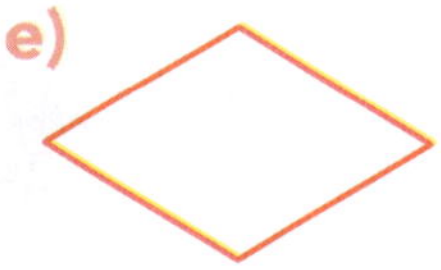 ☐

h) 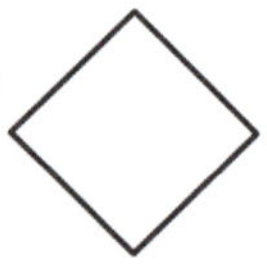 ☐

c) 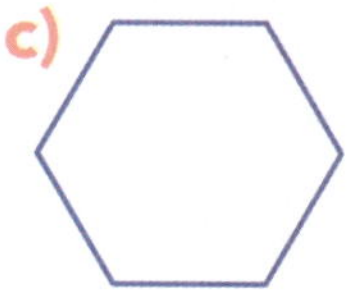 ☐

f)  ☐

i)  ☐

Ilustrações: Banco de imagens/Arquivo da editora

8 **ATIVIDADE ORAL** Responda rapidamente!

Destas 3 placas de trânsito, quais têm como contorno um polígono regular?

Vasyl_P/Shutterstock

A

Cloudia Newland/Shutterstock

B

Karen roach/Shutterstock

C

Placas de trânsito.

Triângulo

1 O que é mesmo um triângulo?
Responda e desenhe 2 triângulos diferentes.

____

Sam Woolford/Shutterstock/Glow Images

Triângulo de sinalização de trânsito.

2 Observe o triângulo desenhado abaixo.

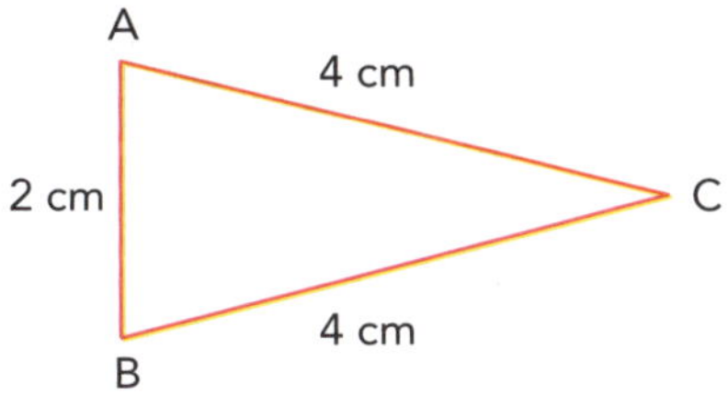

Ele pode ser representado por △ABC.
Seus lados medem 4 cm, 4 cm e 2 cm.
Faça o mesmo com os triângulos seguintes, indicando sua representação e a medida dos lados. Use uma régua para medir os lados.

a)

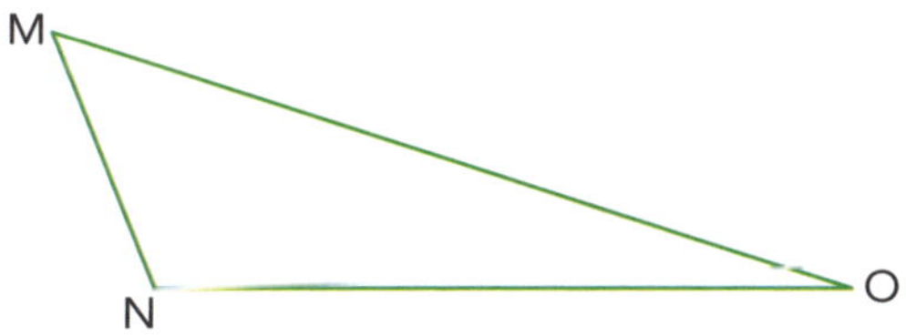

____

c)

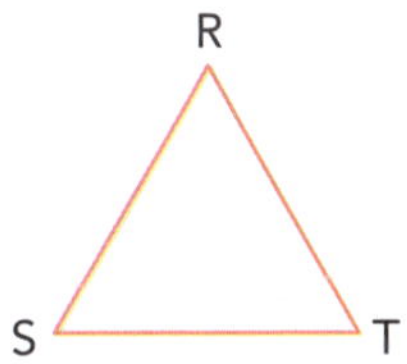

____

e)

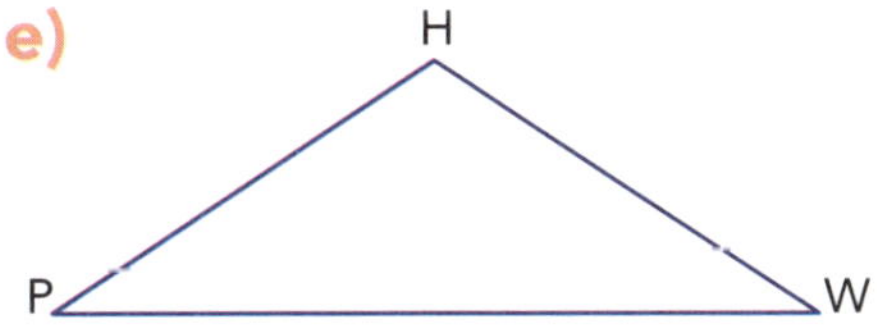

____

b)

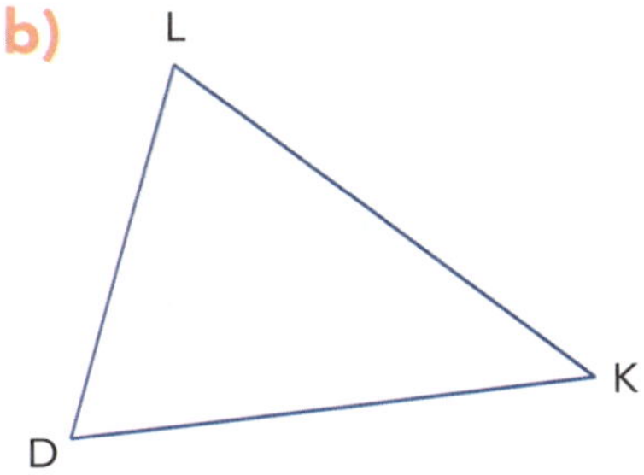

____

d)

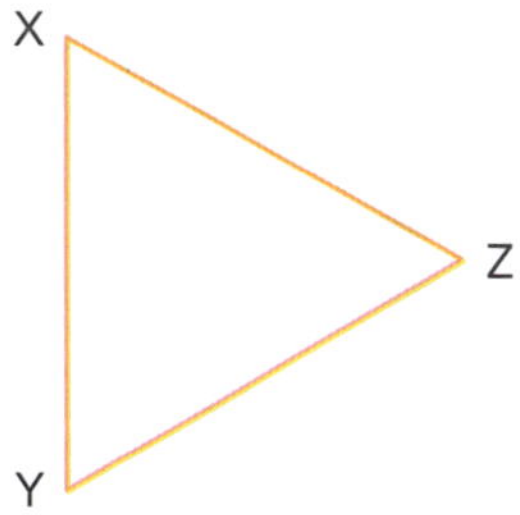

____

f)

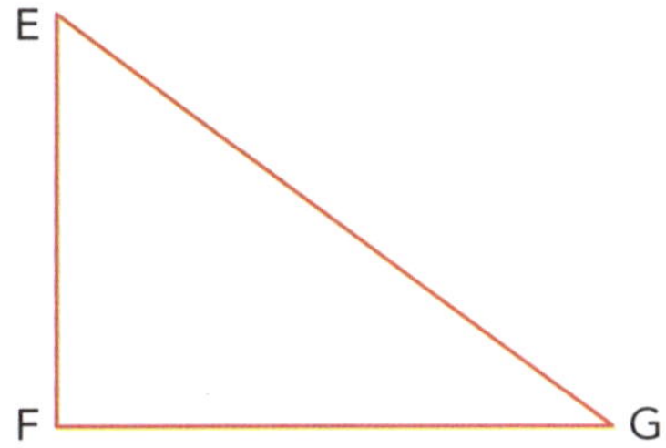

____

Ilustrações: Banco de imagens/Arquivo da editora

3 Considere os 7 triângulos da atividade anterior e registre.

a) Os triângulos que têm os 3 lados com medidas diferentes. _______________

b) Os que têm os 3 lados com medidas iguais. _______________

c) Os que têm apenas 2 lados com medidas iguais. _______________

4 TIPOS DE TRIÂNGULO QUANTO AOS LADOS

Leia com atenção o nome que podemos dar a um triângulo dependendo da medida do comprimento de seus lados.

> **Triângulo equilátero**: os 3 lados têm a mesma medida.
> **Triângulo isósceles**: 2 lados têm a mesma medida.
> **Triângulo escaleno**: os 3 lados têm medidas diferentes.

a) Use uma régua para medir o comprimento dos lados de cada triângulo a seguir, em centímetros, e indique as medidas como no primeiro triângulo (△ABC).

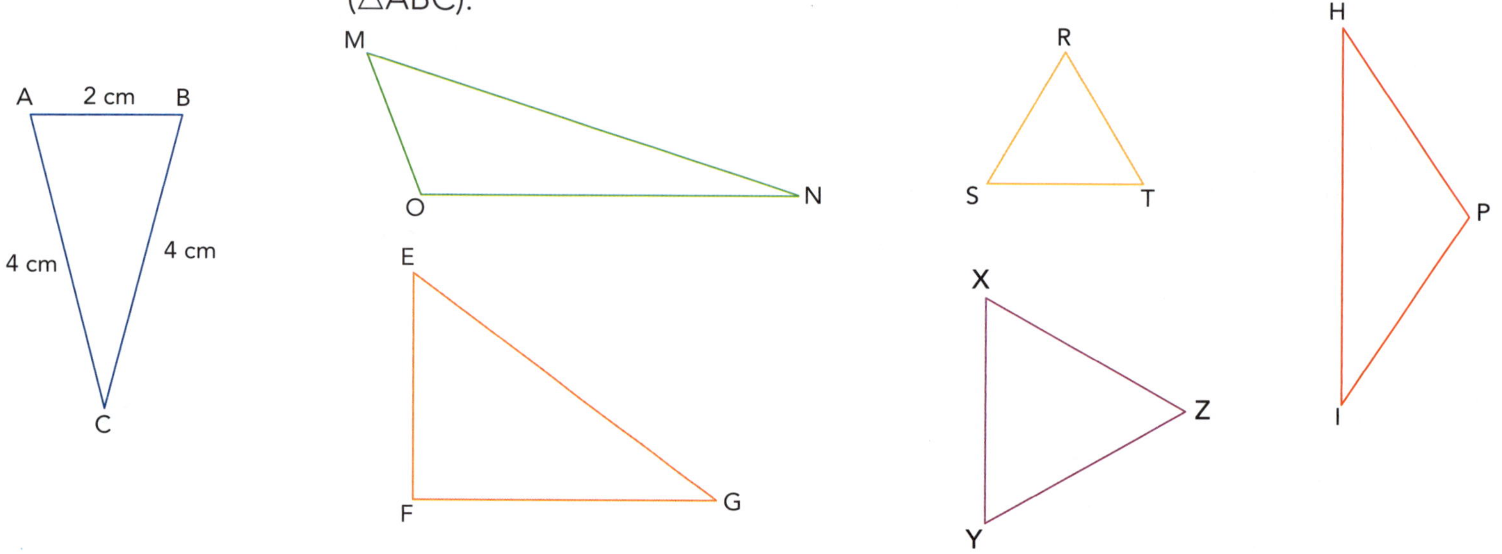

Ilustrações: Banco de imagens/Arquivo da editora

b) Agora, analise cada triângulo e escreva seu tipo quanto aos lados. O primeiro triângulo também já está feito.

△ABC: Triângulo isósceles (2 cm, 4 cm e 4 cm).

△MNO: ______________________________

△RST: ______________________________

△EFG: ______________________________

△XYZ: ______________________________

△HPI: ______________________________

Sugestão de...

Livro

As aventuras de um triângulo. Ducarmo Paes e Nancy Ventura. São Paulo: Noovha América, 2009.

5 DESAFIO

Ligue os 9 pontos, 3 a 3, de modo que sejam formados 1 triângulo equilátero, 1 triângulo isósceles e 1 triângulo escaleno.

Explorar e Descobrir

Vamos conhecer uma propriedade dos triângulos?

- **ATIVIDADE ORAL EM GRUPO** Observe a sequência de figuras, converse com os colegas e responda: Qual é a soma das medidas dos 3 ângulos destacados no triângulo? ______

Ilustrações: Banco de imagens/ Arquivo da editora

- Agora você vai verificar em outro triângulo.
  Desenhe um triângulo no quadro da esquerda e pinte os ângulos.
  Faça decalque em uma folha de papel sulfite e construa um triângulo igual ao primeiro.
  Rasgue o triângulo em 3 partes de modo que cada ângulo fique em uma parte.
  Cole essas partes no quadro da direita e verifique se vai acontecer o mesmo do exemplo inicial.

- Verifique o que aconteceu com os triângulos construídos pelos colegas.
  Temos aqui uma propriedade do triângulo. Complete.

Em todo triângulo a soma da medida dos 3 ângulos é ______.

6 DESAFIO

ATIVIDADE ORAL EM GRUPO Um fio foi esticado do topo de um prédio até o chão. Pedrinho mediu o ângulo do fio com o chão e obteve a medida 60°.

Converse com os colegas: Como Pedrinho pode descobrir a medida do ângulo formado no topo do prédio? E qual é essa medida?

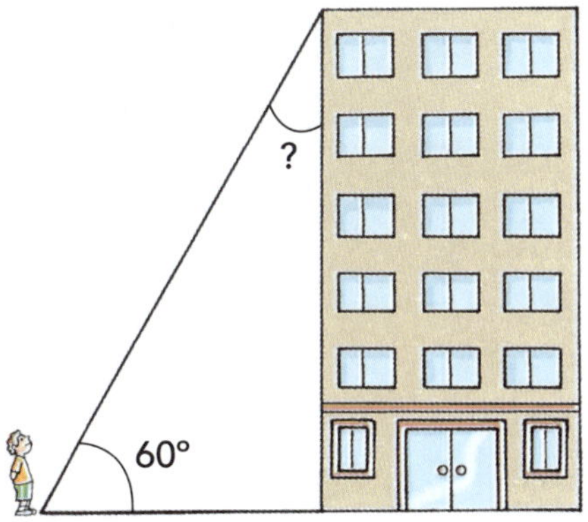

Estúdio Félix Reiners/ Arquivo da editora

7 TRIÂNGULO RETÂNGULO

Estúdio Félix Reiners/ Arquivo da editora

Analise os ângulos dos triângulos abaixo e escreva se cada triângulo é ou não um triângulo retângulo.

a) 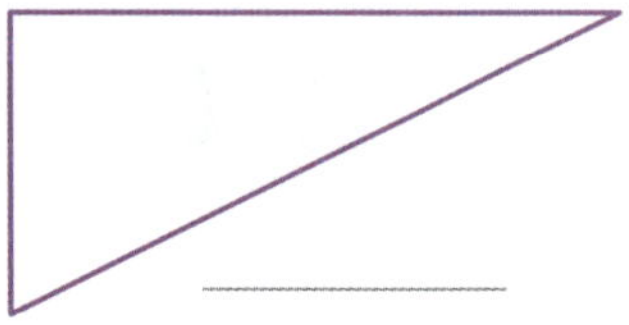 ______

c) 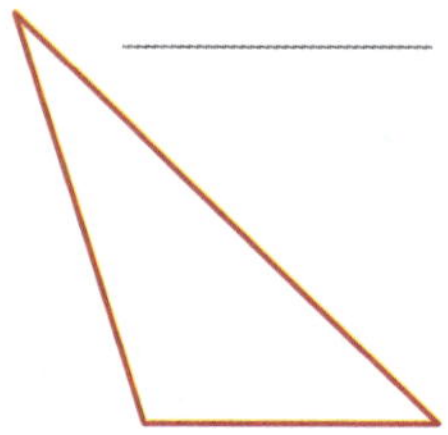 ______

e)  ______

b) 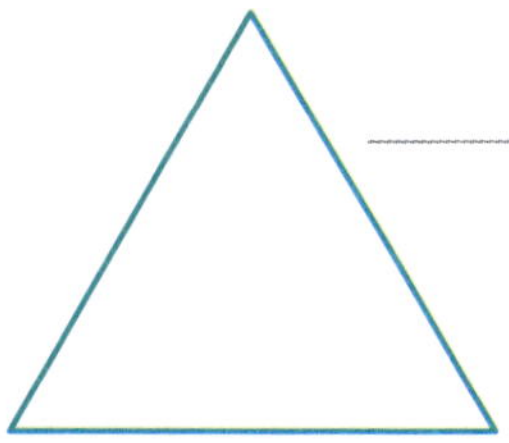 ______

d) 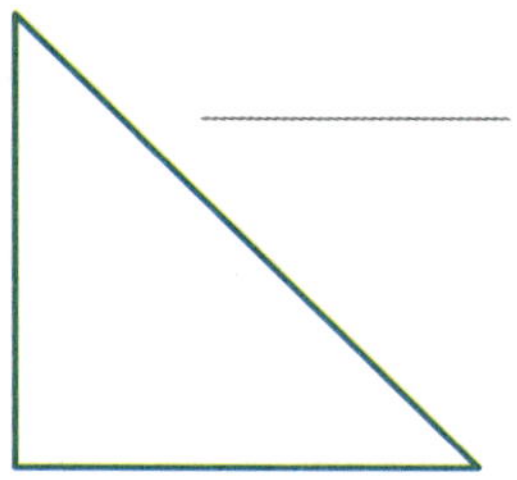 ______

Ilustrações: Banco de imagens/Arquivo da editora

As imagens não estão representadas em proporção.

8 Existem 2 tipos de esquadro, como indicam as figuras **A** e **B**.

a) Qual desses esquadros tem a forma de triângulo retângulo? ______

b) Qual deles tem 2 lados com medidas iguais?

______

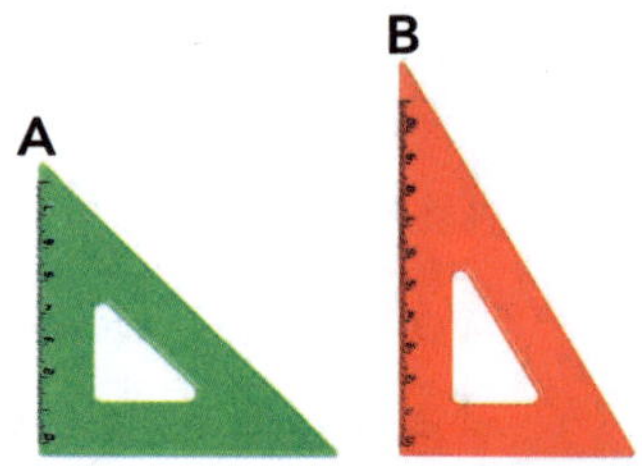

Fotos: Cosma/Shutterstock

9 Veja nas figuras a medida dos ângulos dos esquadros mostrados na atividade anterior.
Agora, observe cada "montagem" feita com esses esquadros e registre a medida do ângulo assinalado.

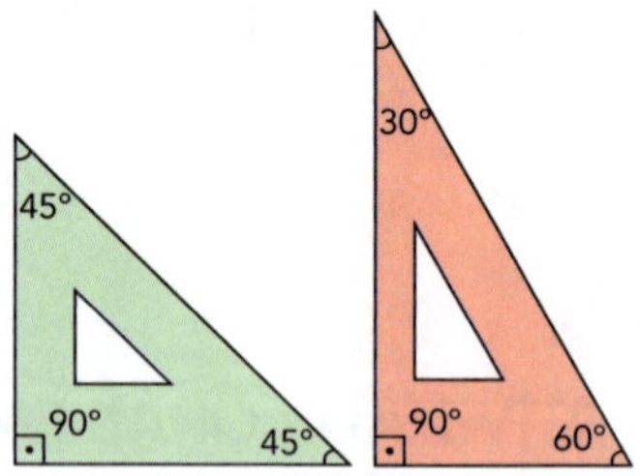

Ilustrações: Banco de imagens/ Arquivo da editora

a)  ______

b) 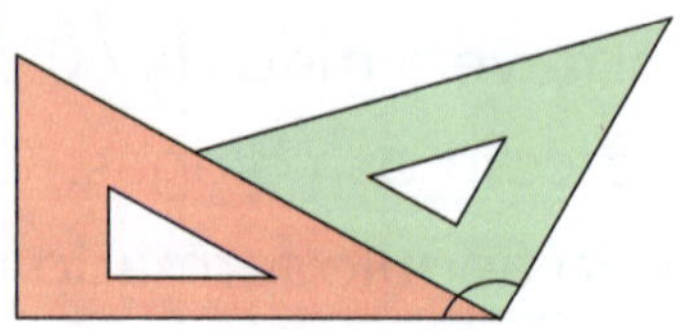 ______

Quadriláteros

1 O que é mesmo um quadrilátero? Responda e desenhe um abaixo.

2 Leia as informações.

> **Trapézio**: quadrilátero com apenas 1 par de lados paralelos.
> **Paralelogramo**: quadrilátero com 2 pares de lados paralelos.

Em cada quadrilátero, marque os pares de lados paralelos com a mesma cor. Depois, escreva se ele é trapézio ou paralelogramo.

a) 

c) 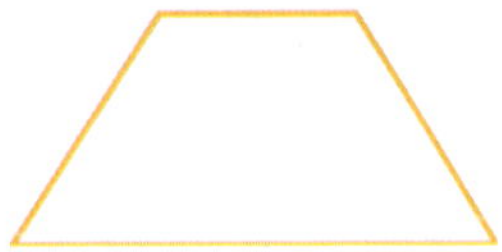

e) 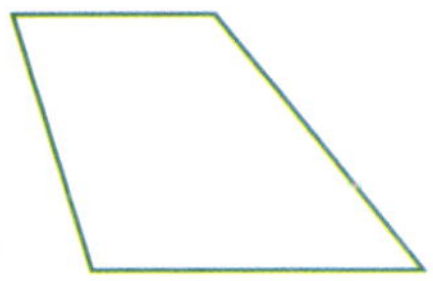

b) 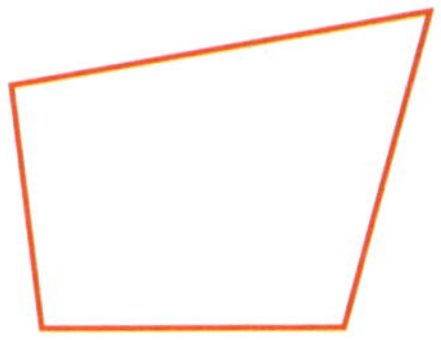

d) 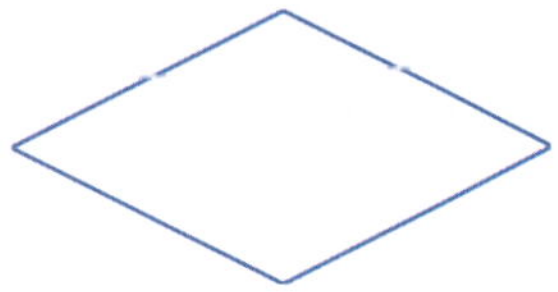

f) 

Ilustrações: Banco de imagens/Arquivo da editora

3 Use uma régua e trace o quadrilátero **ABCD**, ligando **A** com **B**, **B** com **C**, **C** com **D** e **D** com **A**. Depois, trace o quadrilátero **XYZW**.
Escreva se cada quadrilátero traçado é trapézio ou paralelogramo.

a) 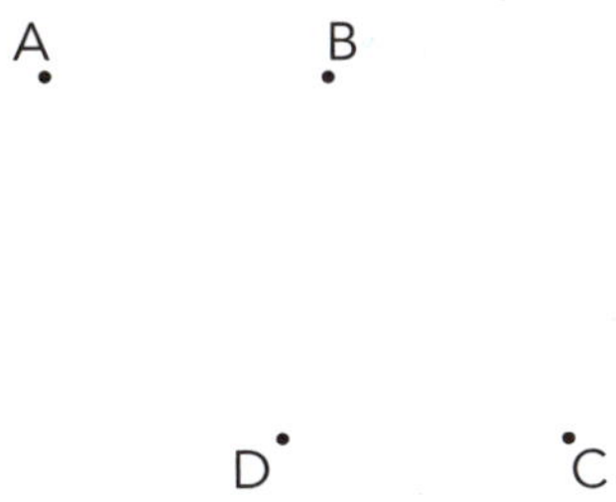

b) 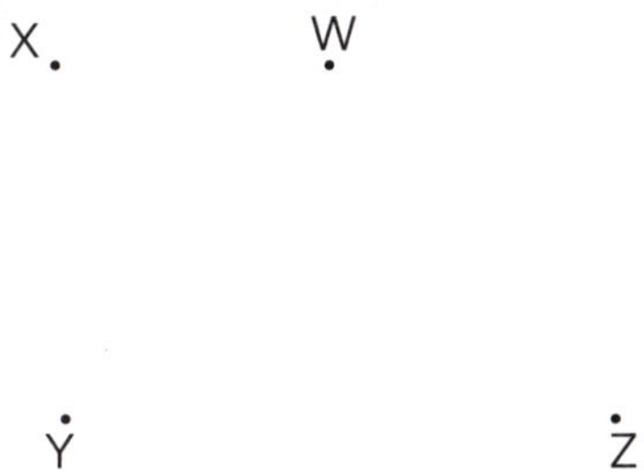

4 CLASSIFICAÇÃO DOS PARALELOGRAMOS

Alguns **paralelogramos** – quadriláteros com 2 pares de lados paralelos – recebem nomes especiais.

> **Retângulo**: tem os 4 ângulos retos.
> **Losango**: tem os 4 lados com medidas iguais.
> **Quadrado**: tem os 4 ângulos retos e os 4 lados com medidas iguais.

Observe os polígonos e responda.

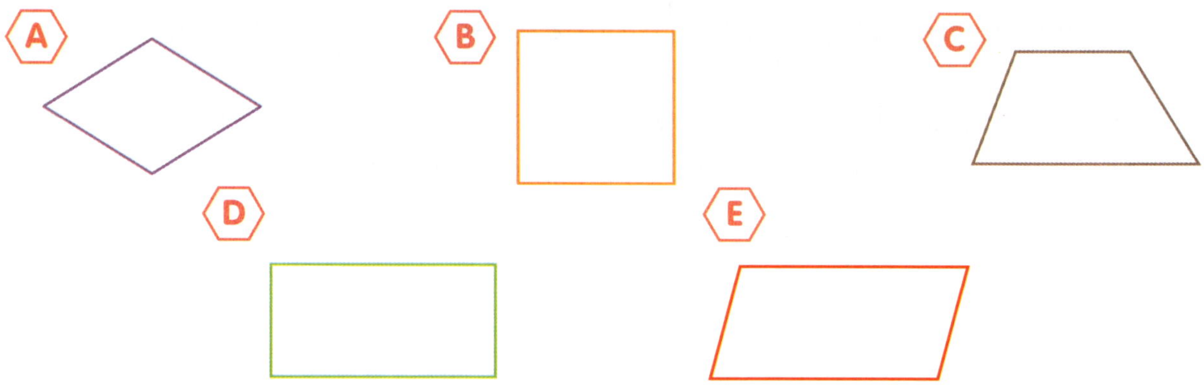

Ilustrações: Banco de imagens/Arquivo da editora

a) Quais desses polígonos são quadriláteros? ________________

b) Qual é trapézio? ________________

c) Quais são paralelogramos? ________________

d) Quais são retângulos? ________________

e) Quais são losangos? ________________

f) Qual é quadrado? ________________

5 Coloque **V** quando a afirmação for verdadeira e **F** quando a afirmação for falsa.

- [ ] Todo trapézio é quadrilátero.
- [ ] Todo quadrilátero é trapézio.
- [ ] Um quadrado é losango, mas não é retângulo.
- [ ] Um quadrado é retângulo, mas não é losango.
- [ ] Um quadrado é retângulo e losango.

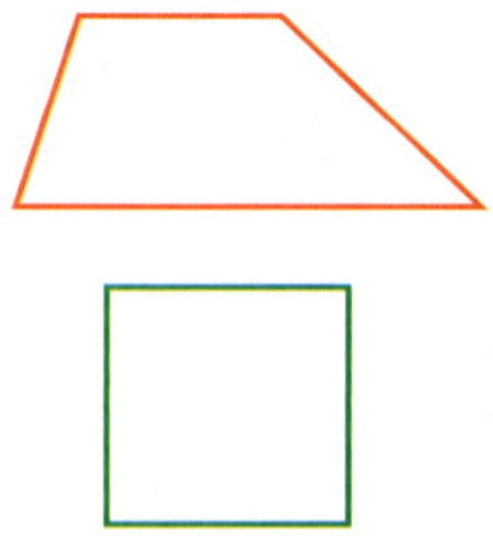

Ilustrações: Banco de imagens/Arquivo da editora

Circunferência

1 Observe as 3 figuras geométricas ao lado.

Ilustrações: Banco de imagens/Arquivo da editora

a) **ATIVIDADE ORAL EM GRUPO** Converse com os colegas sobre o que diferencia cada figura geométrica das outras.

b) Façam um levantamento de objetos que dão a ideia de cada uma dessas figuras. ______________________________

____

2 Assinale com um **X** quais figuras abaixo são circunferências.

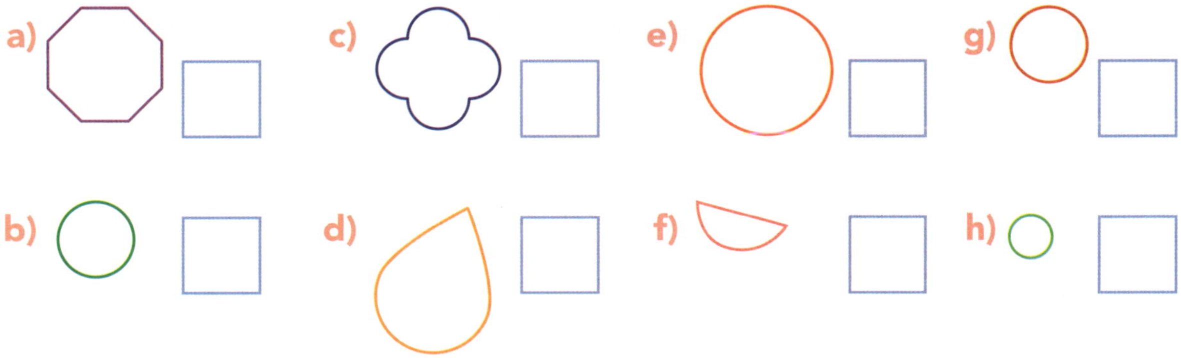

Ilustrações: Banco de imagens/Arquivo da editora

3 Marque um ponto **O** no espaço ao lado. Depois, use uma régua e marque 15 pontos cuja distância até o ponto **O** seja 2 cm.
Por fim, responda: Se fossem marcados todos os pontos que possuem essa característica, então que figura seria obtida? ______________________

4 **TRAÇADO DA CIRCUNFERÊNCIA** As imagens não estão representadas em proporção.

Veja algumas maneiras de traçar uma circunferência.
Na terceira delas, está sendo usado um instrumento chamado **compasso**.

Ilustrações: Estúdio Félix Reiners/Arquivo da editora

Use moedas de tamanhos diferentes e trace 3 circunferências no caderno.

Explorar e Descobrir

- Em uma folha sulfite, marque um ponto e chame-o de **O**. Ele será o **centro da circunferência**.
- Usando um compasso, trace uma circunferência com esse centro. Em seguida, marque 3 pontos **A**, **B** e **C** na circunferência.
- Responda: O centro faz parte da circunferência? ______________
- Com uma régua, trace os segmentos de reta $\overline{AO}$, $\overline{OB}$ e $\overline{OC}$ e meça-os.

  a) O que você observou? ______________

  > Esses segmentos de reta são exemplos de **raios** da circunferência.

  b) Complete: Chamamos de raio de uma circunferência o segmento de reta que liga ______________ da circunferência a qualquer outro ______________ dela.

- Agora, escolha um dos raios que você traçou e prolongue-o até encontrar outro ponto da circunferência. Marque esse ponto e chame-o de **D**.

  > Esse segmento de reta é chamado de **diâmetro** da circunferência.

  a) Complete: Chamamos de diâmetro da circunferência o segmento de reta que liga 2 pontos da circunferência e passa pelo ______________ dela.

  b) Meça o diâmetro que você traçou e complete: A medida do diâmetro é ______________ da medida do raio, ou a medida do raio é ______________ da medida do diâmetro.

5 Escreva se o segmento de reta traçado é diâmetro ou é raio da circunferência.

a)
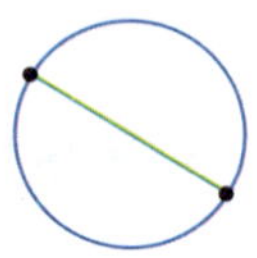
____

b)
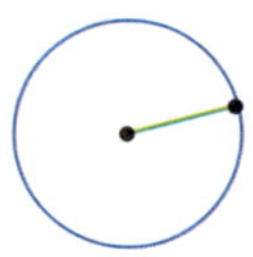
____

c)
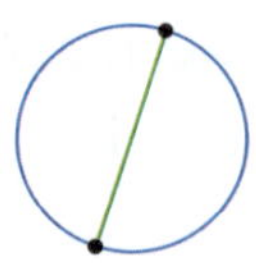
____

d)
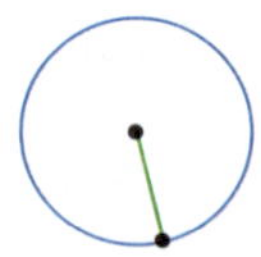
____

6 Em uma folha de papel sulfite, com o uso de um compasso, desenhe uma circunferência com raio medindo 23 mm.

Mais atividades e problemas

1 Observe as seguintes figuras geométricas.

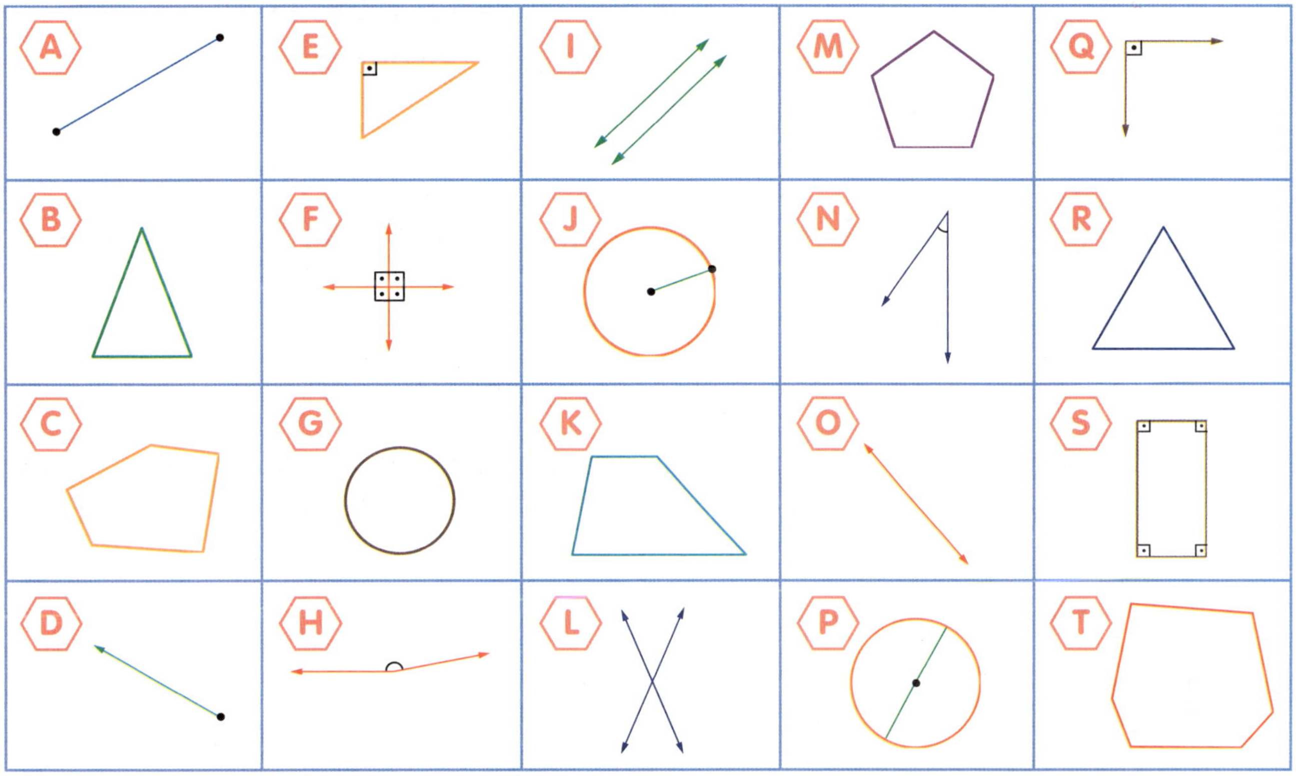

Ilustrações: Banco de imagens/Arquivo da editora

Escreva a letra da figura geométrica correspondente. Use cada letra 1 única vez.

- A reta. ______
- O triângulo retângulo. ______
- O trapézio. ______
- As 2 retas perpendiculares. ______
- O ângulo obtuso. ______
- O hexágono. ______
- O triângulo equilátero. ______
- O pentágono não regular. ______
- As 2 retas concorrentes não perpendiculares. ______
- As 2 retas paralelas. ______
- A circunferência. ______
- O segmento de reta. ______
- O triângulo isósceles que não é equilátero. ______
- A circunferência e um de seus raios. ______
- O ângulo agudo. ______
- O ângulo reto. ______
- A semirreta. ______
- A circunferência e um de seus diâmetros. ______
- O pentágono regular. ______
- O retângulo. ______

2 Nesta figura, temos um quadrado desenhado em papel quadriculado e alguns pontos marcados com letras. Observe com atenção e responda.

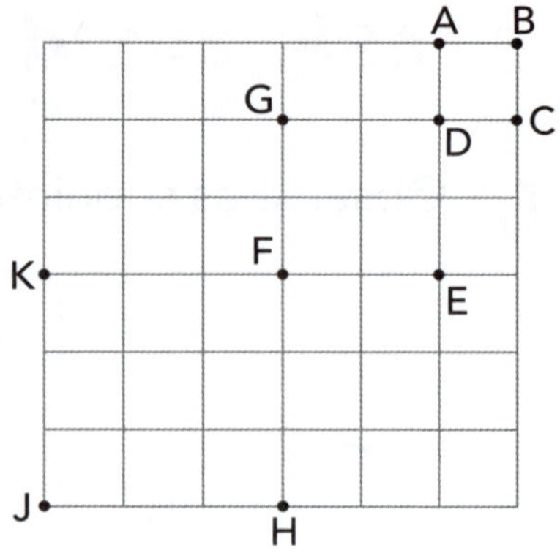

Ilustrações: Banco de imagens/Arquivo da editora

a) Considerando apenas os pontos assinalados com letras, quais são as possibilidades de encontrar 3 pontos alinhados?

____

b) Considerando apenas os pontos marcados com letras, é possível encontrar 4 pontos alinhados? Se sim, escreva quais são. _______________

3 **CONSTRUINDO REGIÕES TRIANGULARES EQUILÁTERAS**

a) Observe as 3 primeiras regiões triangulares equiláteras (os contornos são triângulos equiláteros) da sequência e desenhe a região plana abaixo. Em seguida, escreva quantas unidades da malha triangulada foram usadas na terceira e na quarta regiões.

Banco de imagens/Arquivo da editora

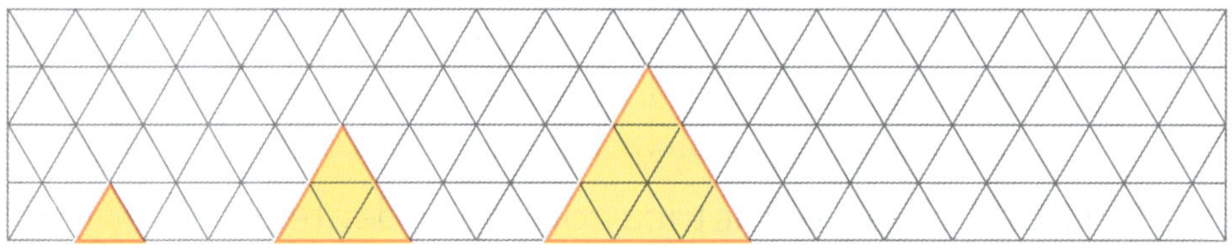

1 unidade. 4 unidades. _____ unidades. _____ unidades.

b) **ATIVIDADE EM GRUPO** Agora, com os colegas, descubra o segredo das unidades de cada região plana e complete a sequência no caso de ela continuar.

1, 4, 9, _____, _____, _____, _____, _____, _____, _____, ...

4 Observe o polígono e responda.

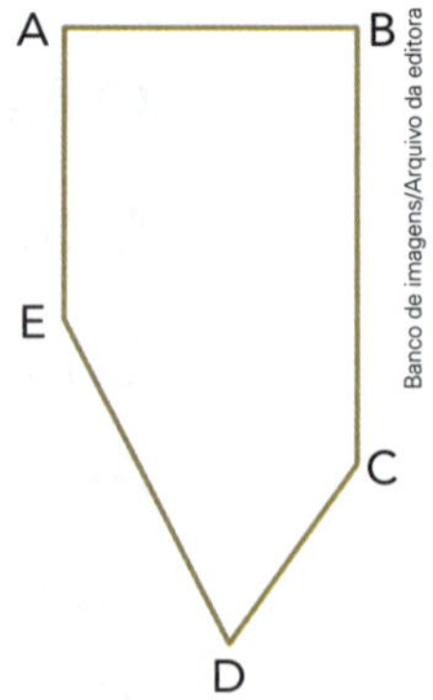

Banco de imagens/Arquivo da editora

a) Quantos e quais são seus lados? _______________

b) Qual é seu nome quanto ao número de lados? _______________

c) Quantos ângulos retos, agudos e obtusos ele tem?

____

d) Quais são seus lados paralelos? _______________

e) Quais lados têm a mesma medida de comprimento? _______________

5 É HORA DE DESENHAR!

Use os instrumentos que julgar convenientes para desenhar as figuras indicadas.

Estúdio Félix Reiners/Arquivo da editora

a) 1 retângulo cujo comprimento mede 6 cm e cujo perímetro é 16 cm.

b) 1 triângulo e 1 reta que toca apenas 1 ponto do triângulo.

c) 1 circunferência e 1 triângulo que tem os 3 vértices sobre a circunferência.

d) 2 circunferências com exatamente 2 pontos comuns.

e) 1 trapézio que tem 2 ângulos retos e bases (lados paralelos) de 4 cm e 2 cm.

f) Aqui você completa a figura para formar o paralelogramo ABCD.

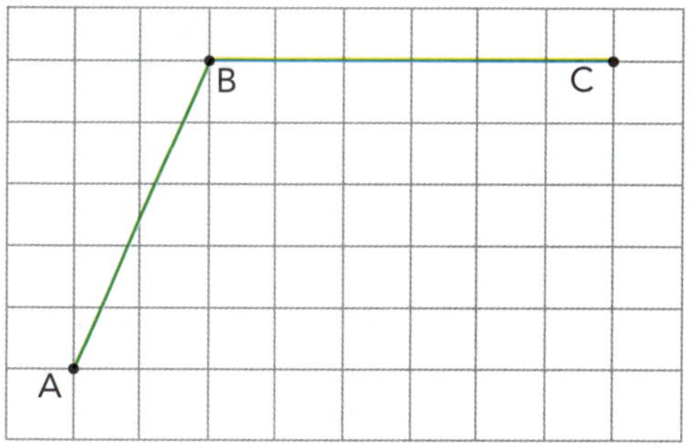

Banco de imagens/Arquivo da editora

VAMOS VER DE NOVO?

1 Uma empresa fez a seguinte doação à Secretaria de Educação de seu município: 424 caixas de material dourado e 705 calculadoras básicas.
Leonardo, secretário de Educação, solicitou que os funcionários montassem *kits* para distribuir nas escolas contendo, cada um, 20 caixas de material dourado e 35 calculadoras básicas.

a) Quantos *kits* completos foi possível montar? ____________

b) Houve sobra de material? Em caso afirmativo, quanto material sobrou?

____

2 Luís Carlos estava brincando de montar quadrados mágicos com peças de dominó.

a) **ATIVIDADE ORAL EM DUPLA** Você lembra o que é um quadrado mágico? Converse com os colegas.

b) Veja agora os 2 quadrados mágicos que Luís Carlos montou. Indique a soma mágica em cada um e complete as peças que faltam.

A
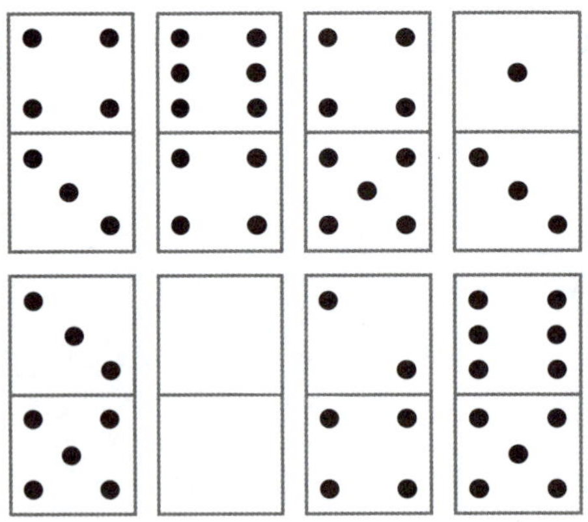

B
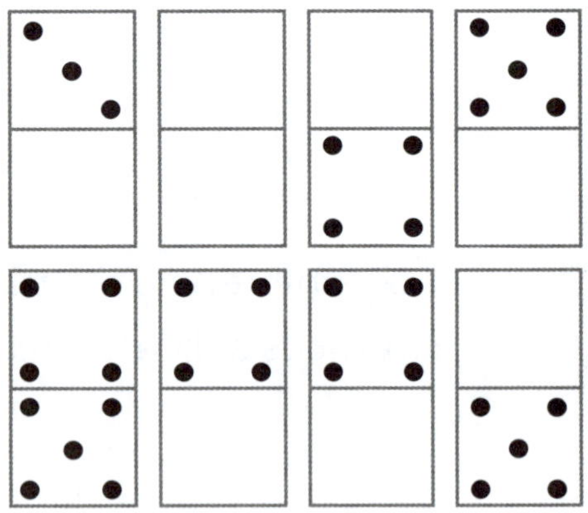

Ilustrações: Banco de imagens/Arquivo da editora

Soma mágica: ______ Soma mágica: ______

3 Responda depressinha!

a) Quanto falta em 1 h 40 min para completar 3 h? ____________

b) Quanto falta em R$ 1,40 para completar R$ 3,00? ____________

O QUE ESTUDAMOS

Retomamos as figuras geométricas sólidos geométricos, regiões planas, contornos, segmento de reta, reta e semirreta.

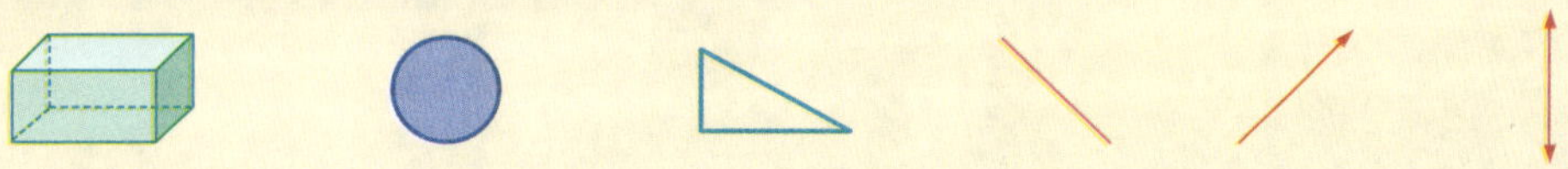

Ilustrações: Banco de imagens/Arquivo da editora

Estudamos a figura geométrica ângulo e sua medida, usando o grau (°) como unidade de medida.

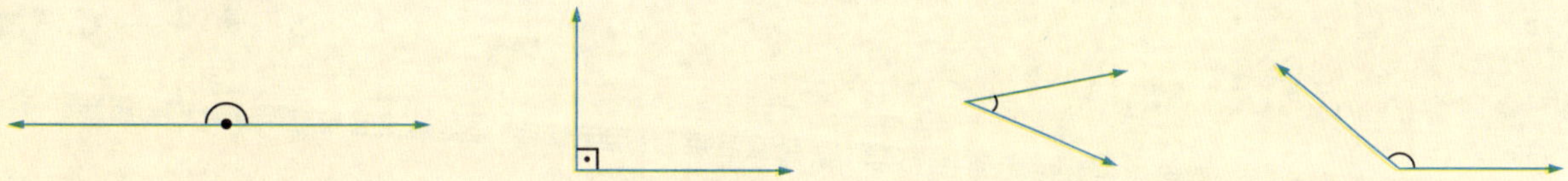

Ângulo de meia-volta (mede 180°). Ângulo reto (mede 90°). Ângulo agudo (mede entre 0° e 90°). Ângulo obtuso (mede entre 90° e 180°).

Ilustrações: Banco de imagens/Arquivo da editora

Verificamos as possíveis posições relativas de 2 retas distintas de um plano: paralelas, concorrentes não perpendiculares e concorrentes perpendiculares.

Retomamos e ampliamos o estudo dos polígonos, conhecendo os polígonos regulares e dando destaque aos triângulos e aos quadriláteros.

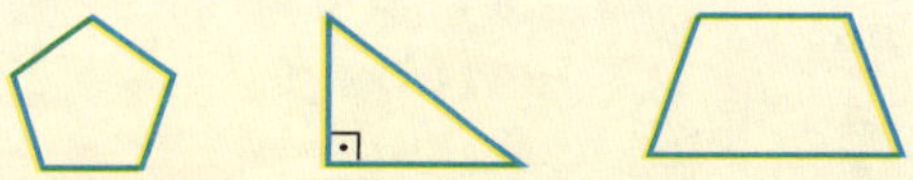

Pentágono regular. Triângulo retângulo. Quadrilátero com 1 par de lados paralelos (trapézio).

Ilustrações: Banco de imagens/Arquivo da editora

Fizemos o estudo da circunferência: seu traçado e seus principais elementos.

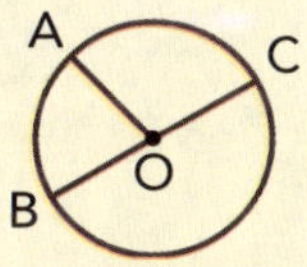

Circunferência de centro **O**.
$\overline{OA}$: raio
$\overline{BC}$: diâmetro

Ilustrações: Banco de imagens/Arquivo da editora

- Você tem respeitado seus colegas nas várias atividades da escola?
- Você tem conversado com os colegas e com o professor sobre seus gostos, suas ideias, suas dúvidas, etc.?
- Ter respeito e saber conversar é importante para conviver melhor com as pessoas!

Unidade 9

Números decimais

Ricardo Chucky/Arquivo da editora

- O que mostra esta cena?
- Você já viu um evento como este?
- Você sabe o que define o ganhador de um evento como este?

Para iniciar

Nas corridas de automobilismo, assim como em muitas outras competições esportivas, a diferença de tempo nos resultados, às vezes, é muito pequena. Nesses casos é preciso recorrer até aos décimos ou aos centésimos de segundos.

O registro dessas medidas de tempo é feito geralmente com **números na forma decimal** ou, simplesmente, **decimais**, assunto que será retomado e ampliado nesta Unidade.

- Analise a cena das páginas de abertura desta Unidade. Converse com os colegas e respondam às questões a seguir.

Ilustrações: Estúdio Félix Reiners/Arquivo da editora

- Converse com os colegas sobre mais estas questões.
  - a) Que fração de denominador 10 indica a metade?
  - b) E que fração de denominador 100 indica a metade?
  - c) E de denominador 1 000?
  - d) Como podemos indicar a metade usando decimais? Dê 2 exemplos.
  - e) Como indicamos a quantia total obtida com esta nota e esta moeda?

Reprodução/Casa da Moeda do Brasil/Ministério da Fazenda

As imagens não estão representadas em proporção.

  - f) O número 0,3 vale o mesmo que 0,03?

Inteiros e décimos

1 Pacientemente, uma tartaruga está indo da casinha até o prato de comida.

Estúdio Félix Reiners/ Arquivo da editora

a) Este percurso está dividido em partes iguais. Em quantas partes iguais ele está dividido? ____________________

b) Represente com uma fração cada parte desse percurso. ________

c) Represente com um decimal e escreva sua leitura. ____________________

d) Represente com uma porcentagem, como estudamos na Unidade 7. ______

e) Agora, observe novamente o percurso e complete.

Percurso da tartaruga

Percurso \ Representação	Em fração	Em decimal	Leitura
Parte já percorrida pela tartaruga			
Parte que a tartaruga ainda vai percorrer			

Tabela elaborada para fins didáticos.

f) Responda depressinha! Como indicamos, usando porcentagem, a parte do percurso que a tartaruga já percorreu? ________

2 Escreva como se lê a parte pintada da figura dos itens **a** e **b** e represente com fração irredutível, com decimal e com porcentagem. Depois pinte 0,4 da figura do item **c**.

a) 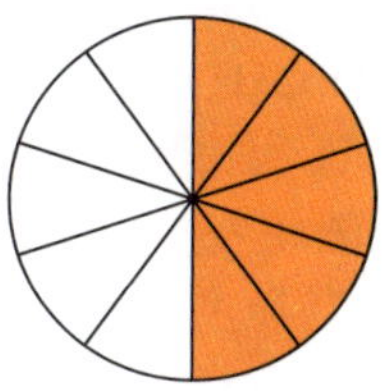

b) 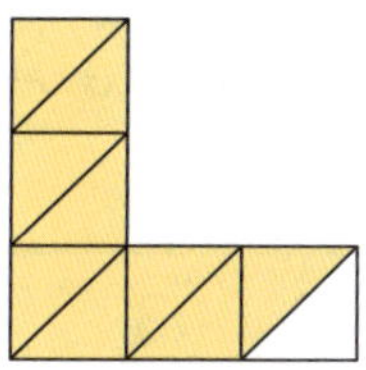

c) 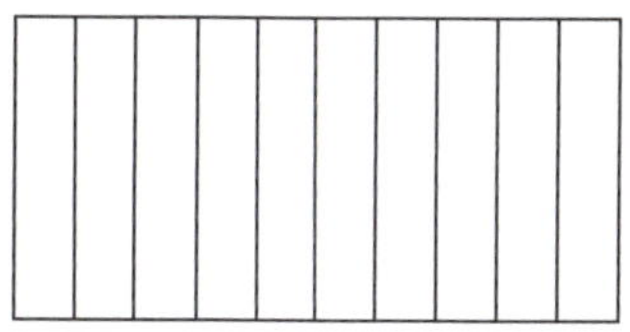

Ilustrações: Banco de imagens/Arquivo da editora

____________________ ____________________

____________________ ____________________

3 Considerando o círculo como unidade, represente toda a parte pintada de amarelo nas seguintes formas.

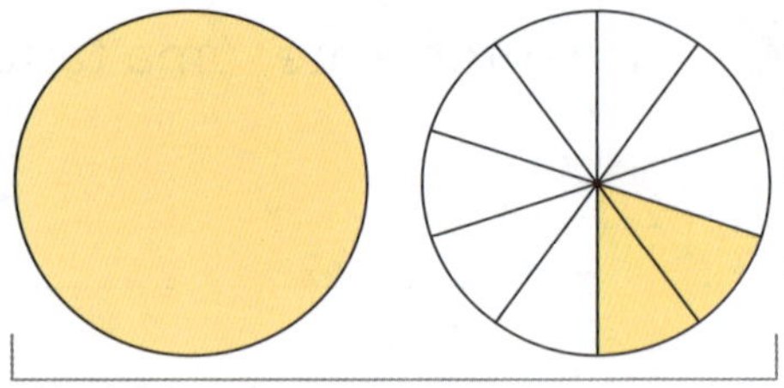

Ilustrações: Banco de imagens/Arquivo da editora

a) Na forma de número misto. ______

b) Na forma de fração. ______

c) Na forma decimal. ______

4 Represente usando um decimal.

a) $\frac{8}{10}$ = ______

b) $1 + \frac{4}{10}$ = ______

c) Quatro unidades e um décimo.

______

d) 1,8 + 3 = ______

5 Escreva como se lê.

a) 0,4 ______

b) $3\frac{1}{10}$ ______

6 Observe a ilustração.

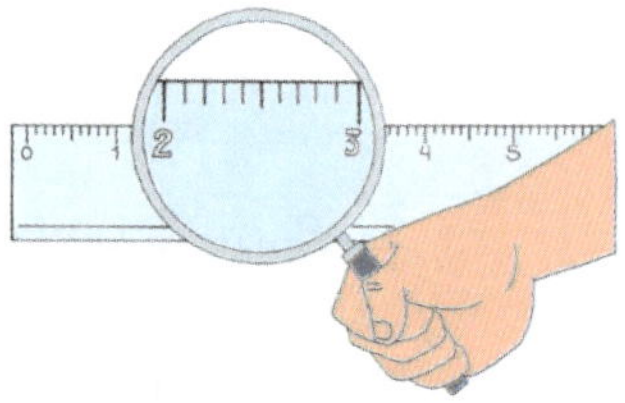

Estúdio Félix Reiners/Arquivo da editora

a) Complete.

1 décimo do centímetro equivale a ______.

1 cm = ______ mm ou 1 mm = $\frac{\square}{\square}$ cm = ______ cm

b) Agora, relacione centímetro (cm) e milímetro (mm) e continue completando.

2 cm = ______ 1,5 cm = ______ 7 mm = ______

0,3 cm = ______ 40 mm = ______ 29 mm = ______

7 **SEGMENTOS DE RETA E SUAS MEDIDAS**

a) Quanto mede este segmento de reta $\overline{AB}$? ______ cm ou ______ mm

b) Desenhe um segmento de reta $\overline{CD}$ medindo 3,7 cm.

8 DECIMAIS E MEDIDA DE TEMPERATURA

Os termômetros são instrumentos que medem a temperatura.
Suas escalas são divididas em graus e décimos de grau.
Veja a temperatura nestes termômetros, em graus Celsius (°C).

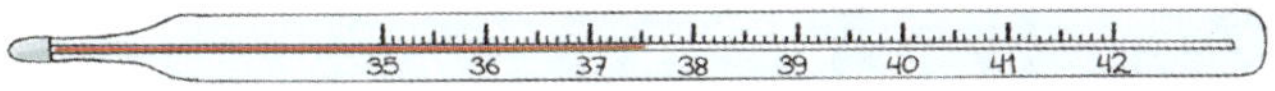

37,5 °C: trinta e sete graus e cinco décimos.

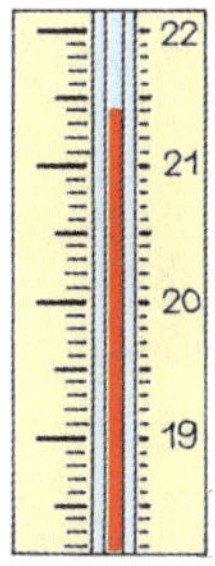

Ilustrações: Estúdio Félix Reiners/Arquivo da editora

21,4 °C: vinte e um graus e quatro décimos.

Escreva a temperatura mostrada em cada termômetro abaixo, como nos exemplos.

a) 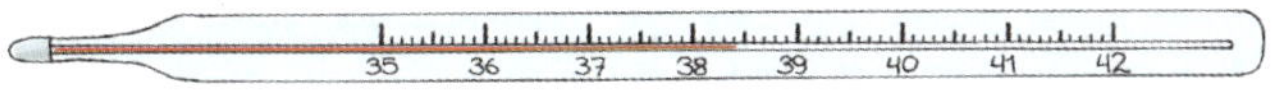

____

____

b) 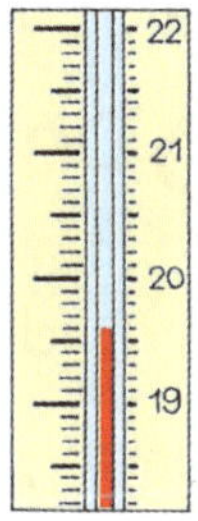

____

____

Saiba mais

As imagens não estão representadas em proporção.

A temperatura normal do corpo humano é aproximadamente 37 graus Celsius (37 °C).

Quando uma pessoa apresenta uma temperatura maior do que a normal, significa que ela está com febre.

9 Álvaro, Maria e Fabiano mediram suas temperaturas.

Álvaro: 38,8 °C.

Maria: 39,3 °C.

Fabiano: 36,8 °C.

Estúdio Félix Reiners/Arquivo da editora

a) Quais crianças estão com febre? ______________________

b) Quem está com febre mais alta? ______________________

c) Quantos graus a temperatura de Álvaro está acima da normal? ______________________

10 Veja a medida da massa ("peso") de cada criança.

32, 7 kg
Antônio.

34 kg
César.

32, 5 kg
Alice.

33 kg
Laura.

Estúdio Félix Reiners/Arquivo da editora

a) Qual destas crianças pesa mais? ______________

b) E qual pesa menos? ______________

c) Escreva os 4 números em ordem decrescente.

__________, __________, __________, __________.

Explorar e Descobrir

- Esta figura está dividida em partes iguais. Pinte 5 partes.

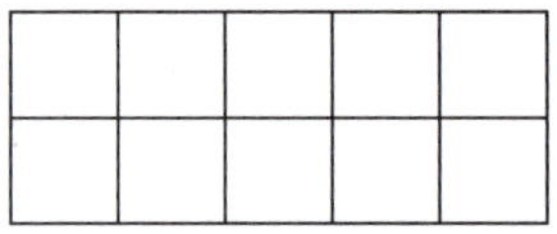
Banco de imagens/Arquivo da editora

- Represente a parte pintada com uma fração decimal e simplifique-a. ______________
- Responda.
  a) Qual decimal indica a parte pintada? __________
  b) Como é a leitura desse número? ______________________________

Por isso, **0,5** indica a **metade** ou **meio**.

- Complete.
  a) 0,5 dia = __________ horas
  b) 0,5 tonelada = __________ kg
  c) 0,5 cm = __________ mm
  d) 1,5 hora = __________ minutos

11 Relacione cada item a seu valor mais adequado, usando os números dos quadros abaixo.

1,4	1,9	1,1	0,8	1,6	1,5

a) Um e meio. ________

b) Pouco mais do que um e meio. ________

c) Quase dois. ________

d) Quase um e meio. ________

e) Pouco mais do que um. ________

f) Menos do que um. ________

Saiba mais

A extensão do rio Amazonas é superior a 6,5 mil quilômetros.

Amazonas: o maior rio do mundo

Adaptado de: IBGE. **Atlas geográfico escolar**. 6. ed. Rio de Janeiro, 2012.

12 Veja o significado de 6,5 mil quilômetros do **Saiba mais**.

6,5 mil ⟶ 6 mil + metade de mil ⟶ 6 500 quilômetros

Faça o mesmo com os números envolvidos nas informações abaixo.

- A população da cidade de São Paulo já ultrapassou 11,5 milhões de habitantes (Estimativa da População de 2015 – IBGE).

  ____

- Em 2016, os brasileiros retiraram da poupança cerca de 40,5 bilhões de reais a mais do que depositaram nela.

  ____

13 Analise mais alguns exemplos em que usamos decimais para simplificar a representação de números.

2,3 mil ⟶ 2 300 2,3 milhões ⟶ 2 300 000 2,3 bilhões ⟶ 2 300 000 000

Agora, passe de uma forma para outra nos casos abaixo.

a) 1,4 mil ⟶ ______________

b) 3,6 milhões ⟶ ______________

c) 26,8 mil ⟶ ______________

d) 4,8 bilhões ⟶ ______________

e) 6 400 000 ⟶ ______________

f) 46 700 ⟶ ______________

g) 8 300 000 000 ⟶ ______________

h) 43 200 000 ⟶ ______________

Centésimos

1 A professora de Raul propôs algumas atividades com o material dourado.

a) Manipule as peças do material dourado e complete.
A placa, que será considerada como unidade, contém ______ cubinhos.

Eduardo Santaliesta/Arquivo da editora

Crianças manipulando o material dourado.

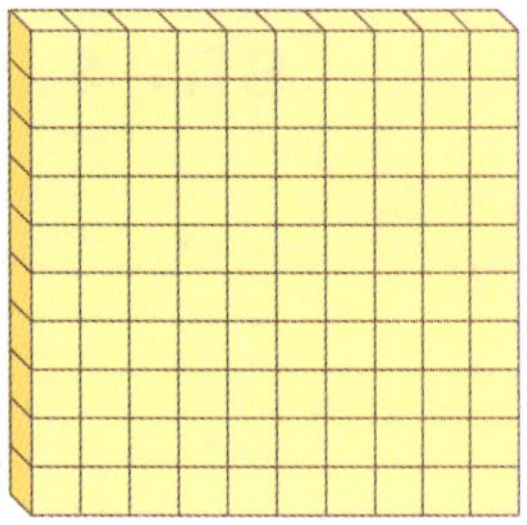

Ilustrações: Banco de imagens/Arquivo da editora

Unidade ou 1 inteiro.

b) Agora, observe partes dessa unidade e complete.

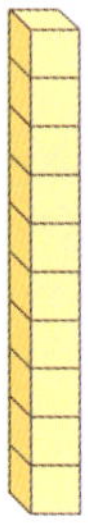

Décima parte do inteiro

ou 1 ______

ou ______ ou ______.
(fração) (decimal)

Centésima parte do inteiro

ou 1 ______

ou ______ ou ______.
(fração) (decimal)

Então:

1 unidade = ______ décimos
1 décimo = ______ centésimos
1 unidade = ______ centésimos

c) Agora, indique com decimal as representações abaixo.

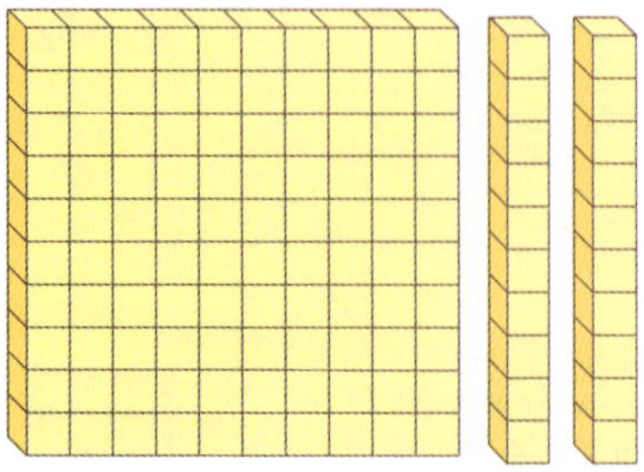

______

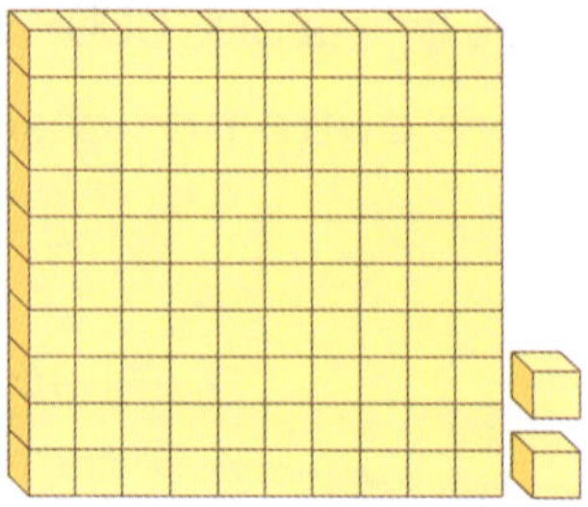

______

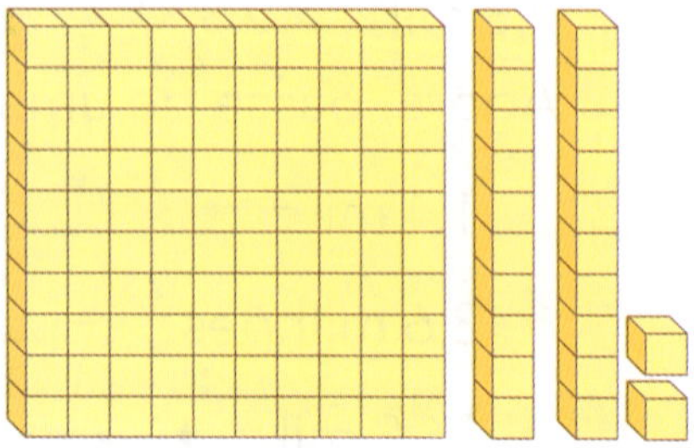

______

Explorar e Descobrir

- Represente os números abaixo concretamente com o material dourado. Depois, faça desenhos de fichas para representá-los.

  a) 2,1

  b) 2,10

- Observando os desenhos de fichas que representam esses números, o que você pode afirmar?

  ____

- Complete.

  2,1 → ________ décimo = ________ centésimos ← 2,10

  Então, 2,1 ________ a 2,10.

  2,1 → Dois inteiros e um décimo.

  2,10 → Dois inteiros e ________________.

2 Observe como podemos indicar a parte pintada de verde em cada figura, usando decimais. A unidade (ou inteiro) é a mesma da atividade 1.

Ilustrações: Banco de imagens/Arquivo da editora

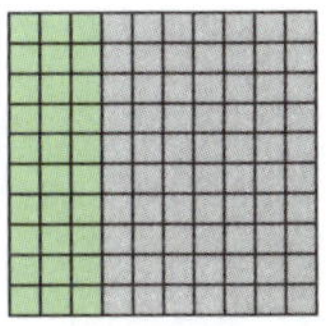

3 décimos
ou
30 centésimos.
0,3 ou 0,30

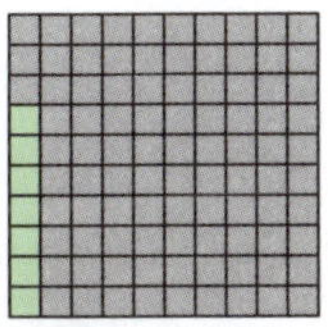

7 centésimos.
0,07

3 décimos e
1 centésimo
ou
31 centésimos.
0,31

1 inteiro, 7 décimos e 5 centésimos
ou
1 inteiro e 75 centésimos.
1,75

Agora, observe estes e indique a parte pintada de verde.

a) 

____

____

b) 

____

3 Escreva como se lê cada número.

a) 0,75 ______________________________

b) 5,23 ______________________________

c) 1,09 ______________________________

Estúdio Félix Reiners/Arquivo da editora

4 O CENTÉSIMO DO METRO

a) Imagine 1 metro dividido em 100 partes iguais.
Cada parte é **1 centésimo** do metro.
Complete.

1 m = ________ cm

1 cm = $\frac{\square}{\square}$ m = __________ m

b) Relacione metro (m) e centímetro (cm) e continue completando.

0,38 m = ________ cm   0,06 m = ________ cm   4 cm = ________ m

0,60 m = ________ cm   18 cm = ________ m   2,50 m = ________ cm

5 O CENTÉSIMO DO REAL

Veja esta quantia representada com decimal.
625 centavos (500 + 25 + 50 + 50 = 625)
ou
6 reais e 25 centésimos de real
ou
6 reais e 25 centavos ou R$ 6,25.
Represente agora estas quantias.

Reprodução/Casa da Moeda do Brasil/Ministério da Fazenda

Estúdio Félix Reiners/Arquivo da editora

As imagens não estão representadas em proporção.

a) 

____

b) 

____

Milésimos

1 Vamos considerar como unidade o cubo grande do material dourado.

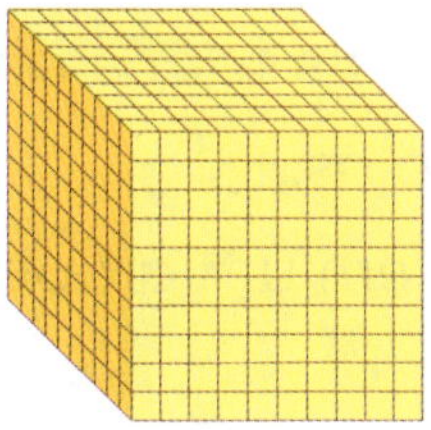

Unidade ou 1 inteiro.

a) Manipule as peças do material dourado, observe a unidade dividida em partes iguais e complete.

Ilustrações: Banco de imagens/ Arquivo da editora

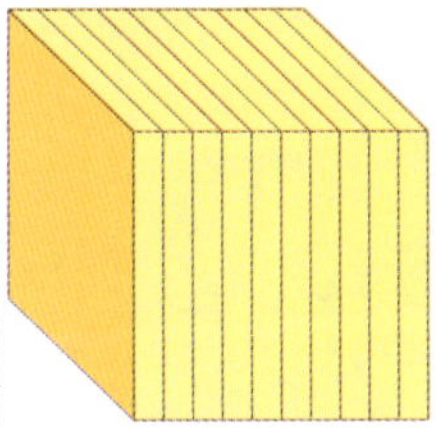

Unidade dividida em ______ partes iguais.

1 parte

vale 1 __________

ou $\frac{\square}{\square}$ ou ______.

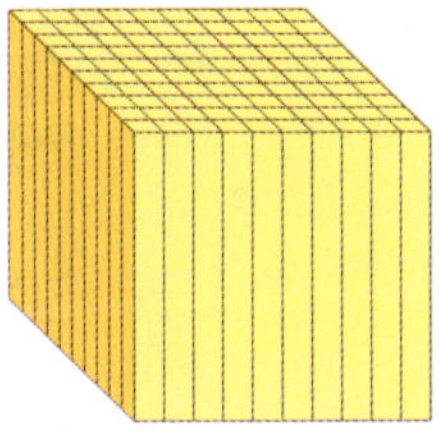

Unidade dividida em ______ partes iguais.

1 parte

vale 1 __________

ou $\frac{\square}{\square}$ ou ______.

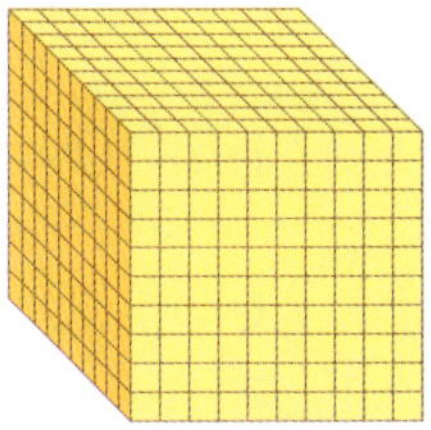

Unidade dividida em ______ partes iguais.

1 parte

vale 1 __________

ou $\frac{\square}{\square}$ ou ______.

b) Continue completando.

Então:

1 unidade = ______ décimos

1 unidade = ______ centésimos

1 unidade = ______ milésimos

1 décimo = ______ centésimos ⟶ 0,1 = ______

1 décimo = ______ milésimos ⟶ 0,1 = ______

1 centésimo = ______ milésimos ⟶ ______

2 Represente na forma de fração decimal e na forma de número decimal, como nos exemplos.

3 pessoas em um grupo de 10 pessoas ⟶ $\frac{3}{10}$ ou 0,3

59 pessoas em um grupo de 100 pessoas ⟶ $\frac{59}{100}$ ou 0,59

247 pessoas em um grupo de 1 000 pessoas ⟶ $\frac{247}{1000}$ ou 0,247

a) 7 em 10 ⟶ ____________

b) 9 em 100 ⟶ ____________

c) 8 em 1 000 ⟶ ____________

d) 23 em 1 000 ⟶ ____________

e) 500 em 1 000 ⟶ ____________

f) 26 em 100 ⟶ ____________

3 Escreva usando algarismos.

a) Dez inteiros e sete centésimos. ________

b) Dez inteiros e sete milésimos. ________

c) Dez inteiros e sete décimos. ________

d) Dezessete milésimos. ________

4 **METADE**

a) Observe 3 maneiras de indicar a metade e represente-as com decimais.

5 em 10	________	50 em 100	________	500 em 1 000	________

b) Complete utilizando esses decimais: ________, ________ e ________ indicam o mesmo número, a metade ou meio.

5 Assinale o que indica cada decimal.

a) 0,500

Metade.	☐
Mais do que a metade.	☐
Menos do que a metade.	☐

b) 3,05

Três e meio.	☐
Mais do que três e meio.	☐
Menos do que três e meio.	☐

c) 1,523

Um e meio.	☐
Mais do que um e meio.	☐
Menos do que um e meio.	☐

d) 2,50

Dois e meio.	☐
Mais do que dois e meio.	☐
Menos do que dois e meio.	☐

6 DECIMAIS NO SISTEMA DE NUMERAÇÃO DECIMAL

Em uma corrida de Fórmula 1, o 2º colocado chegou 24,285 segundos após a chegada do 1º colocado.

Osman Orsal/Reuters/Latinstock

Em corridas de Fórmula 1 e de outras modalidades de automobilismo, o tempo que os carros demoram em cada volta do circuito é medido em até milésimos de segundos.

Veja o que representa cada algarismo no número 24,285.

> A vírgula separa a parte inteira da parte decimal.

dezenas, unidades, décimos, centésimos, milésimos

2 4, 2 8 5

- 5 milésimos (0,005)
- 8 centésimos ou 80 milésimos (0,08 ou 0,080)
- 2 décimos ou 20 centésimos ou 200 milésimos (0,2 ou 0,20 ou 0,200)
- 4 unidades ou 40 décimos ou 400 centésimos ou 4000 milésimos
- 2 dezenas ou 20 unidades ou 200 décimos ou 2000 centésimos ou 20000 milésimos

- Escreva o que representa cada algarismo indicado.

  a) O algarismo 2 em 47,620. ______

  b) O algarismo 4 em 8,435. ______

  c) O algarismo 5 em 2,645. ______

  d) O algarismo 7 em 18,527. ______

- Faça a composição dos decimais.

  a) $8 + 0{,}2 + 0{,}01 + 0{,}004 =$ ______

  b) $10 + 5 + 0{,}8 + 0{,}001 =$ ______

  c) $40 + 3 + \frac{5}{10} + \frac{7}{1000} =$ ______

  d) $\frac{1}{10} + \frac{3}{100} + \frac{9}{1000} =$ ______

- Faça a decomposição dos decimais. O item **a** já está feito!

  a) $8{,}179 = 8 + 0{,}1 + 0{,}07 + 0{,}009$

  b) $63{,}074 =$ ______

  c) $3{,}208 =$ ______

  d) $50{,}91 =$ ______

Comparação de decimais

1 Você já viu esta relação.

$$\underline{0,1} = \underline{0,10} = \underline{0,100}$$

1 décimo = 10 centésimos = 100 milésimos

Então:

2 décimos = 20 centésimos = 200 milésimos ou 0,2 = 0,20 = 0,200

Agora, complete como nos exemplos.

a) 3 décimos = ________________ = ________________

ou ______ = ______ = ______

b) 0,7 = ______ = ______

c) ______ = ______ = 5,800

2 **ATIVIDADE ORAL** O que acontece quando colocamos ou retiramos zeros no final da parte decimal de um número?

Estúdio Félix Reiners/Arquivo da editora

3 Observe nos 2 primeiros exemplos uma aplicação do que vocês conversaram na atividade anterior. Observe também o terceiro exemplo.

0,7 km = 700 m (0,700) 0,7 m = 70 cm (0,70) 0,7 cm = 7 mm

Agora, complete as informações.

a) Um caminhão pesa 7,3 toneladas, ou seja, ________ quilogramas.

b) Gastar 850 centavos é o mesmo que gastar R$ ________.

c) O comprimento da lousa mede 3,4 m ou ________ cm.

d) Se o tubo de cola pesa 40 g, então esse "peso" pode ser registrado como ________ kg ou ________ kg.

e) 0,3 milênio é o mesmo que ________ anos e 0,3 século é o mesmo que ________ anos.

4 Na rua da casa de Bianca há 3 prédios que ficam próximos. Observe a medida da altura de cada um.

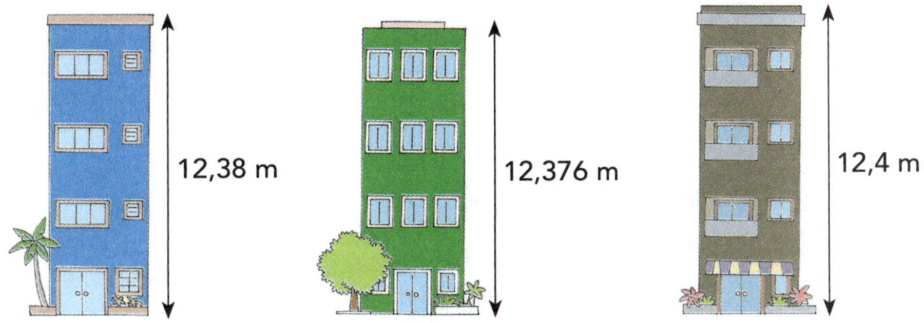

Ilustrações: Félix Reiners/Arquivo da editora

Veja como podemos comparar a altura do prédio azul com a altura do prédio verde.

12,38	>	12,376
↓		↓
12,380		
↓		
12 inteiros e 380 milésimos		12 inteiros e 376 milésimos

ou

12,38 > 12,376

inteiros iguais (12 = 12)

décimos iguais (3 = 3)
centésimos diferentes (8 > 7)

Logo, a medida da altura do prédio azul é maior do que a do prédio verde (12,38 > 12,376), ou seja, o prédio azul é mais alto do que o prédio verde.
Agora, compare a altura do prédio azul com a do prédio marrom e depois a do prédio verde com a do prédio marrom.

a) O prédio azul é ______________ do que o prédio marrom
(______________________________).

b) ____
(______________________________).

As imagens não estão representadas em proporção.

5 Quem pesa mais: Fabiano ou Gabriel? Para responder, devemos comparar 34,17 com 34,5.
Faça a comparação de 2 maneiras diferentes e depois registre sua resposta.

Fabiano: 34,17 kg   Gabriel: 34,5 kg

Ilustrações: Estúdio Félix Reiners/Arquivo da editora

Quem pesa mais é ______________.

6 Compare do modo que achar melhor e complete com $>$, $<$ ou $=$.

a) 6,8 _____ 5,94	d) 1,34 _____ 1,3	g) 0,06 _____ 0,006
b) 0,108 _____ 0,18	e) 12,80 _____ 12,8	h) 3,000 _____ 3
c) 4,506 _____ 4,605	f) 0,236 _____ 1	i) 0,42 _____ 0,418

7 Marcelo é entregador de botijões de gás. Na figura ao lado temos a distância de 3 caminhos que ele percorreu nas entregas que fez (de **A** a **B**, de **A** a **C** e de **A** a **D**).

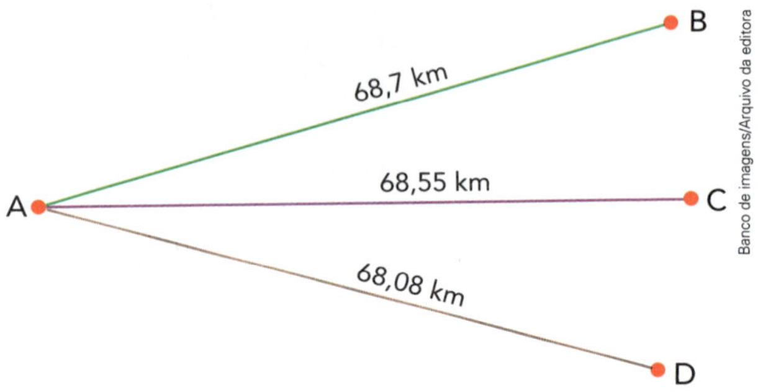

Banco de imagens/Arquivo da editora

Complete: O caminho mais curto é de _____ a _____ e o caminho mais longo é de _____ a _____.

8 Observe os decimais ao lado. Registre a correspondência de cada um deles com os pontos de **A** a **F** na reta numerada abaixo.

4,75 | 3,5 | 3,25 | 4,09 | 1,33 | 2,603

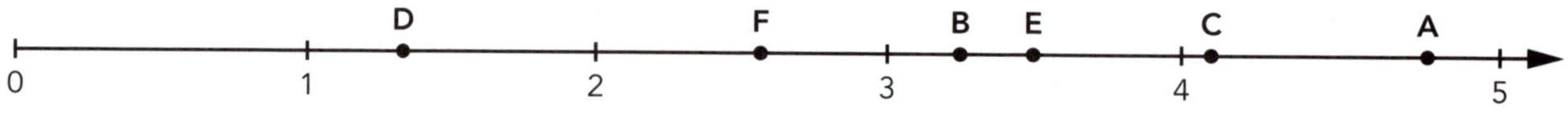

A: _________ **B:** _________ **C:** _________

D: _________ **E:** _________ **F:** _________

9 Observe a altura de Maria, Lígia e Aline. Escreva e responda, em metros.

Ilustrações: Estúdio Félix Reiners/Arquivo da editora

a) Escreva os 3 nomes em ordem crescente de altura das meninas.

____

b) Quanto Lígia mede a mais do que Maria? _________

c) Quanto Aline mede a menos do que Lígia? _________

d) Com quanto Aline ficará de altura, se crescer 0,02 m? _________

10 **DESAFIO**

Escreva um número decimal que fica entre 0,5 e 0,6.

____

Divisão não exata de números naturais: resultado decimal

Estúdio Félix Reiners/Arquivo da editora

1 Para desenvolver uma atividade de Educação Física, a professora resolveu formar 2 grupos com a mesma quantidade de alunos. Mas havia 13 alunos.

a) Qual é o número máximo de alunos que ela pode colocar em cada grupo? ______

b) Sobraram alunos? Quantos? ______

c) Que divisão representa essa situação?

2 Alice quer separar igualmente 13 quilogramas de arroz em 2 pacotes e saber quanto irá em cada pacote.
Observe que aqui também devemos fazer 13 ÷ 2. Mas há uma diferença: podemos trocar a unidade que sobrou por 10 décimos e "continuar" a divisão.
Quanto Alice deve colocar em cada pacote de arroz? ______

D U , d

```
  1 3     | 2
- 1 2     | 6 , 5
  0 1 0   | U , d
  - 1 0
    0 0
```

Troca: 1 U por 10 d

3 **ATIVIDADE ORAL** O que há de diferente nas situações das atividades 1 e 2 acima? Por que na primeira não se usou decimal?

4 Orlando cortou um rolo com 53 m de arame em 4 pedaços iguais. Observe a divisão ao lado e depois escreva qual é a medida do comprimento de cada pedaço, em metros.

______

D U , d c

```
  5 3         | 4
- 4           | 1 3 , 2 5
  1 3         | D U , d c
- 1 2
  0 1 0       ← 1 unidade ou 10 décimos
    - 8
    0 2 0     ← 2 décimos ou 20 centésimos
    - 2 0
      0 0
```

$53 \div 4 = 13{,}25$

5 Veja mais 2 exemplos de divisões de números naturais com resultados decimais.

$3 \div 5 = 0{,}6$

```
 U , d
 3   0  | 5
-3   0  |------
 0   0  | 0 , 6
        | U , d
```

Não posso dividir 3 unidades por 5, obtendo o resultado em unidades. Coloco zero no resultado e vírgula, pois vamos entrar nos décimos.
Troco 3 U por 30 d
e divido por 5.
Obtenho 6 décimos.

$7 \div 8 = 0{,}875$

```
                    U , d
7 unidades  ---->   7   0          | 8
    ou             -6   4          |-----------
70 décimos          0   6   0      | 0 , 8 7 5
                       -5   6      | U , d c m
                        0   4   0
                           -4   0
                            0   0
```

6 décimos ou 60 centésimos

4 centésimos ou 40 milésimos

Agora, calcule e complete.

a) Um ciclista vai percorrer 9 km em 5 etapas de mesma extensão.

Cada etapa terá ______ km.

b) Se 3 L de suco forem repartidos igualmente em 4 copos, então cada copo ficará com ______ L de suco.

6 **ATIVIDADE ORAL EM GRUPO** Troque ideias com os colegas para esclarecer a dúvida de Juliana.

Estúdio Félix Reiners/Arquivo da editora

7 Ligue cada fração ao decimal correspondente.

$\frac{1}{8}$ $\frac{1}{2}$ $\frac{7}{20}$

0,35 0,125 0,5

8 Escreva as frações na forma de número decimal.

a) $\frac{4}{5} =$ ______

b) $1\frac{7}{20} =$ ______

Operações com decimais

Revisão

1 Escreva o número 2 na forma de número decimal, de 3 maneiras diferentes.

______ ______ ______

2 Quais destes números têm o mesmo valor? Assinale-os.

6,2	6,02	6,200	6,002	6,20
☐	☐	☐	☐	☐

3 Efetue as operações com números naturais.

a) 368 + 71 = ______

c) 3 × 2128 = ______

b) 493 − 157 = ______

d) 375 ÷ 5 = ______

Adição e subtração com decimais

1 Renata percorreu 4,6 km em uma pista de corrida. No dia seguinte, percorreu 4,7 km. Qual é o total de quilômetros que Renata percorreu nesses dias?

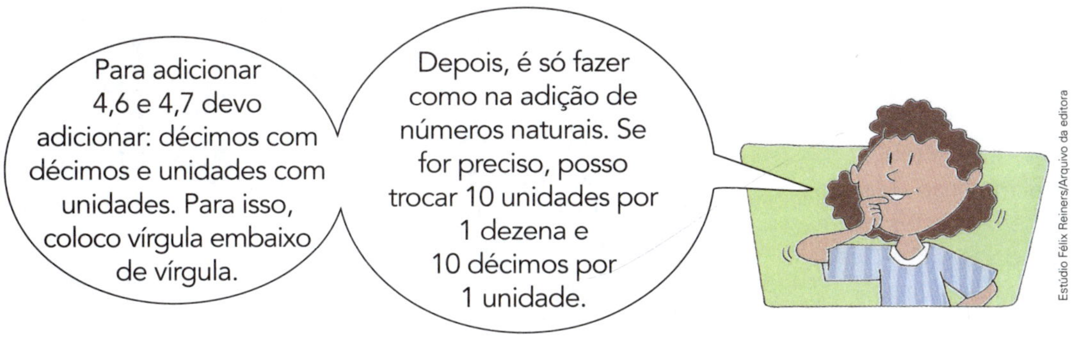

Algoritmo usual simplificado:

$$\begin{array}{r} {}^{1} \\ 4{,}6 \\ +\ 4{,}7 \\ \hline 9{,}3 \end{array}$$

Escreva a resposta do problema.

____

2 Veja outro exemplo de adição com decimais.

1,28 + 14,345

Estúdio Félix Reiners/Arquivo da editora

Posso escrever
1,28 como 01,280.
Adiciono os milésimos: 0 + 5 = 5
Adiciono os centésimos: 8 + 4 = 12
Deixo 2 centésimos e troco
10 centésimos por 1 décimo.
Adiciono os décimos: 1 + 2 + 3 = 6
Adiciono as unidades: 1 + 4 = 5
Adiciono as dezenas: 0 + 1 = 1

	D	U,	d	c	m
			1		
	0	1,	2	8	0
+	1	4,	3	4	5
	1	5,	6	2	5

Simplificando:

$$\begin{array}{r} \overset{1}{} \\ 01{,}280 \\ +\ 14{,}345 \\ \hline 15{,}625 \end{array}$$

Agora, efetue mais estas adições.

a) 2,46 + 25,128 = ________

b) 84,7 + 69,8 = ________

c) R$ 46,25 + R$ 137,15 = ____________

3 Flávia tinha 2,5 metros de tecido. Ela separou 1,8 metro para fazer uma camisa. Quantos metros de tecido restaram?

Para responder, você precisa efetuar: 2,5 − 1,8.

Estúdio Félix Reiners/Arquivo da editora

Estúdio Félix Reiners/Arquivo da editora

Devo tirar décimos de décimos e unidades de unidades. Para isso, coloco vírgula embaixo de vírgula.

Quando necessário, faço as trocas de 1 dezena por 10 unidades, 1 unidade por 10 décimos, 1 décimo por 10 centésimos e assim por diante.

Algoritmo usual simplificado:

	U,	d
	$\overset{1}{\cancel{2}}$,	$^{1}5$
−	1 ,	8
	0 ,	7

Complete: Restou ________ m de tecido, ou seja, ________ cm.

4 Veja outros exemplos de subtração com decimais.

34,728 − 5,57

	D	U,	d	c	m
	~~3~~ (2)	[1]4,	~~7~~ (6)	[1]2	8
−	0	5,	5	7	0
	2	9,	1	5	8

2 − 1,25

Ilustrações: Estúdio Félix Reiners/Arquivo da editora

	U,	d	c
	~~2~~ (1),	[1]~~0~~ (9)	[1]0
−	1,	2	5
	0,	7	5

ou

	U,	d	c
	1,	9	9
−	1,	2	4
	0,	7	5

Agora, efetue estas subtrações.

a) 45,785 − 3,471 = ______________

b) R$ 2,30 − R$ 1,40 = ______________

c) 17 − 4,6 = ______________

d) R$ 40,00 − R$ 8,20 = ______________

5 Rodolfo tem uma papelaria. Ele registra cada venda em uma tabela como esta. Analise a tabela e complete com o que falta.

Vendas na papelaria

Preço	Pagamento	Troco
R$ 35,20	R$ 50,20	R$ ______
R$ 18,70	R$ 20,00	R$ ______
R$ 29,10	R$ ______	R$ 0,90
R$ ______	R$ 25,00	R$ 1,35

Tabela elaborada para fins didáticos.

6 PROBLEMAS

Leia, pense, resolva e responda.

Ilustrações: Estúdio Félix Reiners/Arquivo da editora

- Álvaro pesava 34,2 kg e engordou 1,9 kg. Maria pesava 32,45 kg e emagreceu 1,5 kg.

  a) Qual é o "peso" atual de Álvaro?

  ____

  b) E o de Maria? ______________________________

  c) Quanto Álvaro está pesando a mais do que Maria?

  ____

- Paulo tem R$ 12,75 e seu irmão tem R$ 8,50. Juntando as 2 quantias, quanto falta para que eles possam comprar um livro que custa R$ 24,50?

  ____

- Um ciclista percorreu a distância de 81,844 quilômetros em 3 etapas, como indica a figura.

Félix Reiners/Arquivo da editora

  Quantos quilômetros ele percorreu na terceira etapa?

  ____

7 DESAFIO

Calcule o valor de cada expressão numérica.

a) 5,7 − 2,12 + 0,4 = __________

b) 5,7 − (2,12 + 0,4) = __________

Multiplicação de decimal por número natural

1 Sílvia comprou um tipo de fio como o mostrado na figura ao lado. Vamos descobrir quantos metros de fio ela comprou?

Para isso, devemos efetuar 5 × 2,71.

Banco de imagens/Arquivo da editora

Félix Reiners/Arquivo da editora

1ª ação	2ª ação	3ª ação	4ª ação
U , d c	U , d c	U , d c	U , d c
2 , 7 1	2 , 7 1	$\overset{3}{2}$, 7 1	$\overset{3}{2}$, 7 1
× 5	× 5	× 5	× 5
	5	, 5 5	1 3 , 5 5

Algoritmo usual simplificado:

$$\begin{array}{r} \overset{3}{2},71 \\ \times \quad 5 \\ \hline 13,55 \end{array}$$

Complete: Sílvia comprou ________ m de fio, ou seja, ________ m e ________ cm.

2 Veja outros 3 exemplos de multiplicação de número natural por decimal.

$$\begin{array}{r} 1,2\overset{2}{2}7 \\ \times \quad 3 \\ \hline 3,681 \end{array} \qquad \begin{array}{r} \overset{1}{7},\overset{2}{3}5 \\ \times \quad 4 \\ \hline 29,40 \end{array} \qquad \begin{array}{r} \overset{1}{1},3 \\ \times \quad 5 \\ \hline 6,5 \end{array}$$

Agora, observe o preço de cada mercadoria e complete a tabela com os preços totais.

Preços de bonés e camisetas

Mercadoria	Preço total
3 camisetas	
4 bonés	
2 camisetas e 1 boné	

Tabela elaborada para fins didáticos.

As imagens não estão representadas em proporção.

Artproem/Shutterstock
Camiseta.

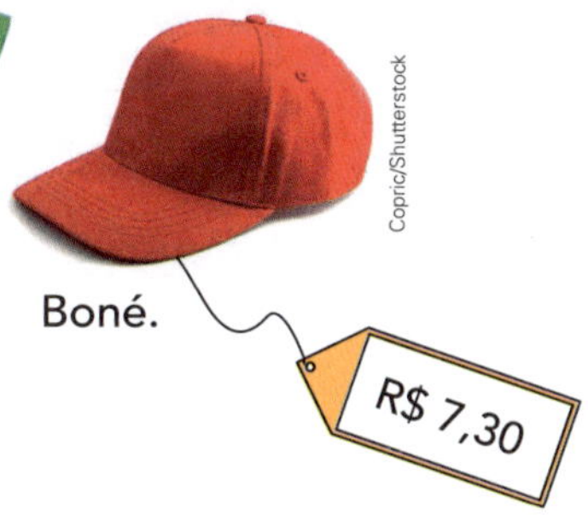

Copric/Shutterstock
Boné.

Multiplicação por 10, 100 ou 1 000

Observe as multiplicações que têm 10, 100 ou 1 000 como um dos fatores.

	U	d	c
	3,	7	2
×		1	0
	0	0	0
+ 3	7	2	0
3	7,	2	0

$10 \times 3{,}72 = 37{,}2$

$$\begin{array}{r} 3{,}72 \\ \times\ 100 \\ \hline 372{,}00 \end{array}$$

$100 \times 3{,}72 = 372$

$$\begin{array}{r} 3{,}72 \\ \times\ 1000 \\ \hline 3720{,}00 \end{array}$$

$1000 \times 3{,}72 = 3720$

$3{,}549 \times 100 = 354{,}9$

$83 \times 10 = 830$

$4{,}9 \times 1\,000 = 4\,900$

1 **ATIVIDADE ORAL EM GRUPO** Converse com os colegas sobre o deslocamento da vírgula para chegar ao resultado da multiplicação sem precisar do algoritmo usual. Depois, complete o quadro abaixo.

> Quando fazemos a multiplicação de um número por 10, 100 ou 1 000, a vírgula desse número "anda" 1, 2 ou 3 casas, respectivamente, para a
>
> ______________.

2 Veja se a conclusão acima se confirma em mais estes exemplos.

$10 \times 0{,}06 = 0{,}6$ $\quad$ $100 \times 743 = 74\,300$ $\quad$ $1\,000 \times 3{,}2 = 3\,200$

Agora, indique os resultados.

a) $23{,}45 \times 10 =$ ______________

b) $100 \times 5{,}32 =$ ______________

c) $1\,000 \times 0{,}6 =$ ______________

d) $96 \times 100 =$ ______________

e) $8{,}945 \times 10 =$ ______________

f) $22{,}638 \times 1\,000 =$ ______________

g) $1\,000 \times$ ______________ $= 7\,245$

h) ______________ $\times 1{,}339 = 133{,}9$

i) ______________ $\times 4{,}48 = 44{,}8$

j) $100 \times$ ______________ $= 224$

3 Responda rapidamente!

Qual é o preço de 10 maçãs iguais a esta? ______________

Maçã.

Spaxiax/Shutterstock

4 A pista do Autódromo Internacional Orlando Moura, em Campo Grande (Mato Grosso do Sul), tem 3,443 km (ou 3 443 m) de extensão. Complete quanto um carro percorrerá nessa pista, se der cada quantidade de voltas.

a) 10 voltas: percorrerá _______ km ou _________ m.

b) 100 voltas: percorrerá _______ km ou _________ m.

2017 Google Earth/DigitalGlobe

Autódromo Internacional Orlando Moura, em Campo Grande, Mato Grosso do Sul. Foto de 2017.

5 Escreva a quantia correspondente a cada item.

a) 10 moedas de R$ 0,25. _________

b) 100 moedas de R$ 0,05. _________

c) 10 notas de R$ 20,00. _________

d) 1 000 moedas de R$ 0,10. _________

e) 10 moedas de R$ 0,01. _________

f) 100 moedas de R$ 0,50. _________

6 Complete.

a) _________ notas de  correspondem a 1 nota de .

b) _________ moedas de  correspondem a 1 nota de .

c) _________ moedas de  correspondem a 1 nota de .

d) _________ moedas de  correspondem a 1 nota de .

Reprodução/Casa da Moeda do Brasil/Ministério da Fazenda

7 Flávia comprou 3 cadernos e 10 lápis iguais a estes e pagou com 1 nota de R$ 20,00. Quanto ela recebeu de troco? _________

As imagens não estão representadas em proporção.

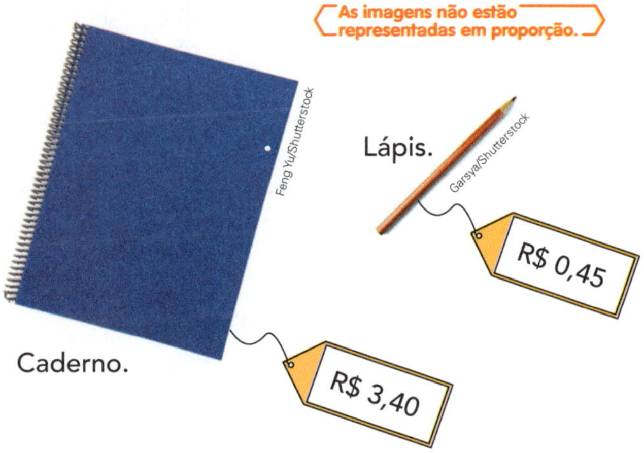

Feng Yu/Shutterstock
Garsya/Shutterstock

8 Calcule o valor de cada expressão numérica.

a) 3,5 + 10 × 0,52 = _________

b) 2,71 × (35,7 + 64,30) = _________

Divisão de decimal por número natural

1 Laura comprou um secador de cabelos por R$ 63,75 e fez o pagamento em 3 prestações iguais. Qual foi o valor de cada prestação?
Como você sabe que são 3 prestações iguais, para saber o valor de 1 prestação é preciso efetuar a divisão 63,75 ÷ 3.

Félix Reiners/Arquivo da editora

- Dividimos as dezenas: 6 D ÷ 3 = 2 D; não sobram dezenas.
- Dividimos as unidades: 3 U ÷ 3 = 1 U; não sobram unidades.
- Dividimos os décimos: 7 d ÷ 3 = 2 d; sobra 1 décimo, que é igual a 10 centésimos. 10 c + 5 c = 15 c
- Dividimos os centésimos: 15 c ÷ 3 = 5 c; não sobra resto.

```
D U , d c
6 3 , 7 5 | 3
−6        |_________
 0 3      | 2 1 , 2 5
 − 3      | D U , d c
   0 7
   − 6
     1 5
   − 1 5
     0 0
```

- Complete: o valor de cada prestação foi R$ ________.

2 Veja outros 3 exemplos de divisão de número decimal por número natural.

19,5 ÷ 5 = 3,9

```
D U , d
1 9 , 5 | 5
−1 5    |______
 0 4 5  | 3 , 9
 − 4 5  | U , d
   0 0
```

8,14 ÷ 4 = 2,035

```
U , d c
8 , 1 4   | 4
−8        |__________
 0 1      | 2 , 0 3 5
 − 0      | U , d c m
   1 4
 − 1 2
   0 2 0  ← 2 centésimos ou 20 milésimos
   − 2 0
     0 0
```

5,532 ÷ 6 = 0,922

```
U , d c m
5 , 5 3 2 | 6
− 5 4     |__________
  0 1 3   | 0 , 9 2 2
  − 1 2   | U , d c m
    0 1 2
    − 1 2
      0 0
```

Agora, calcule e complete.

a) A metade de R$ 85,70 é ________.

b) A terça parte de 1,44 é ________.

3 Pratique um pouco a divisão de número decimal por número natural.

a) 6,428 ÷ 2 = ______

c) 36,5 ÷ 5 = ______

e) 246,4 ÷ 4 = ______

b) 5,6 ÷ 5 = ______

d) 1,61 ÷ 7 = ______

f) R$ 60,00 ÷ 8 = ______

4 O professor de Educação Física comprou uma corda com 16,5 m de comprimento. Ele vai reparti-la em 3 partes iguais para brincar de cabo de guerra com as turmas do 5º ano.

Quanto vai medir cada parte dessa corda? ______

Estúdio Félix Reiners/Arquivo da editora

5 Resolva este problema de 2 maneiras diferentes.

Rafael comprou 5 cadernos de mesmo preço e pagou R$ 36,00 por eles. Quanto ele gastaria se tivesse comprado 4 cadernos? ______

6 Calcule o valor da expressão numérica e registre.

9,96 − 7,32 ÷ 4 = ______

Divisão por 10, 100 ou 1000

Observe as divisões que têm 10, 100 ou 1000 como divisor.

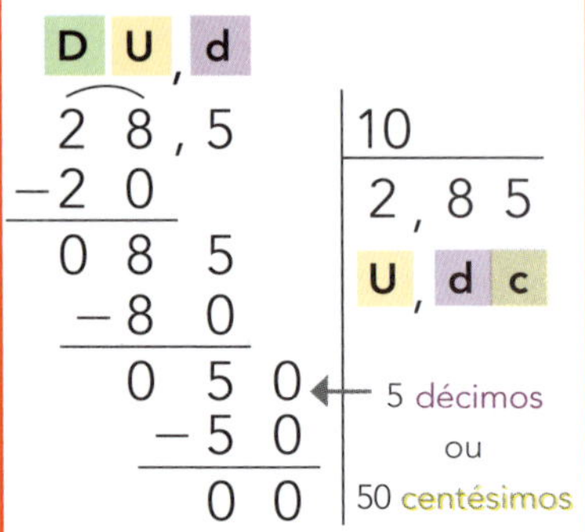

28,5 ÷ 10 = 2,85

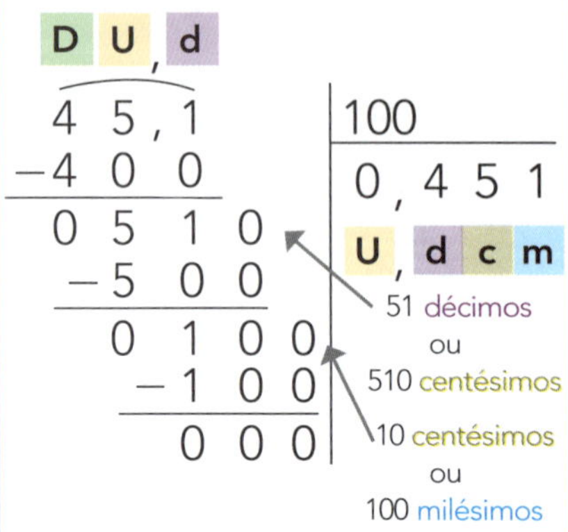

45,1 ÷ 100 = 0,451

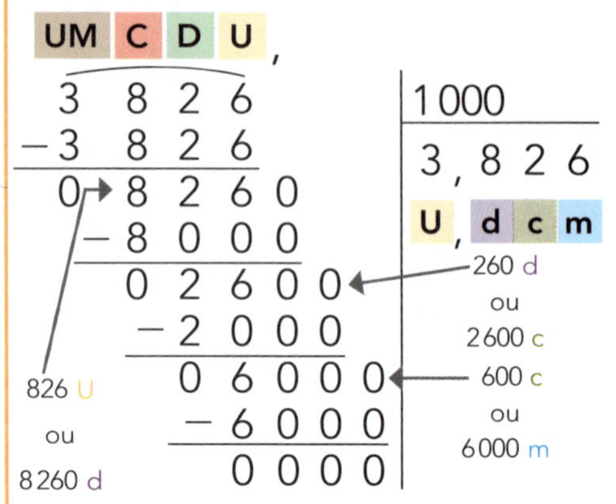

3826 ÷ 1000 = 3,826

132,7 ÷ 100 = 1,327

94,16 ÷ 10 = 9,416

26239 ÷ 1000 = 26,239

1 **ATIVIDADE ORAL EM GRUPO** Converse com os colegas sobre as divisões acima. Depois, complete a conclusão.

Quando fazemos a divisão de um número por 10, 100 ou 1000, a vírgula desse número "anda" 1, 2 ou 3 casas decimais, respectivamente, para a ______________.

2 Veja se a conclusão acima se confirma em mais estes exemplos.

23 ÷ 10 = 2,3	4,7 ÷ 10 = 0,47	3800 ÷ 10 = 380
23 ÷ 100 = 0,23	4,7 ÷ 100 = 0,047	12,5 ÷ 100 = 0,125
23 ÷ 1000 = 0,023	4,7 ÷ 1000 = 0,0047	9366 ÷ 1000 = 9,366

Agora, registre o resultado.

a) 36,45 ÷ 10 = __________

b) 81,4 ÷ 100 = __________

c) 9385 ÷ 1000 = __________

d) 9 ÷ 100 = __________

e) 27 ÷ 1000 = __________

f) 0,44 ÷ 10 = __________

g) 6,3 ÷ 10 = __________

h) 0,1 ÷ 100 = __________

i) 87,1 ÷ __________ = 8,71

j) 523 ÷ __________ = 0,523

3 Lúcia comprou 10 apontadores iguais por R$ 38,00. Quanto custou cada um? ______

Gelpi/Shutterstock

Apontador.

4 Rubens vai gastar R$ 22,50 para colocar 10 L de combustível em seu carro. Quanto ele gastaria para colocar 18 L de combustível? ______

As imagens não estão representadas em proporção.

5 Leia e depois calcule.

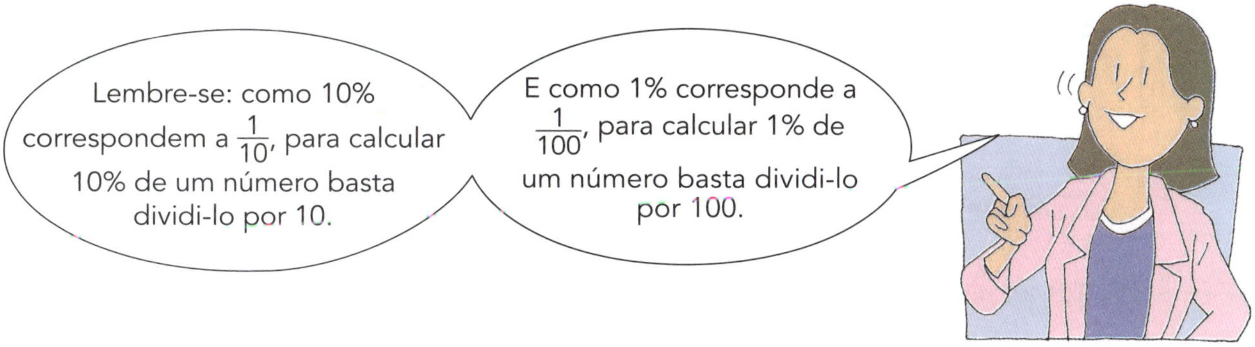

Ilustrações: Estúdio Félix Reiners/Arquivo da editora

a) 1% de 845 = ______

b) 10% de 900 = ______

c) 10% de R$ 42,50 = ______

d) 1% de R$ 370,00 = ______

e) 1% de 921 = ______

f) 10% de 6583 = ______

6 **PROBLEMAS**

a) Em uma cidade com 32600 habitantes há 1% de analfabetos. Qual é o número de analfabetos nessa cidade?

______

b) O salário mensal de Marisa era de R$ 1800,00 quando ela teve 10% de aumento. Qual é o salário atual de Marisa?

______

Estúdio Félix Reiners/Arquivo da editora

7 Responda depressinha!
Qual é o valor de 3% de 400? ______

Mudança de unidades de medida

A multiplicação e a divisão por 10, 100 e 1 000 ajudam na mudança de algumas unidades de medida. Veja os exemplos.

1 m = 100 cm
- Para passar de **m** para **cm**, multiplicamos por 100.
- Para passar de **cm** para **m**, dividimos por 100.

3,7 m = 370 cm $(3{,}7 \times 100 = 370)$ 3,7 cm = 0,037 m $(3{,}7 \div 100 = 0{,}037)$

1 Complete.

a) 1 cm = ______ mm
- 3,85 cm = ______ mm
- 1,4 mm = ______ cm

b) 1 km = ______ m
- 7,2 km = ______ m
- 346 m = ______ km

c) 1 kg = ______ g
- 0,45 kg = ______ g
- 270 g = ______ kg

d) 1 L = ______ mL
- 0,2 L = ______ mL
- 74 mL = ______ L

2 Qual destes 2 caminhos é o mais curto para ir de **A** até **B**: o azul ou o verde? Calcule e responda. ______

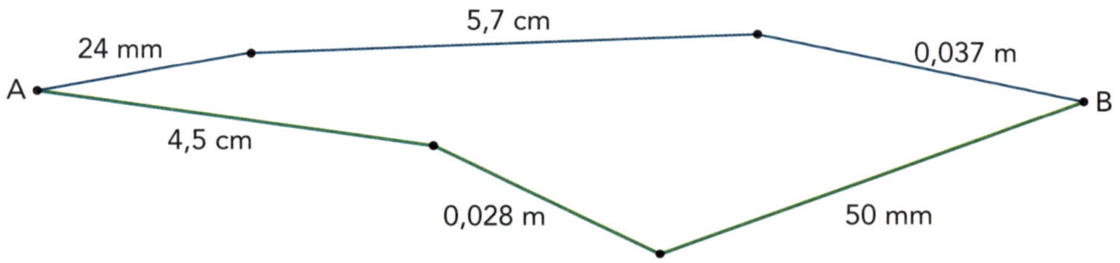

3 **ATIVIDADE ORAL** Os procedimentos usados acima podem ser usados nas mudanças de hora para minuto e de minuto para hora? Por quê?

4 Responda rapidamente!

a) Quantos minutos há em 1,5 h? ______

b) Quantos centímetros há em 1,5 m? ______

c) Quanto falta em 1 h 40 min para completar 3 h? ______

d) Quanto falta em R$ 1,40 para completar R$ 3,00? ______

Decimais nas calculadoras

Estúdio Félix Reiners/Arquivo da editora

1 Tecle ON da calculadora para começar. Siga estes passos, calcule e registre as operações.

a) digite 23 → tecle × → digite 12.49 → tecle = → $23 \times 12{,}49 =$ ______

b) digite 9.231 → tecle ÷ → digite 17 → tecle = → ______ ÷ ______ = ______

c) $125 - 16{,}471 =$ ______

d) $18 \div 45 =$ ______

e) R$ 847,60 + R$ 6 349,50 = ______

f) $58 \times 0{,}017 =$ ______

Calculadora.

Georg Dolgikh/Shutterstock

As imagens não estão representadas em proporção.

2 Uma empresa transportou 23,475 toneladas de carga em janeiro e 23,61 toneladas em fevereiro.
Use uma calculadora e responda.

Mauricio Simonetti/Pulsar Imagens

Caminhão de transporte de carga.

a) Quantas toneladas foram transportadas nesses 2 meses?

______

b) Em qual desses meses ela transportou mais carga?
Quantas toneladas a mais do que no outro mês? ______

3 Em algumas situações, precisamos multiplicar ou dividir um decimal por outro.
Vamos usar a calculadora para resolver esta situação.
O preço de 3,5 metros de fita é R$ 2,45. Qual é o preço de 4,8 metros? Siga os passos e registre.

- Descubra o preço de 1 metro pela divisão: $2{,}45 \div 3{,}5 =$ R$ ______
- Agora, descubra o preço de 4,8 metros pela multiplicação:

  $4{,}8 \times$ ______ = R$ ______

Relacionando fração, número decimal e porcentagem

1 **ATIVIDADE ORAL EM GRUPO** A professora da turma de Marli pediu aos alunos que desenhassem uma circunferência e pintassem a metade do círculo determinado por ela.
Depois ela pediu que representassem a parte pintada. Veja como Marli, Arnaldo e Sílvio fizeram.

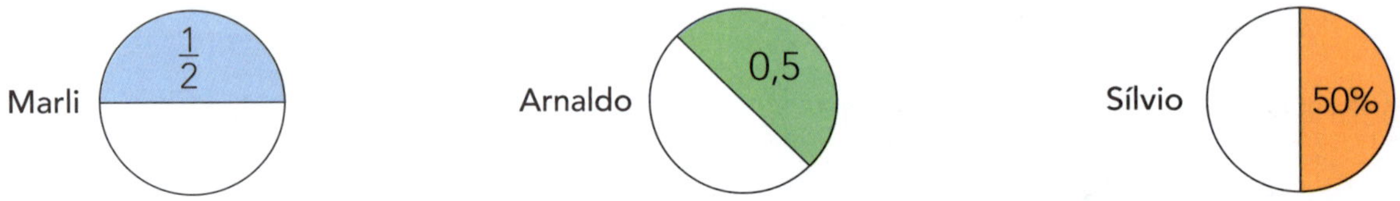

Ilustrações: Banco de imagens/Arquivo da editora

Converse com os colegas. Depois, responda e justifique: os 3 alunos representaram corretamente? ______

2 Na atividade anterior você viu que uma mesma parte da figura foi representada de formas diferentes (fração, decimal e porcentagem), todas corretas. Veja mais exemplos e, depois, complete a tabela com outras equivalências.

- Decimal para fração: $0,8 = \frac{8}{10} = \frac{4}{5}$
- Decimal para porcentagem: $0,7 = 0,70 = \frac{70}{100} = 70\%$
- Fração para decimal: $\frac{3}{5} = 3 \div 5 = 0,6$
- Fração para porcentagem: $\frac{11^{\times 4}}{25_{\times 4}} = \frac{44}{100} = 44\%$
- Porcentagem para fração: $45\% = \frac{45}{100} = \frac{9}{20}$
- Porcentagem para decimal: $28\% = \frac{28}{100} = 0,28$

$$\begin{array}{r|l} 3{,}0 & 5 \\ \hline -\,3\,0 & 0{,}6 \\ \hline 0 & \end{array}$$

Equivalências entre fração, decimal e porcentagem

Fração	$\frac{17}{100}$	$\frac{9}{10}$			$\frac{3}{100}$	
Decimal	0,17		0,35			
Porcentagem	17%			60%		150%

Tabela elaborada para fins didáticos.

3 Em uma turma com 40 alunos, 70% são meninos. Quantos meninos há nessa turma?
Veja como podemos resolver essa situação de 2 maneiras diferentes, calcule e complete. Depois, escreva a resposta.

Usando fração.		Usando decimal.
$70\% = \frac{70}{100} = \frac{7}{10}$ ↓ $\frac{7}{10}$ de $40 =$ ________	ou	$70\% = 0{,}70 = 0{,}7$ ↓ $0{,}7$ de $40 = 0{,}7 \times 40 =$ ________

Resposta: ____

4 Calcule e complete.

a) Usando fração:
35% de 160 = ________

b) Usando decimal:
12% de R$ 75,00 = ________

5 Resolva usando fração e também usando decimal.
Em uma eleição, votaram 12 000 eleitores e 6% dos votos foram anulados. Quantos votos foram anulados? ________________

Estúdio Félix Reiners/Arquivo da editora

6 Carlos já leu 120 páginas de um livro que tem 200 páginas. Indique o que ele já leu em relação ao total de páginas, usando uma fração irredutível, um decimal e uma porcentagem. ________________

Mais atividades e problemas

As imagens não estão representadas em proporção.

1 No campeonato de futebol da escola, o Bom de Bola F. C. teve 12 vitórias, 5 empates e 3 derrotas. Represente o número de vitórias, de empates e de derrotas em relação ao total de jogos usando fração irredutível, decimal e porcentagem.

Estúdio Félix Reiners/Arquivo da editora

	Vitórias	Empates	Derrotas
Com fração:	______ do total	______	______
Com número decimal:	______ do total	______	______
Com porcentagem:	______ do total	______	______

2 Segundo a Estimativa da População do IBGE, em 2016 a população do Distrito Federal era mais de 2,9 milhões de habitantes. Esse número corresponde a 2009000, 2900000 ou 200009? ______

Ismar Ingber/Pulsar Imagens

Parque Ecológico Ermida Dom Bosco, em Brasília, DF. Foto de 2016.

3 **CÁLCULO MENTAL E CALCULADORA**

Em determinado dia do ano, a temperatura em uma cidade do Paraná era 18,3 °C às 7 horas. Das 7 até as 12 horas a temperatura subiu 8,7 °C. Das 12 até as 22 horas abaixou 9,4 °C.

Calcule mentalmente e complete com a temperatura em cada horário. Depois, confira com uma calculadora ou pelos algoritmos.

7 h	12 h	22 h
↓	↓	↓
______	______	______

4 Jairo tem 1,68 m de altura e Sérgio tem 1,7 m de altura.
Complete:

__________ tem ______ m ou ______ cm a mais do que __________.

5 Para cada item, calcule e anote o "peso" que a última balança deve registrar. No item **c**, todas as latas têm o mesmo "peso". Em **d**, todos os copos têm o mesmo "peso".

a)

5,873 kg | 2,527 kg | ______

b)

7,58 kg | 5,6 kg | ______

c)

1,33 kg | ______

d)

1,4 kg | ______

Ilustrações: Félix Reiners/Arquivo da editora

6 Uma bicicleta custa R$ 160,00 a prazo. No pagamento à vista há um desconto de 6%.

Qual é o preço à vista desta bicicleta? __________

VAMOS VER DE NOVO?

1 Complete cada item com o sinal +, −, × ou ÷ para que o resultado fique correto.

a) 63 ____ 10 = 6,3
b) 63 ____ 10 = 53
c) 63 ____ 10 = 630
d) 63 ____ 10 = 73
e) 3,7 ____ 1,7 = 2
f) 1 ____ 2 = 0,5
g) 30 ____ 30 = 900
h) 3 ____ 1,5 = 4,5
i) 1,5 ____ 3 = 0,5
j) 3 ____ 7 = $\frac{3}{7}$
k) 2 ____ 0,3 = 1,7
l) 3 ____ $\frac{1}{5} = \frac{3}{5}$

2 Teste seu vocabulário em geometria e complete.

Ilustrações: Banco de imagens/Arquivo da editora

a) 

Nome do sólido geométrico: ____________.

Ele tem 6 ____________.

b) 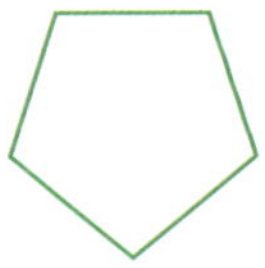

____________ de 5 lados.

Seu nome: ____________.

c) 

Região poligonal de ______ lados e ______ vértices.

Seu nome: ____________.

d) 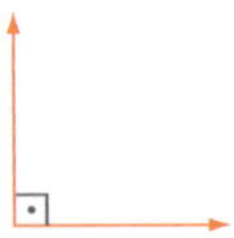

Esta figura é um ____________.

De acordo com a sua abertura, ele se chama ____________.

3 Leia, pense e resolva.

Marina comprou um aparelho de som de R$ 600,00. Ela deu 20% do total de entrada e o restante vai pagar em 3 prestações iguais. Qual é o valor de cada prestação? ____________

4 Uma planilha eletrônica é um programa de computador utilizado para efetuar cálculos.

Em algumas planilhas é possível inserir 2 valores, por exemplo, um dividendo e um divisor, e o computador calcula e fornece o resto e o quociente da divisão. A imagem mostra uma planilha eletrônica em que é feito esse procedimento. Na linha 2, por exemplo, o usuário digitou 603 como dividendo e 24 como divisor, obtendo resto 3.

Complete com o que falta em cada linha.

◇	A	B	C	D
1	DIVIDENDO	DIVISOR	RESTO	QUOCIENTE
2	603	24	3	
3	520	16		
4	513	61		
5		51	1	42

Banco de imagens/Arquivo da editora

5 Renato começou o ano com R$ 400,00. Em janeiro ele gastou R$ 56,00 e gastou, nos meses seguintes, sempre R$ 12,00 a mais do que no mês anterior. Em que mês o dinheiro dele acabou? ________

6 Observe os sólidos geométricos e responda.

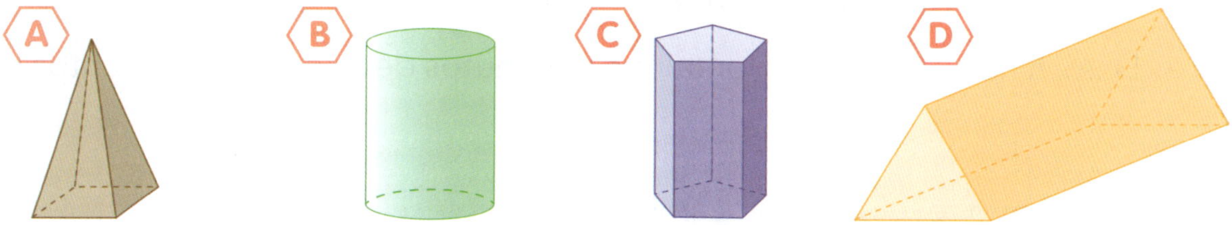

Ilustrações: Banco de imagens/Arquivo da editora

a) Qual destes sólidos geométricos não é poliedro? ______

b) Qual é poliedro mas não é prisma? ______

c) Qual é poliedro e não tem face triangular? ______

7 Complete cada frase com uma das seguintes expressões:

não há	há apenas um(a)	há mais de um(a)

Quando completar com **há apenas um(a)**, registre qual é, e, quando completar com **há mais de um(a)**, dê 2 exemplos.

a) ____________ número par entre 16 e 20.

b) ____________ triângulo com 2 ângulos retos.

c) ____________ fração que vale mais do que 1 unidade.

d) ____________ número natural de 3 algarismos no qual o algarismo das centenas e o algarismo das unidades são iguais.

e) ____________ circunferência na qual o comprimento do diâmetro mede o triplo do comprimento do raio.

f) ____________ número que dividido por 5 dá quociente 12 e resto 3.

g) ____________ número natural maior do que 1 milhão.

8 Qual unidade de medida é melhor para indicar o "peso" deste animal e destes objetos: a **tonelada**, o **quilograma** ou o **grama**?

As imagens não estão representadas em proporção.

a) 

Kletr/Shutterstock

Rinoceronte.

____

b) 

tanuha2001/Shutterstock

Copo.

____

c) 

ppart/Shutterstock

Fogão.

____

d) 

t.nehala/Shutterstock

Borracha.

____

ThavornC/Shutterstock

9 Observe as imagens e responda.

a) Das 7 h às 7 h 25 min, o ponteiro dos minutos deu um giro de quantos graus?

____

b) O carrinho teve um deslocamento de aproximadamente quantos centímetros? Confira sua estimativa com o auxílio de uma régua. ____________

Roman Silantev/Shutterstock

O QUE ESTUDAMOS

Relembramos que os decimais são outra forma de representação de números já conhecidos.

$$8 = 8{,}0 \qquad \frac{1}{2} = 0{,}5 \qquad 3\frac{7}{100} = 3{,}07$$

Fizemos comparações e efetuamos operações envolvendo números decimais.

- $1 > 0{,}7$
- $4{,}52 < 4{,}7$ (↑ 4,70)
- $1{,}6 = 1{,}60 = 1{,}600$
- $0{,}3 > 0{,}295$ (↑ 0,300)
- $3{,}6 + 2{,}1 = 5{,}7$
- $3 \times 1{,}25 = 3{,}75$
- $4 - 0{,}2 = 3{,}8$
- $4{,}268 \div 2 = 2{,}134$

Trabalhamos com décimos, centésimos e milésimos em unidades de medida conhecidas, usando decimais.

1 mm = 0,1 cm   1 cm = 0,01 m   1 m = 0,001 km

Vimos como trabalhar com decimais nas calculadoras.

3,45 ⟶ [3] [·] [4] [5]

Relacionamos fração, decimal e porcentagem.

$$\frac{7}{10} = 0{,}7 \qquad 70\% = \frac{70}{100} = 0{,}70 = 0{,}7$$

Resolvemos problemas envolvendo decimais.

Rosana gastou R$ 12,25 em frutas e R$ 8,50 em legumes.

Quanto ela gastou no total? R$ 20,75

$$\begin{array}{r} \overset{1}{1}2{,}25 \\ +\ \ 8{,}50 \\ \hline 20{,}75 \end{array}$$

- Quando você não acerta uma atividade, procura observar o que não acertou para poder aprender e melhorar?
- Você tem pedido dicas para o professor sobre como pode melhorar nos estudos e nas atitudes em sala de aula? Aceite sugestões!

Unidade 10

Grandezas e suas medidas

Ricardo Chucky/Arquivo da editora

Ricardo Chucky/Arquivo da editora

- O que mostra esta cena?
- Quais anúncios aparecem retratados nesta cena?
- Há locais como este no bairro onde fica a sua escola?

Para iniciar

Nas compras e vendas no comércio, o preço das mercadorias está relacionado às características e medidas delas. Algumas são vendidas por quilogramas, outras por litro, etc.

Nesta Unidade vamos retomar e ampliar nossos conhecimentos sobre os vários tipos de grandezas e suas medidas.

- Analise a cena das páginas de abertura desta Unidade. Converse com os colegas e respondam às questões a seguir.

Ilustrações: Estúdio Félix Reiners/Arquivo da editora

- Converse com os colegas sobre mais estas questões.

  a) Faça estimativas e responda.

  Quantos metros mede a altura da sala de aula?

  Quantos quilogramas pesa sua mochila quando está com o material escolar?

  Quantos minutos você leva para chegar à escola em um dia de aula?

  Quantos mililitros de água cabem em uma garrafinha de plástico?

  b) Que unidades de medida são geralmente usadas em cada caso?

  Para citar a distância entre 2 cidades.

  Para citar a altura de uma pessoa.

  Para citar a espessura de um livro.

Medidas de comprimento

1 Um eletricista instalou estes fios ligando os 2 postes. Para saber quantos metros de fio gastaria, ele calculou inicialmente a distância entre os postes. Esse é um exemplo de situação na qual se usa **medida de comprimento**. Calcule e responda: no mínimo, quantos metros de fio o eletricista gastou? ____________

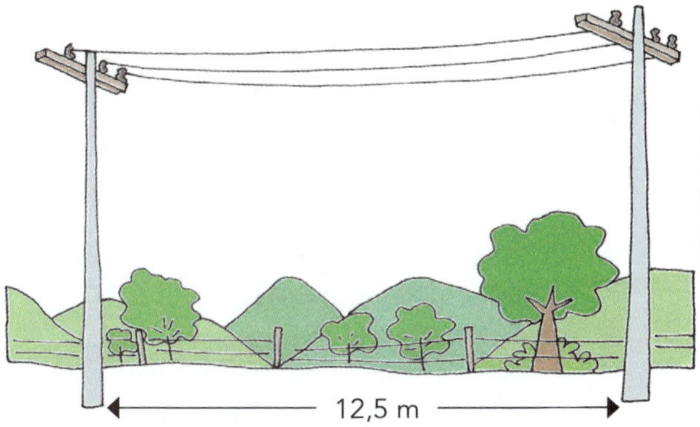

Estúdio Félix Reiners/Arquivo da editora

2 Use sua caneta como unidade de medida e meça o comprimento de algum objeto da sala de aula. Registre a medida e depois relate aos colegas da classe como você fez a medição.

____

3 **ATIVIDADE ORAL EM GRUPO** Na atividade 1 foi usada uma unidade padronizada para medir o comprimento: **metro (m)**. Na atividade 2, ao medir com a caneta, usamos uma unidade não padronizada.
Converse com os colegas sobre a diferença entre uma unidade padronizada e uma unidade não padronizada de medida.
No geral, qual delas é mais vantajosa de usar? Por quê?

4 **ATIVIDADE ORAL EM GRUPO** Veja o que Joaquim e Rosana estão falando.

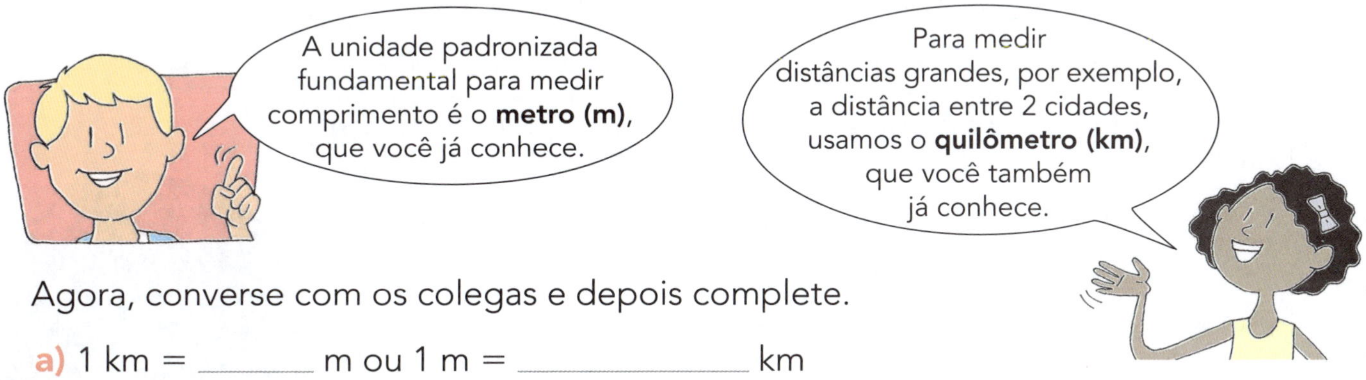

Ilustrações: Estúdio Félix Reiners/Arquivo da editora

Agora, converse com os colegas e depois complete.

a) 1 km = ________ m ou 1 m = ____________ km

b) Um comprimento na sala de aula que meça cerca de 1 m:

____

c) Uma distância na cidade que tenha cerca de 1 km:

____

5 Veja.

Estúdio Félix Reiners/ Arquivo da editora

As imagens não estão representadas em proporção.

O **centímetro (cm)** é a centésima parte do metro. $1\ cm = \frac{1}{100}\ m = 0{,}01\ m$	O **milímetro (mm)** é a milésima parte do metro. $1\ mm = \frac{1}{1000}\ m = 0{,}001\ m$	O **decímetro (dm)** é a décima parte do metro. $1\ dm = \frac{1}{10}\ m = 0{,}1\ m$

Agora, complete de acordo com as informações acima ou olhando em uma régua ou fita métrica.

a) 1 m = _______ cm
b) 1 m = _______ mm
c) 1 m = _______ dm
d) 1 cm = _______ mm
e) 1 dm = _______ cm
f) 0,5 m = _______ cm
g) 1,4 cm = _______ mm
h) 0,35 m = _______ mm
i) 20 cm = _______ dm

6 Pinte o quadrinho com a medida mais adequada em cada item.

a) Comprimento de um ônibus: [10 cm] [10 m] [10 mm]
b) Comprimento de uma caneta: [15 cm] [15 m] [15 km]
c) Comprimento de um inseto: [3 cm] [3 m] [3 km]
d) Distância entre a Terra e a Lua: [384 000 m] [384 000 dm] [384 000 km]
e) Largura da porta da sala de aula: [90 m] [90 cm] [90 dm]
f) Espessura de uma moeda: [3 cm] [2 mm] [2 m]

7 A medida do comprimento do raio da Terra é aproximadamente 6 378 km.

a) **ATIVIDADE ORAL EM GRUPO (TODA A TURMA)**
Você sabe o que é o raio da Terra? Converse com os colegas sobre isso.

b) Quantos metros tem aproximadamente a medida de comprimento do raio da Terra. _______________

Chaikovskiy Igor/Shutterstock

Imagem do planeta Terra.

8 ESTIMATIVAS

a) Estime a medida das dimensões deste livro de Matemática em centímetros. Depois, meça com uma régua e compare suas estimativas com as medidas reais.

Estimativas

Comprimento: ____________________

Largura: ____________________

Medidas reais

Comprimento: ____________________

Largura: ____________________

b) Estime quantos centímetros tem seu palmo.
Depois, meça-o com uma régua, registre essa medida e calcule a diferença entre a estimativa e a medida real.

Estimativa: ____________________ Medida: ____________________

Diferença: ____________________

9 Meça os segmentos de reta e depois escreva suas medidas, nas unidades de medida propostas.

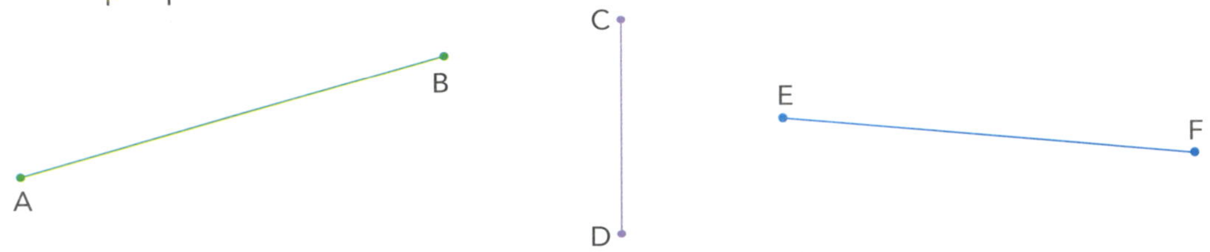

Ilustrações: Banco de imagens/Arquivo da editora

a) $\overline{AB}$ em cm. __________

b) $\overline{AB}$ em mm. __________

c) $\overline{CD}$ em cm. __________

d) $\overline{CD}$ em m. __________

e) $\overline{EF}$ em mm. __________

f) $\overline{EF}$ em cm. __________

10 Alfredo mediu o comprimento e a largura de um canteiro retangular para cercá-lo com tijolos.
Veja a figura e responda.

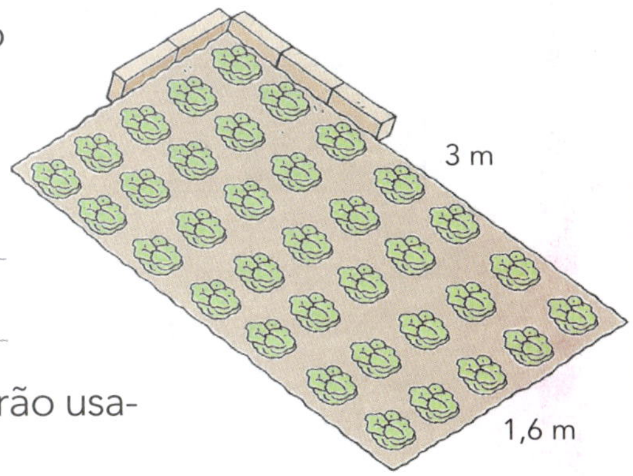

Estúdio Félix Reiners/Arquivo da editora

a) Qual é a medida de todo o contorno do canteiro? __________

b) Que nome é dado a essa medida? ____________________

c) Se cada tijolo tem 40 cm de comprimento, quantos tijolos serão usados, aproximadamente, na volta toda? ____________________

d) Quantos pés de alface estão plantados no canteiro?

____

Medidas de superfície: área

A ideia de área

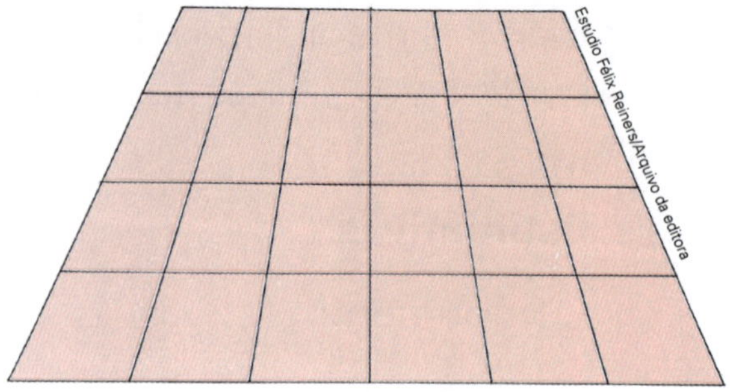
Estúdio Félix Reiners/Arquivo da editora

1 Observe ao lado os ladrilhos que Luan colocou no piso de sua cozinha.

a) Quantos ladrilhos há nele?

____

b) Considerando a área de 1 ladrilho como unidade, a **área** do piso corresponde a quantas unidades? _______________

Explorar e Descobrir

Ilustrações: Banco de imagens/Arquivo da editora

- Copie a região verde várias vezes em uma folha de papel sulfite. Pinte-as, recorte-as e cubra a região amarela com essas regiões. Depois, registre as divisões na região amarela.

- Qual é a área da região amarela considerando a área da região verde como unidade? _______________

2 Observe as seguintes regiões planas (seus tamanhos e cores).

Ilustrações: Banco de imagens/Arquivo da editora

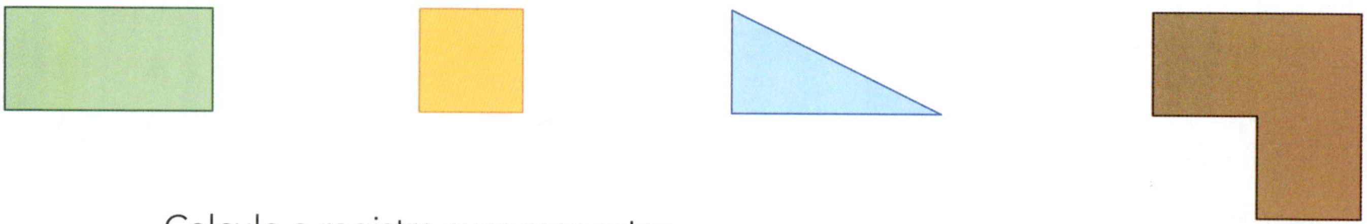

Calcule e registre suas respostas.

a) A área da região verde usando a região amarela como unidade. _______

b) A área da região marrom usando a região amarela como unidade. _______

c) A área da região marrom usando a região verde como unidade. _______

d) A área da região verde usando a região azul como unidade. _______

3 CALCULADORA

Leandro comprou lajotas bege e verdes para revestir o piso de 2 cômodos de sua casa. Observe as figuras a seguir e descubra quanto ele gastou na compra das lajotas. Se necessário, use calculadora. ____________

Nikoniano/Shutterstock

Pessoa instalando lajota.

As imagens não estão representadas em proporção.

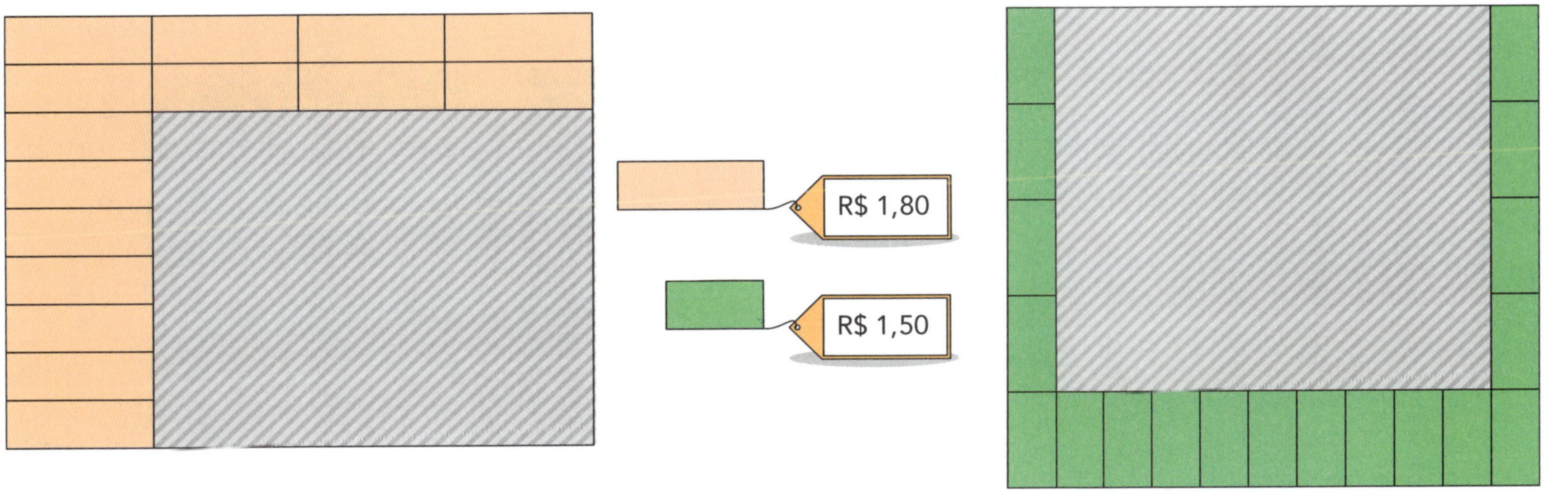

Ilustrações: Banco de imagens/Arquivo da editora

Explorar e Descobrir

Observe as 2 regiões planas abaixo.

Desenhe em uma folha de papel sulfite 4 peças iguais à região plana laranja. Pinte, recorte e cole essas peças sobre a região plana verde. Depois, complete a afirmação que Bia escreveu.

Ilustrações: Estúdio Félix Reiners/Arquivo da editora

Sugestão de...

Livro

Será o Saci?: perímetro e área. Martins Rodrigues Teixeira. São Paulo: FTD, 1998. (Coleção Matemática em mil e uma histórias.)

Unidades padronizadas para o cálculo de área

1 Você se lembra do significado de **1 centímetro quadrado (1 cm²)**?

Estúdio Félix Reiners/Arquivo da editora

Entre as regiões abaixo, quais têm área de 1 cm². ____________________

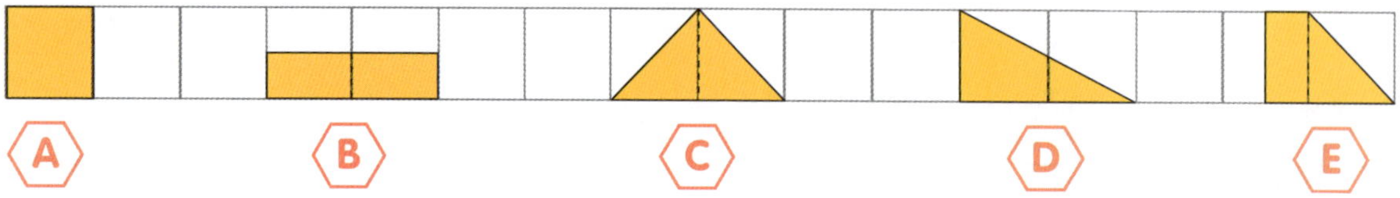

Ilustrações: Banco de imagens/Arquivo da editora

2 Desenhe e pinte as regiões planas indicadas.

a) Uma região plana com área de 2 cm².

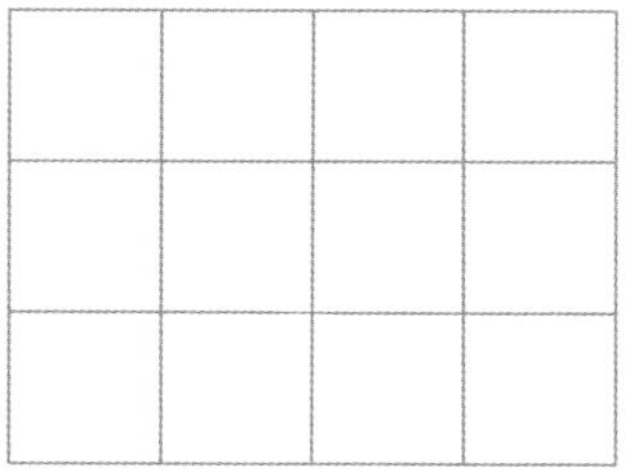

b) Duas regiões planas diferentes, ambas com área de 0,5 cm².

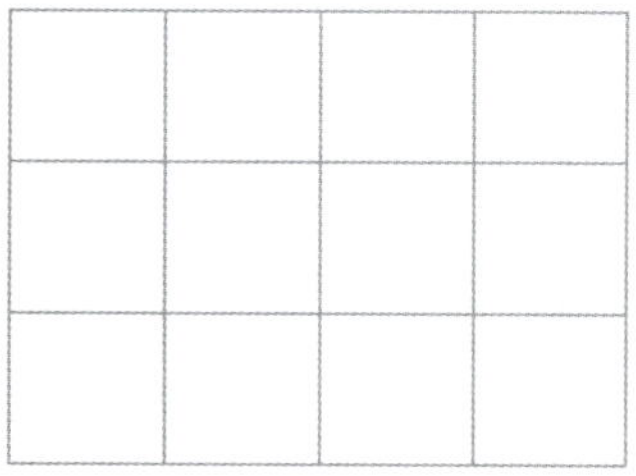

c) Uma região plana com área de 3,5 cm².

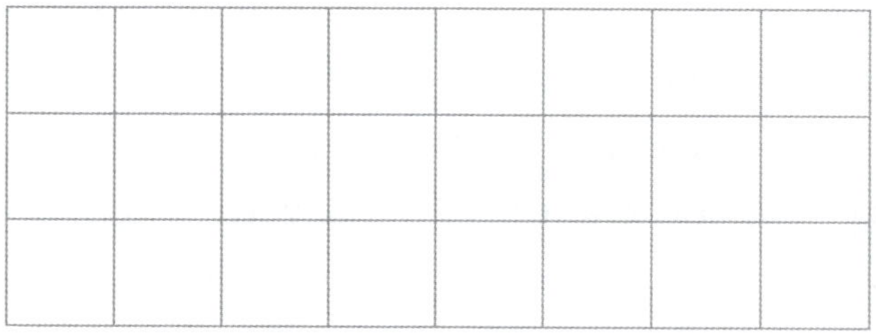

3 Observe a figura ao lado e responda.

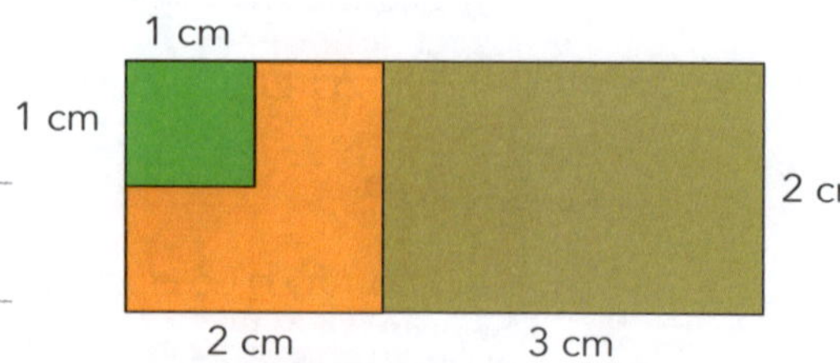

Banco de imagens/Arquivo da editora

a) Qual é a área da região marrom? __________

b) Qual é a área da região verde? __________

c) Qual é a área da região laranja? __________

d) Qual é a área da figura toda? __________

4 DESAFIO

Mário desenhou um quadrado com lados de 1 cm, dividiu a região quadrada determinada por ele em 4 partes iguais e pintou uma delas. Escreva a área da parte pintada, em cm^2, usando fração e decimal.

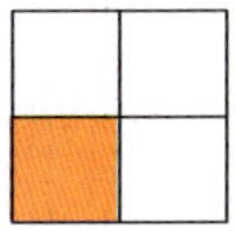

Ilustrações: Banco de imagens/ Arquivo da editora

____

5

Registre a área, em cm^2, desta região plana.

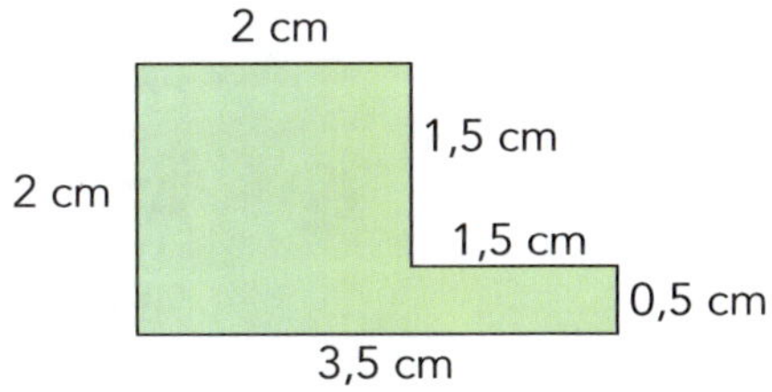

____

6 PERÍMETRO E ÁREA

Esta malha quadriculada tem quadradinhos com 1 centímetro de lado.

a) Determine o perímetro (em cm) e a área (em cm^2) de cada região plana e registre na tabela.

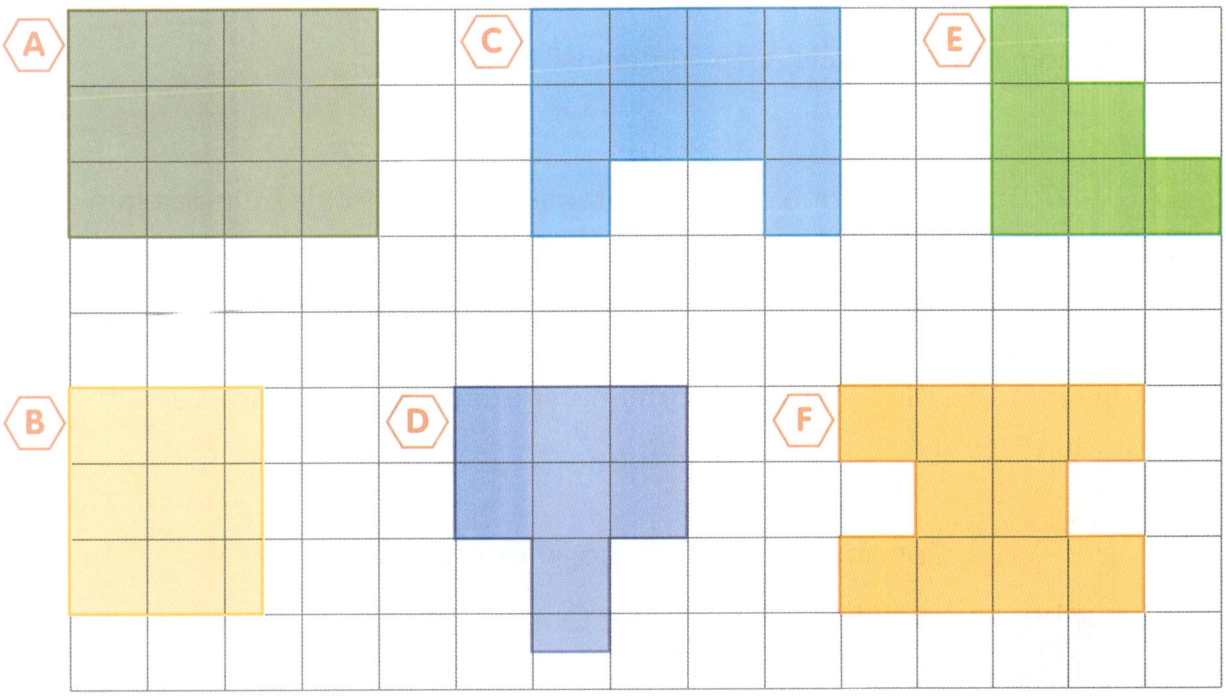

Banco de imagens/Arquivo da editora

b) Quais dessas regiões planas têm área igual? ______________

c) Essas regiões planas também têm perímetro igual?

____

Medidas das regiões planas

Região plana	A	B	C	D	E	F
Perímetro (em cm)						
Área (em cm^2)						

Tabela elaborada para fins didáticos.

Explorar e Descobrir

- Use folhas de jornal, fita métrica, tesoura e fita adesiva e construa uma região quadrada com área de 1 m².
- **ATIVIDADE EM GRUPO** Forme uma equipe com mais 3 colegas e use os metros quadrados construídos para descobrir a área de um local da escola combinado com o professor. Registre o local medido e a área obtida. ______
- **ATIVIDADE EM GRUPO** Ainda usando o metro quadrado, construa no chão da quadra, com os colegas, uma região retangular que tenha 8 metros quadrados de área.
- **ESTIMATIVA**

  Responda e depois verifique concretamente se suas estimativas foram boas.

  a) Quantos alunos em pé você estima que cabem sobre o metro quadrado que você construiu com 1 aluno em cada canto? ______

  b) E com todos os alunos bem juntinhos? ______

7 **ATIVIDADE ORAL** O que é representação usando escala? Onde ela é usada?

8 Destaque a malha quadriculada da página 27 do **Ápis divertido**. Faça nela um desenho representando a região retangular que você construiu no chão da quadra, no **Explorar e descobrir**, na seguinte escala: para cada metro real coloque 1 centímetro no desenho.

Estúdio Félix Reiners/ Arquivo da editora

9 Considere 5 pessoas por metro quadrado.

a) Calcule e responda: Quantas pessoas cabem em um elevador cujo piso é uma região quadrada com 2 m em cada lado?

______

b) Faça um desenho para ilustrar esta situação usando a mesma escala da atividade anterior.

10 **ATIVIDADE ORAL EM GRUPO** Descreva para os colegas uma região conhecida de sua cidade cuja área seja de aproximadamente 1 quilômetro quadrado (1 km²).

11 As áreas aproximadas dos estados da região Sul do Brasil são: 95 738 km², 281 738 km², 199 308 km². Observe no mapa o tamanho dos estados. Depois, complete a tabela com o nome e a área correspondente a cada um.

Fonte de consulta: IBGE. **Atlas geográfico escolar**. 6. ed. Rio de Janeiro, 2012.

Região Sul

Estado			
Área (em km²)			

Tabela elaborada para fins didáticos.

12 **CALCULADORA**

Use calculadora e responda.

A área do estado do Amazonas é aproximadamente 1 559 160 km².

A área do estado do Pará corresponde a aproximadamente $\frac{4}{5}$ da área do estado do Amazonas.

Fonte de consulta: IBGE. **Atlas geográfico escolar**. 6. ed. Rio de Janeiro, 2012.

a) Qual é a área aproximada do Pará?

____

b) A distância de 4 cm nesse mapa corresponde a quantos quilômetros na realidade? (Veja a escala do mapa.)

____

c) Uma distância de 931 km na realidade corresponde a quantos centímetros nesse mapa? _______________

Área da região retangular

1 CALCULADORA

Observe a região retangular amarela ao lado, cuja largura mede 3,5 cm e cujo comprimento mede 1,5 cm.

Banco de imagens/Arquivo da editora

a) Escreva a área dessa região retangular. ________

b) Use uma calculadora, efetue e registre: $3{,}5 \times 1{,}5 =$ ________

Explorar e Descobrir

Será que em todas as regiões retangulares acontece o mesmo que vimos na atividade 1?

Considere as regiões retangulares desenhadas em uma malha quadriculada de 1 cm. Preencha a tabela e verifique em mais alguns exemplos.

Use a calculadora quando necessário.

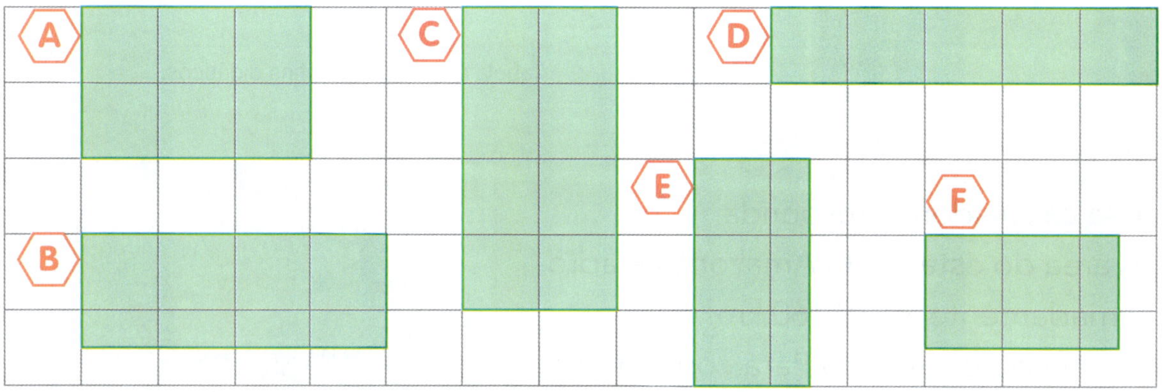

Banco de imagens/Arquivo da editora

Regiões retangulares

Região retangular	Medida do comprimento	Medida da largura	Área	Verificação
A				___ × ___ = ___
B				
C				
D				
E				
F				

Tabela elaborada para fins didáticos.

2 Escreva uma conclusão sobre o cálculo da área de uma região retangular.

____

____

____

3 **ÁREA DA REGIÃO QUADRADA**

Você viu que o quadrado é um caso particular de retângulo.

No quadrado, o comprimento e a largura têm medidas iguais.

Observe a região quadrada e calcule sua área de 2 maneiras diferentes.

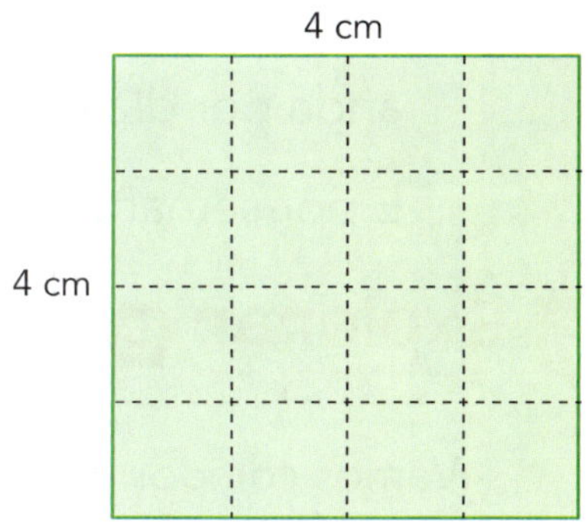

Banco de imagens/Arquivo da editora

a) Contando os quadrinhos de 1 cm². ______________

b) Fazendo uma multiplicação. ______________

4 Escreva uma conclusão sobre o cálculo da área de uma região quadrada.

____

____

____

5 Carolina está reformando sua casa.

Observe a planta de 2 salas, calcule e responda.

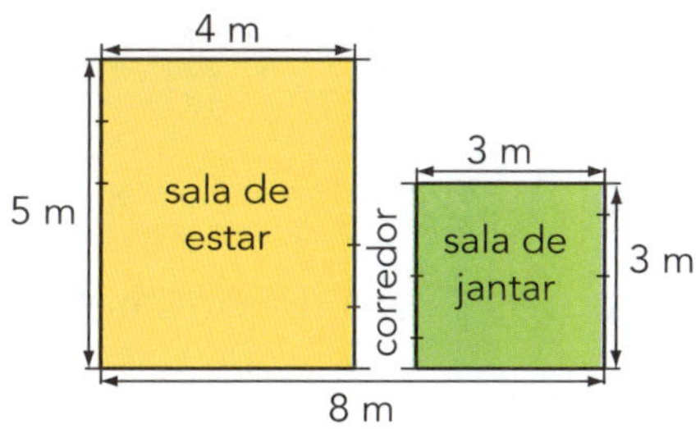

Banco de imagens/Arquivo da editora

a) Quantos metros quadrados de carpete serão necessários para cobrir o piso das 2 salas? ______________

b) Quantos metros de madeira serão necessários para o rodapé nas 2 salas, considerando as portas com largura de 1 metro? ______________

6 CALCULADORA

Diná mora em um quarteirão quadrado com área de 8 100 m². Use uma calculadora e responda.

a) Quanto mede cada lado do quarteirão? (Dica: pense em um número que multiplicado por ele mesmo resulta 8 100.) ____________

b) Diná costuma dar 3 voltas por dia nesse quarteirão. Quantos metros ela anda por dia nessa caminhada? ____________

c) E por semana? ____________

Explorar e Descobrir

Vamos compor uma região quadrada?

- Destaque a malha quadriculada da página 29 do **Ápis divertido**. Nessa malha, construa e pinte 3 regiões retangulares: uma de 3 cm por 2 cm, uma de 4 cm por 3 cm e uma de 6 cm por 3 cm.
- Recorte as 3 regiões retangulares e cole-as no espaço ao lado, de modo que formem uma região quadrada.
- Qual é a área da região quadrada formada? Calcule de 2 maneiras diferentes. ____________

7 FAÇA DO SEU JEITO!

a) Isto você já viu. Complete: 1 cm = ______ mm e 1 m = ______ cm.

b) Agora, faça desenhos, descubra e complete. Depois, veja como os colegas fizeram.

1 cm² = ______ mm² e 1 m² = ______ cm²

Área da região determinada por um triângulo retângulo

1 **ATIVIDADE ORAL EM GRUPO** Você lembra o que é um triângulo retângulo?

Explorar e Descobrir

Sabendo calcular a área de uma região retangular, fica fácil calcular a área de uma região triangular cujo contorno é um triângulo retângulo.

Vamos explorar e descobrir! Faça o que se pede e registre as respostas.

- Destaque a malha quadriculada da página 31 do **Ápis divertido**. Construa nela uma região retangular com comprimento de 4 cm e largura de 3 cm. Recorte-a.
- Qual é a área dessa região retangular? ______
- Trace com uma régua um segmento de reta como o verde na figura ao lado. Corte a região retangular nesse segmento de reta.

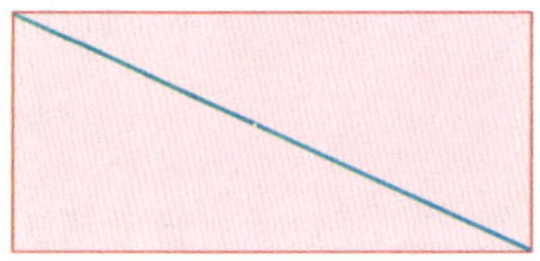

- Que regiões planas apareceram? Elas são iguais?

______

- Qual é a área de cada uma dessas regiões planas? Justifique sua resolução.

______

- Complete: Então podemos dizer que a área da região triangular é ______ da área da região retangular ou que a área da região retangular é ______ da área da região triangular.

2 Calcule a área das figuras em cada item.

a)

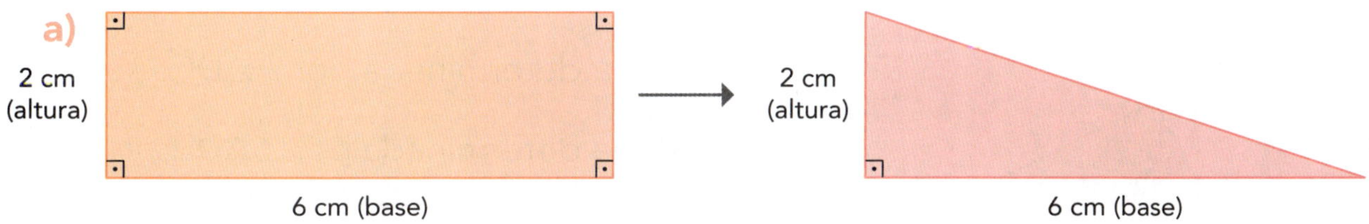

b)

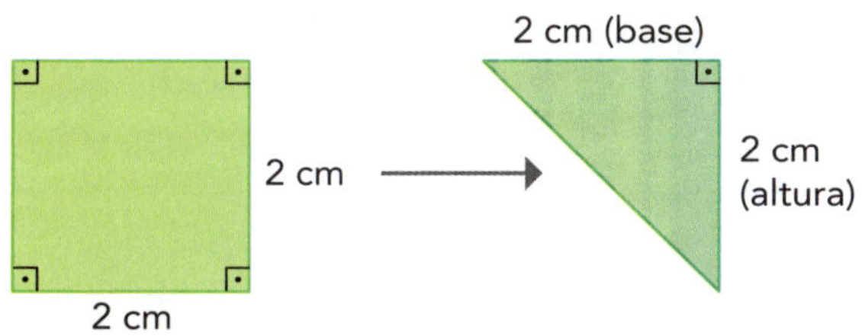

c)

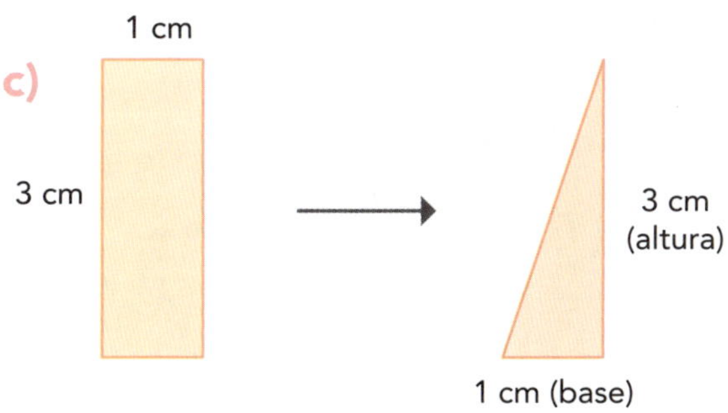

Ilustrações: Banco de imagens/Arquivo da editora

3 Imagine que cada região triangular abaixo seja a metade de uma região retangular. Considere as medidas indicadas e calcule a área de cada região triangular.

Ilustrações: Banco de imagens/Arquivo da editora

a)

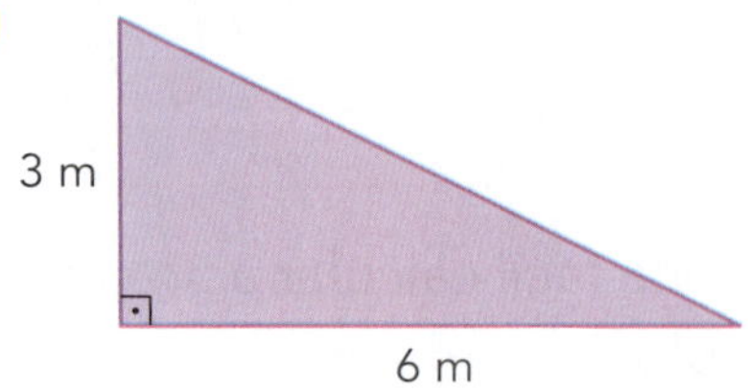

b)

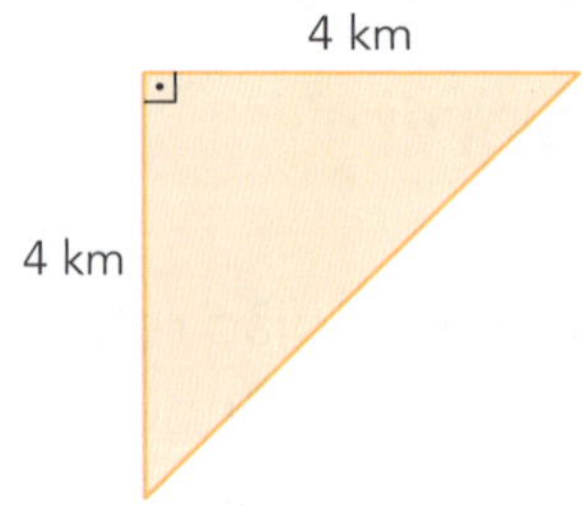

c)

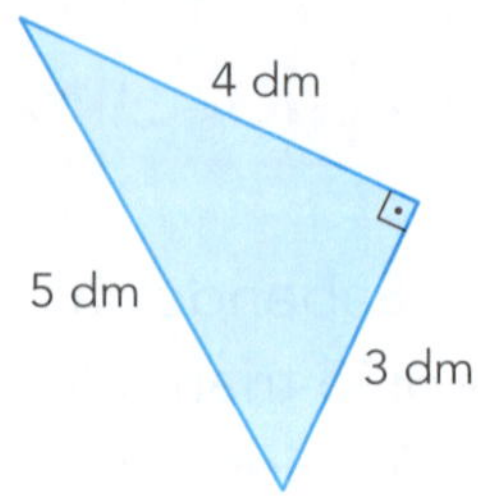

As imagens não estão representadas em proporção.

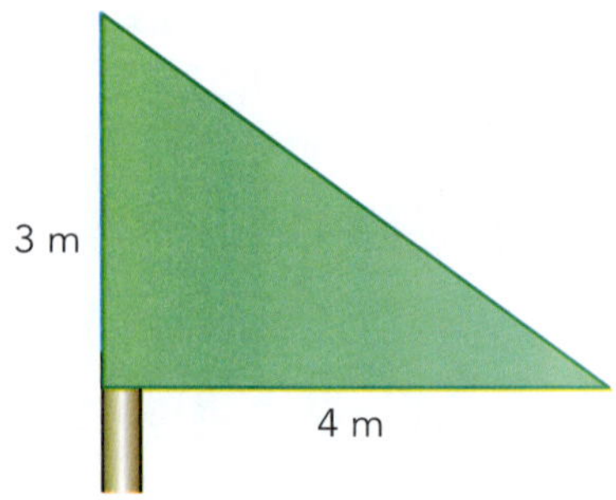

4 A turma de Marcos quer fazer uma grande bandeira triangular com tecido, como a da figura ao lado. A base da bandeira terá 4 metros e a altura terá 3 metros.

a) Quantos metros quadrados de tecido terá a bandeira? ______

b) Sabendo que o metro quadrado do tecido que eles querem usar custa R$ 4,00, quanto eles vão gastar no mínimo? ______

5 **DESAFIO**

ATIVIDADE EM DUPLA As regiões triangulares ABC abaixo não têm como contorno um triângulo retângulo. Mas pensem um pouco e descubram suas áreas.

Ilustrações: Banco de imagens/Arquivo da editora

a)

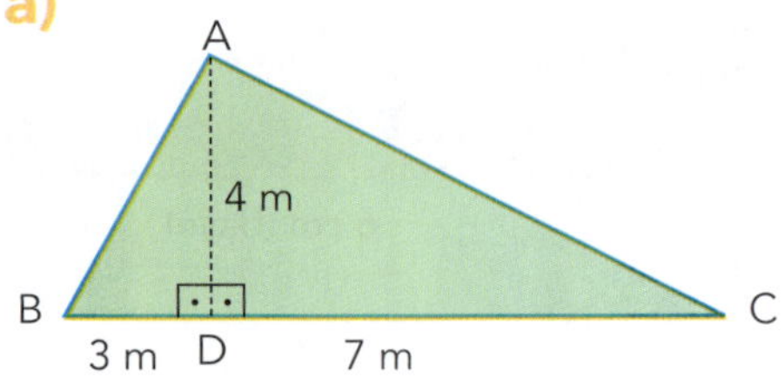

Área determinada por △ADC: ______

Área determinada por △ADB: ______

Área determinada por △ABC: ______

b)

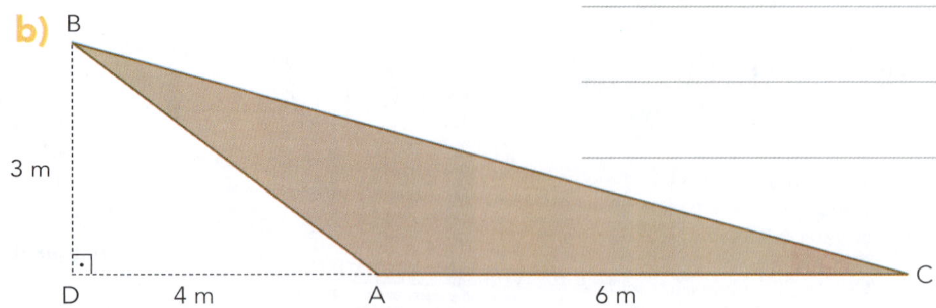

Medidas de volume

A ideia de volume

A caixa que Vítor arrumou ficou cheia quando ele colocou nela as 28 peças de seu jogo de dominó, como mostra a foto ao lado. Podemos dizer nesse caso, considerando o volume de 1 peça como unidade, que a **medida do volume** da caixa é 28 unidades.

Olaf Speier/Shutterstock

Caixa com peças de dominó.

Explorar e Descobrir

ATIVIDADE EM DUPLA Reúna-se com um colega, usem as peças do material dourado e montem os blocos retangulares desenhados abaixo. Depois, cada um registra as medidas de volume, considerando 1 cubinho como unidade de medida.

Unidade.

Ilustrações: Banco de imagens/Arquivo da editora

a) Bloco retangular com 4 barrinhas.

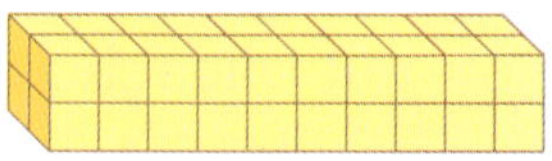

Medida do volume: ______ unidades.

b) Bloco retangular com 3 placas.

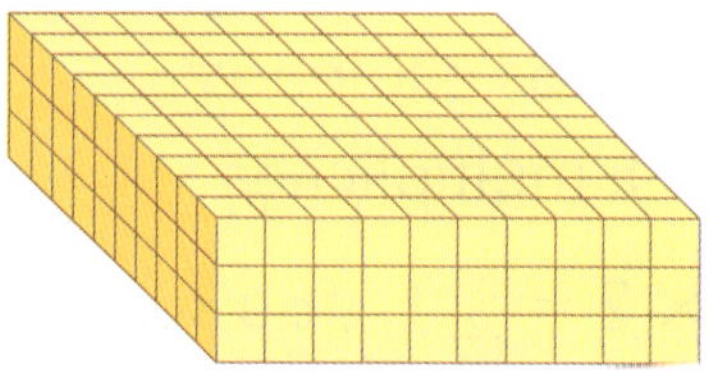

Medida do volume: ______ unidades.

Imagine agora um cubo que tenha todas as arestas com 1 cm. A medida do volume desse cubo é **1 centímetro cúbico (1 cm³)**. Observe a medida do volume do sólido verde ao lado. Agora, calcule a medida do volume dos seguintes sólidos geométricos, em cm³.

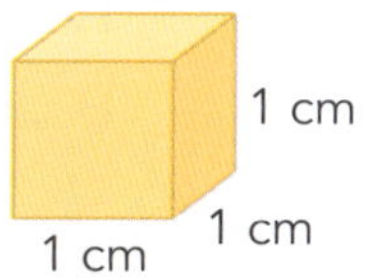

Ilustrações: Banco de imagens/Arquivo da editora

a) 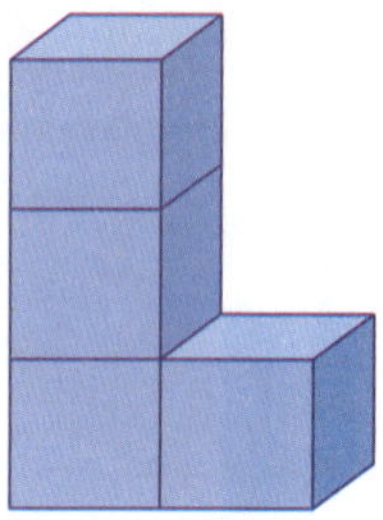

______

b) 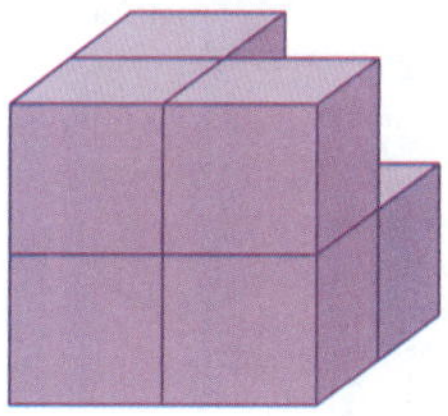

______

c) 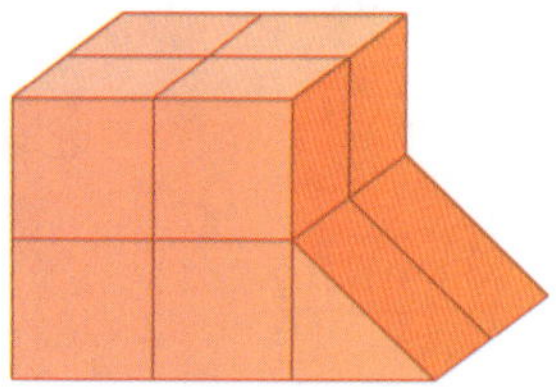

______

Volume do cubo e do paralelepípedo

1 Vamos considerar o centímetro cúbico (cm^3) como unidade de medida de volume.

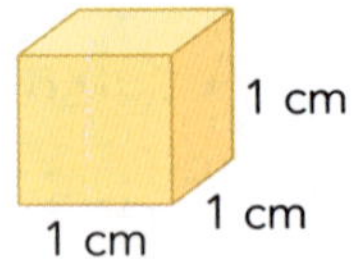

Observe que podemos descobrir a medida do volume do cubo e do paralelepípedo abaixo de 2 modos: contando os cubinhos ou pela multiplicação. Complete.

a) Cubo.

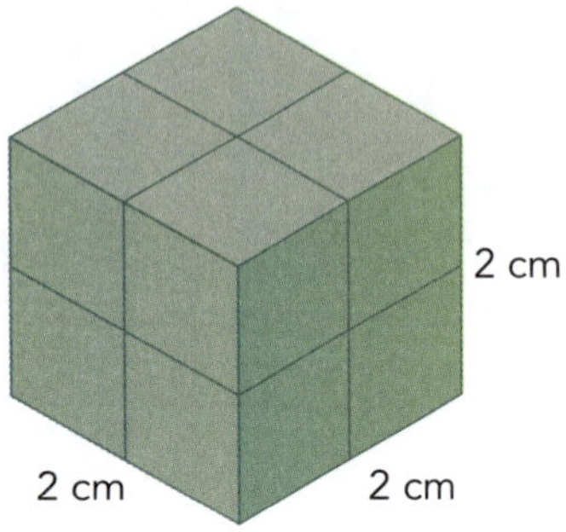

Contando os cubinhos: ____ cm^3

Usando a multiplicação:

$2 \times 2 \times 2 =$ ____, ou seja, ____ cm^3

b) Paralelepípedo.

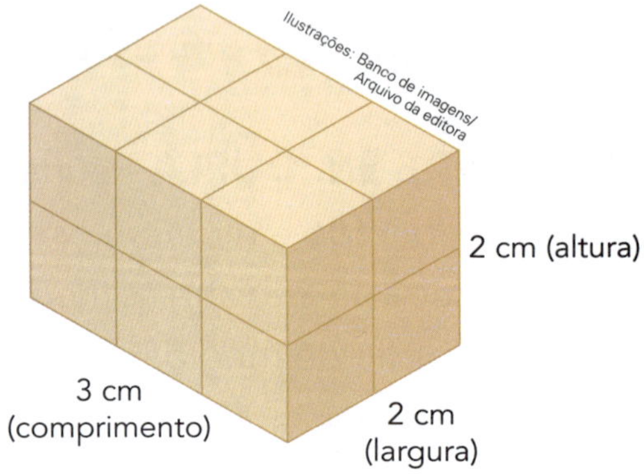

Ilustrações: Banco de imagens/Arquivo da editora

Contando os cubinhos: ____ cm^3

Usando a multiplicação:

$3 \times 2 \times 2 =$ ____, ou seja, ____ cm^3

2 **ATIVIDADE ORAL EM GRUPO** Converse com os colegas sobre o que aconteceu na atividade acima.

Depois, cada um escreve o volume dos blocos abaixo, em centímetros cúbicos, e verifica se aconteceu o mesmo que na atividade anterior.

a)

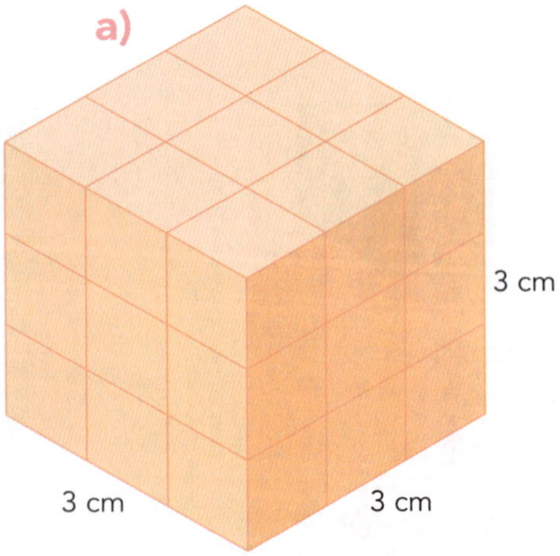

____

Ilustrações: Banco de imagens/Arquivo da editora

b)

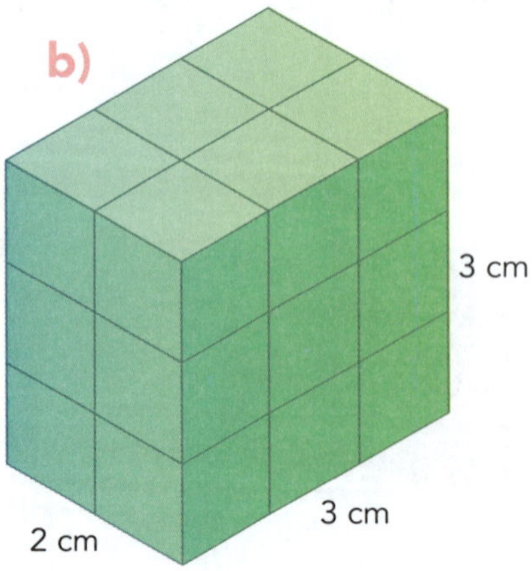

____

c)

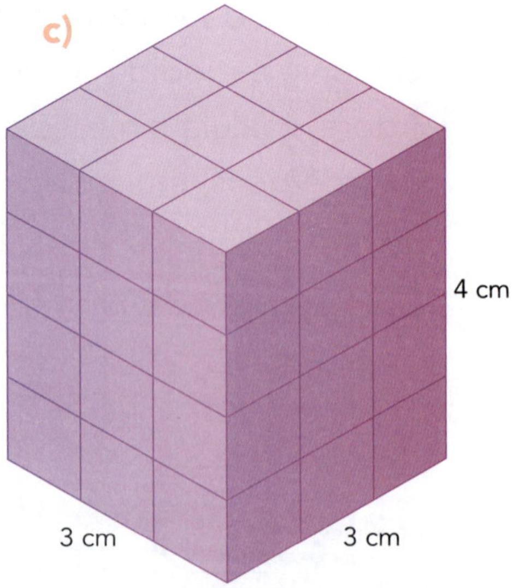

____

3 Escreva uma conclusão sobre como calcular a medida do volume de um paralelepípedo a partir da medida de comprimento de suas dimensões.

____

____

4 Abel tem um aquário com 34 cm de comprimento, 20 cm de largura e 25 cm de altura. Qual é a medida do volume desse aquário? ______________

Estúdio Félix Reiners/Arquivo da editora

5 Regina viu estas 2 caixas na loja e vai comprar a que tem volume maior para colocar um presente. Assinale qual é a caixa que Regina vai comprar.

As imagens não estão representadas em proporção.

☐ 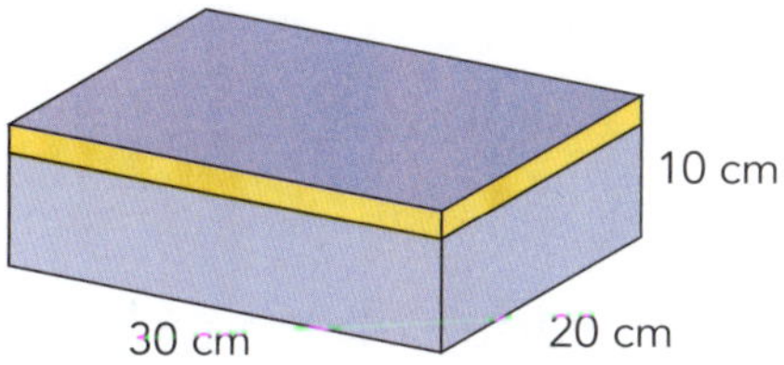

☐ 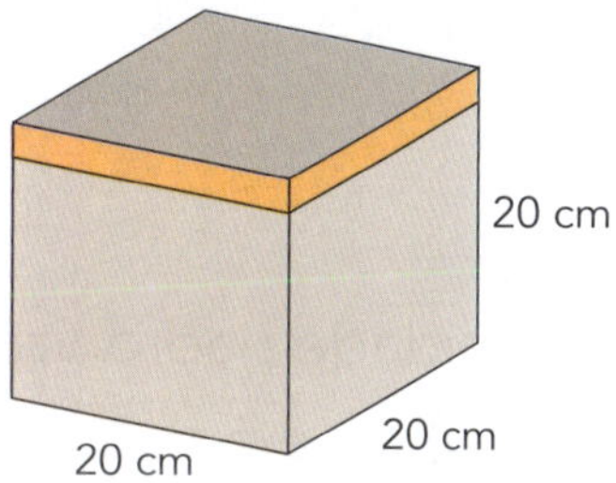

Ilustrações: Banco de imagens/Arquivo da editora

6 Calcule e complete.

Em um cubo que tem volume de 1 000 cm^3, cada aresta mede ______________ e cada face tem área de ______________.

7 **ATIVIDADE ORAL EM GRUPO** Considerando o que viram sobre 1 centímetro cúbico (1 cm^3), conversem com os colegas sobre o significado de **1 metro cúbico (1 m^3)**.

8 Arnaldo faz transporte de areia para ser usada nas construções de sua cidade. Ele usa seu caminhão e cobra R$ 8,00 por metro cúbico transportado na cidade.

Observe a figura e responda: Quanto Arnaldo vai receber pelo transporte da areia que está no caminhão? ______________

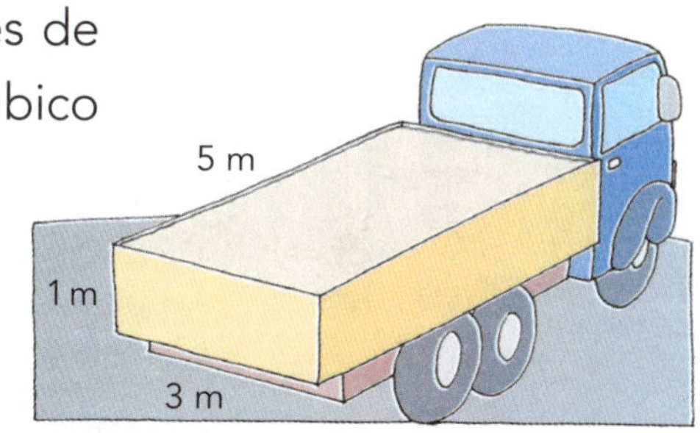

Estúdio Félix Reiners/Arquivo da editora

9 **DESAFIO**

Um reservatório tem a forma de um cubo e suas arestas medem 1 m. Calcule a medida de seu volume em m^3 e em cm^3.

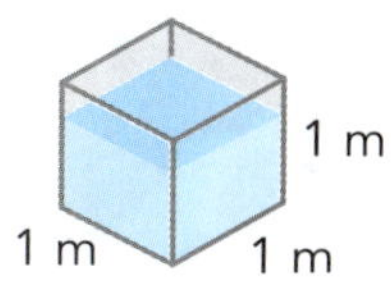

____

Medidas de massa

As imagens não estão representadas em proporção.

Unidades padronizadas de medida de massa

1 Para determinar a massa ou o "peso" de um corpo usamos balanças, como as das fotos. A unidade fundamental para medir a massa, ou o "peso", é o **quilograma (kg)**, ou simplesmente **quilo**.

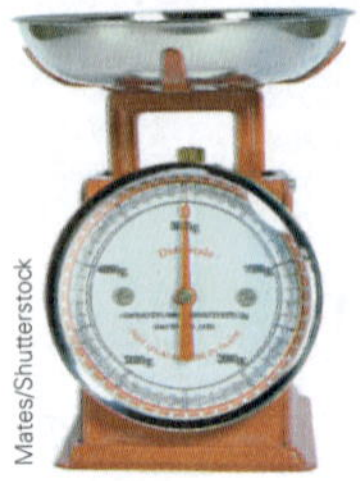

Mates/Shutterstock

Fernando Favoretto/Criar Imagem

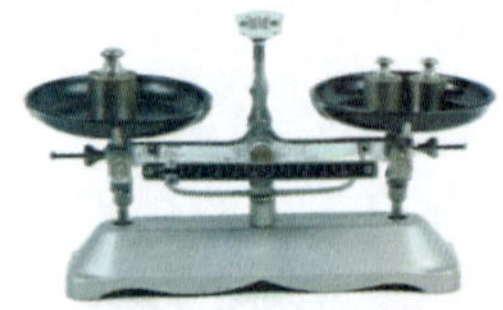

Zcw/Shutterstock

Fernando Favoretto/Criar Imagem

Balanças.

Escreva 3 produtos que costumam ser vendidos em pacotes de 1 quilograma (1 kg).

____

2 Outra unidade padronizada também muito usada como medida de massa é o **grama (g)**, que é a milésima parte do quilograma.

Complete.

1 kg = ______ g

Usando fração → 1 g = ______ kg

Usando decimal → 1 g = ______ kg

3 Pense em um saco de açúcar de 1 quilograma.
Imagine agora 1 000 desses sacos.
A medida da massa ("peso") de todos juntos será **1 000 quilogramas** ou **1 tonelada (t)**. Complete.

Estúdio Félix Reiners/Arquivo da editora

1 t = ______ kg ou 1 kg = ______ t

4 Complete cada frase com a unidade de medida mais adequada. Use as unidades de medida citadas nesta página.

Laurent Renault/Shutterstock

Rinoceronte.

a) João comprou 100 ______ de queijo.

b) O rinoceronte pesa 2 ______.

c) Ana comprou 5 ______ de arroz no supermercado.

5 Um caminhão de carga vazio pesa 5,6 toneladas. Nele foi colocada uma carga de 9 500 quilogramas.

a) Qual é o "peso" do caminhão e da carga juntos, em quilogramas? ______

b) E em toneladas? ______

6 Pedro foi ao açougue e comprou meio quilo de carne. Assinale as formas corretas de indicar esse "peso".

As imagens não estão representadas em proporção.

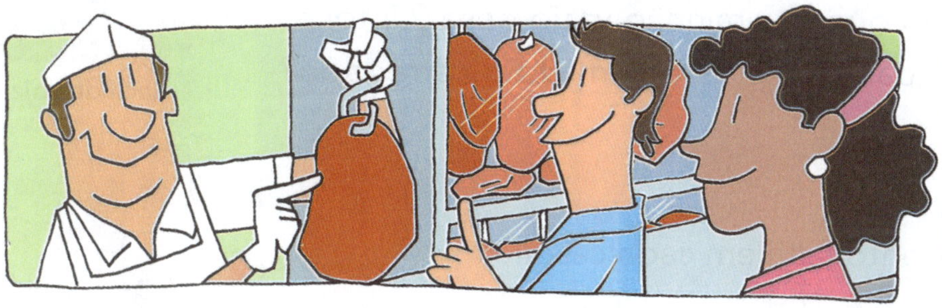

Estúdio Félix Reiners/Arquivo da editora

☐ $\frac{1}{2}$ kg	☐ 500 g	☐ 0,005 kg
☐ 0,5 kg	☐ 0,500 kg	☐ $\frac{1}{5}$ kg

7 A balança de 2 pratos está equilibrada e todas as latas têm o mesmo "peso".
Calcule e responda: Qual é o "peso" de 4 dessas latas? ______

Estúdio Félix Reiners/Arquivo da editora

8 Escreva 2 frases: a primeira usando **5,2 quilogramas** e a segunda usando **5,2 toneladas**.

1ª frase: ______

______

2ª frase: ______

______

9 O proprietário de uma fazenda vai ensacar 42 toneladas de soja em sacas como a da foto ao lado.

As imagens não estão representadas em proporção.

a) Quantas sacas ele obterá? ______

b) Se um caminhão transportar 200 sacas por vez, em quantas viagens ele transportará toda essa soja? ______

c) Sabendo que o caminhão vazio pesa 2,5 toneladas, quanto pesará o caminhão carregado?

______

Eduardo Santaliestra/Arquivo da editora

Saca de soja de 60 kg.

10 Escreva quanto falta em cada caso.

Estúdio Félix Reiners/Arquivo da editora

a) Em 600 kg para completar 1 tonelada.

______

b) Em 750 g para se ter 1 kg. ______

c) Em 2,8 kg para chegar a 3 kg. ______

d) Em 2 590 kg para se obter 4 toneladas. ______

e) Em 350 g para completar meio quilograma. ______

11 Na receita que Aurora está lendo está escrito que com $\frac{1}{2}$ kg de carne é possível fazer 40 bolinhos.

Como ela só tem 300 g de carne, quantos bolinhos ela poderá fazer? ______

12 **DESAFIO**

Um homem pesando 80 kg e seus 2 filhos, cada um com 40 kg, querem atravessar um rio em um bote. O bote só suporta 80 kg. Como eles devem agir para fazer a travessia?

______

______

Medidas de capacidade

A medida de capacidade serve para indicar quanto de suco cabe em uma jarra, quanto de água cabe em um reservatório, quanto de colírio cabe em um vidro, etc.

Para isso, às vezes usamos unidades não padronizadas de medida, como a capacidade de um copo ou de uma xícara.

O **litro (L)** e o **mililitro (mL)** são as unidades padronizadas de medida de capacidade mais usadas.

Veja alguns exemplos em que essas unidades são usadas.

As imagens não estão representadas em proporção.

Shutterstock/Glow Images

Amaciante. 1 litro.

Eduardo Santaliestra/Arquivo da editora

Azeite. 500 mililitros.

Havessen/Shutterstock/Glow Images

Suco. 370 mililitros.

Givaga/Shutterstock

Água. 2 litros.

1 **ATIVIDADE ORAL EM GRUPO** Você conhece algum produto que é vendido em embalagem de 1 litro (1 L)? Converse com os colegas.

2 O mililitro (mL) é a milésima parte do litro. Complete.

a) 1 L = ________ mL

- Usando fração → 1 mL = ________ L
- Usando decimal → 1 mL = ________ L

b) Com 3 latinhas de 350 mL obtemos ________ do que 1 litro.

Mamuka Gotsiridze/Shutterstock

Latinha de 350 mL.

c) Com uma jarra com 1 litro de suco, Marcela conseguirá encher 8 copos iguais, com capacidade de ________ mL.

3 **CALCULADORA**

Para colocar 10 L de gasolina em seu carro, Laércio gastou R$ 29,50.

No mesmo posto, Maurício colocou 16 L de gasolina em seu carro e pagou com 1 nota de R$ 50,00. Use a calculadora e responda: Quanto Maurício recebeu de troco? ________

Volume e capacidade

Saiba mais

Uma embalagem cúbica com arestas de 10 cm tem capacidade de 1 litro.

Como 10 cm = 1 dm, o volume de 1 dm^3 corresponde à capacidade de 1 litro.

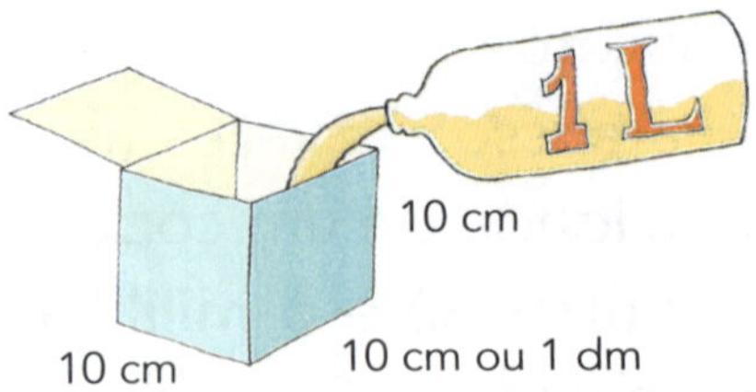

Estúdio Félix Reiners/Arquivo da editora

As imagens não estão representadas em proporção.

1 Leia, pense e resolva.

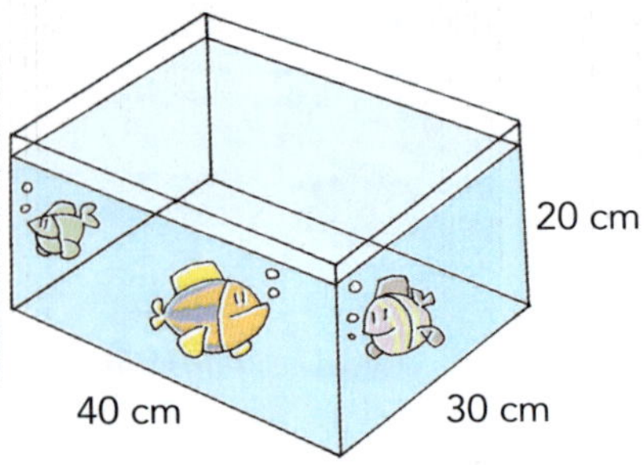

Estúdio Félix Reiners/Arquivo da editora

a) Descubra a medida, em cm^3, do volume da caixa citada no **Saiba mais**. ______

b) Quantos litros de água são necessários para encher o aquário ao lado? ______

2 Uma fábrica produz vasilhas de diferentes formatos. Complete as informações da tabela que um funcionário elaborou.

Vasilhas produzidas na fábrica

Forma das vasilhas	Dimensões	Volume	Capacidade
Paralelepípedo	20 cm, 30 cm e 10 cm		
Paralelepípedo	45 cm, 20 cm e 20 cm		
Cubo			8 L
Cubo		27 000 cm^3	

Tabela elaborada para fins didáticos.

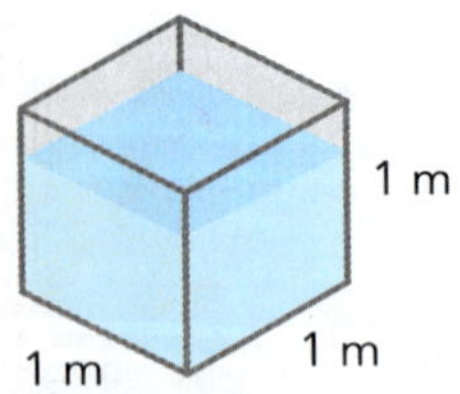

Banco de imagens/Arquivo da editora

3 Na casa de Marcos foi instalada uma caixa-d'água cúbica com arestas de 1 m. Quantos litros de água cabem nessa caixa-d'água? ______

4 Complete de acordo com o que você viu na página anterior.

1 L ↔ ______ dm^3 1 L ↔ ______ cm^3 1 m^3 ↔ ______ L

5 Calcule e responda.

a) Quantos litros de água cabem em um reservatório cúbico com 5 m de arestas? ______

b) Quantos litros de água são necessários para encher uma piscina com a forma de bloco retangular e as dimensões dadas nesta figura? ______

As imagens não estão representadas em proporção.

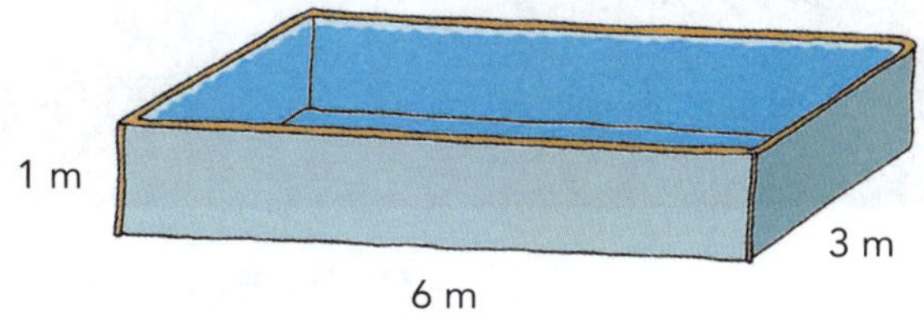

Estúdio Félix Reiners/Arquivo da editora

6 Uma fábrica envasa 7 000 litros de água de coco por dia, em latinhas com 350 mililitros de água de coco.

Quantas latinhas são envasadas por dia nessa fábrica? ______

7 Em uma embalagem cabem 250 mililitros de detergente. Para a limpeza de um prédio foram usadas 6 embalagens.

Quantos litros de detergente foram usados? ______

8 Em um balde cabem 12 litros de água. Foram gastos $\frac{3}{4}$ dessa água e o restante foi colocado em garrafas de 750 mililitros.

Quantas garrafas foram usadas? ______

9 Uma vasilha em forma de paralelepípedo tem as dimensões indicadas nesta figura. O nível da água está a 5 cm da base. A água ocupa $\frac{3}{4}$, $\frac{5}{8}$ ou $\frac{1}{2}$ da capacidade da vasilha?

______

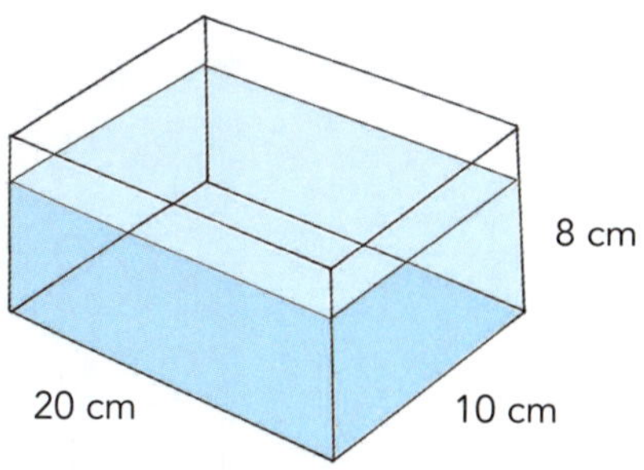

Banco de imagens/Arquivo da editora

TECENDO SABERES

Quer saber quantas vezes você respira, quantas vezes seu coração bate? Então venha descobrir!

Estúdio Félix Reiners/Arquivo da editora

Pulmões. Em 1 ano, o movimento de encher e esvaziar os pulmões se repete 7 300 000 vezes! Com isso, você inspira mais ou menos 3 416 400 litros de ar, quantidade suficiente para encher 525 600 bolas de basquete.

Coração. Seu coração bate mais depressa do que o de um adulto. O coração de uma criança com idade entre 7 e 10 anos bate cerca de 158 400 vezes em um dia. Mas esse número pode aumentar se você ficar muito agitado ou correr bastante de um lado para o outro.

RECREIO. Disponível em: <http://recreio.uol.com.br/>. Acesso em: 20 jan. 2017.

1 CALCULADORA

Depois de ler o texto, complete. Use calculadora quando necessário.

a) Os movimentos de encher e esvaziar os pulmões são movimentos ____________________.

b) Quando ________ o ar entra no nosso corpo; ele sai quando ________.

c) Em 1 ano, o movimento de encher e esvaziar os pulmões se repete ______ vezes! Então, em 1 dia, nosso corpo repete esse movimento ______ vezes.

d) No número 3 416 400 o algarismo 4 ocupa 2 ordens diferentes, valendo __________ na ordem da ________________________ e ______ na ordem da ________________.

e) Uma bola de basquete precisa de ______ litros de ar para ficar cheia.

f) O coração de uma criança com idade entre 7 e 10 anos bate cerca de ______ vezes em 1 dia. Então, em 1 hora o coração dela bate ______ vezes e, em 1 minuto, bate ______ vezes.

2 Leia mais um pouco sobre o funcionamento de nosso coração.

As imagens não estão representadas em proporção.

Ao corrermos, o coração bate mais rápido porque ele precisa bombear mais sangue para dar conta de alimentar as células, que passam a necessitar de mais energia durante a corrida.

É pelo sangue que as células recebem o oxigênio e as proteínas de que precisam para funcionar. Aí, para bombear melhor o sangue, o coração bate mais depressa. Em uma corrida, os batimentos de uma criança pulam de 80 para 120 por minuto.

RECREIO. Disponível em: <http://recreio.uol.com.br/>. Acesso em: 20 jan. 2017.

Estúdio Félix Reiners/Arquivo da editora

a) Você já tinha percebido que há alterações nos seus batimentos cardíacos ao longo do dia? Por que isso acontece?

____

b) Por que o coração parece bater mais forte quando corremos?

____

c) Por que praticar atividades físicas é um hábito saudável?

____

d) Qual é a diferença entre os batimentos cardíacos de uma criança em repouso e durante uma corrida? ______________________________

e) Você pratica algum esporte? Qual? ______________________________

3 Júlia adora esportes. Ela nada de 2 em 2 dias e joga vôlei de 3 em 3 dias no clube perto da sua casa.

Ilustrações: Matthew Cole/Shutterstock/Glow Images

No dia 4 de agosto, Júlia nadou e jogou vôlei. Em que dias de agosto Júlia praticou as 2 modalidades novamente no mesmo dia? ______________________________

Medida de temperatura

Você já estudou medida de grandeza de temperatura.
Vamos retomá-la com algumas atividades.

1 Assinale as afirmações que envolvem temperatura.

Ilustrações: Estúdio Félix Reiners/Arquivo da editora

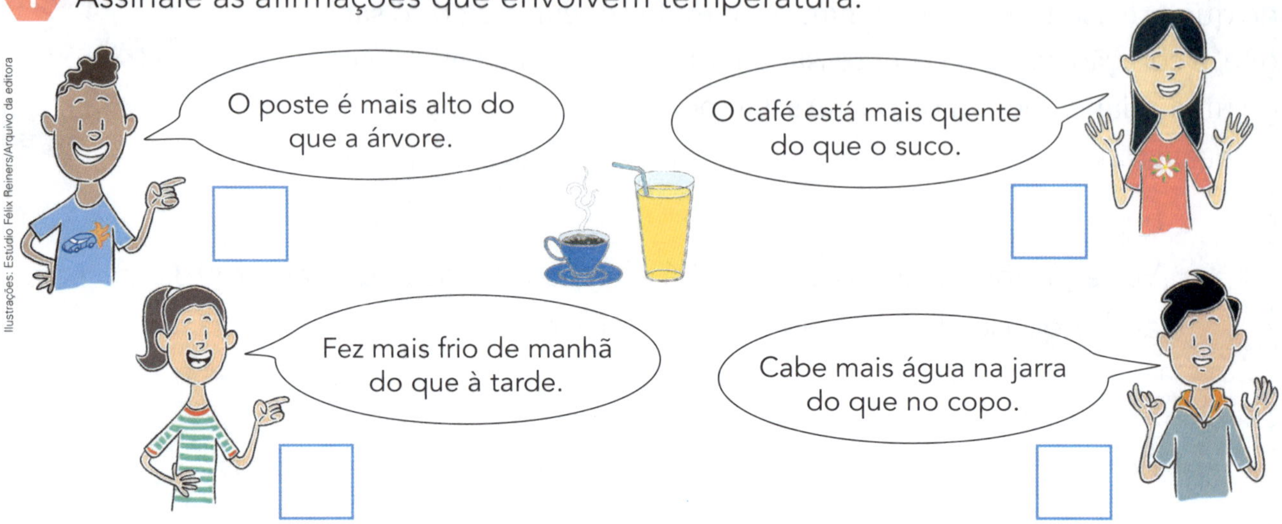

2 Qual dos instrumentos abaixo é usado para medir temperatura? ____________

Feng Yu/Shutterstock

Régua.

Eastimages/Shutterstock

As imagens não estão representadas em proporção.

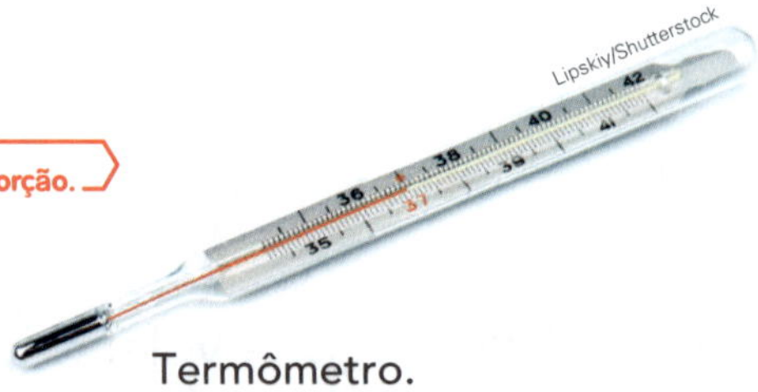

Lipsky/Shutterstock

Termômetro.

Balança.

3 Complete as afirmações referentes à medida de temperatura.

a) No Brasil, a unidade usada para medir a temperatura é o ____________, cujo símbolo é ________.

b) Em um dia de muito calor, a medida da temperatura é de aproximadamente ________ °C.

c) Se a temperatura era 15,3 °C e subiu 2,2 °C, então passou para ____________.

d) Em um dia, a temperatura mínima em uma cidade foi de 10 °C e a máxima foi de 24,5 °C. A diferença entre essas temperaturas é de ____________.

Mais atividades e problemas

1 A distância da casa de Rafael à escola é 1,5 quilômetro.

Ele caminha com seu pai e sua mãe $\frac{1}{3}$ dessa distância e percorre o restante do caminho apenas com o pai.

Quantos metros ele caminha apenas com o pai? ____________

Explorar e Descobrir

As imagens não estão representadas em proporção.

Para justificar a afirmação de Gabriel, destaque as peças que compõem a região quadrada da página 25 do **Ápis divertido**. Em seguida, cole-as sobre a região plana marrom.

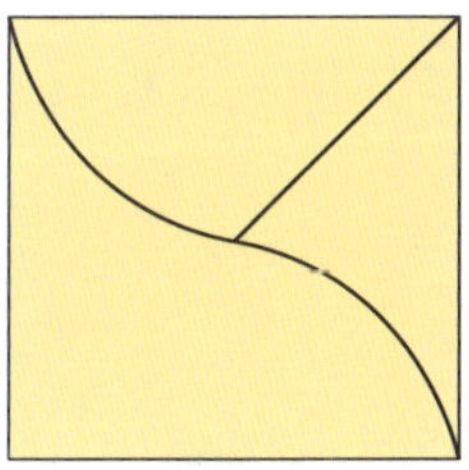

Estúdio Félix Reiners/ Arquivo da editora

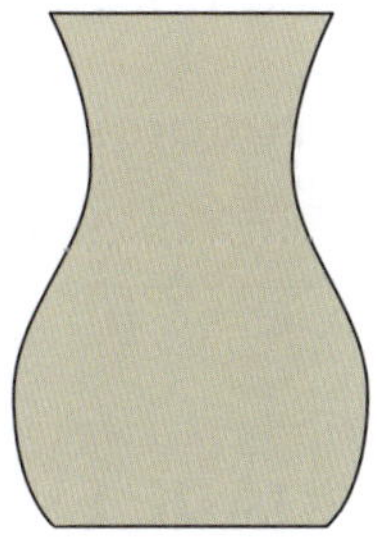

Ilustrações: Banco de imagens/Arquivo da editora

2 Várias peças maciças de decoração foram construídas com o mesmo material. Complete a tabela abaixo, que relaciona volume, "peso" e preço das peças.

Peças de decoração

Peça	Volume	"Peso"	Preço
A	8 cm^3	10 g	R$ 14,00
B	24 cm^3		
C		15 g	
D			R$ 7,00

Tabela elaborada para fins didáticos.

3 Observe os "pesos", calcule e responda: Quanto pesa cada dado? ______

Mark William Penny/Shutterstock

Bolinha: 18,3 g

Marcus Miranda/Shutterstock

Dados e bolinha: 38,1 g

As imagens não estão representadas em proporção.

4 No verão, o consumo de água é maior. Por isso, em uma cidade foi feita a campanha indicada abaixo. Supondo que a cidade tenha cerca de 120 000 habitantes e uma residência corresponda a 5 habitantes, responda:

Estúdio Félix Reiners/Arquivo da editora

a) Quantas residências tem essa cidade?

______

b) Se todos aderissem à campanha, qual seria a economia diária? E no mês todo?

______

c) **ATIVIDADE EM GRUPO** A economia no consumo de água é fundamental para evitar a escassez desse precioso recurso natural no futuro.
Faça um levantamento com os colegas de pelo menos 3 situações do dia a dia em que podemos economizar água.

______

5 **CÁLCULO MENTAL**

Indique em cada item se a temperatura aumentou ou diminuiu, e quantos graus Celsius.

a) De 12 °C para 14,5 °C. ______

b) De 21 °C para 18 °C. ______

c) De 29,3 °C para 28,3 °C. ______

d) De 32,9 °C para 34 °C. ______

6 Samuel comprou 1 metro de cano de cobre por R$ 12,00. Depois voltou à mesma loja para comprar mais 50 centímetros.

Quanto ele gastou ao todo? ______

7 Lucinha montou com papelão esta caixa sem tampa, e vedou as arestas com fita adesiva, como na figura ao lado. Finalmente, ela encheu a caixa com areia.

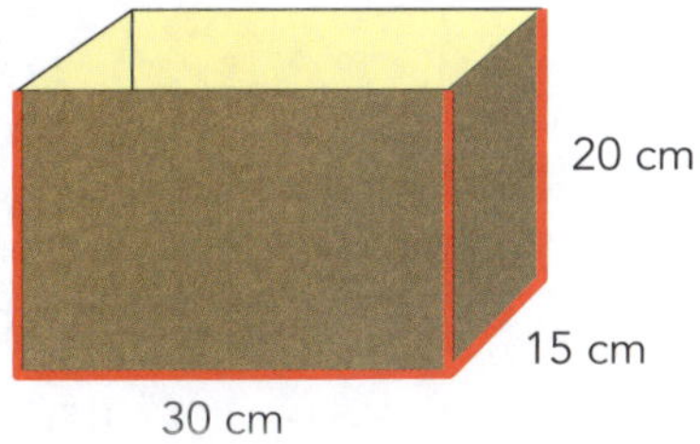

Banco de imagens/Arquivo da editora

a) Quantos cm^2 de papelão ela usou? ______

b) Quantos cm de fita adesiva ela usou? ______

c) Quantos cm^3 de areia ela usou? ______

d) Qual é a capacidade dessa caixa, em litros? ______

8 **DESAFIO**

Observe os "pesos" que Gilberto tem.

As imagens não estão representadas em proporção.

Ilustrações: Estúdio Félix Reiners/Arquivo da editora

Dê 2 soluções para o seguinte problema: equilibrar os 2 pratos colocando 3 pesos em cada prato.

1ª solução: ______

2ª solução: ______

VAMOS VER DE NOVO?

1 ESTATÍSTICA

Este gráfico mostra o número de vitórias (**V**), de empates (**E**) e de derrotas (**D**) do time de Lúcio em um campeonato de futebol.

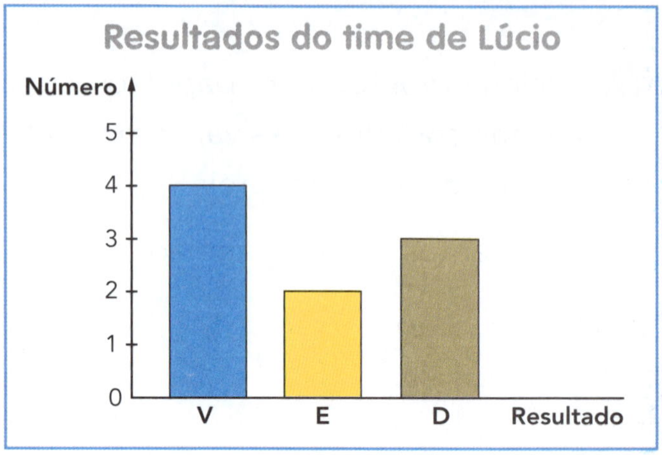

Gráfico elaborado para fins didáticos.

Banco de imagens/Arquivo da editora

a) Quantas partidas o time de Lúcio disputou? ______

b) Quantos pontos o time de Lúcio conseguiu, considerando 3 pontos em cada vitória, 1 ponto em cada empate e 0 ponto em cada derrota? ______

2 PROBLEMAS

As imagens não estão representadas em proporção.

a) Marcela comprou 5 camisetas e 2 calças e pagou com R$ 200,00. Quanto ela recebeu de troco?

______

Camiseta.

New Vave/Shutterstock

Calça.

Badahos/Shutterstock

b) Rute comprou 4 mochilas iguais para ela e seus irmãos, pagou com R$ 70,00 e recebeu R$ 6,00 de troco. Quanto custou cada mochila?

______

3 Como cada número está sendo usado: contagem, posição, medida ou código?

a) Felipe tem 34 livros de passatempo. ______

b) A altura de Márcia é 1,56 m. ______

c) A reunião será às 14:15. ______

d) Rodovia BR-101. ______

e) Caio foi o 1º aluno a chegar na sala de aula. ______

f) Há 850 alunos na escola. ______

4 Observe o cardápio ao lado.

Há várias possibilidades de escolha de refeição escolhendo 1 item de cada grupo. A determinação de todas as possibilidades pode ser feita usando um esquema conhecido por **árvore de possibilidades**.

As imagens não estão representadas em proporção.

Estúdio Félix Reiners/Arquivo da editora

a) Complete.

Saladas		Carnes		Sobremesa	Refeições
Alface	<	Peixe	—	Sorvete	A, P, S
		______	—	______	______
______	<	______	—	______	______
		______	—	______	______

b) Quantas foram as possibilidades? ______

c) E se fossem 3 opções de salada, 3 de carne e 2 de sobremesa, quantas seriam as possiblidades? ______

5 O hodômetro é um aparelho que indica quantos quilômetros um automóvel percorreu desde que foi fabricado.

Eduardo Santaliestra/Arquivo da editora

Hodômetro.

a) Escreva o número que este hodômetro está marcando e como se lê esse número.

______

b) O hodômetro do carro de Jorge está marcando um número de 3 algarismos. Jorge percebeu que, se ele rodar mais 3 quilômetros, todos os algarismos vão mudar ao mesmo tempo. Escreva os algarismos do hodômetro antes e depois da mudança.

[   ]   [   ]

c) O hodômetro do carro de Marisa está mostrando 2 222. Quantos quilômetros o carro precisa rodar para que o hodômetro mostre novamente um número com 4 algarismos iguais? E qual será esse número? ______

6 A professora de Juliano lançou 2 desafios para a turma. Leia os desafios e resolva conforme solicitado.

> 1º) Escrever os 5 primeiros números da sequência dos múltiplos de 18, efetuando apenas adições ou efetuando apenas multiplicações.

Juliano resolveu fazer apenas adições.

1º	2º	3º	4º	5º
↓	↓	$\begin{array}{r} \overset{1}{1}8 \\ +\ 18 \\ \hline 36 \end{array}$	$\begin{array}{r} \overset{1}{3}6 \\ +\ 18 \\ \hline 54 \end{array}$	$\begin{array}{r} \overset{1}{5}4 \\ +\ 18 \\ \hline 72 \end{array}$
0	18			

Aqui você faz efetuando só multiplicações.

Agora, complete. M(18): ______, ______, ______, ______, ______, ...

> 2º) Determinar os 5 primeiros números da sequência dos múltiplos de 25.

Resolva também pelos 2 processos e indique.

M(25): ______________________________

7 Uma carreta transporta no máximo 45 toneladas em cada viagem. Descreva como deve ser distribuída toda esta carga para que seja transportada pela carreta em 2 viagens.

____

____

Estúdio Félix Reiners/ Arquivo da editora

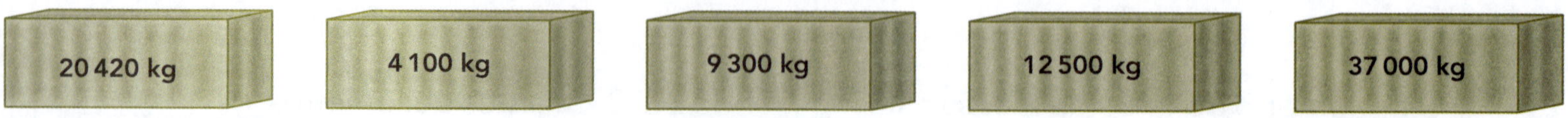

8 CALCULADORA

Use uma calculadora, descubra o preço e responda.

a) O preço de 5 lápis é R$ 3,60. Qual é o preço de 9 lápis? ____________

b) O preço de 7,5 metros de tecido é R$ 27,75. Qual é o preço de 9,4 metros?

____

9 O peixe congelado que compramos, embalado em caixinhas ou saquinhos, percorre um longo caminho até ser consumido.

Estúdio Félix Reiners/Arquivo da editora

a) **ATIVIDADE ORAL EM GRUPO (TODA A TURMA)** Analise a sequência dos quadros e converse com os colegas sobre ela. Juntos, descrevam o que está ocorrendo em cada cena.

b) Supondo que o pescador venda o quilo de peixe à indústria por R$ 4,00, a indústria venda ao supermercado por R$ 6,00 e o supermercado venda ao consumidor por R$ 7,50, complete a tabela.

Custo do peixe: do pescador até o consumidor

	Preço pago pelo quilo de peixe	Preço de venda	Lucro obtido em reais	Porcentagem do lucro
Indústria				
Supermercado				

Tabela elaborada para fins didáticos.

c) Responda depressinha!
Qual é o valor arrecadado pelo supermercado na venda de 100 kg de peixe?

____

d) **ATIVIDADE ORAL EM GRUPO** Troque ideias com os colegas e faça um levantamento de pelo menos 4 profissões envolvidas no processo que se inicia na pescaria e termina no consumo de peixes.

e) **ATIVIDADE ORAL EM GRUPO** Você acha que os preços e lucros são justos em todas as etapas da sequência de produção e comércio das mercadorias que consumimos, como alimentos, roupas, livros, etc.?

O QUE ESTUDAMOS

Retomamos grandezas já estudadas, aprendemos sobre a grandeza volume e trabalhamos com as principais unidades padronizadas de medida para essas grandezas.

- Medida de comprimento: m, cm, mm, km e dm.
- Medida de superfície (área): m^2, cm^2 e km^2.
- Medida de volume: m^3 e cm^3.
- Medida de massa: g, kg e t.
- Medida de capacidade: L e mL.
- Medida de temperatura: °C

Conhecemos processos práticos para o cálculo da área de algumas regiões planas e para o cálculo da medida de volume de alguns sólidos geométricos.

Região retangular.

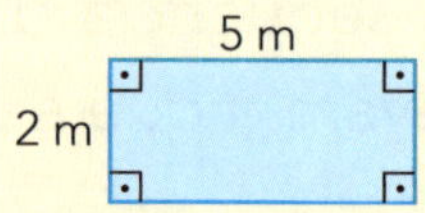

Área: $10\ m^2$
$5 \times 2 = 10$

Região quadrada.

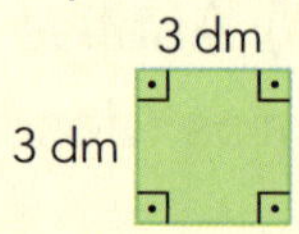

Área: $9\ dm^2$
$3 \times 3 = 9$

Região triangular determinada por um triângulo retângulo.

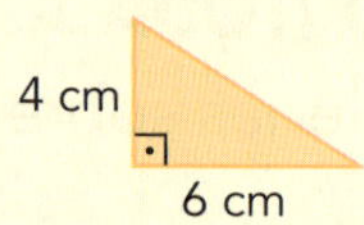

Área: $12\ cm^2$
$4 \times 6 = 24$
$24 \div 2 = 12$

Paralelepípedo.

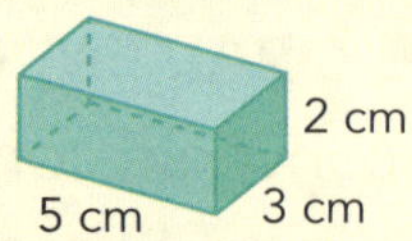

Volume: $30\ cm^3$
$5 \times 2 \times 3 = 30$

Cubo.

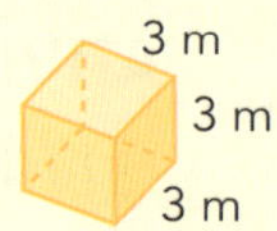

Volume: $27\ m^3$
$3 \times 3 \times 3 = 27$

Ilustrações: Banco de imagens/Arquivo da editora

Constatamos importantes relações entre medidas de volume e capacidade.

$1\ L \leftrightarrow 1\ dm^3$ $1\ L \leftrightarrow 1\,000\ cm^3$

$1\ cm^3 \leftrightarrow 1\ mL$ $1\ m^3 \leftrightarrow 1\,000\ L$

Trabalhamos com a ideia de perímetro: medida do comprimento de um contorno.

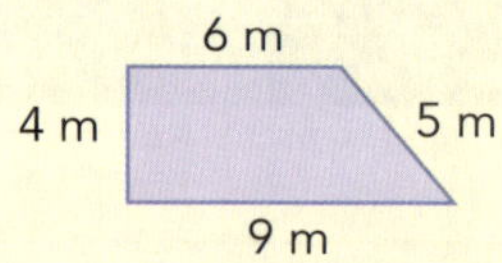

Esta região plana tem perímetro de 24 m.
$6 + 4 + 9 + 5 = 24$

Resolvemos problemas envolvendo grandezas e medidas.

Quantos litros de água cabem em um reservatório cúbico com arestas de 2 m? 8 000 L

Volume: $8\ m^3$ $2 \times 2 \times 2 = 8$

$1\ m^3 \longleftrightarrow 1\,000\ L$

$\times 8$ $\times 8$

$8\ m^3 \longleftrightarrow 8\,000\ L$

- Você tem se preocupado em manter o "peso" adequado de sua mochila?
- Você costuma beber água para se hidratar?
- Você pratica algum tipo de atividade física? Corpo e mente saudáveis ajudam no aprendizado!

MENSAGEM DE FIM DE ANO

- Decifre o código e registre.

6×10	$6 + 6$	6×1	$6 - 1$	$6 \div 6$	$6 \div 10$	$6 + 6 + 6$
R	O	E	A	B	T	P
____	____	____	____	____	____	____

$66 \div 6$	6×16	$6 + 1$	$6 - 6$	6×6	$6 \times \frac{1}{3}$	$6 \times 0{,}6$	6×9
F	L	S	N	6º	D	Z	I
____	____	____	____	____	____	____	____

- Agora, descubra as 2 mensagens e escreva-as.

a) [1] [12] [5] ____________________

[7] [12] [60] [0,6] [6] ____________________

[0] [12]   [36]   [5] [0] [12] ! ____________________

b) [11] [6] [96] [54] [3,6] ____________________

[0] [5] [0,6] [5] [96] ____________________

[18] [5] [60] [5]   [0,6] [12] [2] [12] [7] ! ____________________

Estúdio Félix Reiners/Arquivo da editora

VOCÊ TERMINOU O LIVRO!

Estúdio Félix Reiners/Arquivo da editora

- Do que você gostou mais? Em que parte teve mais dificuldade?
  Mostre o que pensa. Você já sabe: pode fazer colagens, desenhos ou escrever alguma coisa. Faça do seu jeito!

- Agora, mostre aos colegas e ao professor o que você fez e veja os trabalhos dos colegas. As opiniões foram muito diferentes?

No livro do 6º ano você vai rever muitas coisas que estudou aqui e aprender uma porção de novidades.

Boa sorte!

O autor

GLOSSÁRIO

A

Altura p. 287

Nome dado a certa dimensão em algumas figuras geométricas e em alguns objetos.

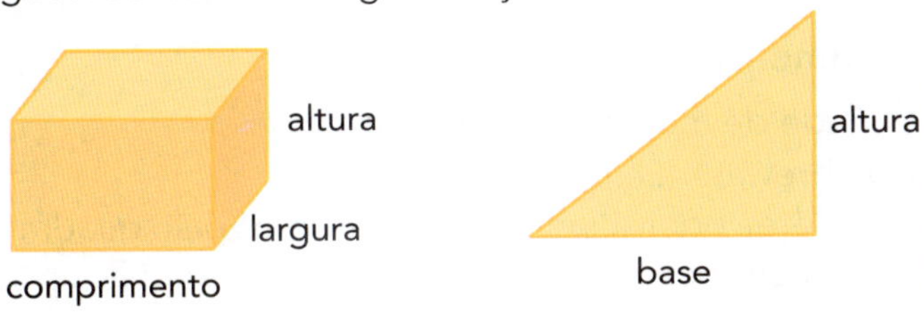

Ilustrações: Banco de imagens/Arquivo da editora

Ângulo p. 241

(ver **semirreta**)

Figura formada por 2 semirretas de mesma origem.

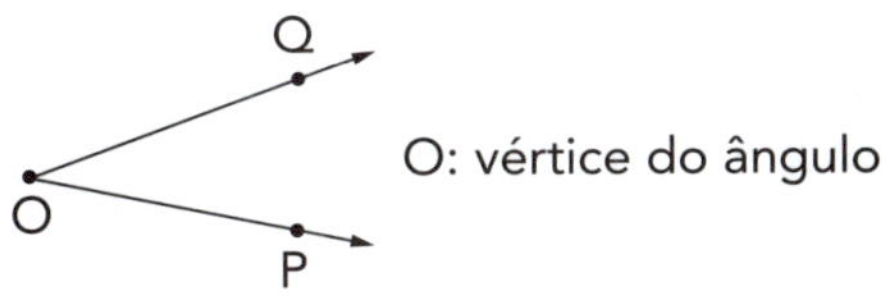

Ângulo reto p. 243

Ângulo como o do canto da folha do livro. Mede 90° (noventa graus).

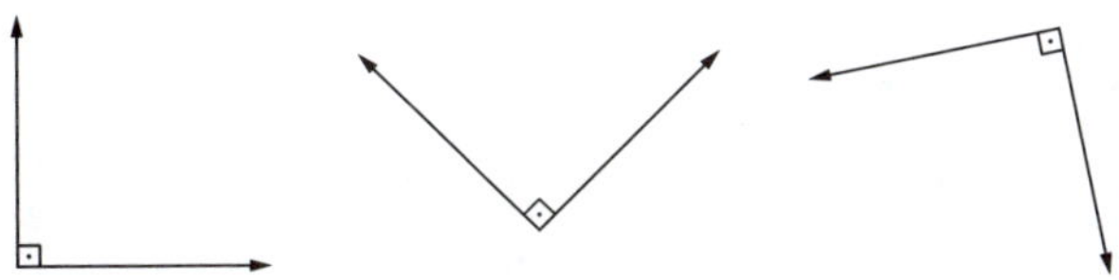

Ilustrações: Banco de imagens/Arquivo da editora

Área p. 33

(ver **superfície**)

Arredondamento p. 28

Aproximação de um número para um valor mais fácil de trabalhar.

2000 é um arredondamento de 1997.

480 é um arredondamento de 478.

Árvore de possibilidades p. 345

Disposição de elementos que facilita encontrar todas as possibilidades de combiná-los e o número total de combinações.

Há 2 tipos de copo: grande e pequeno.

Há 3 frutas: morango, laranja e acerola.

Quantas e quais são as possibilidades de tomar um suco de um sabor?

Veja a árvore de possibilidades.

Sergiy Kuzmin/Shutterstock

Copo pequeno.

- morango → copo pequeno de morango
- laranja → copo pequeno de laranja
- acerola → copo pequeno de acerola

Sergiy Kuzmin/Shutterstock

Copo grande.

- morango → copo grande de morango
- laranja → copo grande de laranja
- acerola → copo grande de acerola

2 possibilidades para o tipo de copo.	3 possibilidades para a fruta.	Total de possibilidades para escolher um suco de um sabor: $2 \times 3 = 6$ ou $3 \times 2 = 6$

B

Base de uma figura p. 44

Nome dado a certa parte em algumas figuras geométricas.

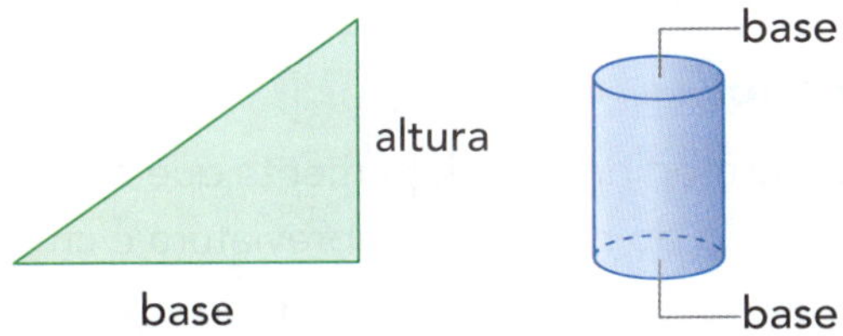

Ilustrações: Banco de imagens/Arquivo da editora

Bloco retangular ou paralelepípedo p. 41

(ver **sólido geométrico**)

C

Cálculo mental p. 80

Cálculo que fazemos sem escrever nem usar instrumento. Depois podemos registrar o resultado. É chamado "cálculo de cabeça".

$20 + 50 = 70$	$60 \div 30 = 2$
$62 - 3 = 59$	$10 \times 0,45 = 4,5$

Capacidade p. 234

Tipo de grandeza que pode ser medida por litro (L), mililitro (mL), etc.

Se em uma vasilha cabem 10 litros de água, então dizemos que essa é a medida da capacidade da vasilha.

Centésimo p. 30

Cada uma das 100 partes iguais em que foi dividida a unidade ou o todo.

unidade ou todo

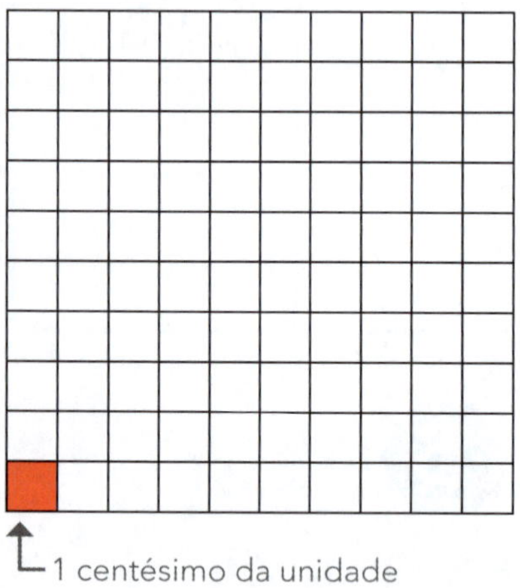

1 centésimo da unidade

Representação fracionária: $\frac{1}{100}$

Representação decimal: 0,01

Na numeração ordinal, centésimo indica a posição número cem e é representado assim: 100º.

Centímetro p. 58

Unidade de medida de comprimento que corresponde a 1 centésimo do metro. Sua abreviatura é cm.

$1 \text{ m} = 100 \text{ cm}$ $\qquad$ $1 \text{ cm} = \frac{1}{100}$ ou $0,01 \text{ m}$

$\overline{AB}$ mede 2 cm.

Centímetro cúbico p. 329

Unidade de medida de volume.

Sua abreviatura é cm^3.

É todo volume equivalente ao volume de um cubo de 1 cm de aresta.

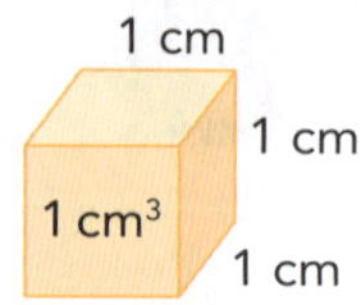

Centímetro quadrado p. 320

Unidade de medida de superfície.

Sua abreviatura é cm^2.

É toda área equivalente à área de uma região quadrada de 1 cm por 1 cm.

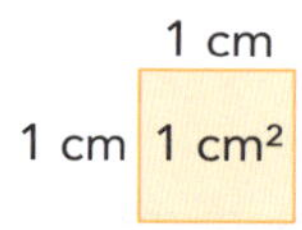

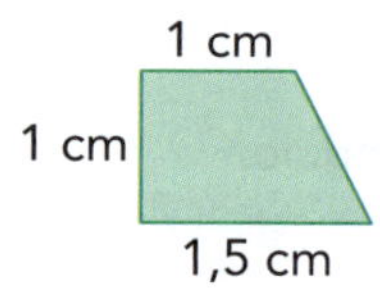

Essa região plana tem área de 1,5 cm^2 (um e meio centímetro quadrado).

Cilindro p. 41

(ver **sólido geométrico**)

Círculo ou região circular p. 50

(ver **circunferência** e **região plana**)

Região plana limitada por uma circunferência.

Circunferência p. 265

Linha fechada em um plano formada por todos os pontos que estão a mesma distância de um ponto desse plano, chamado centro.

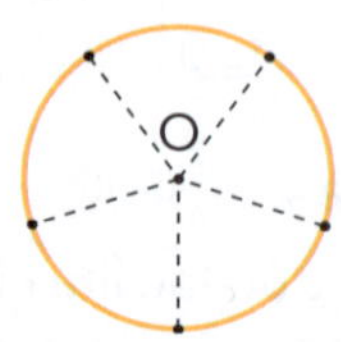

O: centro da circunferência

O centro não pertence à circunferência.

Classe de um número
p. 22

Para facilitar a leitura de um número, separamos seus algarismos da direita para a esquerda, de 3 em 3. Cada grupo é uma classe do número.

Veja o número 1 345 789.

3ª classe	2ª classe	1ª classe
1	345	789
Classe dos milhões	Classe dos milhares	Classe das unidades simples

Leitura: um milhão, trezentos e quarenta e cinco mil, setecentos e oitenta e nove.

Compasso
p. 265

Instrumento usado para traçar circunferências.

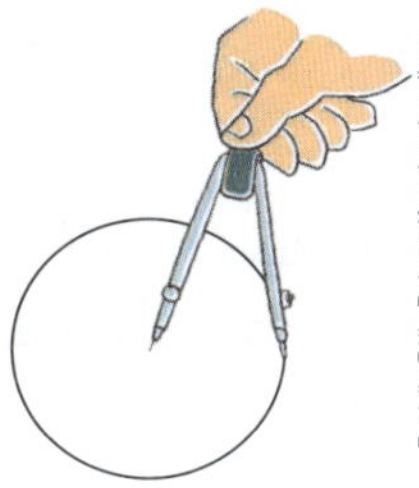
Estúdio Félix Reiners/Arquivo da editora

Comprimento
p. 58

Tipo de grandeza.

A medida do comprimento desta foto do lápis é 5 cm.

Urfin/Shutterstock

Lápis.

Cone
p. 41

(ver **sólido geométrico**)

Contorno
p. 55

Observe uma região plana e seu contorno.

Região plana.

Seu contorno.

Ilustrações: Banco de imagens/Arquivo da editora

Corpos redondos
p. 42

Sólidos geométricos que possuem pelo menos uma parte curva, arredondada, não plana, que permite que eles possam rolar.

Ilustrações: Banco de imagens/Arquivo da editora

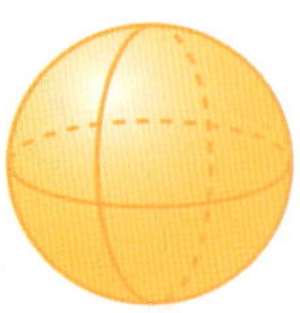
Esfera.

Cilindro.

Cone.

Cubo
p. 41

(ver **sólido geométrico**)

D

As imagens não estão representadas em proporção.

Decimal
p. 275

Nome que damos a um número quando ele aparece representado com vírgula (forma decimal). É muito usado em medidas.

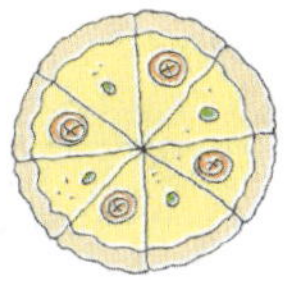
Preço: R$ 18,50

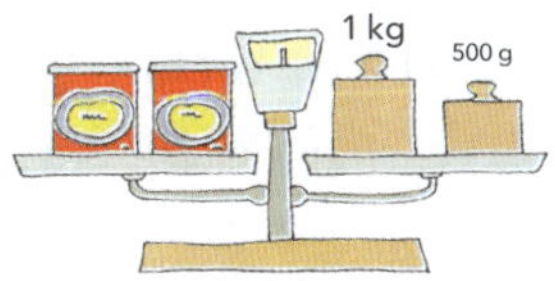

1,5 kg

Ilustrações: Estúdio Félix Reiners/Arquivo da editora

O decimal 0,1 corresponde a $\frac{1}{10}$, o decimal 0,01 corresponde a $\frac{1}{100}$ e o decimal 0,001 corresponde a $\frac{1}{1000}$.

Decímetro
p. 316

Unidade de medida de comprimento.

Sua abreviatura é dm.

1 decímetro é a décima parte de 1 metro.

1 decímetro equivale a 10 centímetros.

Décimo
p. 181

Cada uma das 10 partes iguais em que foi dividida a unidade ou o todo.

Banco de imagens/Arquivo da editora

Representação fracionária: $\frac{1}{10}$

Representação decimal: 0,1

Na numeração ordinal, décimo indica a posição número dez e é representado assim: 10º.

Denominador de uma fração p. 179

Indica em quantas partes iguais o todo (ou a unidade) foi dividido.

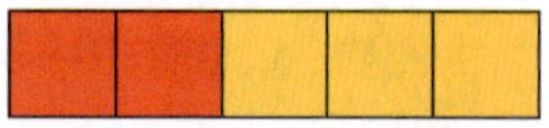

Parte vermelha:

$\frac{2}{5}$ ← numerador / ← denominador

Diâmetro p. 17 e p. 266

O maior segmento de reta que une 2 pontos da circunferência, do círculo ou da esfera. Ele passa sempre pelo centro dessas figuras geométricas.

Ilustrações: Banco de imagens/ Arquivo da editora

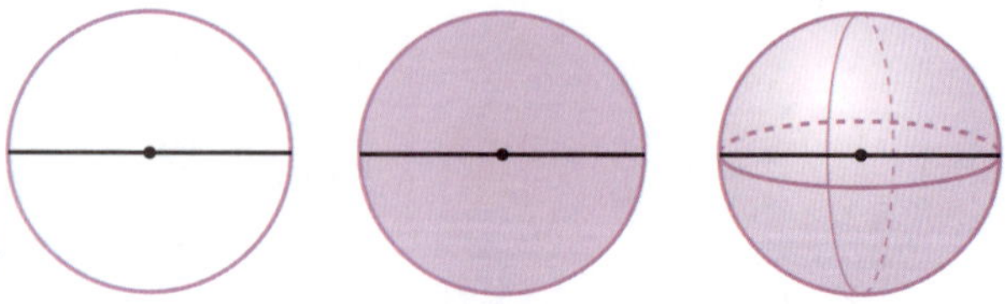

Diâmetro da circunferência. | Diâmetro do círculo. | Diâmetro da esfera.

Divisor de um número natural p. 132

O número natural 3 é divisor do número natural 15, pois a divisão de 15 por 3 é exata, ou seja, deixa resto zero.

$$\begin{array}{r|l} 15 & 3 \\ -15 & 5 \\ 0 & \end{array}$$

3 é divisor de 15 ou 3 divide 15.

Dizemos também que 15 é divisível por 3 ou que 15 é múltiplo de 3.

Os divisores de 15 são: 1, 3, 5 e 15.

Divisor em uma divisão p. 121

O segundo termo de uma divisão.

1º termo: 1 500 ÷ 2º termo: 30 = 3º termo: 50

$$\begin{array}{r|l} 1\,500 & 30 \\ -150 & 50 \\ 0000 & \end{array}$$

dividendo → 1 500; divisor → 30; quociente → 50; resto → 0000

E

Eixo de simetria p. 52

(ver **simetria**)

Esfera p. 17 e p. 41

(ver **sólido geométrico**)

Esquadro p. 262

(ver **triângulo retângulo**)

Instrumento de desenho que tem a forma de um triângulo retângulo.

Há 2 tipos de esquadro.

Cosma/Shutterstock; Terekhov Igor/Shutterstock

Estatística p. 161

Parte da Matemática que estuda coleta de informações, tabelas, gráficos e suas interpretações.

Estimativa p. 129

Cálculo aproximado.

Faça uma estimativa de quantos garfos há em sua casa. Depois, conte-os para conferir se sua estimativa foi boa ou não.

F

Figura simétrica p. 52

(ver **simetria**)

Figura que apresenta simetria.

São figuras simétricas em relação a um eixo:

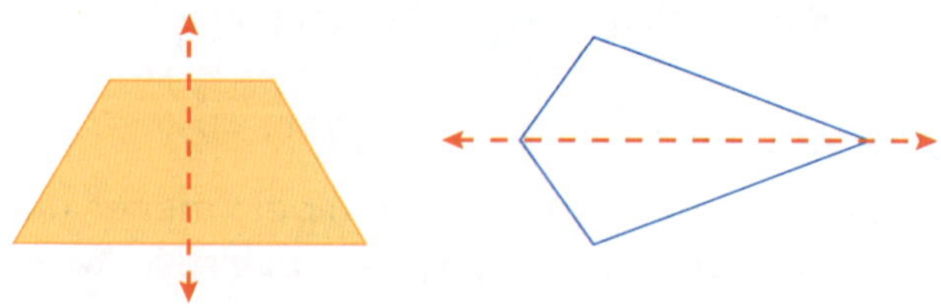

Ilustrações: Banco de imagens/Arquivo da editora

Não são figuras simétricas:

Fração p. 179

Forma de representar uma ou mais partes iguais em que foi dividido um todo (unidade).

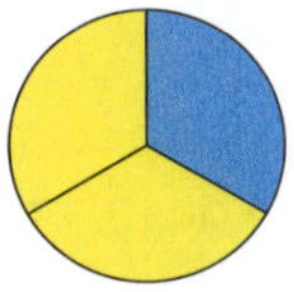

Banco de imagens/ Arquivo da editora

- Parte pintada de amarelo: $\frac{2}{3}$ do todo ou da unidade.

$\frac{2}{3}$ ← numerador / ← denominador

Parte não pintada de amarelo: $\frac{1}{3}$ do todo.

- Se um grupo é formado por 2 meninos e 3 meninas, então podemos dizer que os meninos representam $\frac{2}{5}$ do grupo (2 em 5).
- $\frac{3}{7}$ de R\$ 35,00 = R\$ 15,00, pois $35 \div 7 = 5$ e $3 \times 5 = 15$.
- Se 1 bolo é repartido em 6 partes iguais, então cada parte vale $\frac{1}{6}$, pois $1 \div 6 = \frac{1}{6}$.

Fração aparente p. 185

Fração que corresponde a um número exato de unidades.

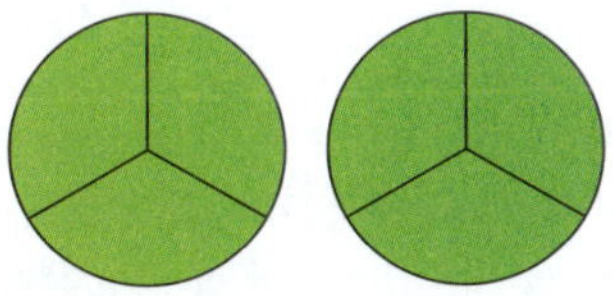

Ilustrações: Banco de imagens/ Arquivo da editora

$\frac{6}{3}$ é uma fração aparente, pois corresponde a 2 unidades ($6 \div 3 = 2$).

Fração irredutível p. 195

Fração que não admite simplificação.

Simplificamos a fração $\frac{12}{20}$ e chegamos à fração irredutível $\frac{3}{5}$, que já não pode ser simplificada.

$$\frac{12^{\div 2}}{20^{\div 2}} = \frac{6^{\div 2}}{10^{\div 2}} = \frac{3}{5}$$

Outros exemplos de frações irredutíveis: $\frac{1}{4}$, $\frac{2}{9}$, $\frac{3}{8}$, $\frac{7}{10}$ e $\frac{5}{6}$.

Frações equivalentes p. 191

São frações que representam a mesma parte de um todo ou unidade.

Banco de imagens/Arquivo da editora

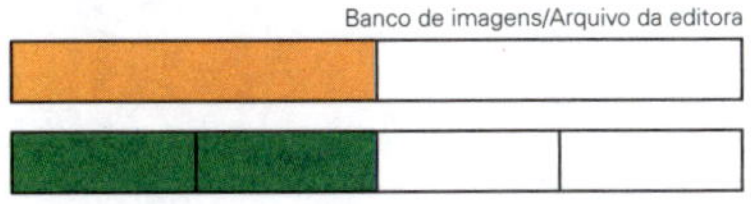

As frações $\frac{1}{2}$ e $\frac{2}{4}$ são equivalentes.

Quando multiplicamos ou dividimos o numerador e o denominador de uma fração por um mesmo número diferente de 0 (zero), obtemos uma fração equivalente à primeira.

G

Geometria p. 38

Parte da Matemática que estuda as figuras (região quadrada, triângulo, esfera, reta, ângulo, semirreta, circunferência, etc.).

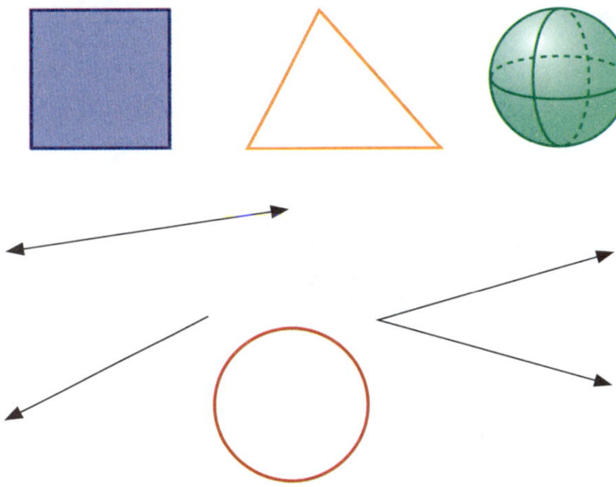

Ilustrações: Banco de imagens/Arquivo da editora

Grau p. 247

Unidade de medida de abertura de ângulos.

Ângulo de meia-volta: mede 180 graus (180°).

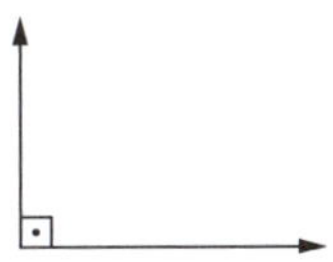

Ângulo reto: mede 90 graus (90°).

Ângulo que mede menos do que 90°.

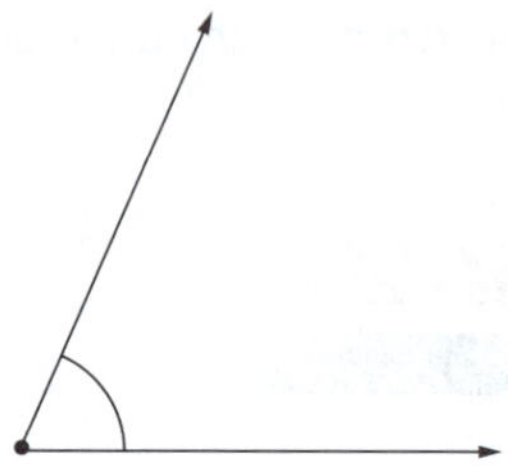

Banco de imagens/Arquivo da editora

Ângulo que mede mais do que 90° e menos do que 180°.

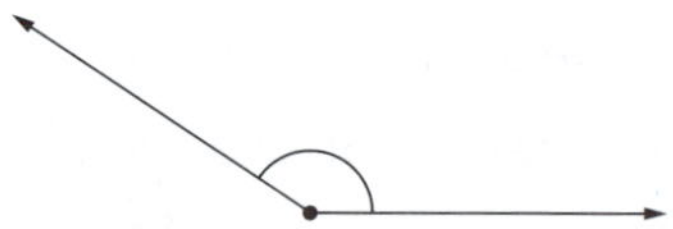

Banco de imagens/Arquivo da editora

Grau Celsius p. 277

Unidade de medida de temperatura criada pelo cientista Anders Celsius.

Seu símbolo é °C.

Renê está com febre de 38,5 °C.

L

Largura p. 134

Nome dado a certa dimensão em algumas figuras geométricas ou objetos.

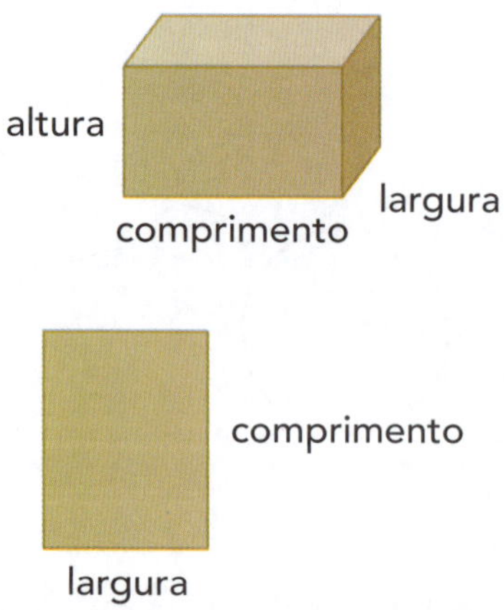

Ilustrações: Banco de imagens/Arquivo da editora

Lucro p. 88

Ganho em uma situação de compra e venda.

Um comerciante comprou um objeto por R$ 20,00 e o vendeu por R$ 22,00. Ele teve um lucro de R$ 2,00.

$$22 - 20 = 2$$

M

Massa p. 332

Tipo de grandeza que pode ser medida em grama (g), quilograma (kg), tonelada (t), etc.

Para medir objetos muito leves, usamos o miligrama (mg).

1 kg = 100 g

1 t = 1 000 kg

1 g = 1 000 mg

Há elefantes adultos com massa de aproximadamente 5 000 kg ou 5 toneladas.

Máximo divisor comum p. 157

(ver **divisor de um número natural**)

O máximo divisor comum de 12 e 30 é o maior dos divisores comuns de 12 e 30.

Divisores de 12: 1, 2, 3, 4, 6, 12.

Divisores de 30: 1, 2, 3, 5, 6, 10, 15, 30.

Divisores comuns, ou seja, ao mesmo tempo, de 12 e 30: 1, 2, 3 e 6.

O máximo divisor comum de 12 e 30 é 6.

Indicamos assim: mdc(12, 30) = 6

Média p. 165

A média dos números 6 e 8 é 7 (a soma 6 + 8 dividida por 2, que é o número de parcelas).

Se um time marcou 4 gols, 1 gol e 1 gol em 3 partidas, então a média de gols por partida é 2, pois $4 + 1 + 1 = 6$ e $6 \div 3 = 2$.

Medida p. 71

Medimos várias grandezas: comprimento, superfície, massa, tempo, temperatura, capacidade, abertura de ângulo, etc.

Cada medida é expressa por um número e por uma unidade de medida.

A distância entre as cidades paulistas de Rio Claro e Piracicaba é 38 km. Nesse caso, o número é o 38, e a unidade de medida de comprimento é o quilômetro (km).

Milésimo p. 181

Uma das 1 000 partes iguais em que foi dividida a unidade ou o todo.

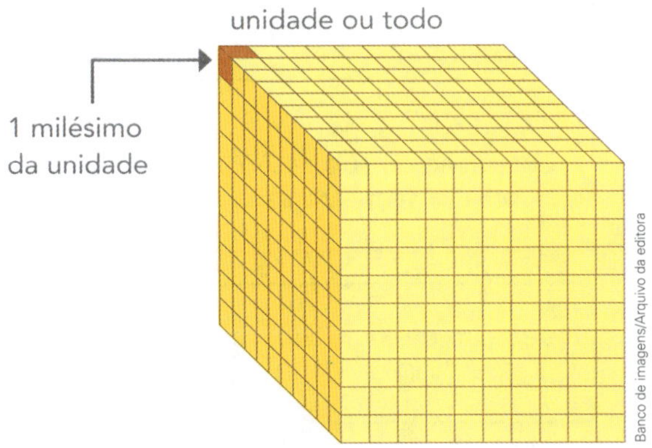

Banco de imagens/Arquivo da editora

Representação fracionária: $\frac{1}{1\,000}$

Representação decimal: 0,001

Veja o milésimo em algumas medidas.

1 m = 0,001 km	1 mL = 0,001 L
1 g = 0,001 kg	1 ano = 0,001 milênio

Na numeração ordinal, milésimo indica a posição número 1 000 e é representado assim: 1 000º

No dia 19/11/1969, Pelé marcou o 1 000º gol de sua carreira.

Mínimo múltiplo comum p. 157

(ver **múltiplo de um número natural**)

O mínimo múltiplo comum de 6 e 4 é o menor dos múltiplos comuns de 6 e 4, diferente de zero.

Múltiplos de 6: 0, 6, 12, 18, 24, ...

Múltiplos de 4: 0, 4, 8, 12, 16, 20, 24, ...

Múltiplos comuns, ou seja, ao mesmo tempo, de 6 e 4: 0, 12, 24, ...

O mínimo múltiplo comum de 6 e 4 é 12.

Indicamos assim: mmc(6, 4) = 12

Múltiplo de um número natural p. 119

O número natural 15 é múltiplo de 3, pois a divisão de 15 por 3 é exata (resto 0).

17 não é um múltiplo de 3.

Os múltiplos de 3 são: 0, 3, 6, 9, 12, 15, ...

N

Numerador de uma fração p. 179

Indica quantas das partes iguais do todo ou da unidade foram consideradas.

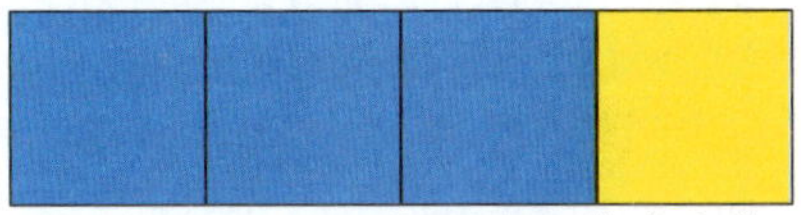
Banco de imagens/Arquivo da editora

A região retangular foi dividida em 4 partes iguais (denominador). Foram pintadas 3 partes de azul (numerador).

$\frac{3}{4}$ ← numerador / ← denominador

Número p. 14

Ideia matemática que expressa quantidade, medida, ordem e código.

A turma tem 32 alunos.

O menino pesa 33,5 kg.

Felipe é o 3º da fila.

O CEP é 13500-170.

Número misto p. 187

Número que tem, na sua escrita, um número natural e uma fração.

Considerando o círculo como unidade, a parte pintada de laranja corresponde ao número misto $1\frac{3}{4}$.

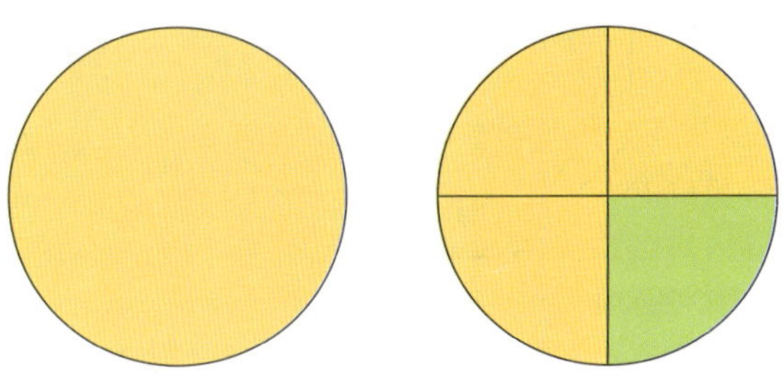
Ilustrações: Banco de imagens/Arquivo da editora

A leitura de $1\frac{3}{4}$ é: um inteiro e três quartos.

Como 1 inteiro corresponde a $\frac{4}{4}$, podemos escrever:

$$1\frac{3}{4} = 1 + \frac{3}{4} = \frac{4}{4} + \frac{3}{4} = \frac{7}{4}$$

Número natural p. 15

Número usado para contar, indicar posição, representar um código e medir.

0, 1, 2, 3, 4, 5, 6, ... é a sequência dos números naturais.

Na sequência dos números naturais, temos as seguintes relações.

- O sucessor de 18 é o 19 (18 + 1 = 19).
- 29 é o antecessor de 30 (30 − 1 = 29).
- Todo número natural tem sucessor.
- O 0 (zero) não tem antecessor.

O

Octaedro p. 47

Poliedro que tem 8 faces.
(*octa* = oito; *edro* = face)

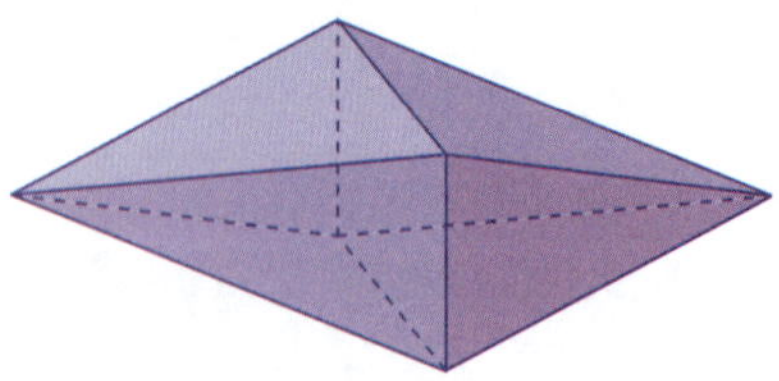

Banco de imagens/ Arquivo da editora

Octógono p. 70

Polígono de 8 lados.

(*octo* = oito; *gono* = ângulo)

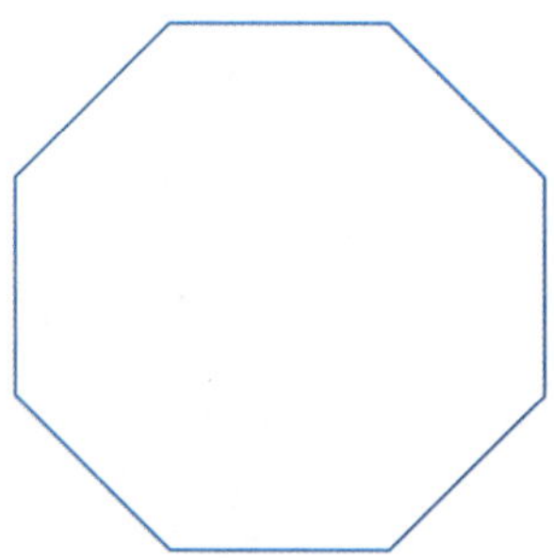

Banco de imagens/Arquivo da editora

Operação p. 78

Associa dois números a um terceiro número.

Operação de adição:
300 + 400 = 700

Operação de subtração:
900 − 100 = 800

Operação de multiplicação:
5 × 300 = 1 500

Operação de divisão:
600 ÷ 3 = 200

Operações inversas p. 92 e p. 127

- A adição e a subtração são operações inversas entre si.

  200 + 300 = 500 500 − 300 = 200

  300 + 200 = 500 500 − 200 = 300

- A multiplicação e a divisão também são operações inversas entre si.

  5 × 20 = 100 100 ÷ 20 = 5

  20 × 5 = 100 100 ÷ 5 = 20

Ordem de um número p. 22

Cada algarismo ocupa uma posição ou uma ordem na representação de um número.

O número 15 328 tem 5 ordens, contadas da direita para a esquerda.

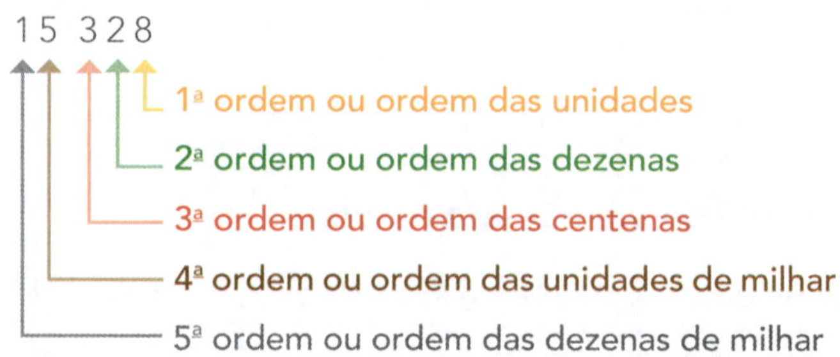

Nesse número, o 5 é o algarismo da ordem das unidades de milhar. Por isso, seu valor posicional é 5 000.

Perímetro p. 71

Medida do comprimento de um contorno.

O perímetro deste quadrado é 8 palitos.

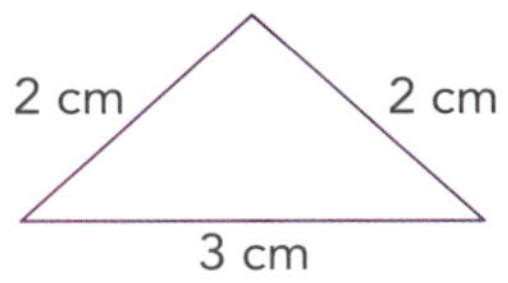

O perímetro deste triângulo é 7 cm.
2 cm + 3 cm + 2 cm

Ilustrações: Banco de imagens/Arquivo da editora

Pirâmide p. 45

(ver **sólido geométrico**)

Poliedro p. 42

Sólido geométrico que possui apenas faces planas. Por isso, ele não rola.

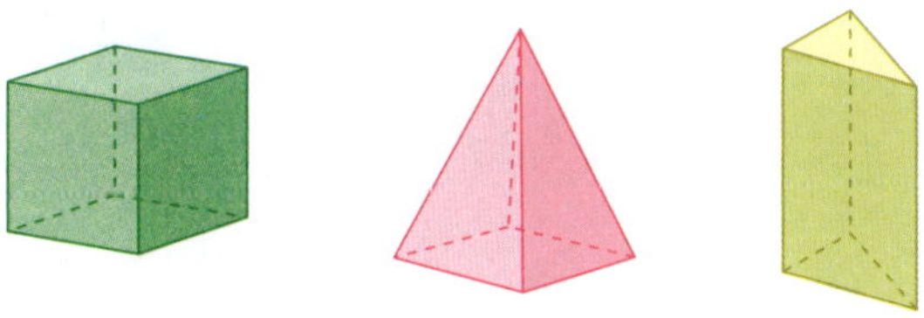

Ilustrações: Banco de imagens/Arquivo da editora

Polígono p. 59

Linha fechada formada apenas por segmentos de reta de um mesmo plano, que não se cruzam.

São polígonos:

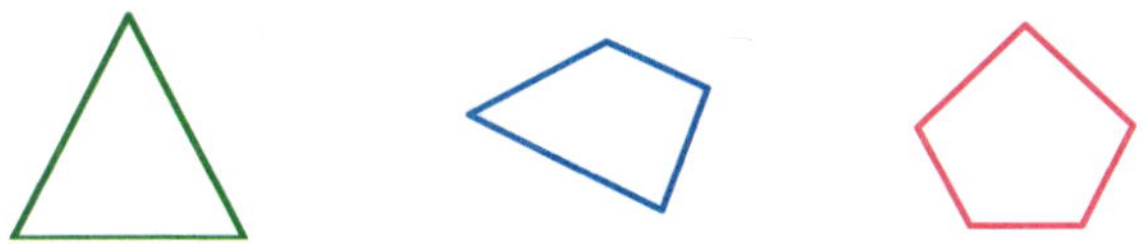

Não são polígonos:

Ilustrações: Banco de imagens/Arquivo da editora

Os polígonos recebem nomes de acordo com o número de lados.
Os polígonos de 5 lados são os pentágonos.

Polígono regular p. 258

Polígono que tem todos os lados com medidas iguais e também todos os ângulos com medidas iguais.

São polígonos regulares:

Ilustrações: Banco de imagens/Arquivo da editora

Porcentagem p. 304

Parte de um todo (ou total) considerado como cem por cento (100%).

- Observe as partes pintadas em cada figura.

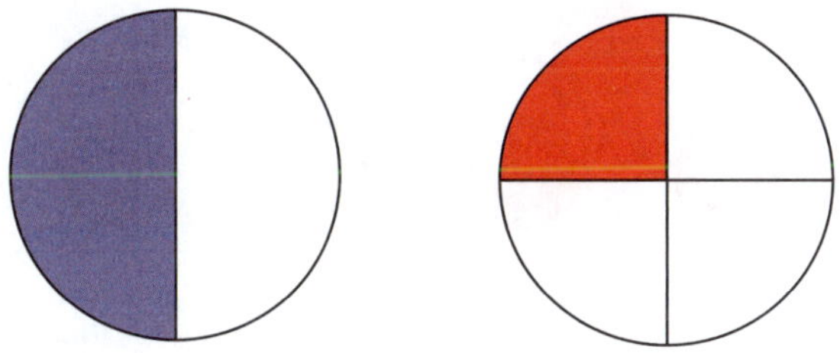

Ilustrações: Banco de imagens/Arquivo da editora

50% ou $\frac{1}{2}$ da figura. 25% ou $\frac{1}{4}$ da figura.

- 10% de R$ 50,00 é igual a R$ 5,00, pois

  $10\% = \frac{10}{100}$, $50 \div 100 = 0{,}5$ e $10 \times 0{,}5 = 5$.

- 40% de 280 = 112, pois $40\% = \frac{40}{100}$, $280 \div 100 = 2{,}8$ e $40 \times 2{,}8 = 112$.

Possibilidade p. 35

Cada fato que pode ocorrer em uma situação.

Quando lançamos uma moeda, sair cara é uma possibilidade.

São 6 as possibilidades de resultado quando lançamos um dado.

Prejuízo p. 88

Perda em uma situação de compra e venda.

Um comerciante comprou um objeto por R$ 30,00 e o vendeu por R$ 27,00.

Ele teve um prejuízo de R$ 3,00.

$$30 - 27 = 3$$

Princípio de posição decimal p. 19

A posição de cada algarismo em um número é o que determina seu valor posicional.

1 1 1

- 1 unidade
- 1 dezena ou 10 unidades
- 1 centena ou 10 dezenas ou 100 unidades

Prisma p. 44

(ver **sólido geométrico**)

Probabilidade p. 228

Medida da chance de algo ocorrer.

Em um saquinho há 4 bolas: 3 vermelhas e 1 verde.

Ilustrações: Banco de imagens/Arquivo da editora

Ao retirar 1 bola ao acaso (sem olhar), a probabilidade de sair uma vermelha é 3 em 4 ou $\frac{3}{4}$ ou 75%.

Proporcionalidade p. 119

Ideia relacionada à multiplicação.

2 × (4 lápis custam R$ 9,00. → 8 lápis custam R$ 18,00.) × 2

8 é o dobro de 4.

R$ 18,00 é o dobro de R$ 9,00.

Propriedade p. 82

Característica de uma operação, de uma figura geométrica, etc.

A adição satisfaz a seguinte propriedade: a mudança na ordem das parcelas não altera a soma.

$$20 + 40 = 60 \text{ e } 40 + 20 = 60$$

A subtração não tem essa propriedade. Uma propriedade dos retângulos é que eles têm os lados paralelos com mesma medida de comprimento.

Q

Quadrado p. 264

(ver **quadrilátero**)

Quadrilátero que tem 4 ângulos retos e 4 lados de medidas iguais.

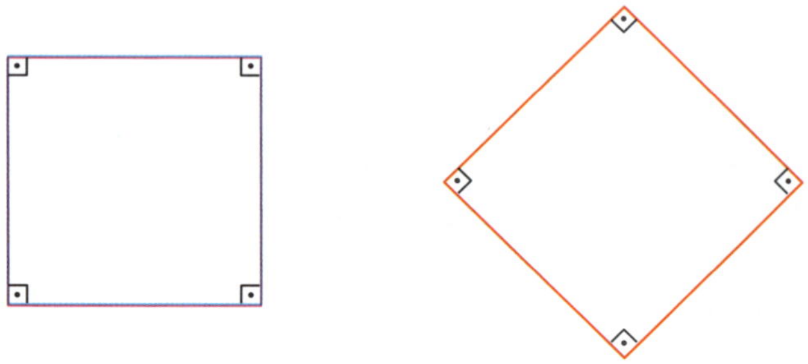

Ilustrações: Banco de imagens/Arquivo da editora

O quadrado é um exemplo de polígono regular.

Quadrilátero p. 59

Polígono de 4 lados.

(*quadri* = quatro)

Veja alguns quadriláteros.

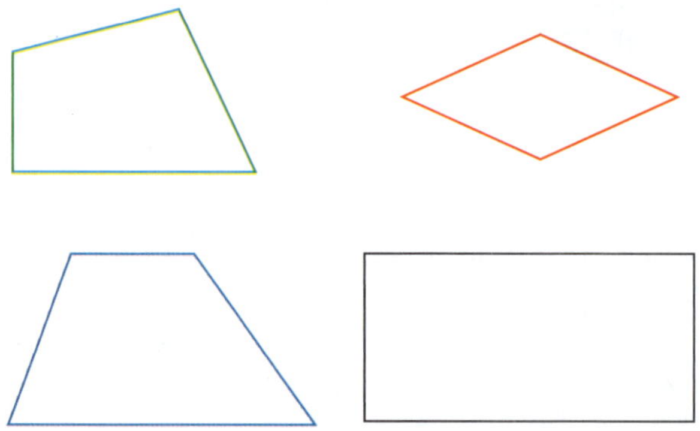

Ilustrações: Banco de imagens/Arquivo da editora

R

Raciocínio combinatório p. 141

Raciocínio que envolve combinações de possibilidades.

Escrever todos os números de 3 algarismos com os algarismos 2, 7 e 9, sem repeti-los em um mesmo número: 279, 297, 729, 792, 927 e 972. São 6 as possibilidades.

Raio da circunferência

p. 266

Segmento de reta que liga o centro da circunferência a um ponto qualquer dela.

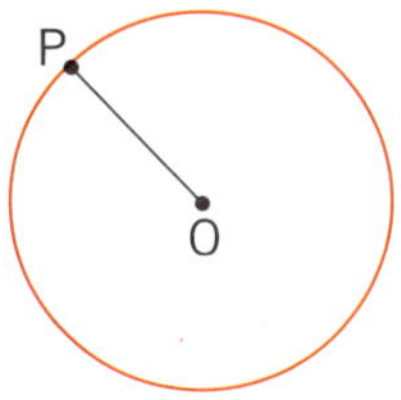

Banco de imagens/Arquivo da editora

O: centro da circunferência
$\overline{OP}$: raio da circunferência

Em uma circunferência todos os raios têm a mesma medida de comprimento. Essa medida é a metade da medida do diâmetro.

Raio da esfera

p. 316

Segmento de reta que liga o centro da esfera a um ponto qualquer da superfície dela.

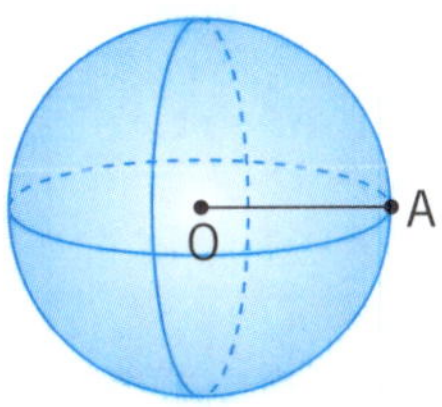

Banco de imagens/Arquivo da editora

O: centro da esfera
$\overline{OA}$: raio da esfera

Em uma esfera todos os raios têm a mesma medida de comprimento. Essa medida é a metade da medida do diâmetro.

Região plana

p. 40

Figura geométrica que obtemos quando desmontamos a "casca" de alguns sólidos geométricos.

A folha de caderno, as placas de trânsito, o fundo de uma panela e cada face de um dado, por exemplo, dão ideia de regiões planas. Veja algumas delas e seus respectivos nomes.

Região retangular.

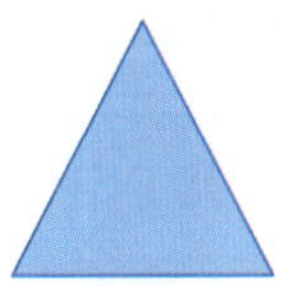

Região triangular.

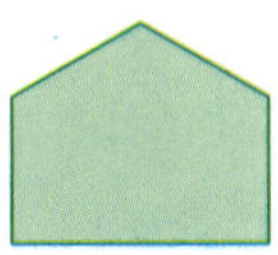

Região pentagonal.

Região circular (ou círculo).

Ilustrações: Banco de imagens/Arquivo da editora

Relação de Euler

p. 47

Relação entre o número de vértices (**V**), o número de faces (**F**) e o número de arestas (**A**) em alguns poliedros; por exemplo, os prismas e as pirâmides.

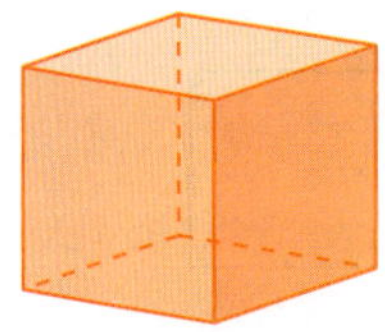

Cubo.

Banco de imagens/Arquivo da editora

Número de vértices: V = 8
Número de faces: F = 6
Número de arestas: A = 12

Relação de Euler: $8 + 6 = 12 + 2$
$V + F = A + 2$

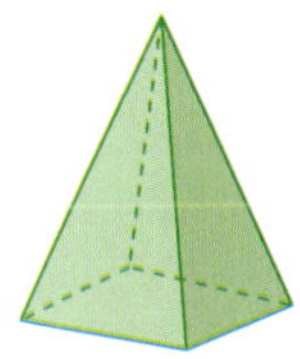

Banco de imagens/Arquivo da editora

Pirâmide de base quadrada.

V = 5; F = 5; A = 8

$5 + 5 = 8 + 2$
$V + F = A + 2$

Reta

p. 61

Veja a representação de uma reta.

Banco de imagens/Arquivo da editora

As setas indicam que a reta se prolonga indefinidamente nos dois sentidos.
A reta não tem começo nem fim.

2 retas podem ser paralelas ou concorrentes.

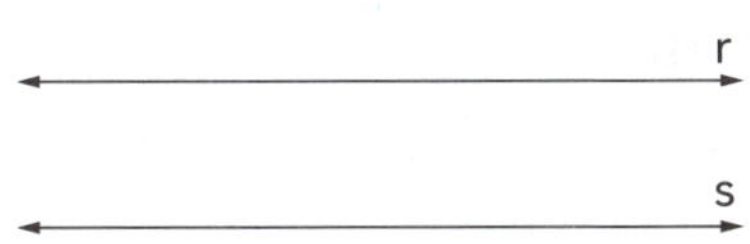

r e **s** são paralelas.

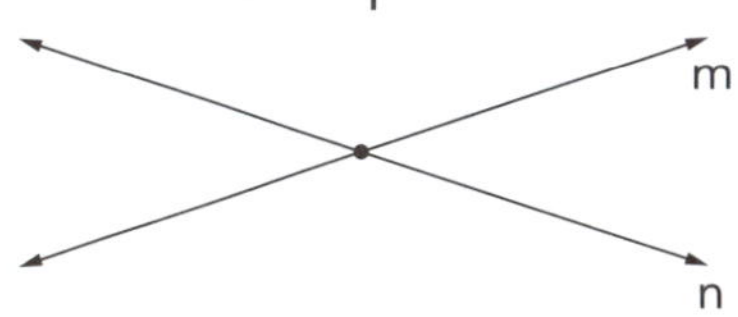

m e **n** são concorrentes.

Banco de imagens/Arquivo da editora

Retângulo p. 264

(ver **quadrilátero**)

Quadrilátero que possui 4 ângulos retos.

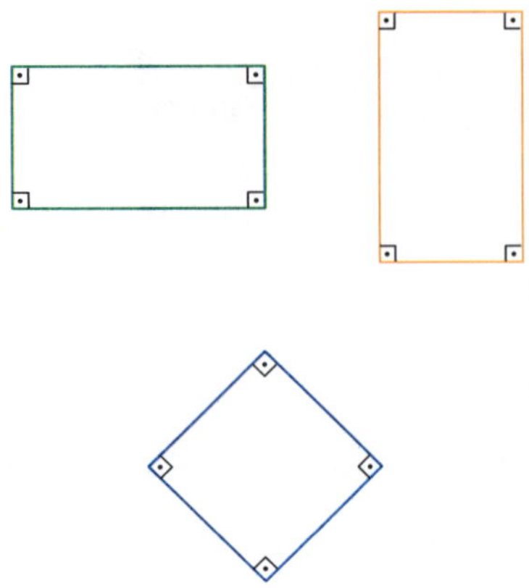

Ilustrações: Banco de imagens/Arquivo da editora

O quadrado é um exemplo de retângulo.

Retas concorrentes p. 64

São retas que se cruzam, que têm apenas 1 ponto comum.

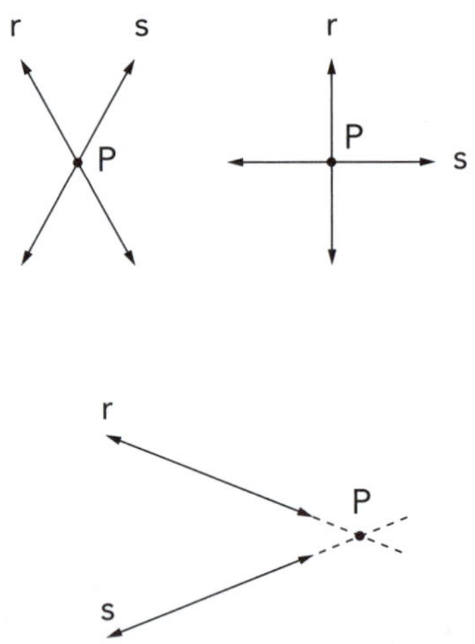

Ilustrações: Banco de imagens/Arquivo da editora

Em cada caso as retas **r** e **s** são concorrentes. Elas se cruzam no ponto **P**.

Retas paralelas p. 64

São retas que "caminham" na mesma direção e, portanto, não se cruzam.

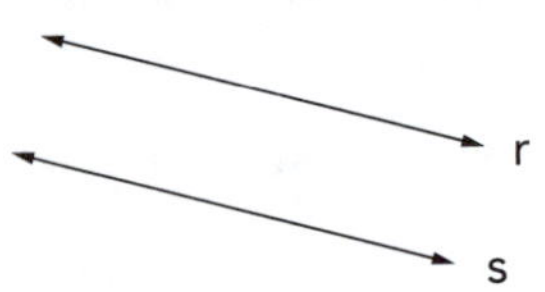

Banco de imagens/Arquivo da editora

As retas **r** e **s** são paralelas.

Retas perpendiculares p. 253

(ver **ângulo reto**)

São retas que se cruzam formando ângulos retos.

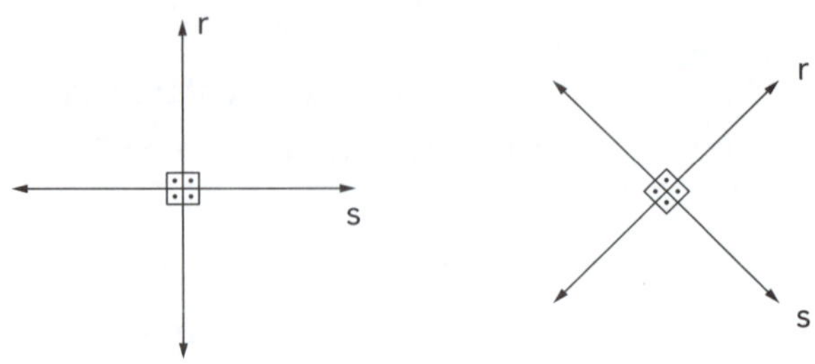

Ilustrações: Banco de imagens/Arquivo da editora

As retas **r** e **s** são perpendiculares em cada uma das figuras acima.

As retas **t** e **u** abaixo se cruzam, mas não são perpendiculares.

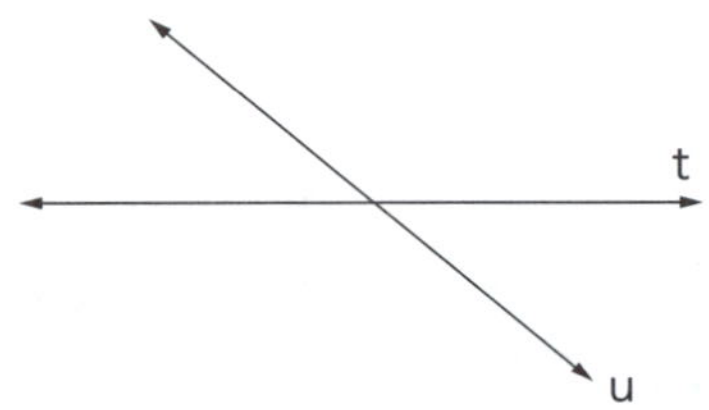

Banco de imagens/Arquivo da editora

Segmento de reta p. 57

Figura que indica o caminho mais curto entre 2 pontos.

Banco de imagens/Arquivo da editora

Representação: $\overline{AB}$ ou $\overline{BA}$.

Semirreta p. 61

Uma parte da reta que contém um ponto inicial (sua origem) e se prolonga, indefinidamente, em um único sentido.

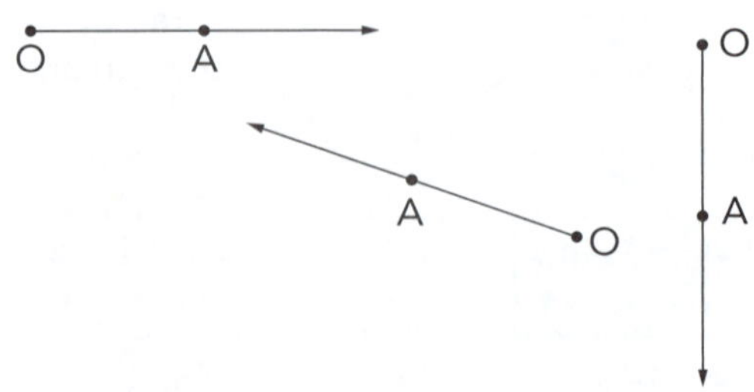

Banco de imagens/Arquivo da editora

Representação: $\overrightarrow{OA}$

Ponto **O**: origem de $\overrightarrow{OA}$

Simetria p. 52

Veja algumas figuras geométricas planas que apresentam simetria e seus eixos de simetria.

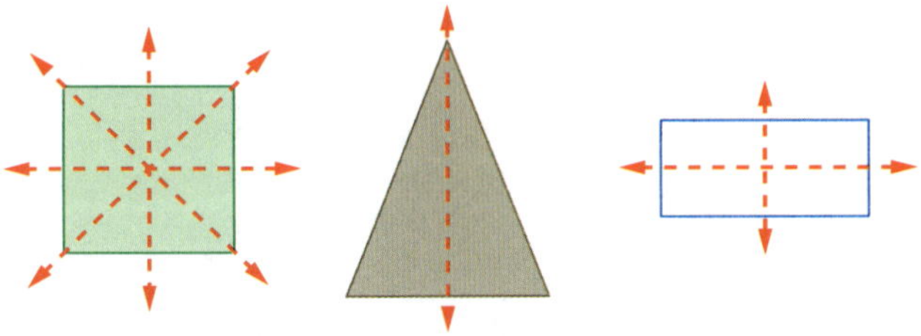

Ilustrações: Banco de imagens/Arquivo da editora

Dobrando uma figura plana simétrica pelo seu eixo de simetria, as 2 partes coincidem.

Há casos em que temos a simétrica de uma figura em relação a um eixo, como no reflexo em um espelho.

Ilustrações: Banco de imagens/Arquivo da editora

Simplificação de fração p. 194

Processo pelo qual, a partir de uma fração, obtemos outra equivalente a ela, porém mais simples.

Fazendo a simplificação de $\frac{9}{15}$, obtemos $\frac{3}{5}$.

$$\frac{9^{\div 3}}{15_{\div 3}} = \frac{3}{5}$$

Sistema de numeração p. 14

Conjunto de símbolos e regras que permite representar os números.

Veja o número treze representado em diferentes sistemas de numeração.

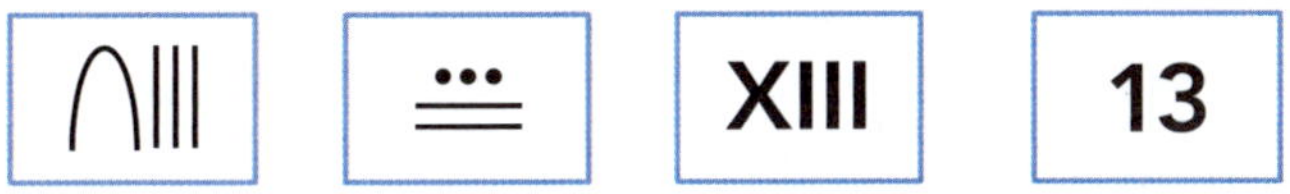

Egípcio. Maia. Romano. Indo-arábico (nosso).

Sistema de numeração decimal p. 19

É o sistema de numeração que usamos. Ele tem 10 símbolos (algarismos): 0, 1, 2, 3, 4, 5, 6, 7, 8 e 9.

Agrupamos de 10 em 10 para contar. A posição de cada algarismo no número é importante.

1 1 1
- 1 unidade
- 1 dezena ou 10 unidades
- 1 centena ou 10 dezenas ou 100 unidades

Sólido geométrico p. 40

O dado, a bola, a caixa de sapatos, o calendário de mesa, o chapéu de palhaço e a lata de leite em pó são objetos que dão ideia de sólidos geométricos.

Veja alguns sólidos geométricos e seus nomes.

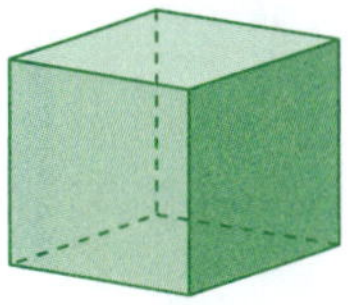

Cubo.

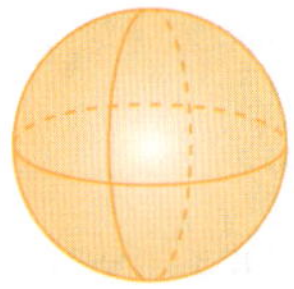

Esfera.

Cilindro.

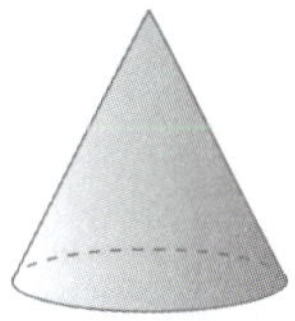

Cone.

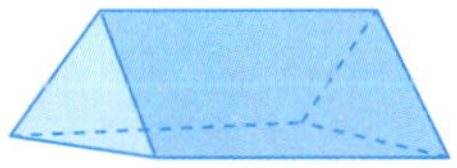

Prisma de base triangular.

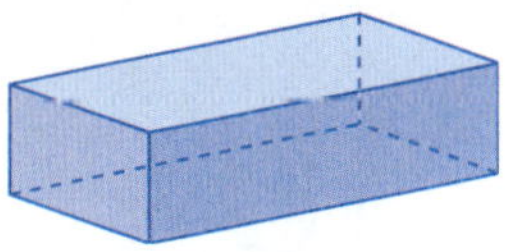

Paralelepípedo ou bloco retangular.

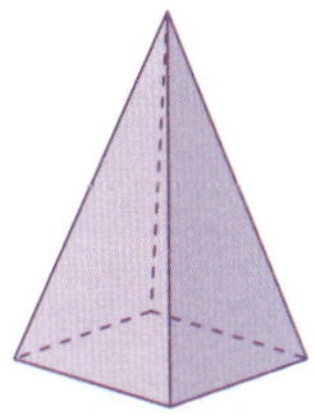

Pirâmide de base quadrada.

Ilustrações: Banco de imagens/Arquivo da editora

Sólido planificado p. 48

Região plana que se obtém desmontando a "casca" de um sólido geométrico.

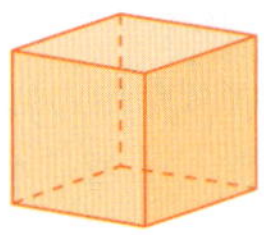

Cubo.

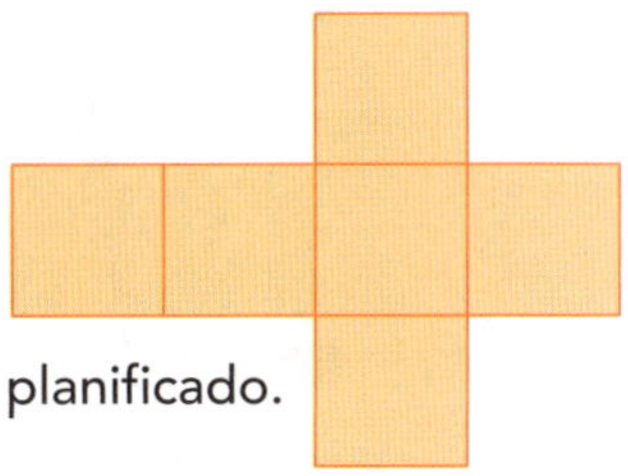

Cubo planificado.

Ilustrações: Banco de imagens/Arquivo da editora

Superfície p. 71

A face de um dado, uma folha de papel, o piso de uma sala, o território de um país, etc. lembram superfícies. A medida de uma superfície é sua área.

A medida da superfície do Brasil ou sua área é 8 515 767 quilômetros quadrados, aproximadamente.

T

Termômetro p. 277

As imagens não estão representadas em proporção.

Aparelho usado para medir temperatura.

Estúdio Félix Reiners/Arquivo da editora

O termômetro está marcando 36 graus (36 °C).

Transferidor p. 250

Instrumento usado para medir ângulos.

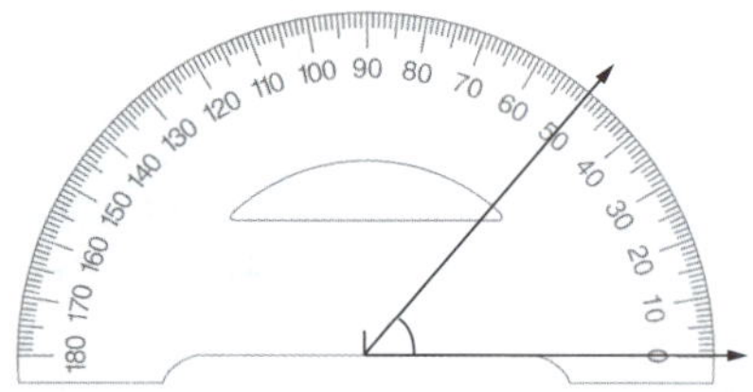

Estúdio Félix Reiners/Arquivo da editora

A medida do ângulo indicado na figura é 50 graus (50°).

Triângulo p. 259

Polígono de 3 lados.

(*tri* = três)

Veja alguns triângulos.

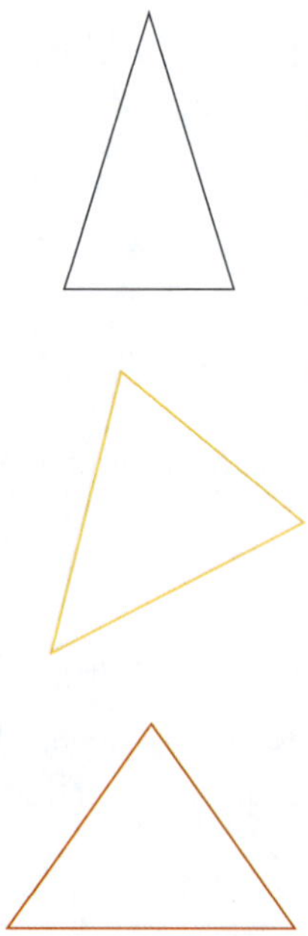

Ilustrações: Banco de imagens/Arquivo da editora

Triângulo retângulo p. 262

(ver **ângulo reto**)

Triângulo que tem um dos ângulos reto.

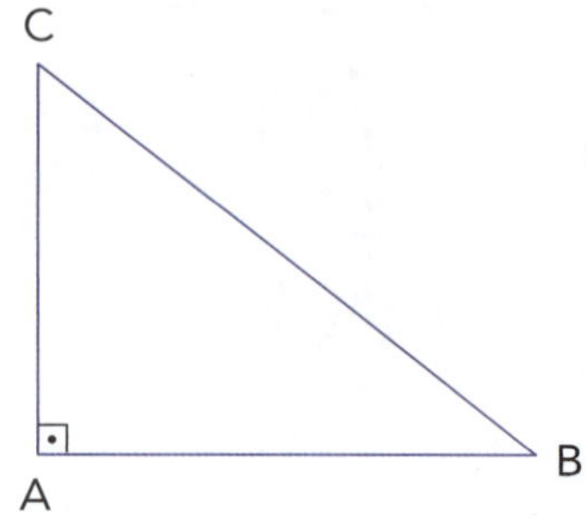

Banco de imagens/Arquivo da editora

V

Valor posicional de um algarismo p. 22

Valor que o algarismo assume dependendo de sua posição no número.

1 213

O valor posicional deste 1 é 1 000.

Vértice p. 43

Nome que se dá a determinado ponto em algumas figuras.

Veja o ponto **A** nestas figuras.

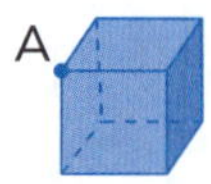

Vértice do cubo.

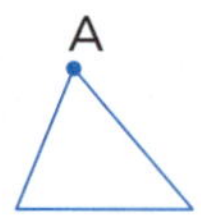

Vértice do triângulo.

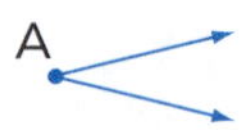

Vértice do ângulo.

Ilustrações: Banco de imagens/Arquivo da editora

Volume p. 329

Tipo de grandeza.

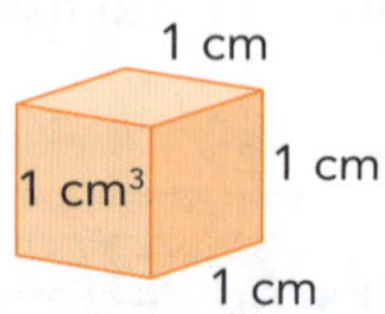

A medida do volume deste cubo é 1 centímetro cúbico (1 cm³).

BIBLIOGRAFIA

ALFONSO, Bernardo. ***Numeración y cálculo***. 3. ed. Madrid: Síntesis, 2000.

ALVES, Eva Maria Siqueira. ***A ludicidade e o ensino de Matemática:* uma prática possível**. Campinas: Papirus, 2001.

AMARAL, Ana; CASTILHO, Sônia Fiuza da Rocha. ***Metodologia da Matemática:* aprendizagem nas séries iniciais**. 4. ed. Belo Horizonte: Vigília, 1990. v. 1, 2 e 3.

BORIN, Júlia. ***Jogos e resolução de problemas:* uma estratégia para as aulas de Matemática**. São Paulo: CAEM-USP, 2004. v. 6.

BRASIL, Luís Alberto S. ***Aplicações da teoria de Piaget ao ensino da Matemática***. Rio de Janeiro: Forense Universitária, 1977.

BRASIL. Ministério da Educação. Secretaria de Educação Fundamental. ***Parâmetros Curriculares Nacionais – Matemática***. Brasília, 1997.

BRIGHT, George W. et al. ***Principles and Standards for School Mathematics:* Navigations Series**. 3. ed. Reston: NCTM, 2007.

BRIZUELA, Bárbara M. ***Desenvolvimento matemático na criança:* explorando notações**. Porto Alegre: Artmed, 2006.

BUORO, Anamelia Bueno. ***Olhos que pintam:* a leitura da imagem e o ensino da arte**. São Paulo: Cortez, 2003.

CERQUETTI-ABERKANE, Françoise; BERDONNEAU, Catherine. ***O ensino da Matemática na Educação Infantil***. Tradução de Eunice Gruman. Porto Alegre: Artmed, 1997.

COLL, César; TEBEROSKY, Ana. ***Aprendendo Matemática***. São Paulo: Ática, 2000.

D'AMBRÓSIO, Ubiratan. ***Educação Matemática:* da teoria à prática**. 2 e 3. ed. Campinas: Papirus, 2013.

D'AMORE, Bruno. ***Epistemologia e didática da Matemática***. São Paulo: Escrituras, 2005. (Coleção Ensaios Transversais).

DANTE, Luiz Roberto. ***Formulação e resolução de problemas de Matemática:* teoria e prática**. São Paulo: Ática, 2010.

DORNELES, Beatriz V. ***Escrita e número:* relações iniciais**. Porto Alegre: Artmed, 1998.

DUHALDE, María Elena; CUBERES, María T. G. ***Encontros iniciais com a Matemática:* contribuições à Educação Infantil**. Porto Alegre: Artmed, 1997.

FAZENDA, Ivani C. ***Didática e interdisciplinaridade***. 17. ed. Campinas: Papirus, 2013.

FERREIRA, Mariana K. L. (Org.). ***Ideias matemáticas de povos culturalmente distintos***. São Paulo: Global/ Fapesp, 2002.

FONSECA, Maria da Conceição F. R. (Org.). ***Letramento no Brasil:* habilidades matemáticas**. São Paulo: Global/ Ação Educativa/Instituto Paulo Montenegro, 2004.

GAZZETTA, Marineusa (Coord.); D'AMBRÓSIO, Ubiratan et al. ***Iniciação à Matemática***. Campinas: Ed. da Unicamp, 1986. v. 1, 2 e 3.

***GEOMETRIA EXPERIMENTAL* – MEC**. Campinas: Imecc-Unicamp; São Paulo: SEE-CENP, 1972.

HUETE, J.; BRAVO, J. ***O ensino da Matemática:* fundamentos teóricos e bases psicopedagógicas**. Porto Alegre: Artmed, 2005.

IFRAH, Georges. ***História universal dos algarismos:* a inteligência dos homens contada pelos números e pelo cálculo**. Tradução de Alberto Munhoz e Ana Beatriz Katinsky. 2. ed. Rio de Janeiro: Nova Fronteira, 2000. v. 1 e 2.

KAMII, Constance. ***A criança e o número***. Tradução de Regina A. de Assis. 39. ed. Campinas: Papirus, 2013.

_______. ***Aritmética:* novas perspectivas – implicações da teoria de Piaget**. 6. ed. Campinas: Papirus, 1995.

_______. ***Reinventando a aritmética***. 14. ed. Campinas: Papirus, 1996.

_______; DEVRIES, Rheta. ***Jogos em grupo na Educação Infantil***. Porto Alegre: Artmed, 2009.

_______; JOSEPH, Linda Leslie. ***Crianças pequenas continuam reinventando a aritmética:* implicações da teoria de Piaget**. 2. ed. Porto Alegre: Artmed, 2005.

KNIJNIK, Gelsa et al. ***Aprendendo e ensinando Matemática com o geoplano***. Ijuí: Ed. da Unijuí, 2004.

LINS, Romulo Campos; GIMENEZ, Joaquim. ***Perspectivas em aritmética e álgebra para o século XXI***. 7. ed. Campinas: Papirus, 2006.

LIZARZABURU, Afonso; SOTO, Gustavo (Coord.). ***Pluriculturalidade e aprendizagem da Matemática na América Latina:* experiências e desafios**. Porto Alegre: Artmed, 2005.

LOPES, Maria Laura (Coord.). ***Tratamento da informação:* explorando dados estatísticos e noções de probabilidade a partir das séries iniciais**. Rio de Janeiro: Ed. da UFRJ/Projeto Fundão, 1997.

LUCKESI, Cipriano Carlos. ***Avaliação da aprendizagem escolar***. 22. ed. São Paulo: Cortez, 2011.

MACHADO, Silvia Dias (Org.). ***Aprendizagem em Matemática:* registros de representação semiótica**. 8. ed. Campinas: Papirus, 2011.

MILIES, Francisco César Polcino; BUSSAB, José Hugo de Oliveira. ***A geometria na Antiguidade clássica***. São Paulo: FTD, 1999.

MOYSÉS, Lucia. ***Aplicações de Vygotsky à educação matemática***. 11. ed. Campinas: Papirus, 2013.

NUNES, Therezinha; BRYANT, Peter. ***Crianças fazendo Matemática***. Porto Alegre: Artmed, 1997.

PACCOLA, Herval; BIANCHINI, Edwaldo. ***Sistemas de numeração ao longo da História***. São Paulo: Moderna, 1997.

PANIZZA, Mabel (Org.). ***Ensinar Matemática na Educação Infantil e séries iniciais***. 2. ed. Porto Alegre: Artmed, 2006.

PAPERT, Seymour. ***A máquina das crianças:* repensando a escola na era da informática**. Porto Alegre: Artmed, 2007.

PARRA, Cecília; SAIZ, Irma (Org.). ***Didática da Matemática:* reflexões psicopedagógicas**. Porto Alegre: Artmed, 1996.

PIAGET, Jean. ***Fazer e compreender***. São Paulo: Melhoramentos, 1978.

PIRES, Célia Carolino. ***Currículos de Matemática:* da organização linear à ideia de rede**. São Paulo: FTD, 2000.

_______; CURI, Edda; CAMPOS, Tânia. ***Espaço & forma:* a construção de noções geométricas pelas crianças das quatro séries iniciais do Ensino Fundamental**. São Paulo: PROEM, 2000.

POZO, Juan Ignácio (Org.). ***A solução de problemas:* aprender a resolver, resolver para aprender**. Tradução de Beatriz Affonso Neves. Porto Alegre: Artmed, 1998.

SEITER, Charles. ***Matemática para o dia a dia***. Rio de Janeiro: Campus, 1999.

SMOLE, Kátia Cristina Stocco. ***A Matemática na Educação Infantil:* a teoria das inteligências múltiplas na prática escolar**. Porto Alegre: Artmed, 1998.

_______; CÂNDIDO, Patrícia Terezinha. ***Brincadeiras infantis nas aulas de Matemática:* Matemática de 0 a 6**. Porto Alegre: Artmed, 2000.

_______; DINIZ, Maria Ignez (Org.). ***Ler, escrever e resolver problemas:* habilidades básicas para aprender Matemática**. Porto Alegre: Artmed, 2001.

_______ et al. ***Era uma vez na Matemática:* uma conexão com a literatura infantil**. São Paulo: CAEM-USP, 1993. v. 4.

TOLEDO, Marília; TOLEDO, Mauro. ***Didática de Matemática:* como dois e dois**. São Paulo: FTD, 1997.

ZUNINO, Delia Lerner. ***A Matemática na escola:* aqui e agora**. 2. ed. Porto Alegre: Artmed, 1995.

Projeto

Ápis divertido

5º ano

Matemática

Este material poderá ser destacado e usado para auxiliar no estudo de alguns assuntos vistos no livro.

Ricardo Chucky/Arquivo da editora

editora ática

Cubo (página 41)

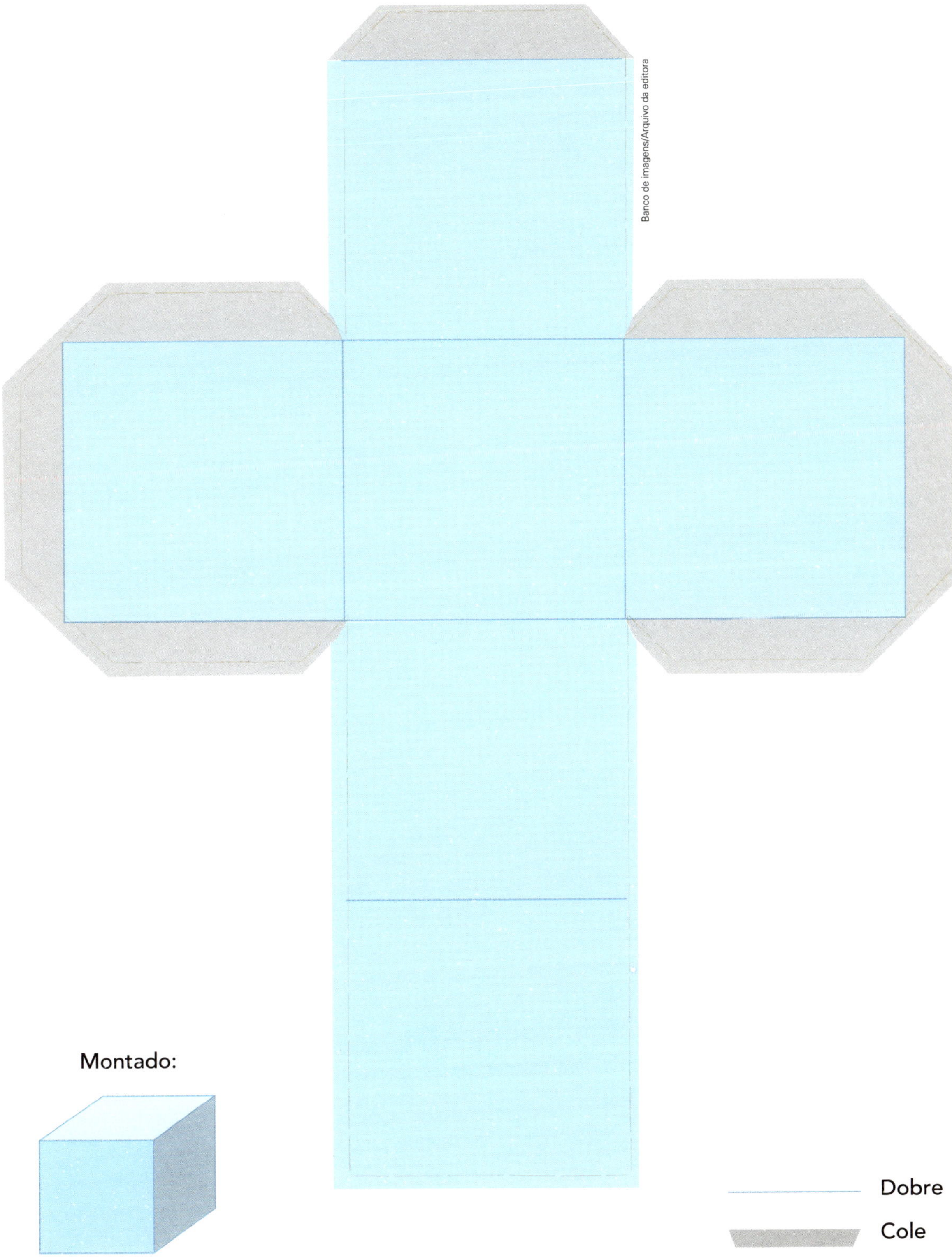

Banco de imagens/Arquivo da editora

Montado:

Dobre

Cole

Paralelepípedo ou bloco retangular (página 41)

Montado:

Dobre

Cole

Prisma de base triangular (página 41)

Banco de imagens/Arquivo da editora

Montado:

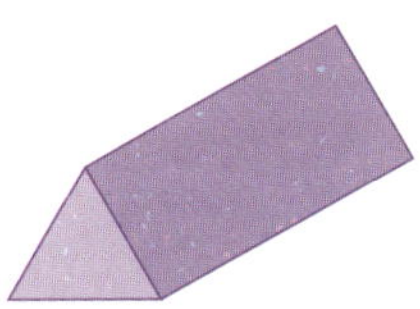

Dobre

Cole

Pirâmide de base quadrada (página 41)

Montado:

Dobre

Cole

Cilindro (página 41)

Banco de imagens/Arquivo da editora

Montado:

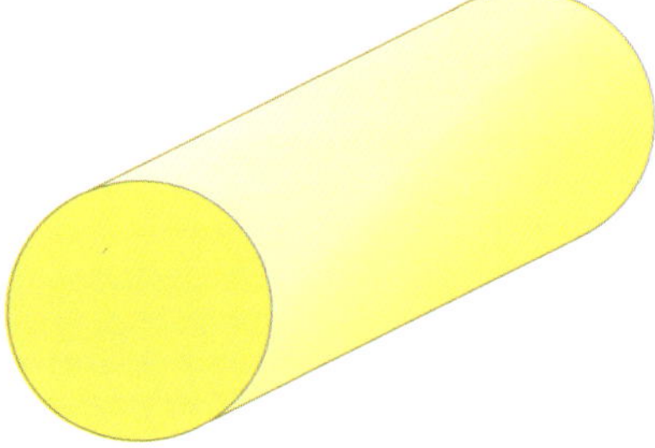

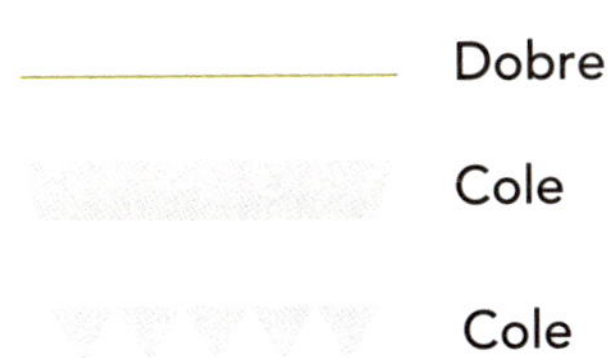

Cone (página 41)

Banco de imagens/Arquivo da editora

Montado:

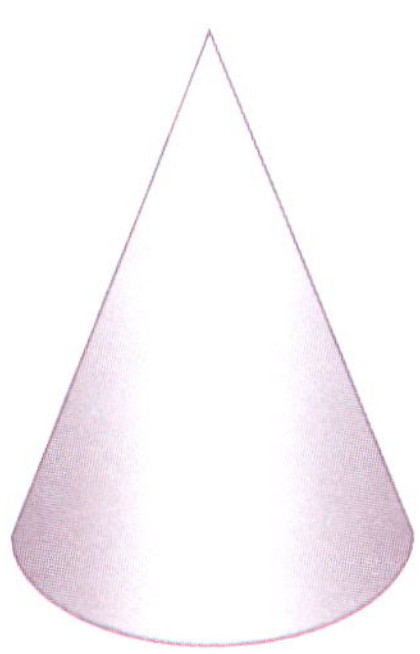

Dobre

Cole

Cole

Prisma de base hexagonal (página 41)

Banco de imagens/Arquivo da editora

Montado:

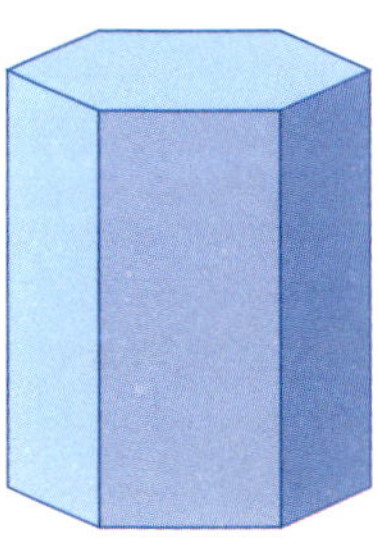

Dobre

Cole

Prisma de base pentagonal (página 41)

Banco de imagens/Arquivo da editora

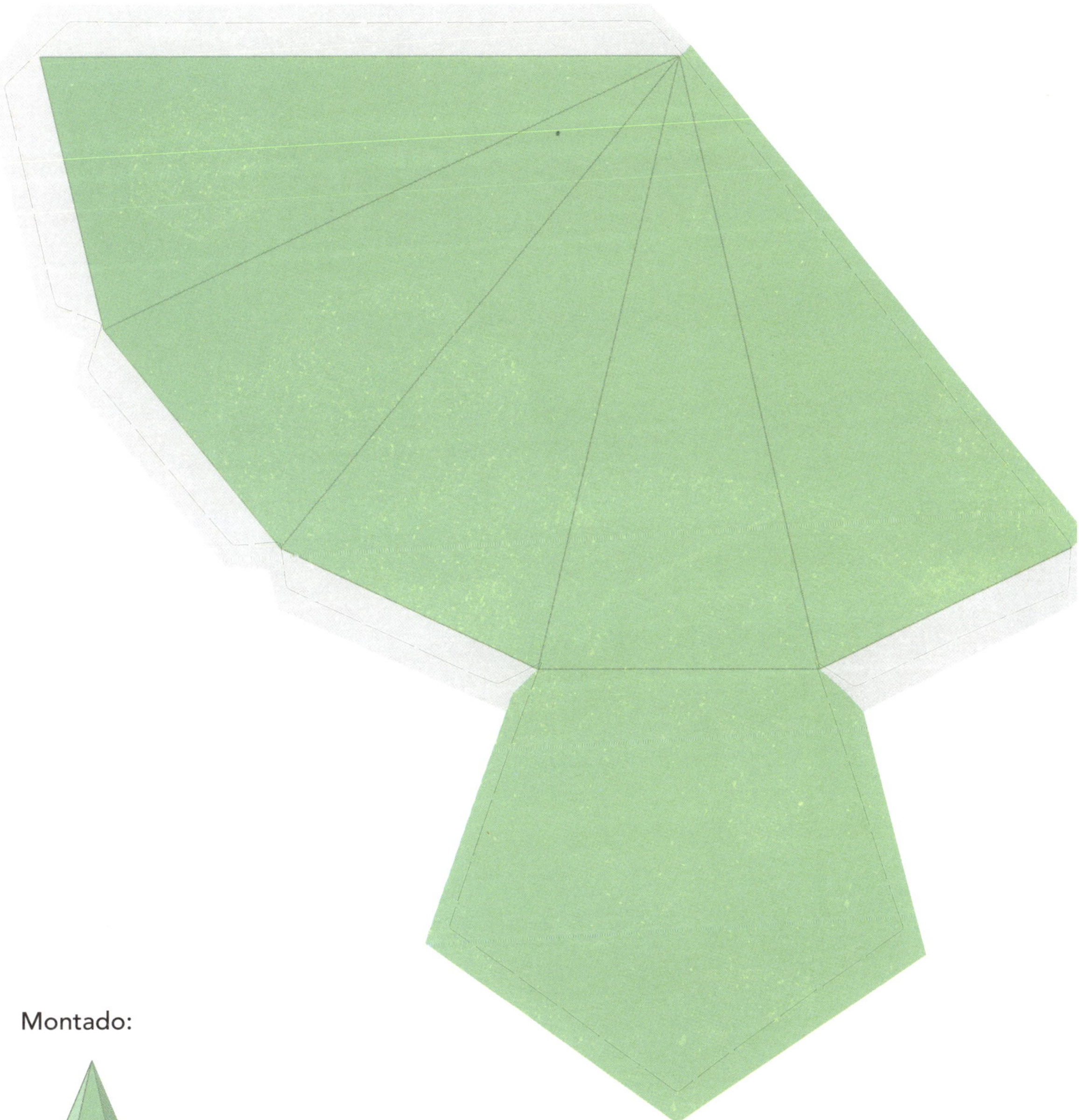

Montado:

Dobre

Cole

Octaedro (página 41)

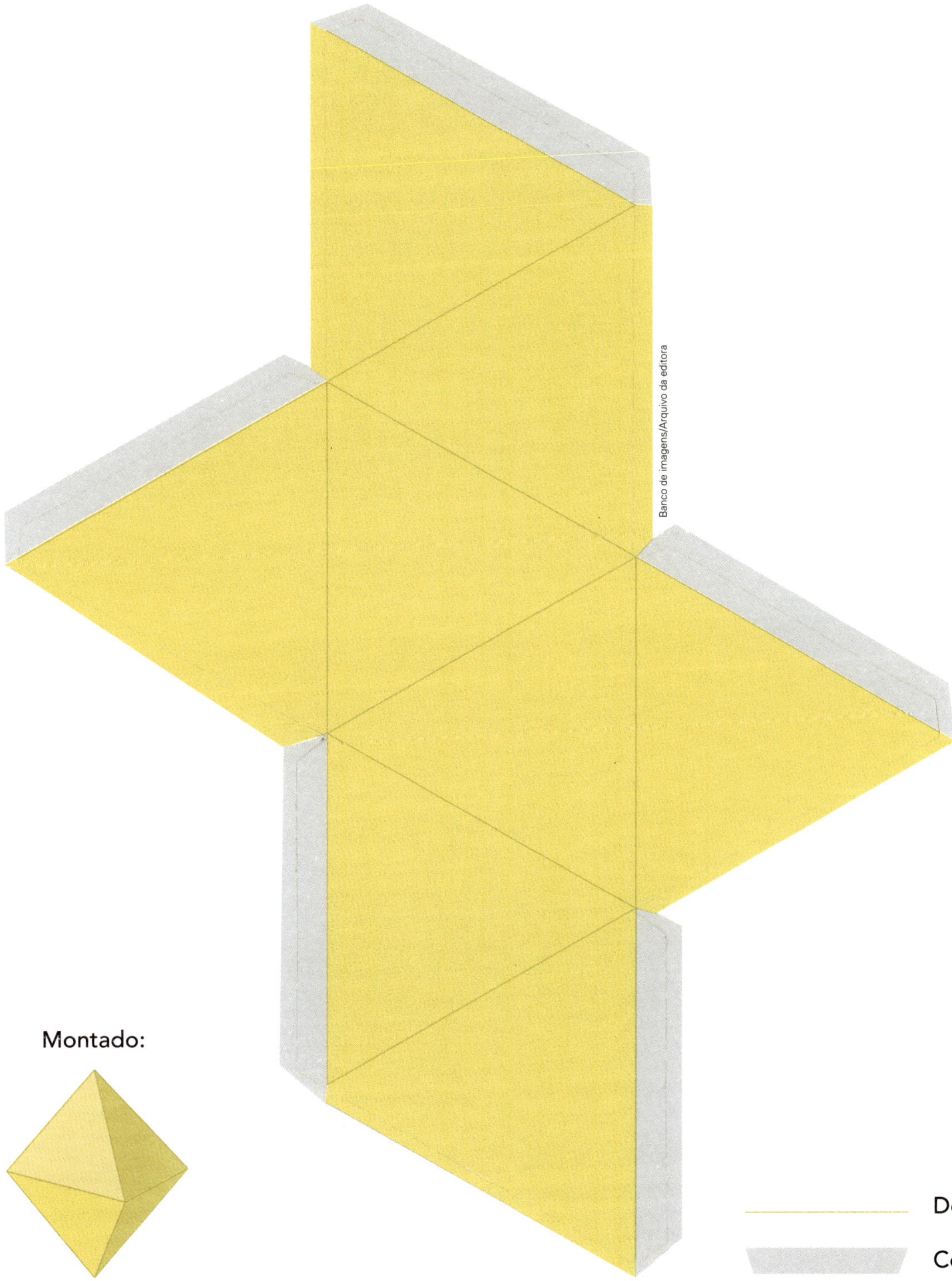

Montado:

Dobre

Cole

Tiras (página 187)

Banco de imagens/Arquivo da editora

1

$\frac{1}{2}$	$\frac{1}{2}$

$\frac{1}{3}$	$\frac{1}{3}$	$\frac{1}{3}$

$\frac{1}{6}$	$\frac{1}{6}$	$\frac{1}{6}$	$\frac{1}{6}$	$\frac{1}{6}$	$\frac{1}{6}$

$\frac{1}{12}$	$\frac{1}{12}$	$\frac{1}{12}$	$\frac{1}{12}$	$\frac{1}{12}$	$\frac{1}{12}$	$\frac{1}{12}$	$\frac{1}{12}$	$\frac{1}{12}$	$\frac{1}{12}$	$\frac{1}{12}$	$\frac{1}{12}$

1

$\frac{1}{2}$	$\frac{1}{2}$

$\frac{1}{3}$	$\frac{1}{3}$	$\frac{1}{3}$

$\frac{1}{6}$	$\frac{1}{6}$	$\frac{1}{6}$	$\frac{1}{6}$	$\frac{1}{6}$	$\frac{1}{6}$

$\frac{1}{12}$	$\frac{1}{12}$	$\frac{1}{12}$	$\frac{1}{12}$	$\frac{1}{12}$	$\frac{1}{12}$	$\frac{1}{12}$	$\frac{1}{12}$	$\frac{1}{12}$	$\frac{1}{12}$	$\frac{1}{12}$	$\frac{1}{12}$

Banco de imagens/Arquivo da editora

Envelope para as tiras (página 187)

Dobre

Cole

Montado:

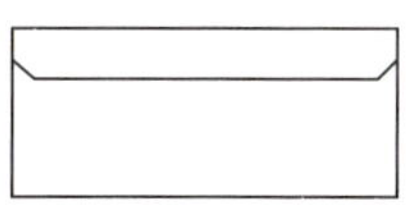

Hastes (página 242)

Banco de imagens/Arquivo da editora

Região quadrada (página 341)

Banco de imagens/Arquivo da editora

Banco de imagens/Arquivo da editora

Banco de imagens/Arquivo da editora

Malha quadriculada (página 322)

Banco de imagens/Arquivo da editora

Malha quadriculada (página 326)

Banco de imagens/Arquivo da editora

Malha quadriculada (página 327)

Banco de imagens/Arquivo da editora

Matemática

Projeto

Ápis

5º ano

Caderno de atividades

editora ática

Sumário

Ricardo Chucky/Arquivo da editora

Unidade 1

Sistema de numeração decimal

1 Escreva a sequência dos números naturais (ℕ).

____

- Agora, indique como cada número natural abaixo está sendo usado. Escreva **contagem**, **posição**, **medida** ou **código**.

  a) Luana tem 24 CDs. ______________

  b) A altura do prédio é 40 metros. ______________

  c) Ricardo acordou às 8 horas da manhã. ______________

  d) O DDD da cidade de Guarapari (ES) é 28. ______________

  e) Pedro chegou em 2º lugar na corrida. ______________

  f) Há 290 funcionários no aeroporto. ______________

2 Escreva mais estas sequências.

a) Números naturais de 2 algarismos: ______________.

b) Números naturais ímpares: ______________.

c) Números naturais pares de 120 a 130: ______________.

d) Números naturais entre 997 e 1 002: ______________.

3 Estas são para "fundir a cuca".

a) Qual é o maior número ímpar menor do que 667? ________

b) Qual é o único número entre 42 777 e 42 790 que não tem o algarismo 8? ________

c) Qual é o maior número de 4 algarismos, todos pares e distintos? ________

Dam Ferreira/Arquivo da editora

4 Complete as afirmações:

a) o antecessor de 23430 é _______________.

b) o sucessor de 99999 é _______________.

c) 46007 é o _______________________ de 46006.

- Dos seis números indicados acima, escreva:

  a) O maior de todos: _______________.

  b) O menor de todos: _______________.

  c) Os que são números pares: _______________________________________.

  d) Os que são números ímpares: _____________________________________.

  e) Todos eles em ordem crescente:

  _________, _________, _________, _________, _________ e _________.

5 Escreva o número usando algarismos.

Três mil e quinhentos → ___________________________

Dois milhões e trezentos mil → ____________________

Quatro milhões e dez mil → ________________________

- Agora responda considerando os números que você escreveu.

  a) Quantas ordens tem o número do quadro azul? _____________________

  b) Qual é o valor posicional do algarismo 3 no número do quadro laranja?

  ____

  c) Quantas classes tem o número do quadro roxo? ____________________

  d) Qual o menor dos três números? Escreva por extenso.

  ____

6 Escreva só com algarismos os números correspondentes aos quadros e compare-os, colocando >, < ou = nos ☐.

a) 3 centenas de milhar ☐ 40 milhares

b) $6\,000 + 800 + 40$ ☐ seis mil quatrocentos e oitenta

c) 3×4 milhões ☐ $10\,000\,000 + 2\,000\,000$

d) 80 dezenas de milhar ☐ 7 unidades de milhão

7 **PESQUISA**

Escreva usando símbolos numéricos.

a) O número de habitantes da sua cidade. ____________

b) O número de habitantes do seu estado. ____________

c) O número de habitantes da capital do seu estado. ____________

d) Escreva as respostas dos itens **a**, **b** e **c** em ordem decrescente, usando símbolos numéricos.

____

e) Escreva as respostas dos itens **a**, **b** e **c** em ordem crescente, por extenso.

____

____

8 Leia o texto abaixo.

As imagens não estão representadas em proporção.

Alguns números da missão Apollo XI

O primeiro passo do homem na Lua foi dado pelo astronauta americano Neil Armstrong, então com 38 anos, no dia 20 de julho de 1969, às 23h 56min 31s (horário de Brasília). Ao pisar na Lua, seu coração batia 156 vezes por minuto, quando ele proferiu a célebre frase: "Este é um pequeno passo para o homem, mas um gigantesco salto para a humanidade".

A Apollo XI era composta do módulo lunar Eagle (Águia) e pelo módulo de comando Columbia.

Os três tripulantes eram Neil Armstrong, Edwin Aldrin e Michael Collins.

Cerca de 850 jornalistas de 55 países registraram esse acontecimento. Calcula-se que 1,2 bilhão de pessoas acompanharam esse momento pela TV no mundo inteiro.

A Apollo XI viajou 384 321 km da Terra à Lua. Na Terra, a mochila e o traje espacial dos astronautas pesavam 86 quilogramas. Mas lá o peso era de apenas 14 quilogramas pois, devido à gravidade na Lua, tudo é 6 vezes mais leve do que na Terra.

Texto adaptado de: Marcelo Duarte. **O guia dos curiosos**. São Paulo: Panda Books, 2007. p. 32.

NASA/Agência France-Presse

A Apollo XI é transportada para a base de lançamento.

Photo by NASA/The LIFE Picture Collection/Getty Images

Edwin Aldrin carregando equipamentos para experiência em solo lunar.

Para entender o texto acima é preciso conhecer os números: seus valores, seus significados, como são lidos, etc.

Considere os números que aparecem no texto para completar ou responder aos itens a seguir.

a) 3 números que indicam contagem: ______________________, ______________________ e ______________________.

b) 2 números que indicam medida: ______________ e ______________.

c) O maior número com todos os seus algarismos: ____________________.

Sua leitura: ____.

d) O número maior do que 800 e menor do que 900: __________________.

Sua leitura: ____.

e) Escreva um trecho em que aparece um número como ordenação ou posição:

____

f) O número que tem o 8 como algarismo das dezenas de milhar: __________.

Sua leitura: ____.

g) Há quantos anos foi realizada a missão Apollo XI? ___________________

h) Quanto tempo faltava para atingir o dia 21 de julho de 1969 quando Armstrong pisou na superfície lunar? ______________________________

i) Nos 3 primeiros minutos em que Armstrong pisou na superfície lunar, quantas batidas seu coração deu, aproximadamente? ____________________

j) As missões Apollo são numeradas em sequência de 1 em 1.

Esta missão foi a Apollo XI. Escreva:

- O nome da missão com o número na nossa numeração: ____________.
- O nome da missão seguinte com o número na numeração romana: ____________________________.

k) Entre as medidas que aparecem no texto, indique:

- Uma medida de tempo: ____________________.
- Uma medida de comprimento: ________________.
- Uma medida de massa: ____________________.

l) Qual seria seu "peso" na Lua? ________________________________

9 Arredonde cada número para a ordem exata mais próxima da ordem indicada pelo algarismo sublinhado. Depois escreva como se lê o número arredondado.

a) 697 864 → ______________ ______________________________

b) 532 857 621 → ______________ ______________________________

c) 2 135 327 841 → ______________ ______________________________

10 Faça as composições a seguir.

a) 10 000 + 5 000 + 300 + 70 + 8 ______________

b) 200 000 + 8 000 + 90 + 3 ______________

c) 7 000 000 + 300 000 + 40 000 + 6 000 + 9 ______________

11 Desenhe fichas como as da página 20 do seu livro para representar os números a seguir.

a) 5 225

b) 298

c) 1 542

Unidade 2

Geometria

1 Observe os desenhos dos sólidos geométricos, cada um identificado com uma letra maiúscula.

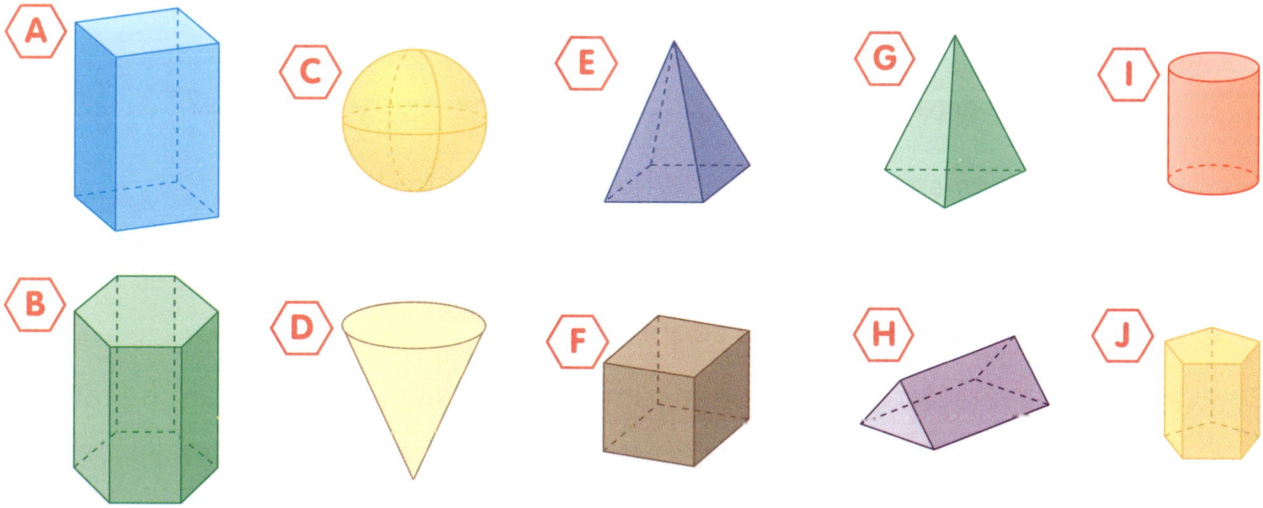

Ilustrações: Banco de imagens/Arquivo da editora

- Indique com as letras:

a) Os poliedros: ______________________.

b) Os corpos redondos: ______________.

c) As pirâmides: __________.

d) O que pode ser chamado de cubo: _____.

e) O poliedro que tem 6 vértices: ________.

f) O prisma de base pentagonal: ________.

Tambor.

grocap/Shutterstock

g) O tambor da foto tem a forma parecida com a do sólido ______.

- Agora escreva os nomes destes sólidos geométricos:

A: ______________________. **C**: ______________.

G: ______________________. **D**: ______________.

H: ______________________. **I**: ______________.

2 Responda **sim** ou **não**:

a) Com dois paralelepípedos iguais, podemos formar outro paralelepípedo?

______

b) Com dois cubos iguais, podemos formar outro cubo? ______

c) Com dois cones iguais, podemos formar outro cone? ______

d) Com dois cilindros iguais, podemos formar outro cilindro? ______

e) Com duas pirâmides iguais, podemos formar outra pirâmide? ______

f) Com dois prismas iguais, podemos formar outro prisma? ______

3 Alguns poliedros foram analisados e os números de vértices, faces e arestas foram registrados na tabela a seguir.

a) Utilize a relação de Euler para completar as lacunas que faltam na tabela.

Poliedro	Número de vértices	Número de faces	Número de arestas
I		5	9
II	12		18
III	8	6	
IV	6		10

b) Relacione cada poliedro acima com os poliedros a seguir. Depois, ilustre cada um deles no espaço abaixo.

Paralelepípedo: ☐

Prisma de base triangular: ☐

Pirâmide de base pentagonal: ☐

Prisma de base hexagonal: ☐

4 Marque com um **X** a planificação do cilindro.

Ilustrações: Banco de imagens/Arquivo da editora

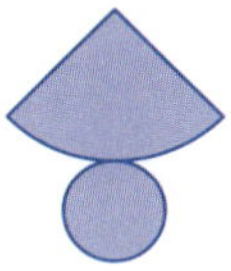 ☐

 ☐

 ☐

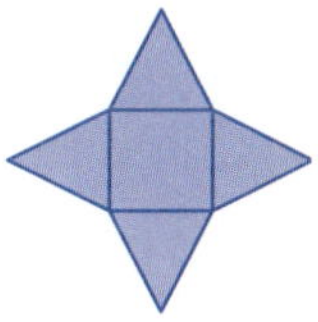 ☐

5 Desenhe e pinte na malha quadriculada.

a) Uma região quadrada formada por uma região triangular verde e uma região triangular azul.

b) Uma região retangular formada por uma região quadrada laranja e uma região retangular cinza.

6 Descreva as regiões planas formadas abaixo. Cite as formas e as cores das partes.

Ilustrações: Banco de imagens/Arquivo da editora

a) 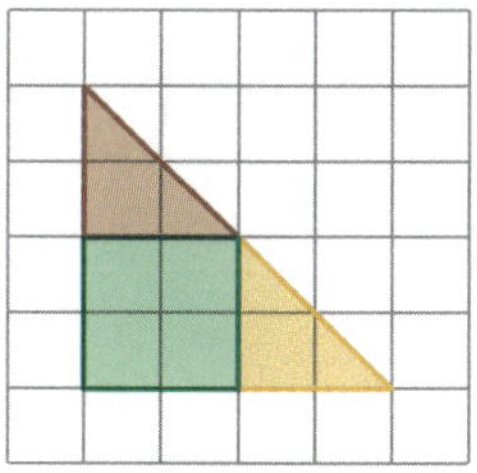

Uma região ______________________ formada por

____

____

____.

b) 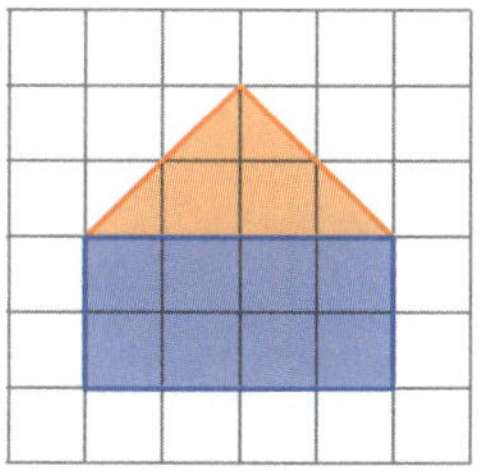

____

____

____

____.

7 Observe as peças que Márcio usou para compor regiões planas.

Ilustrações: Banco de imagens/Arquivo da editora

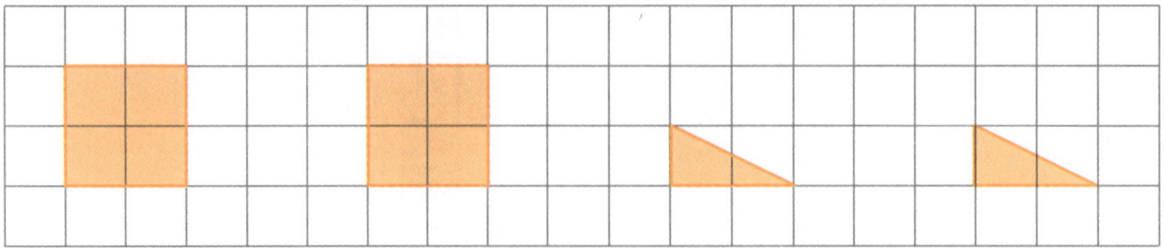

- Veja agora as quatro regiões planas que ele compôs.

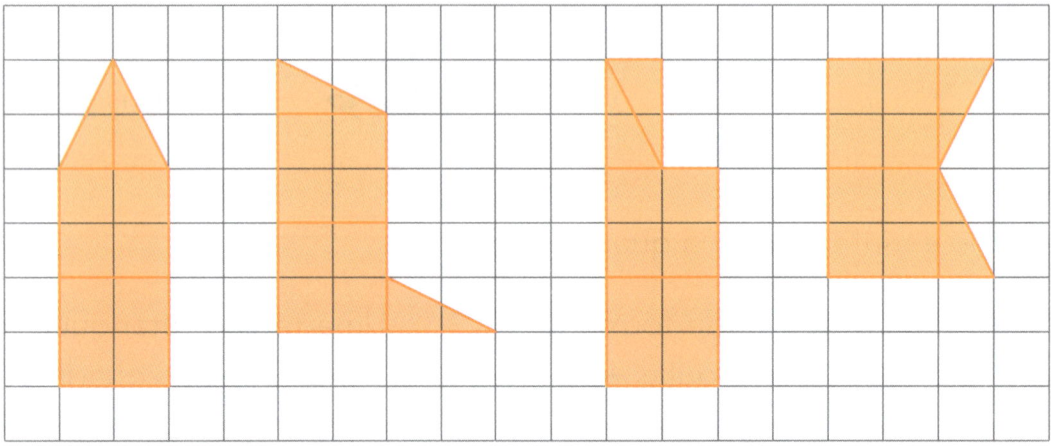

a) Assinale com **X** as regiões planas assimétricas, ou seja, as que não apresentam simetria.

b) Trace o eixo de simetria nas regiões planas simétricas.

- Agora você! Desenhe 2 regiões planas usando as 4 peças em cada uma.

a) Aqui uma região plana simétrica com seu eixo de simetria.

b) Aqui uma região plana assimétrica.

8 Veja ao lado o desenho de uma construção feita com quatro cubos, cada um de uma cor.

Ilustrações: Banco de imagens/Arquivo da editora

Pinte com as cores correspondentes de acordo com a posição de quem vê a construção.

a) Vista de frente.

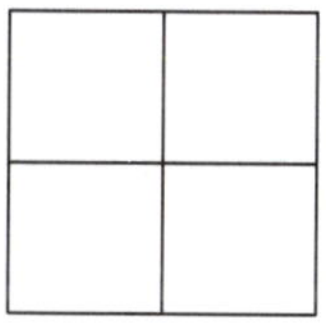

b) Vista de baixo.

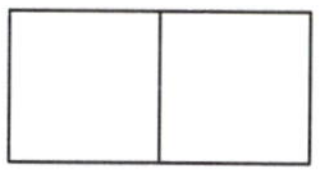

9 No item **a** desenhe o contorno da região plana dada. No item **b** desenhe a região plana que tem o contorno dado.

a) Região plana

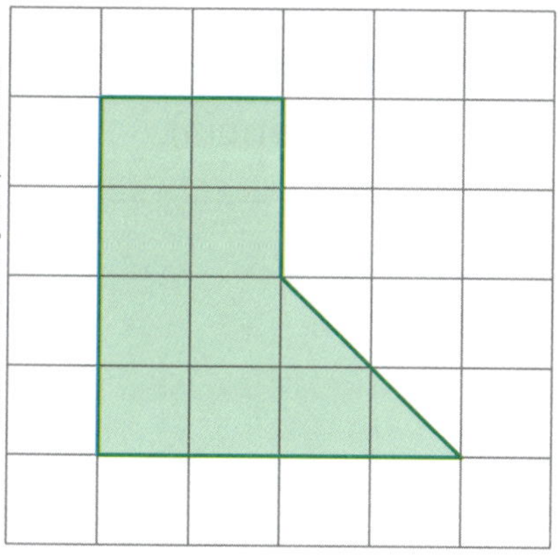

Ilustrações: Banco de imagens/Arquivo da editora

Contorno

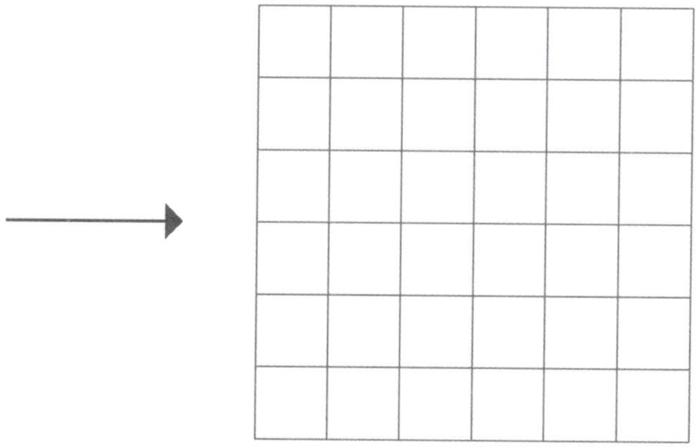

b) Contorno

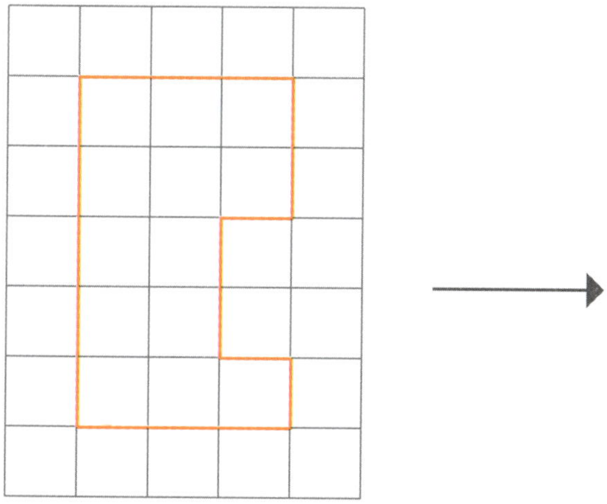

Região plana

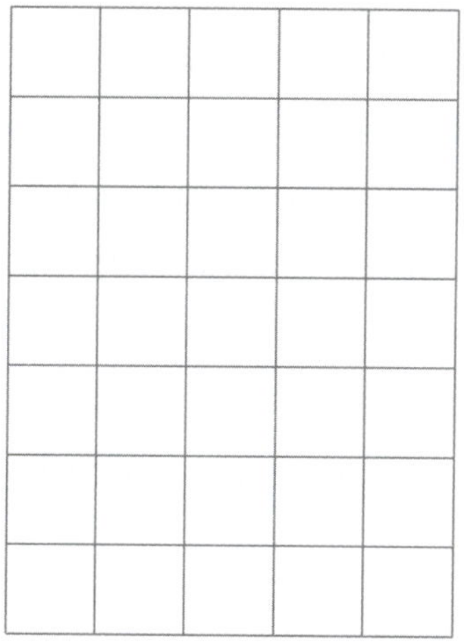

10 VAMOS DESENHAR?

- Use a régua para desenhar as figuras indicadas.

a) Um segmento de reta.

b) Uma reta.

c) Uma semirreta.

d) Um quadrilátero que não seja um quadrado.

e) Duas retas paralelas.

f) Duas retas concorrentes.

- Use a face de um objeto, como uma moeda, por exemplo.

a) Desenhe e pinte de verde uma região circular (círculo).

b) Aqui desenhe seu contorno (circunferência).

11 As linhas verdes ao lado são eixos de simetria. Observe a figura pintada e pinte sua imagem simétrica já desenhada. Depois, desenhe e pinte as outras duas imagens simétricas que ainda podem ser obtidas.

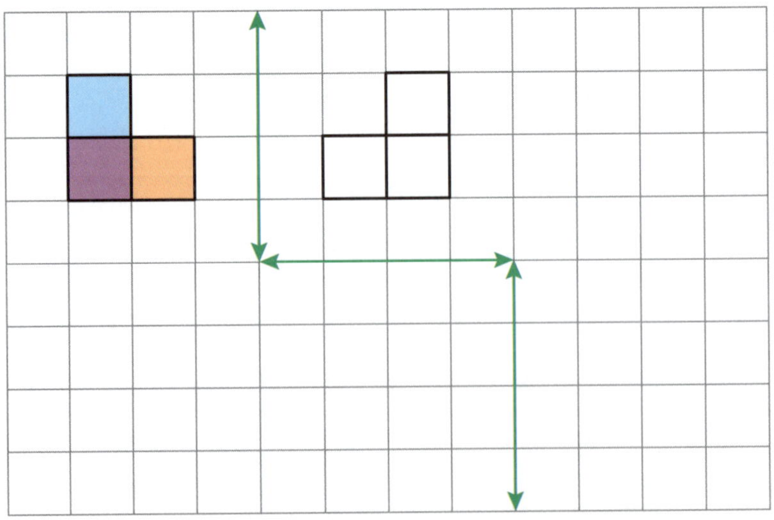

Banco de imagens/Arquivo da editora

12 Observe as figuras na malha quadriculada. Depois, reproduza cada uma delas de acordo com a instrução em cada item e escreva qual foi a fração de redução ou de ampliação de cada figura.

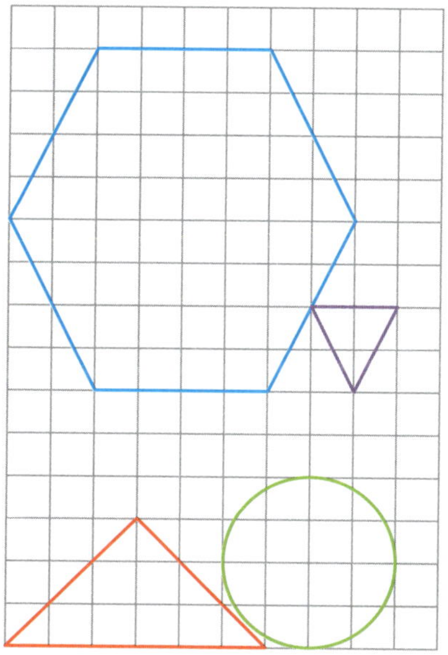

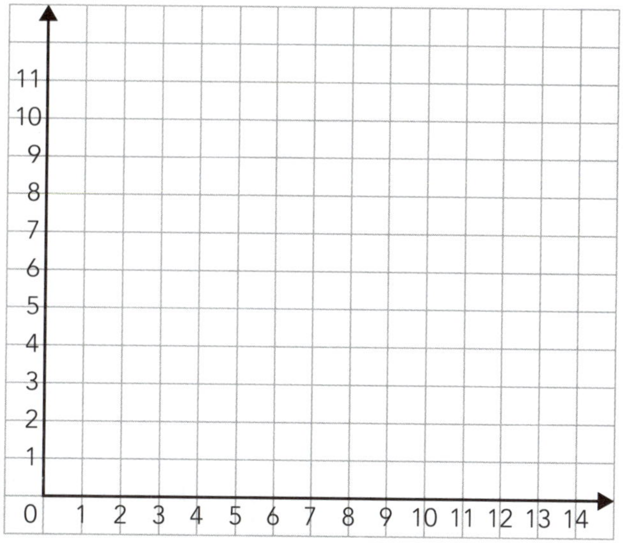

a) Reproduza o hexágono com tamanho igual ao original. Seus vértices devem estar nos pontos (5, 1), (3, 5), (5, 9), (9, 9), (11, 5) e (9, 1).

b) Reduza o círculo 2 vezes.

O primeiro deve passar pelos pontos (6, 6), (5, 7), (6, 8) e (7, 7).

Fração de redução: ______________

O segundo deve passar pelos pontos (8, 6), (7, 7), (8, 8) e (9, 7).

Fração de redução: ______________

c) Amplie o triângulo roxo 2 vezes.

O primeiro deve ter os vértices nos pontos (3, 5), (1, 9) e (5, 9).

Fração de ampliação: ______________

O segundo deve ter os vértices nos pontos (11, 5), (9, 9) e (13, 9).

Fração de ampliação: ______________

d) Reproduza o triângulo roxo com vértices em (7, 3), (6, 5) e (8, 5).

e) Reduza o triângulo laranja com vértices em (6, 2), (7, 3) e (8, 2).

Fração de redução: ______________

13 O cavalo é uma das peças do jogo de xadrez. Ele movimenta-se em "L" no tabuleiro. O cavalo é a única peça que pode pular sobre outras peças, tanto as suas quanto as adversárias. Como exemplo, veja a seguir alguns possíveis movimentos do cavalo.

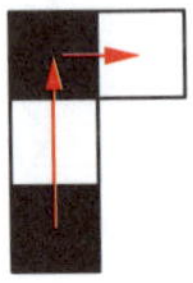

A

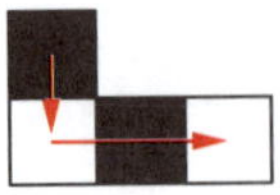

B

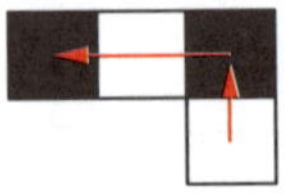

C

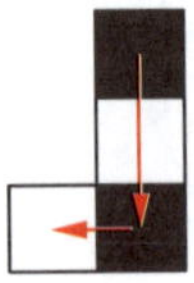

D

As casas do tabuleiro do xadrez costumam ser representadas por coordenadas de acordo com a figura abaixo, usando a notação (coluna, linha).
Exemplos: os cavalos aparecem abaixo nas casas (a, 5), (e, 4) e (h, 1).

Banco de imagens/Arquivo da editora

a) Represente as posições ocupadas pela torre e pelo peão.

Torre: ______________ Peão: ______________

b) Represente a posição que cada cavalo vai ocupar com o movimento indicado.

- O cavalo que está na casa (a, 5) e faz o movimento **B**. → ______________
- O cavalo que está na casa (e, 4) e faz o movimento **A**. → ______________
- O cavalo que está na casa (h, 1) e faz o movimento **C**. → ______________

c) Qual dos movimentos **A**, **B**, **C** e **D** um cavalo deve fazer para ir de (g, 6) até (e, 7)? ______________

Unidade 3

Adição e subtração com números naturais

1 IDEIAS DA ADIÇÃO

As imagens não estão representadas em proporção.

Calcule mentalmente, responda e indique a adição efetuada.

Geladeira. Fogão.

Shkliarov/Shutterstock; Perla Berant Wilder/Shutterstock

a) Paulo comprou a geladeira e o fogão.

Quanto ele gastou no total? ______________

__________ + __________ = __________

b) Um caminhoneiro já percorreu 588 km de um percurso.

Caminhão.

Taina Sohlman/Shutterstock

Se ele percorrer mais 200 km, quantos quilômetros serão percorridos no total? ______________

2 Complete considerando a adição do item **a** da atividade anterior:

- Os números 1 200 e 380 são chamados de ______________.
- O resultado, que é o número __________, é chamado de ______________ ou ______________.

3 MAIS CÁLCULOS MENTAIS DE ADIÇÃO

Efetue mentalmente, registre o resultado e depois confira com os colegas.

a) 9 000 + 40 = ______________

b) 300 + 500 = ______________

c) 7 199 + 4 = ______________

d) 12 000 + 8 = ______________

e) 7 000 + 3 000 = ______________

f) 237 + 600 = ______________

g) 80 + 80 = ______________

h) 7 423 + 106 = ______________

4 ALGORITMO USUAL DA ADIÇÃO

Efetue e registre o resultado.

a) 2 374 + 322 = ______________

b) 7 042 + 2 573 = ______________

c) 844 + 236 = ______________

d) 68 + 2 577 = ______________

e) 23 846 + 18 792 = ______________

f) 777 + 777 = ______________

As imagens não estão representadas em proporção.

5 Em uma escola são oferecidas aos alunos atividades de dança, culinária, jardinagem e música. Cada aluno pode escolher 2 delas.

Dança.

Música.

Jardinagem.

Culinária.

Imagens: Matthew Cole/Shutterstock/Glow Images

a) Quais são as possibilidades de fazer as 2 escolhas? ______________

b) Quantas são elas? ______________

c) E se fossem oferecidas 7 atividades, quantas seriam as possibilidades de fazer as 2 escolhas? ______________

6 Escreva nos □ os algarismos que faltam nas adições:

a)

	3	□
+	□	7
	9	1

b)

	2	□	6
+	□	3	4
	9	6	□

c)

	□	8	□	3
+		1	7	□
	6	□	2	9

7 Complete os ☐ de acordo com a propriedade citada em cada item.

- Propriedade comutativa da adição:

a) 45 + 177 = ☐ + ☐

b) Se 386 + 95 = 481, então ☐ + ☐ = ☐.

- Propriedade do elemento neutro da adição:

a) 47 + ☐ = ☐

b) ☐ + 128 = ☐

c) ☐ + 248 = ☐

d) ☐ + 0 = 1 244

- Propriedade associativa da adição:

a) Se (326 + 47) + 128 = 501, então 326 + (47 + 128) = ☐.

b) 47 + 39 + 18 = 47 + ☐ + 18

86 + 18   65 + ☐

104   ☐

8 Agrupe da forma que julgar mais conveniente e calcule mentalmente.

a) 46 + 38 + 4 = ______

b) 187 + 230 + 70 = ______

9 Vamos comparar as somas.

Coloque >, < ou = em cada ☐.

Atenção: só no item **d** será necessário efetuar as operações.

a) 372 + 45 ☐ 372 + 47

b) 9 139 + 681 ☐ 681 + 9 139

c) 47 + (28 + 69) ☐ (47 + 28) + 69

d) 874 + 395 ☐ 596 + 668

10 IDEIAS DA SUBTRAÇÃO

Calcule mentalmente, responda e indique a subtração efetuada.

a) Paulo tem R$ 278,00. Se comprar este par de tênis, com quanto ele ainda vai ficar?

SIAvA182/Shutterstock/Glow Images

____

________ – ________ = ________

b) Ana tem 520 reais e Maria tem 320 reais. Quanto Ana tem a mais do que Maria?

____

As imagens não estão representadas em proporção.

c) Mário tem 50 reais e quer comprar o jogo mostrado ao lado. Quantos reais faltam para Mário poder comprar o jogo? ______________

Ilustra Cartoon/Arquivo da editora

d) Em um jogo de basquete o time azul marcou 108 pontos e o time verde marcou 111 pontos.

- Qual foi o time vencedor do jogo? ____________________________
- Qual foi a diferença de pontos na contagem final? ________________

11 Complete considerando a subtração do item **a** da atividade anterior.

a) O número 278 chama-se ________________.

b) O número 100 chama-se ________________.

c) O resultado, que é o número ______, chama-se ________________ ou ________________.

- Agora considere a subtração do item **b** do exercício 10 e complete:

O minuendo é ______, o subtraendo é ______ e a diferença é ______.

12 MAIS CÁLCULOS MENTAIS DE SUBTRAÇÃO

- Efetue mentalmente e registre o resultado.

a) 7000 − 2000 = ____________

b) 7000 − 200 = ____________

c) 7000 − 20 = ____________

d) 7000 − 2 = ____________

e) 372 − 369 = ____________

f) 5200 − 100 = ____________

g) 12840 − 600 = ____________

h) 26544 − 10000 = ____________

- Calcule e complete.

a) De R$ 300,00 para R$ 420,00, faltam ____________.

b) A diferença entre 103 e 4 é ____________.

c) 518 tem ________ a menos do que 522.

d) Tirando 6000 de 100000 ficamos com ____________.

13 ALGORITMO USUAL DA SUBTRAÇÃO

Efetue e registre o resultado.

a) 16725 − 2523 = ____________

d) 52640 − 17125 = ____________

b) 5356 − 3920 = ____________

e) 1427 − 36 = ____________

c) 278 − 95 = ____________

f) R$ 600,00 − R$ 46,00 = ____________

14 Descubra quantos gramas serão assinalados na última pesagem e escreva no visor da balança.

As imagens não estão representadas em proporção.

Fotos: Balança: Sciencephotos/Alamy/Latinstock; Abacaxi: Alex Staroseltsev/Shutterstock; Melancia: Roman Samokhin/Shutterstock; Cacau: dolphfyn/Shutterstock.

15 CASOS ESPECIAIS DE ADIÇÃO E SUBTRAÇÃO

Vamos recordar?

- 647 + 199 = ?

  Fazemos:

  647 + 200 = 847

  847 − 1 = 846

  Logo:

  647 + 199 = 846

- 5000 − 1274 = ?

  (−1) (−1)

  $$\begin{array}{r} 4999 \\ -\ 1273 \\ \hline 3726 \end{array}$$

  Logo:

  5000 − 1274 = 3726

- 293 − 98 = ?

  293 − 100 = 193

  193 + 2 = 195

  Logo:

  293 − 98 = 195

Agora você. Efetue pelos processos mostrados nos exemplos.

a) 298 + 565 = ______________

b) 4240 − 1999 = ______________

c) 301 − 174 = ______________

16 Dona Mariana comprou uma máquina de costura de R$ 1 000,00 e já pagou uma prestação de R$ 398,00 e outra de R$ 317,00. Quanto ainda falta para ela pagar?

______

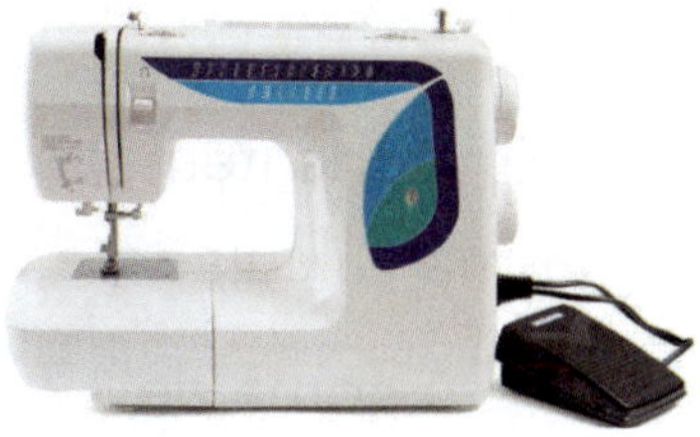

Konjushenko Vladimir/Shutterstock

Máquina de costura.

17 Efetue as operações indicadas e, em cada uma, efetue a operação inversa para conferir.

a) $\begin{array}{r} 3272 \\ +\ 456 \\ \hline \end{array}$ → ______

b) $\begin{array}{r} 847 \\ -\ 215 \\ \hline \end{array}$ → ______

18 Calcule e responda:

a) Que número devo adicionar a 428 para obter o resultado 707? ______

b) Se o subtraendo é 588 e a diferença é 164, então qual é o minuendo? ______

c) Se o minuendo é 2072 e a diferença é 848, então qual é o subtraendo?

______

19 CALCULADORA

Em cada item faça arredondamentos e calcule o valor aproximado. Depois use uma calculadora para obter o valor exato.

a) A soma de 1 798 e 201 é:

- aproximadamente ______.
- exatamente ______.

b) A diferença entre 449 e 102 é:

- aproximadamente ______.
- exatamente ______.

c) Mariano comprou um carro por R$ 25 995,00 e colocou nele acessórios no valor de R$ 2 990,00. No total ele gastou:

Tatiana Koroleva/Alamy/Latinstock

Carro.

- aproximadamente ______.
- exatamente ______.

20 RODOVIA DOS IMIGRANTES

As imagens não estão representadas em proporção.

Tales Azzi/Pulsar Imagens

Trecho da rodovia dos Imigrantes, na região da serra do Mar, em Cubatão, SP. Foto de 2017.

A rodovia dos Imigrantes (SP-160) liga a cidade de São Paulo ao litoral sul paulista. Ela é considerada uma das melhores rodovias do país. Sua extensão é de 58,5 km, dos quais 15 km são de serra, localizados em meio à serra do Mar. Sua principal característica é a predominância de viadutos e túneis.

No sentido São Paulo/litoral (Pista Sul), nestes 15 km de serra, há 4 túneis, dois dos quais são os maiores túneis rodoviários do país. O primeiro túnel tem 110 m, o segundo, 3 146 m, o terceiro, 2 080 m e o quarto, 3 009 m.

No sentido litoral/São Paulo (Pista Norte) há 11 túneis cujas extensões são: 127 m, 468 m, 320 m, 1 215 m, 420 m, 290 m, 120 m, 370 m, 235 m, 95 m e 230 m.

Fonte de consulta: <www.ecovias.com.br/Institucional/Sistema-Anchieta-Imigrantes>. Acesso em: 11 jul. 2017.

- Com base no texto da página anterior, responda:
  a) Qual é a extensão da rodovia, em metros? ______
  b) Quantos metros da rodovia não são de serra? ______
  c) Há mais metros de túneis na Pista Sul ou na Pista Norte? ______
     Quantos metros a mais do que a outra? ______
  d) Quantos quilômetros percorre um veículo numa viagem de ida e volta pela Rodovia dos Imigrantes? ______

- Localize no texto três números naturais: um que indique contagem, um que indique código e um que indique medida.
  a) Contagem: ______.
  b) Código: ______.
  c) Medida: ______.

- Finalmente, localize no texto e escreva aqui quatro palavras que indicam ordenação.

______ ______ ______ ______

Unidade 4

Multiplicação e divisão com números naturais

1 IDEIAS DE MULTIPLICAÇÃO

Calcule mentalmente, responda e escreva a multiplicação efetuada.

Reprodução/Casa da Moeda do Brasil/Ministério da Fazenda

- Com 4 notas de R$ 20,00, que quantia temos no total? ______

  ____ × ____ = ____

- Quantos são os triângulos desenhados abaixo? ______

______ ou ______

- Observe a figura ao lado e responda.

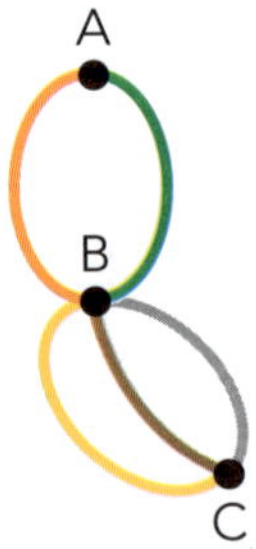

Banco de imagens/Arquivo da editora

a) Para ir de **A** até **B** há quantos caminhos? ______

b) Para ir de **B** até **C** há quantos caminhos? ______

c) E para ir de **A** até **C**, passando por **B**, quantos são os caminhos? ______

______ ou ______.

d) Um dos caminhos para ir de **A** a **C** é o laranja – amarelo. Quais são os demais caminhos?

______

______

2 Reescreva a multiplicação do primeiro item da atividade anterior e depois complete com os nomes.

_______ × _______ = _______

a) Os números 4 e 20 são chamados de ______________________.

b) O resultado é chamado de ______________________.

3 **TABUADAS: VAMOS RECORDAR?**

Pinte com a mesma cor os quadros com multiplicações de mesmo resultado.

4 × 9

5 × 6

3 × 9

4 × 5

6 × 6

2 × 10

9 × 3

3 × 10

9 × 4

4 × 6

3 × 8

5 × 4

6 × 5

Agora coloque os resultados de acordo com a cor do quadro.

4 **CÁLCULO MENTAL NA MULTIPLICAÇÃO**

Efetue mentalmente, registre o resultado e troque ideias com os colegas sobre como cada um fez.

a) 10 × 37 = ______________

b) 80 × 100 = ______________

c) 5 × 1 000 = ______________

d) 40 × 50 = ______________

e) 30 × 600 = ______________

f) 5 × 2000 = ______________

g) 6 × 200 = ______________

h) 30 × 3 000 = ______________

i) 50 × 50 = ______________

j) 6 × 2000 = ______________

5 DESAFIO

Descubra os resultados e complete fazendo só adições.

a) $3 \times 25 =$ ________________

b) Se $4 \times 137 = 548$, então $5 \times 137 =$ ________________.

c) $2 \times 579 =$ ________________

d) Se $3 \times 14 = 42$ e $4 \times 14 = 56$, então $7 \times 14 =$ ________________.

6 ALGORITMO USUAL DA MULTIPLICAÇÃO

Efetue e registre o produto.

a) $7 \times 35 =$ ________________

b) $140 \times 9 =$ ________________

c) $6 \times 2\,308 =$ ________________

d) $14 \times 15 =$ ________________

e) $23 \times 154 =$ ________________

f) $164 \times 239 =$ ________________

7 Mauro tem 28 figurinhas em seu álbum.
Rogério tem o triplo de figurinhas de Mauro.
Paula tem o dobro de Rogério.
Quantas figurinhas têm os três juntos?

____

Ilustra Cartoon/Arquivo da editora

8 Complete e escreva qual propriedade da multiplicação está sendo usada.

a) 15 × 28 = ______ × 15 → ______________________

b) 1 × 158 = ______ → ______________________

c) (19 × 12) × 7 = 19 × (12 × ______) → ______________________

d) 128 × 0 = ______ → ______________________

9 Agrupe de forma conveniente e calcule mentalmente o produto de cada item.

a) 5 × 17 × 2 = ______________

b) 4 × 25 × 49 = ______________

c) 53 × 20 × 50 = ______________

d) 4 × 2 × 5 × 50 = ______________

10 Descubra e indique os múltiplos do número dado efetuando a operação indicada.

a) Múltiplos de 8 efetuando só adições:

M(8): ______, ______, ______, ______, ______, ...

b) Múltiplos de 15 efetuando só multiplicações:

M(15): ______, ______, ______, ______, ______, ...

11 Descubra e escreva:

a) Os múltiplos de 25 de dois algarismos. → ____________________

b) Os múltiplos de 7, entre 30 e 50. → ____________________

c) O menor múltiplo de 11, de três algarismos. → ____________________

d) O maior múltiplo de 20, de dois algarismos. → ____________________

12 Responda e justifique usando a multiplicação.

a) 48 é múltiplo de 6? ____________________

b) 68 é múltiplo de 8? ____________________

13 **IDEIAS DA DIVISÃO**

As imagens não estão representadas em proporção.

Calcule da forma que julgar mais conveniente e responda. Depois escreva a divisão correspondente.

a) Repartindo igualmente 14 balas para 2 pessoas, quantas cada uma vai ganhar? ____________

______ ÷ ______ = ______

Madlen/Shutterstock

Balas.

b) Marisa vai colocar 15 flores em vasos com 5 flores em cada vaso. De quantos vasos ela vai precisar? ____________

____

Alekcey/Shutterstock

Vaso com flores.

14 Reescreva a divisão do item **a** da atividade anterior.

______ ÷ ______ = ______

- Agora complete com nomes:

14: ____________ 2: ____________ resultado: ____________

- Finalmente, responda:

a) Essa divisão é exata? ____________

Por quê? ____________________

b) Como fazemos a verificação? ____________________

15 Efetue mais estas divisões exatas e justifique o resultado com uma multiplicação.

a) $20 \div 4 =$ ______, pois ______.

b) $24 \div 3 =$ ______, pois ______.

c) $54 \div 6 =$ ______, pois ______.

16 **CÁLCULO MENTAL NA DIVISÃO**

Efetue mentalmente, registre o resultado e troque ideias com os colegas sobre como fizeram.

a) $6 \div 2 =$ ______

b) $60 \div 2 =$ ______

c) $600 \div 2 =$ ______

d) $6\,000 \div 20 =$ ______

e) $40 \div 40 =$ ______

f) $600 \div 10 =$ ______

g) $800 \div 100 =$ ______

h) $35\,000 \div 1\,000 =$ ______

i) $45 \div 5 =$ ______

j) $450 \div 5 =$ ______

k) $450 \div 50 =$ ______

l) $200 \div 5 =$ ______

17 Calcule mentalmente, responda e indique a divisão.

a) Pagando este televisor em 3 prestações iguais, qual será o valor de cada prestação?

______

______

abstractdesignlabs/Shutterstock/Glow Images

Televisor.

As imagens não estão representadas em proporção.

Armari36/Shutterstock

Boneca.

b) Com R$ 120,00, quantas bonecas como esta é possível comprar?

______

______

18 DIVISÃO PELO ALGORITMO DAS ESTIMATIVAS

Complete o algoritmo no item **a**. No item **b** calcule fazendo estimativas de 2 formas diferentes.

a)

```
  444 | 12
- 240 | 20
  204 | 10
```

b)

```
2675 | 25
```

```
2675 | 25
```

19 ALGORITMO USUAL DA DIVISÃO

Efetue e registre o quociente.

a) 862 ÷ 2 = ______

b) 7 620 ÷ 5 = ______

c) 437 ÷ 7 = ______

```
862 | 2
```

20 Entre as divisões da atividade anterior, indique qual delas não é uma divisão exata:

______ ÷ ______ = ______ e resto ______.

Faça a verificação:

21 MAIS ALGORITMO USUAL

a) Como $35 = 5 \times 7$, podemos efetuar a divisão exata $2555 \div 35$, dividindo 2555 por 5 e depois dividindo o número obtido por 7.
Faça isso no espaço abaixo e complete aqui: $2555 \div 35 =$ ______.

b) Usando o mesmo processo do item **a**, efetue e registre o quociente:

$3038 \div 49 =$ ______.
Atenção: $49 = 7 \times 7$.

22 Pratique o algoritmo usual da divisão, efetuando, em cada item, uma única divisão.

a) $418 \div 19 =$ ______________

b) $2790 \div 34 =$ ______________

c) $1694 \div 242 =$ ______________

d) $1750 \div 125 =$ ______________

23 Em uma granja, 228 ovos vão ser colocados em embalagens com uma dúzia de ovos em cada uma. Quantas embalagens serão necessárias? ______________

Sakarin Sawasdinaka/Shutterstock

Embalagem com ovos.

24 Efetue a operação e, em seguida, a operação inversa para conferir.

a)
$$\begin{array}{r} 26 \\ \times\ 32 \\ \hline \end{array}$$

b)
$$\begin{array}{r|l} 1485 & 45 \\ \cline{2-2} & \end{array}$$

25 Por quais números podemos dividir o número 20 para que a divisão seja exata (resto 0)? ______________

Que nome pode ser dado a esses números? ______________

$$\begin{array}{r|l} 20 & ? \\ \cline{2-2} 0 & \end{array}$$

26 Escreva os números correspondentes.

a) Divisores de 27: ______________.

b) D(19): ______________.

c) Divisores pares de 30: ______________.

27 CALCULADORA

Arredonde os números e dê um resultado aproximado. Depois use a calculadora para dar o resultado exato. O primeiro já está feito.

a) 19×198

$20 \times 200 = 4000$

$19 \times 198 = 3762$

b) 38×9876

____

____

c) $5402 - 994$

____

____

d) $399 \div 19$

____

____

28 Descubra o código e depois complete o diagrama. Para conferir, calcule a soma dos números das 6 pontas da estrela. Ela deve ser 18 323.

Código

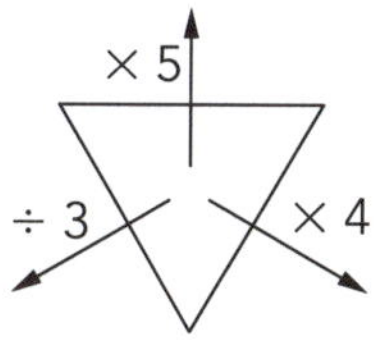

Diagrama

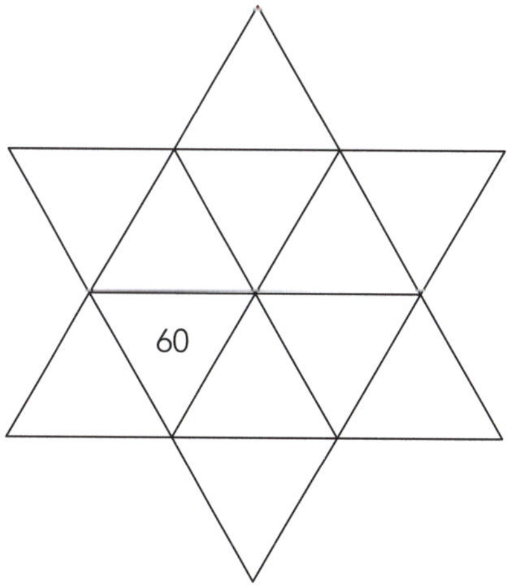

Banco de imagens/Arquivo da editora

29 PROPORCIONALIDADE

Descubra fazendo multiplicações ou divisões e complete.

a) Se 3 balas iguais são vendidas por R$ 2,00, então o preço de 12 dessas balas é R$ ______________________.

b) Se 12 cadernos iguais custam R$ 33,00, então o preço de 4 desses cadernos é R$ ______________________.

30 Carolina e Raul têm coleções de figurinhas. Carolina tem 20 figurinhas e Raul tem 24.

Em cada item, complete os números de acordo com a situação.

a) Se cada um dobrar a quantidade de figurinhas, então Carolina terá _______ e Raul terá _______ figurinhas.

b) Se cada um perder 10 figurinhas, então Carolina terá _______ figurinhas e Raul _______ figurinhas.

c) Se cada um dividir suas figurinhas com mais 3 amigos, então Carolina ficará com _______ figurinhas e Raul ficará com _______ figurinhas.

31 **RESULTADOS POSSÍVEIS E CHANCES**

Juliana tem uma caixa de bolinhas de cores diferentes. Ela contou 12 bolinhas vermelhas, 4 bolinhas azuis e 6 bolinhas amarelas.

a) Ao retirar 1 bolinha dessa caixa, quais são os resultados possíveis?

____

b) A chance de cada um desses resultados ocorrer é a mesma ou não? Explique.

____

c) Qual é a menor quantidade de bolinhas que precisaria ser retirada da caixa para que as chances das bolinhas que sobrassem fossem iguais?

____

Expressões numéricas, divisibilidade e estatística

1 Observe os vasos e quantas flores há em cada vaso.

Hélio Senatore/Arquivo da editora

a) Assinale a expressão numérica que indica o número total de flores.

☐ $9 \times (3 + 2)$ ☐ $4 \times (3 + 5) \times 2$

☐ $4 \times 3 + 5 \times 2$ ☐ $4 + 3 \times 5 + 2$

b) Conte as flores e indique o número total: ______ flores.

c) Calcule o valor das expressões e confira sua escolha no item **a**.

$9 \times (3 + 2) =$ ______ $4 \times (3 + 5) \times 2 =$ ______

$4 \times 3 + 5 \times 2 =$ ______ $4 + 3 \times 5 + 2 =$ ______

2 Em cada item, escreva a expressão numérica correspondente entre estas abaixo. Escreva também seu resultado, que indica o total.

$(5 + 3) \times 2$	$5 + 3 \times 2$	$3 \times 5 + 2$

a) 1 nota de R$ 5,00 e 3 notas de R$ 2,00.

Expressão: ______________ Total: R$ ______

b) 8 notas de R$ 2,00.

Expressão: ______________ Total: R$ ______

c) 3 notas de R$ 5,00 e 1 nota de R$ 2,00.

Expressão: ______________ Total: R$ ______

3 Calcule o valor de mais estas expressões numéricas.

a) $14 + 16 \div 2 =$ ______

b) $(14 + 16) \div 2 =$ ______

c) $25 - 12 + 7 =$ ______

d) $40 \div 4 \div 2 =$ ______

e) $40 \div (4 \div 2) =$ ______

f) $6 + 3 \times 5 - 1 =$ ______

g) $18 \div 6 - 3 =$ ______

h) $18 \div (6 - 3) =$ ______

4 Complete com o número que falta para que a expressão numérica tenha o valor indicado.

a) $5 +$ ____ $\times 3 = 17$

b) $6 \times (4 -$ ____ $) = 18$

c) $20 -$ ____ $- 1 = 10$

d) $2 + 2 \times$ ____ $+ 2 = 16$

5 Calcule o valor das expressões numéricas abaixo e registre seu valor. Não se esqueça desta ordem:

1º) nos parênteses ( )   2º) nos colchetes [ ]   3º) nas chaves { }

a) $2 + \{5 + [9 - (6 + 3 - 1) + 4] - 1\} =$ ______

b) $\{100 - 4 \times [24 \div (9 - 1)] - 2 \times 5\} + 1 =$ ______

6 CALCULADORA

Use uma calculadora e determine o valor destas expressões.

a) $1\,843 - 81 \times 17 =$ ______

b) $(1\,843 - 81) \times 17 =$ ______

7 Use a propriedade distributiva da multiplicação em relação à adição e calcule os produtos como no exemplo.

$7 \times 142 = 7 \times 100 + 7 \times 40 + 7 \times 2 =$
$= 700 + 280 + 14 = 994$

ou

7×142

$700 + 280 + 14 = 994$

a) 5×37

b) 8×509

8 NÚMEROS PRIMOS

Responda:

a) 7 é um número primo? ______ Por quê? ______

______

b) 25 é um número primo? ______ Por quê? ______

______

c) Quais são os números primos até 40? ______, ______, ______, ______,

______, ______, ______, ______, ______, ______, ______ e ______.

9 Escreva os números como multiplicação de números primos.

a) $33 =$ ______ $\times$ ______

b) $20 =$ ______ $\times$ ______ $\times$ ______

c) $34 =$ ______ $\times$ ______

d) $45 =$ ______ $\times$ ______ $\times$ ______

10 MÍNIMO MÚLTIPLO COMUM (MMC)

- Escreva as sequências:

a) Múltiplos de 10. → M(10): _____, _____, _____, _____, _____, _____, ...

b) Múltiplos de 15. → M(15): _____, _____, _____, _____, _____, _____, ...

c) Múltiplos comuns de 10 e 15, ou seja, múltiplos de 10 e 15 ao mesmo tempo. → MC(10, 15): _____, _____, _____, _____, ...

- Considerando essas sequências, indique:

a) O mínimo múltiplo comum (mmc) de 10 e 15, ou seja, o menor múltiplo comum de 10 e 15, excluindo o zero. → _____

b) Como representamos simbolicamente. → _____

11 Represente as sequências:

a) Múltiplos de 8. → M(8): _____, _____, _____, _____, _____, _____, ...

b) Múltiplos de 6. → _____: _____, _____, _____, _____, _____, _____, ...

c) Múltiplos de 9. → _____: _____, _____, _____, _____, _____, _____, ...

d) Múltiplos de 4. → _____: _____, _____, _____, _____, _____, _____, ...

- Agora use as sequências acima, descubra e complete:

a) mmc(8, 6) = _____

b) mmc(6, 9) = _____

c) mmc(8, 4) = _____

d) mmc(9, 4) = _____

e) mmc(4, 6) = _____

f) mmc(4, 6, 8) = _____

12 MÁXIMO DIVISOR COMUM (MDC)

- Escreva as sequências:

a) Divisores de 20. → D(20): ______, ______, ______, ______, ______, ______.

b) Divisores de 12. → D(12): ______, ______, ______, ______, ______, ______.

c) Divisores comuns de 20 e 12, ou seja, divisores de 20 e 12 ao mesmo tempo. → DC(20, 12): ______, ______, ______.

- Considerando essas sequências, indique:

a) O máximo divisor comum (mdc) de 20 e 12, ou seja, o maior entre os divisores comuns de 20 e 12. → ______

b) Como representamos simbolicamente. → ______

13 Represente as sequências:

a) Divisores de 10. → D(10): ______

b) Divisores de 16. → ______: ______

c) Divisores de 9. → ______: ______

d) Divisores de 28. → ______: ______

e) Divisores de 5. → ______: ______

- Agora use as sequências acima, descubra e registre:

a) mdc(10, 16) = ______

b) mdc(16, 28) = ______

c) mdc(10, 5) = ______

d) mdc(9, 5) = ______

e) mdc(9, 28) = ______

f) mdc(28, 10) = ______

14 Em uma padaria, 120 biscoitos de mel foram repartidos igualmente em 10 pacotes e 300 biscoitos de nata foram repartidos igualmente em 15 pacotes.
Assinale a expressão que indica quantos biscoitos cada pacote com biscoitos de nata tem a mais do que cada pacote com biscoitos de mel. Depois calcule e indique o valor da expressão assinalada.

Shutterstock / I am Kulz
Biscoitos.

$300 \div (15 - 10)$	$(300 - 120) \div (15 - 10)$	$300 \div 15 - 120 \div 10$
↓	↓	↓
_______ biscoitos	_______ biscoitos	_______ biscoitos

15 **DESAFIO**

Reparta os dois segmentos de reta abaixo em partes iguais.
Mas atenção: o tamanho das partes deve ser o mesmo nos dois segmentos e deve ser o maior possível.

As imagens não estão representadas em proporção.

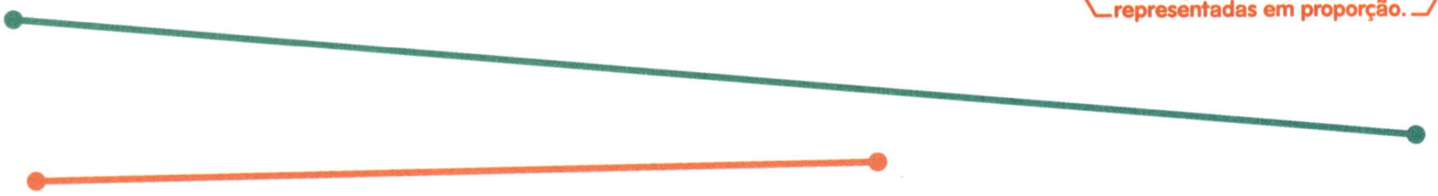

16 Em um terminal de ônibus, os ônibus da linha **A** partem de 15 em 15 minutos e os da linha **B** partem de 20 em 20 minutos.

Ônibus da linha **A**.

Mechanik/Shutterstock/Glow Images

Ônibus da linha **B**.

a) Às 7 horas da manhã partem ônibus tanto da linha **A** como da linha **B**. Qual é o horário seguinte em que isso acontece?

____

b) Complete com 3 horários em cada caso, sempre a partir das 7 horas.

- Partem ônibus só da linha **A**. → _________, _________ e _________.
- Partem ônibus só da linha **B**. → _________, _________ e _________.
- Partem ônibus das linhas **A** e **B**. → _________, _________ e _________.

17 CONSTRUÇÃO E INTERPRETAÇÃO DE UM GRÁFICO DE BARRAS

Complete o gráfico de acordo com as informações. Depois responda.

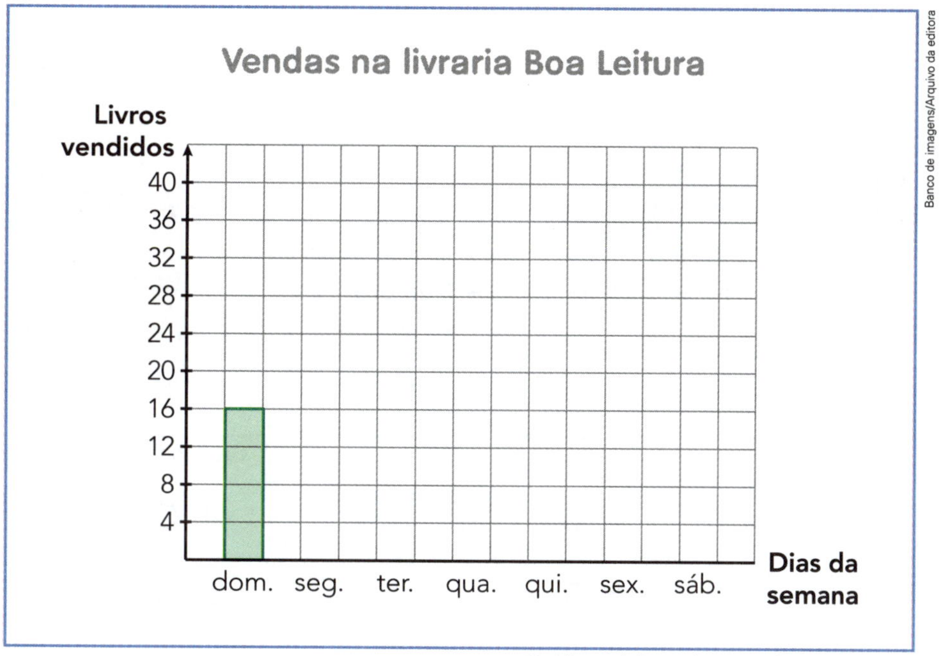

Gráfico elaborado para fins didáticos.

- Segunda-feira: 12 livros a mais do que no domingo.
- Terça-feira: o dobro do domingo.
- Quarta-feira: 8 livros a menos do que na terça-feira.
- Quinta-feira: a mesma quantidade da segunda-feira.
- Sexta-feira: a metade do sábado.
- Sábado: os totais do domingo e da quarta-feira juntos.

a) O que está sendo indicado no eixo horizontal?

____

b) O que está sendo indicado no eixo vertical?

____

c) Quantos livros foram vendidos na semana toda? ____________________

d) Em que dia foram vendidos mais livros? ____________________

Quantos livros? ____________________

18 Analise os gráficos e descubra o número de alunos em cada classe de 4º ano e de 5º ano da escola de Fausto.

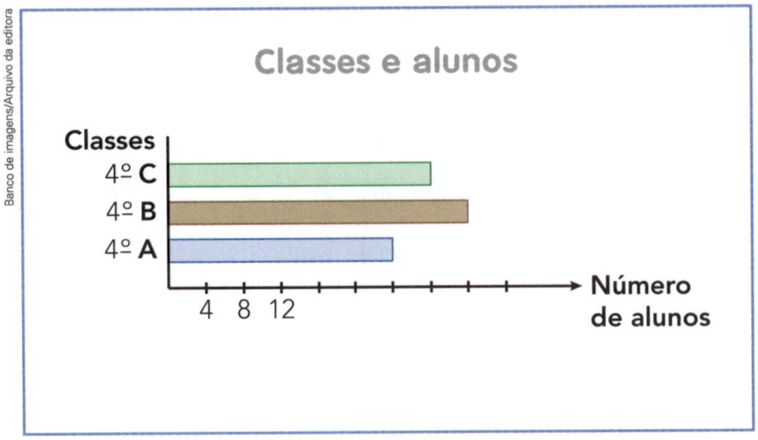

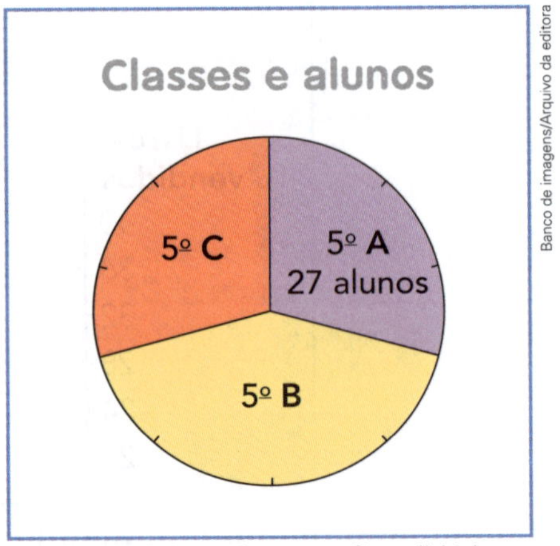

Gráficos elaborados para fins didáticos.

4º A: ______ 4º B: ______ 4º C: ______

5º A: 27 5º B: ______ 5º C: ______

- Agora complete de acordo com os números obtidos.

a) O número total de alunos do 5º ano é ______.

b) O número total de alunos do 4º ano é ______.

c) O 4º ano tem ______ alunos a ______ do que o 5º ano.

d) O 4º **B** tem 8 alunos a mais do que o ______.

e) O ______ e o ______ têm o mesmo número de alunos.

f) Das seis classes, a que tem menos alunos é o ______, com ______ alunos.

g) Multiplicando o número de alunos do ______ por 2 obtemos 56.

h) Dividindo o número de alunos do ______ por 4 obtemos 9.

19 **MÉDIAS**

Calcule e complete:

a) A média entre os números 11, 15, 21 e 17 é igual a ______.

b) A média entre 147 e 195 é igual a ______.

c) Na atividade 18, a média entre os alunos do 4º ano é de ______ alunos por classe.

20 Um jardineiro colheu 87 rosas na segunda-feira, 58 cravos na terça-feira, 92 copos-de-leite na quarta-feira, 72 margaridas na quinta-feira e 61 hortênsias na sexta-feira. Qual foi o número médio de flores que ele colheu por dia?

____

21 Em um zoológico o número de visitantes na sexta-feira, no sábado e no domingo deu uma média de 533 visitantes por dia. Descubra e registre o número de visitantes no domingo.

Sexta-feira: 383 visitantes.

Sábado: 590 visitantes.

Domingo: ______ visitantes.

22 Observe o gráfico com a produção mensal de uma fábrica de televisores no primeiro semestre de um ano. Depois responda às questões propostas.

Gráfico elaborado para fins didáticos.

a) Quantas unidades foram produzidas em maio? ____________________

b) Em que mês a produção foi maior? ____________________

c) De fevereiro para março a produção aumentou ou diminuiu?

____

Em quantas unidades? ____________________

d) E de março para abril? ____________________

e) Qual foi, em média, a produção mensal no 1º semestre?

____

23 Pessoas de vários países participaram de uma excursão para Salvador, na Bahia.

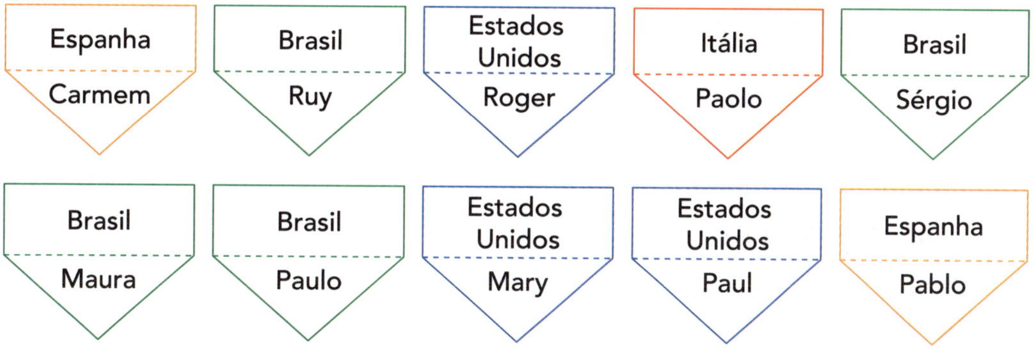

- Organize as informações sobre a nacionalidade dos participantes, completando a tabela, o gráfico de barras e o gráfico de setores de acordo com o número de turistas por país.

País	Marcas	Número de turistas
Brasil (BRA)	☐	
Estados Unidos (EUA)		
Espanha (ESP)		
Itália (ITA)		

Banco de imagens/Arquivo da editora

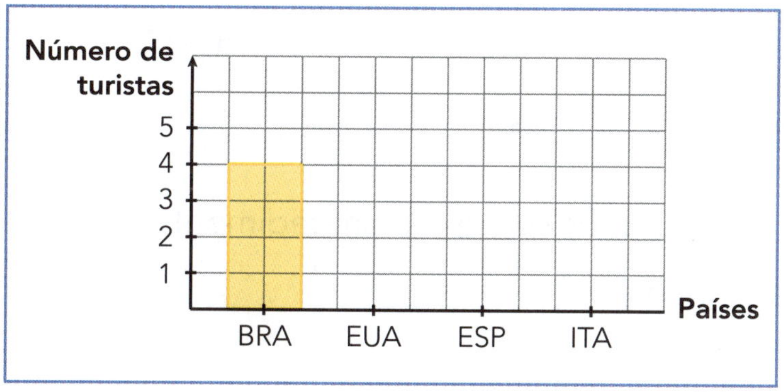

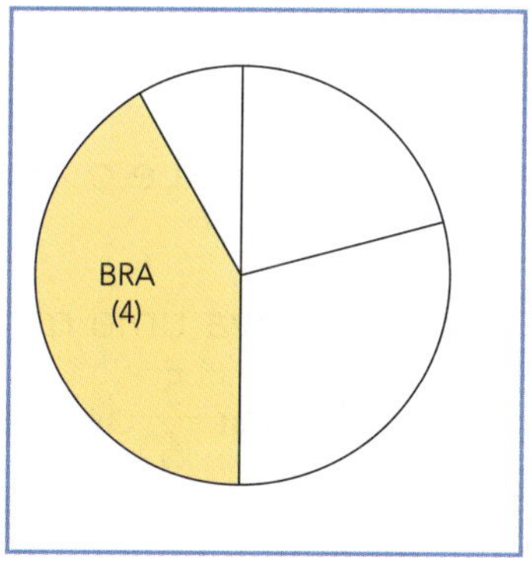

Banco de imagens/Arquivo da editora

Tabela e gráficos elaborados para fins didáticos.

- Responda ou complete.

a) Que título você daria para esses gráficos? ______________________

b) Quantas pessoas participaram da excursão? ______________________

c) Havia mais pessoas de qual país? ______________________

d) O número de espanhóis adicionado ao de ______________ resulta no número de ______________.

Unidade 6 Frações

1 Indique a fração correspondente à parte pintada de cada região plana. Depois escreva como se lê a fração.

Ilustrações: Banco de imagens/Arquivo da editora

a) 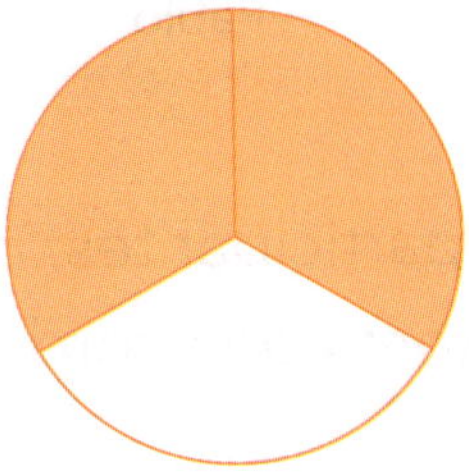

____

c) 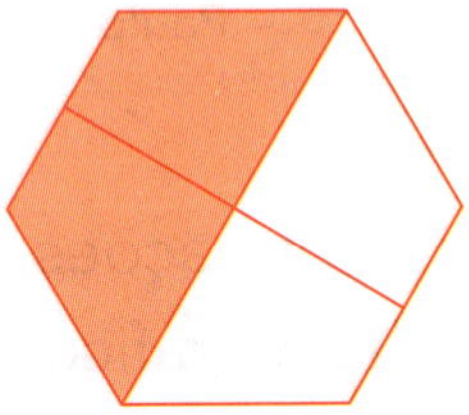

____

b) 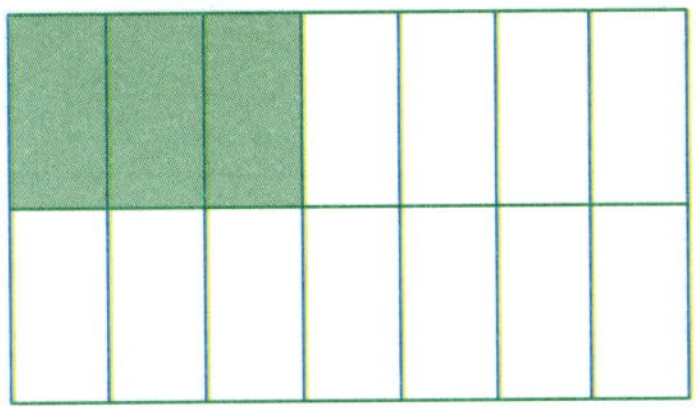

____

d) 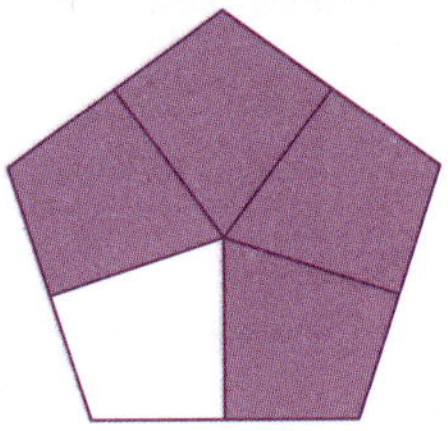

____

- Agora responda:

  a) Em qual das frações acima o 3 é o numerador da fração? ______________

  b) Qual é o nome dado ao 5 na fração $\frac{4}{5}$? ______________________

2 Descreva uma maneira de realizar os seguintes procedimentos:

a) Pintar $\frac{5}{6}$ de uma região plana: ______________________________

____

b) Calcular $\frac{5}{6}$ de um número: ______________________________

____

- Agora pinte $\frac{5}{6}$ da região retangular e calcule $\frac{5}{6}$ de 18.

$\frac{5}{6}$ de 18 = ________

3 Observe os círculos pintados e complete, considerando o total de círculos.

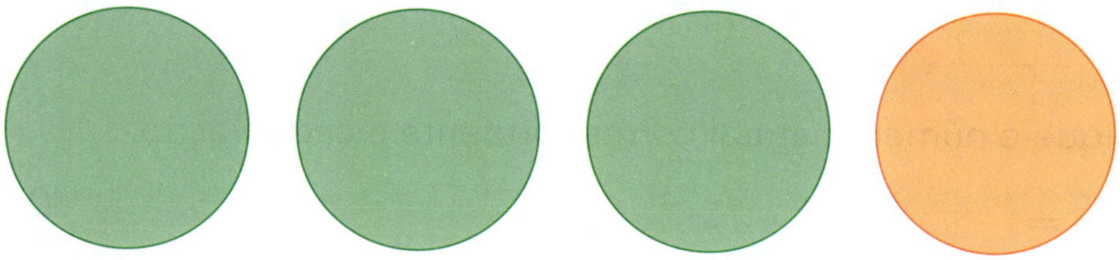

Ilustrações: Banco de imagens/ Arquivo da editora

a) Círculos verdes: _____ em _____ ou _____ do total.

b) Círculo laranja: _____ em _____ ou _____ do total.

4 Calcule mentalmente e complete.

a) $\frac{1}{2}$ de 60 = _____

b) $\frac{2}{3}$ de 15 = _____

c) $\frac{1}{5}$ de 40 = _____

d) $\frac{3}{7}$ de 21 = _____

e) $\frac{5}{6}$ de 42 = _____

f) $\frac{7}{10}$ de 90 = _____

5 **FRAÇÕES E MEDIDAS**

- Complete.

a) 1 hora = _____ minutos

b) 1 ano = _____ meses

c) 1 metro = _____ centímetros

d) 1 tonelada = _____ quilogramas

e) 1 centímetro = _____ milímetros

f) 1 quilograma = _____ gramas

- Agora calcule e registre.

a) $\frac{3}{4}$ de hora = _____ min

b) $\frac{1}{2}$ ano = _____ meses

c) $\frac{2}{5}$ de metro = _____ cm

d) $\frac{7}{10}$ de tonelada = _____ kg

e) $\frac{4}{5}$ de centímetro = _____ mm

f) $\frac{1}{4}$ de quilograma = _____ g

6 As frações $\frac{5}{5}$, $\frac{8}{2}$, $\frac{6}{3}$, $\frac{28}{4}$ e $\frac{30}{10}$ são exemplos de frações aparentes. Por quê?

____

- Indique o número natural correspondente a cada fração.

a) $\frac{5}{5} =$ ______

b) $\frac{8}{2} =$ ______

c) $\frac{6}{3} =$ ______

d) $\frac{28}{4} =$ ______

e) $\frac{30}{10} =$ ______

7 **NÚMEROS MISTOS**

Considerando o círculo como unidade, a parte pintada nas figuras ao lado corresponde a $1\frac{1}{4}$.

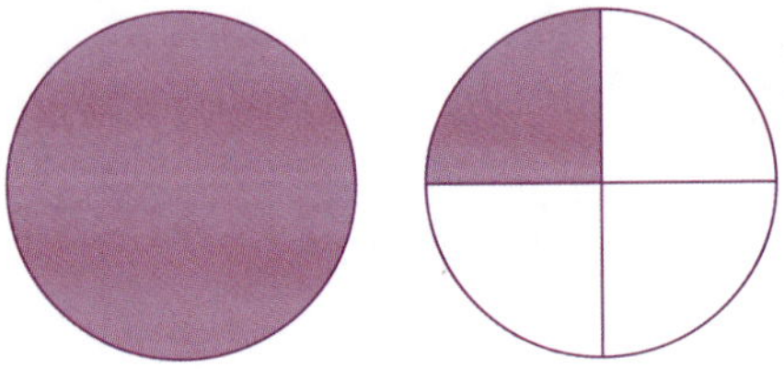

Ilustrações: Banco de imagens/Arquivo da editora

Veja: $1\frac{1}{4} = 1 + \frac{1}{4} = \frac{4}{4} + \frac{1}{4} = \frac{5}{4}$

Faça o mesmo nas figuras abaixo. Escreva o número misto e depois a fração correspondente à parte pintada.

a)

____

b)

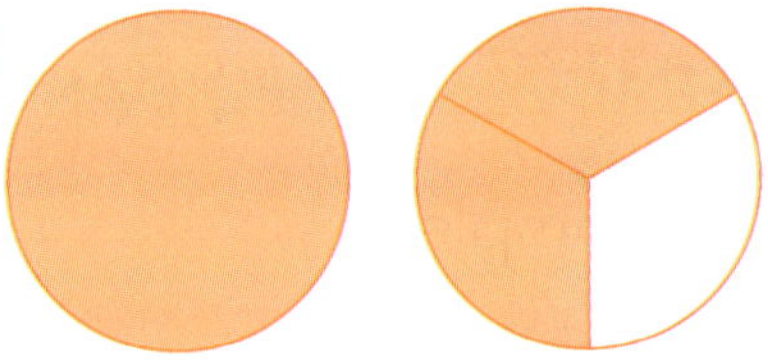

____

8 Passe de fração para número inteiro ou número misto, ou vice-versa.

a) $\frac{8}{4} =$ ______________

b) $3\frac{1}{2} =$ ______________

c) $\frac{9}{4} =$ ______________

d) $3 = \frac{12}{}$ ou $\frac{}{5}$ ou $\frac{}{3}$

e) $7\frac{2}{5} =$ ______________

f) $\frac{7}{7} =$ ______________

9 Responda e dê exemplos.

a) Como é o valor de uma fração própria?

____

b) Como é o valor de uma fração imprópria aparente?

____

c) Como é o valor de uma fração imprópria não aparente?

____

10 Observe as figuras e escreva, em cada uma, a fração correspondente à parte pintada.

Ilustrações: Banco de imagens/Arquivo da editora

a) 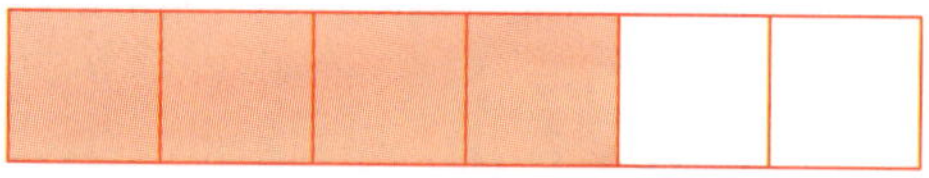 ______

b) 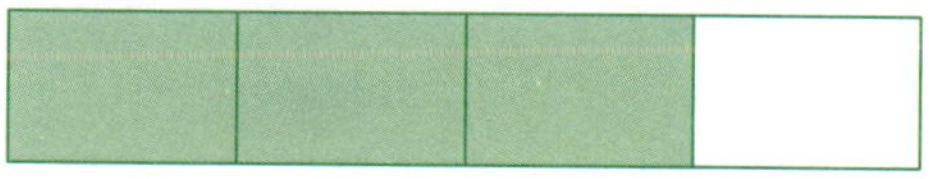 ______

c) 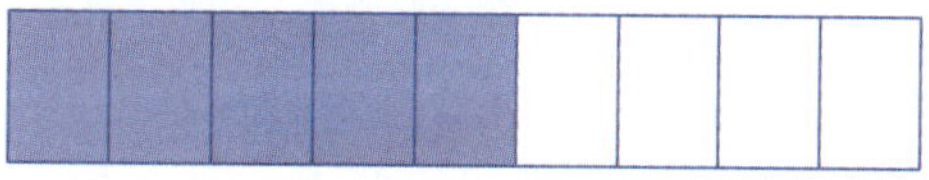 ______

d) 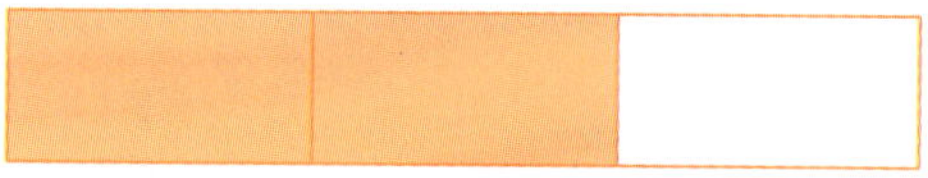 ______

- Agora responda e justifique: quais destas frações são equivalentes?

____

11 Complete para que as frações sejam equivalentes.

a) $\frac{2}{3} = \frac{6}{\_\_}$

b) $\frac{2}{3} = \frac{\_\_}{6}$

c) $\frac{20}{35} = \frac{\_\_}{7}$

d) $\frac{45}{18} = \frac{\_\_}{2}$

e) $\frac{1}{5} = \frac{3}{\_\_}$

f) $\frac{7}{7} = \frac{4}{\_\_}$

g) $\frac{14}{4} = \frac{\_\_}{10}$

h) $\frac{3}{\_\_} = \frac{1}{6}$

i) $\frac{6}{3} = \frac{10}{\_\_}$

12 Use simplificação de frações para resolver as questões abaixo.

a) Pinte $\frac{7}{28}$ da figura.

Banco de imagens/ Arquivo da editora

b) Complete:

$\frac{12}{18}$ de R$ 210,00 = ________.

13 Assinale com **X** as frações irredutíveis e simplifique as demais até obter uma fração irredutível.

☐ $\frac{24}{33}$ ________

☐ $\frac{17}{37}$ ________

☐ $\frac{8}{15}$ ________

☐ $\frac{18}{45}$ ________

☐ $\frac{8}{20}$ ________

☐ $\frac{30}{90}$ ________

14 Escreva a sequência das frações equivalentes à fração dada.

a) Frações equivalentes a $\frac{3}{7} \longrightarrow$ ____, ____, ____, ____, ____, ...

b) Frações equivalentes a $\frac{4}{10} \longrightarrow$ ____, ____, ____, ____, ____, ...

15 Descubra e registre.

a) A fração de denominador 30, equivalente a $\frac{5}{6} \longrightarrow$ ________

b) A fração de numerador 30, equivalente a $\frac{5}{6} \longrightarrow$ ________

c) Duas frações de mesmo denominador, sendo a primeira equivalente a $\frac{1}{4}$ e a segunda equivalente a $\frac{3}{10} \longrightarrow$ ____ e ____

16 Pinte os quadros das frações de acordo com seus valores. Veja as cores a serem usadas:

Metade da unidade	Mais do que a metade	Menos do que a metade

$\frac{3}{6}$ $\frac{5}{8}$ $\frac{3}{10}$ $\frac{1}{5}$ $\frac{2}{3}$ $\frac{1}{2}$ $\frac{3}{4}$ $\frac{5}{12}$ $\frac{4}{8}$

17 Compare as frações colocando $>$, $<$ ou $=$ no □.

a) $\frac{3}{7}$ □ $\frac{2}{7}$

b) $\frac{1}{9}$ □ $\frac{4}{9}$

c) $\frac{5}{6}$ □ $\frac{2}{2}$

d) $\frac{1}{2}$ □ $\frac{3}{6}$

e) $\frac{8}{2}$ □ $\frac{10}{5}$

f) $\frac{3}{8}$ □ $\frac{5}{6}$

g) $\frac{1}{3}$ □ $\frac{1}{2}$

h) $\frac{7}{20}$ □ $\frac{13}{40}$

i) $\frac{3}{7}$ □ $\frac{2}{5}$

18 Analise as frações em cada item. Arranje-as na ordem solicitada e, depois, localize-as no local correto na reta numerada.

a) $\frac{5}{6}$, $\frac{2}{6}$, $\frac{6}{6}$ e $\frac{3}{6}$ em ordem crescente. → $\frac{□}{□}$, $\frac{□}{□}$, $\frac{□}{□}$ e $\frac{□}{□}$

b) $\frac{2}{3}$, $\frac{4}{2}$ e $\frac{7}{6}$ em ordem decrescente. → $\frac{□}{□}$, $\frac{□}{□}$ e $\frac{□}{□}$

19 Efetue a operação indicada. Quando possível, simplifique o resultado e transforme-o em número inteiro ou misto.

a) $\frac{3}{8} + \frac{3}{8} =$ ____________

b) $\frac{5}{7} + \frac{1}{2} =$ ____________

c) $\frac{7}{5} - \frac{2}{5} =$ ____________

d) $\frac{3}{4} - \frac{1}{6} =$ ____________

e) $2 - 1\frac{2}{3} =$ ____________

f) $3 \times \frac{2}{7} =$ ____________

g) $4 \times \frac{1}{2} =$ ____________

h) $\frac{5}{8} \div 2 =$ ____________

i) $\frac{3}{4} \div \frac{3}{3} =$ ____________

j) $8 \div 14 =$ ____________

20 Do total de material reciclável coletado e pesado em uma cidade, $\frac{2}{5}$ foram de papel e $\frac{1}{3}$, de vidro.

Responda:

a) Foi coletado mais papel ou vidro? ____________

b) Que parte do total corresponde aos outros materiais coletados (metal e plástico)? ____________

21 Na atividade anterior, se o total coletado foi de 300 toneladas, quantas toneladas foram de papel? ____________

22 Em uma classe com 30 alunos, $\frac{2}{5}$ são meninos e $\frac{1}{6}$ das meninas são loiras. Responda:

a) Quantas meninas loiras há nessa classe? ____________________

b) As meninas loiras representam que parte da classe? ____________________

23 **DESAFIO**

Pinte $\frac{2}{7}$ da região plana cujo contorno está desenhado ao lado.

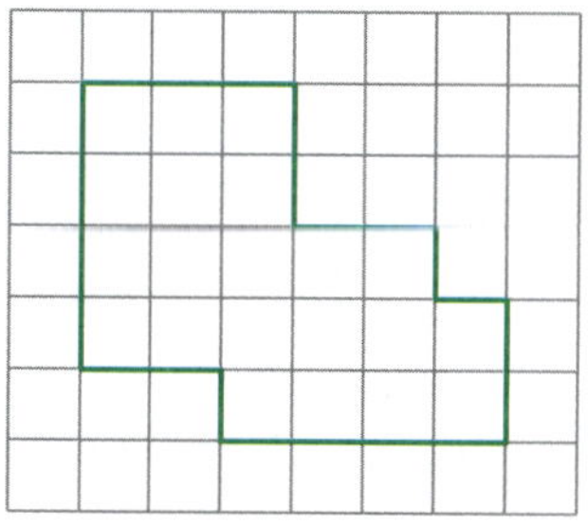

24 A linha preta indica o caminho que um carro está percorrendo para ir de **A** até **B**. Ele já percorreu $\frac{5}{9}$ do trajeto e está no ponto **C**.

- Localize e assinale o ponto **C**.

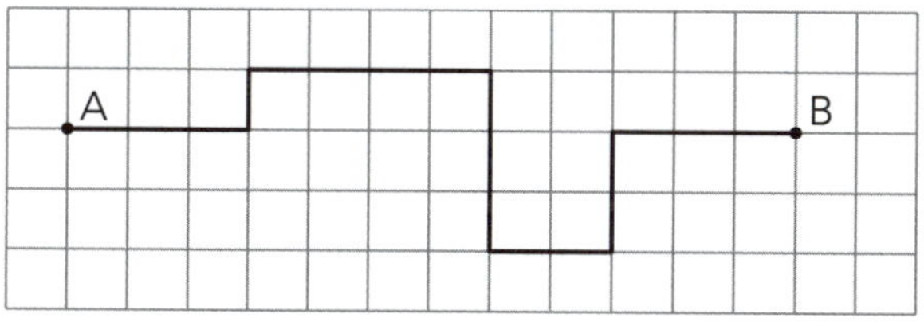

- Observe ao lado a escala em que o desenho foi feito, calcule as distâncias e registre.

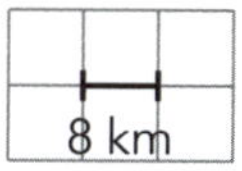

a) Caminho todo: ________ km.

b) Já percorridos: ________ km.

c) Faltam: ________ km.

25 Veja alguns produtos que estão à venda na loja de móveis Brasil.

As imagens não estão representadas em proporção.

angelo giardelli/Shutterstock

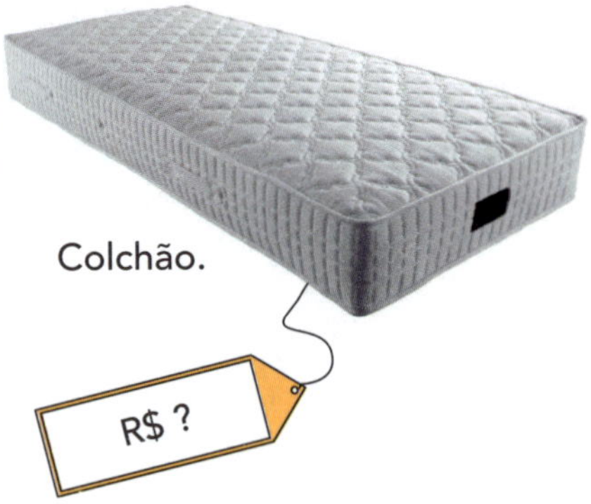

Colchão.

koosen/Shutterstock

Estante.

pzAxe/Shutterstock

Cômoda.

a) O preço do colchão corresponde a $\frac{3}{10}$ do preço da estante.

Qual é o preço do colchão? ______________

b) Complete com $\frac{7}{9}$, $\frac{2}{3}$ ou $\frac{5}{6}$.

O preço da cômoda corresponde a ______________ do preço do colchão.

c) Seu Joaquim comprou os três produtos, pagou $\frac{2}{5}$ do total de entrada e vai pagar o restante em três prestações iguais. Qual será o valor de cada prestação? ______________

Unidade 7 Porcentagem e probabilidade

1 PORCENTAGENS

a) Pinte 100% (cem por cento) da figura ao lado.

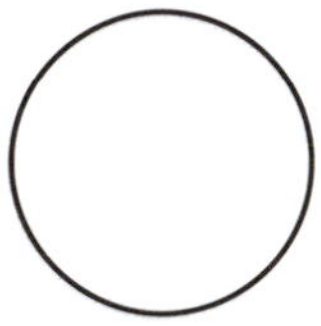

b) Pedro tinha R$ 45,00 e gastou 100% dessa quantia na compra de uma camiseta. A camiseta custou R$ ____________________.

c) Pinte 50% da figura desenhada ao lado.

Ilustrações: Banco de imagens/Arquivo da editora

d) Em uma classe que tem 30 alunos, 50% são meninos. Então, ______% da classe são meninas. Nessa classe há ______ meninos e ______ meninas.

e) Pinte 25% da figura ao lado.

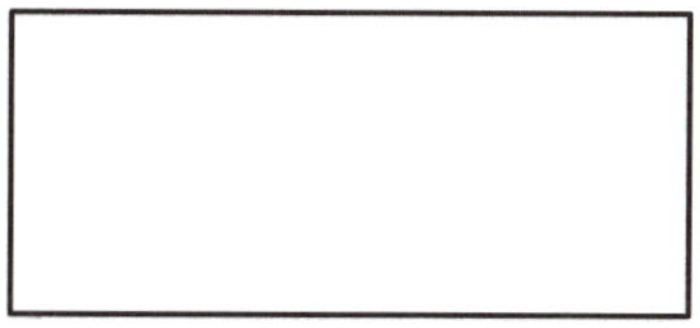

f) Em 25% de um terreno de 400 m^2 foram plantados tomates. A plantação de tomates tem área de ______ m^2.

2 Escreva a fração irredutível correspondente a cada porcentagem.

a) 8% = ____________________

b) 12% = ____________________

c) 80% = ____________________

d) 19% = ____________________

e) 54% = ____________________

f) 40% = ____________________

3 Indique na forma de porcentagem.

a) $\frac{43}{100} =$ ________

b) $\frac{7}{20} =$ ________

c) 8 em 50 = ________

d) $\frac{1}{5} =$ ________

e) $\frac{44}{200} =$ ________

f) $1\frac{1}{2} =$ ________

4 Compare e escreva >, < ou = em cada □.

a) $\frac{4}{5}$ □ 81%

b) $\frac{12}{25}$ □ 45%

c) 65% □ $\frac{3}{5}$

d) 35% □ $\frac{7}{20}$

5 Cada 5º ano da escola precisa arrecadar 40 kg de alimentos não perecíveis para doar a uma instituição. O 5º ano **A** já alcançou 62% do objetivo. O 5º ano **B** já atingiu $\frac{3}{5}$ do objetivo. Qual classe já conseguiu mais alimentos? ________

6 Represente a parte pintada de cada figura usando fração e porcentagem.

a)

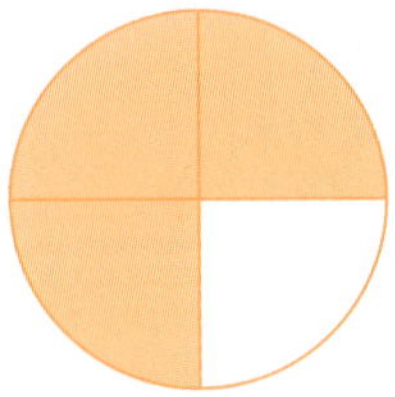

____

b)

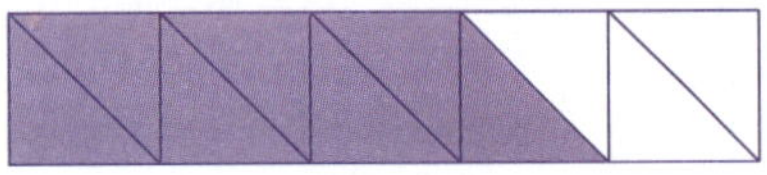

____

c)

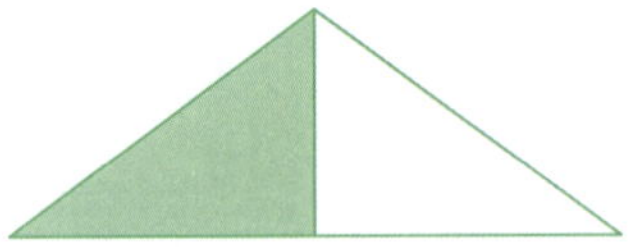

____

d)

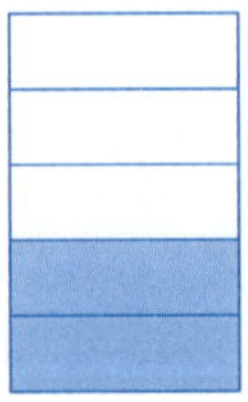

____

Ilustrações: Banco de imagens/Arquivo da editora

7 Calcule:

a) 10% de 50 = ______

d) 25% de 80 = ______

b) 20% de 400 = ______

e) 15% de 180 = ______

c) 70% de 60 = ______

f) 50% de R$ 42,00 = ______

8 Resolva e responda.

a) Um automóvel já percorreu 60% de uma distância de 300 km. Quantos quilômetros ainda faltam para completar essa distância? ______

b) O preço de um computador é R$ 1 800,00. Comprando à vista a loja dá um desconto de 5%. Se uma pessoa comprá-lo à vista, quanto pagará por esse computador? ______

9 Girando o ponteiro da roleta ao lado, escreva, na forma de fração e de porcentagem, a probabilidade de:

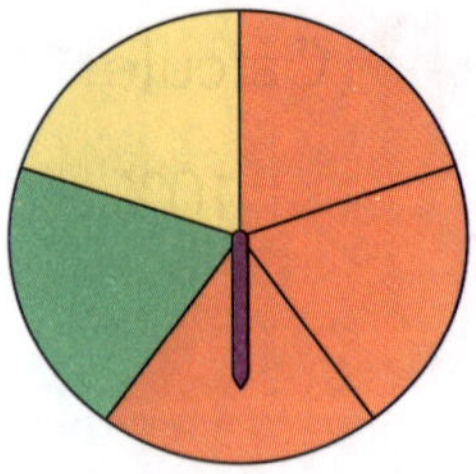
Banco de imagens/Arquivo da editora

a) sair laranja: ___

b) não sair laranja: ___

10 Em uma caixa há 5 bolas azuis, 3 bolas vermelhas e 2 bolas brancas. Retirando-se ao acaso uma dessas bolas, escreva, na forma de fração e de porcentagem, qual é a probabilidade de sair:

a) 1 bola azul? ___

b) 1 bola vermelha? ___

c) 1 bola branca? ___

11 Escreva na forma de fração. No lançamento de um dado, qual é a probabilidade:

a) de sair o 3? ___

b) de sair número par? ___

c) de sair o 7? ___

12 Na classe de Marcos e de Rosana foi feita uma pesquisa com a seguinte pergunta:

> Qual é seu esporte favorito entre futebol, natação, tênis e voleibol?

- Complete a tabela e o gráfico de setores referentes a essa pesquisa.
  A circunferência está dividida em 10 partes iguais.
  Use as mesmas cores da tabela no gráfico de setores.

Esporte favorito

Esportes	Marcas	Número de votos	Porcentagens
Futebol		______	______
Natação		______	______
Tênis		______	______
Voleibol		______	______

Esporte favorito

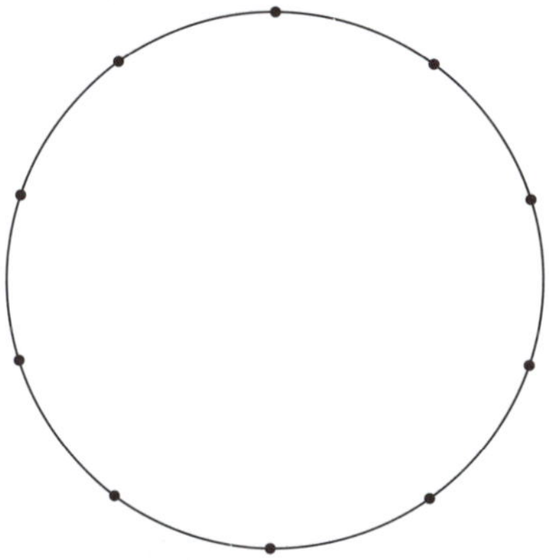

Banco de imagens/Arquivo da editora

Tabela e gráfico elaborados para fins didáticos.

- Agora complete as afirmações usando os dados da tabela e do gráfico.

a) O esporte mais votado foi ______________, com ______ votos.

b) O esporte menos votado foi ______________, com ______ % dos votos.

c) ______ % dos votantes não escolheram voleibol.

d) ______ votantes não escolheram natação.

e) 9 meninos escolheram futebol. Então, ______ meninas escolheram futebol.

f) O voleibol teve ______ votos a mais do que o tênis.

Unidade 8

Mais Geometria

1 Vamos desenhar?

Use a régua para traçar as figuras indicadas: segmento de reta $\overline{AB}$, reta $\overleftrightarrow{CD}$ e semirreta $\overrightarrow{EF}$.

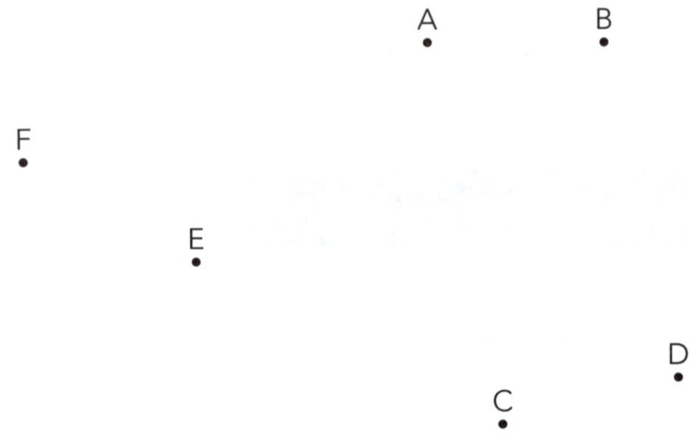

2 Em cada item, trace as duas semirretas para construir o ângulo indicado. Depois escreva se ele é reto, agudo ou obtuso.

a) $P\hat{H}S$ ($\overrightarrow{HP}$ e $\overrightarrow{HS}$)

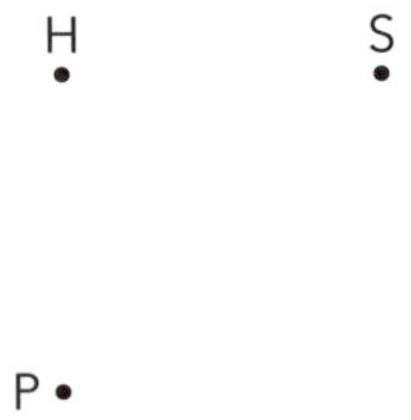

____

b) $M\hat{B}E$

____

c) $X\hat{A}V$

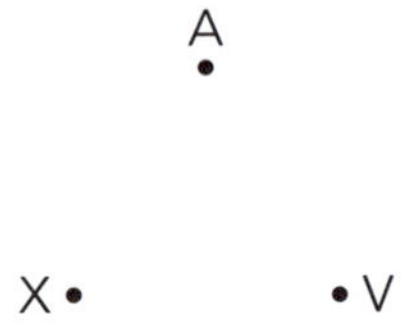

____

3 Usando um transferidor, escreva as medidas dos ângulos desenhados na malha quadriculada.

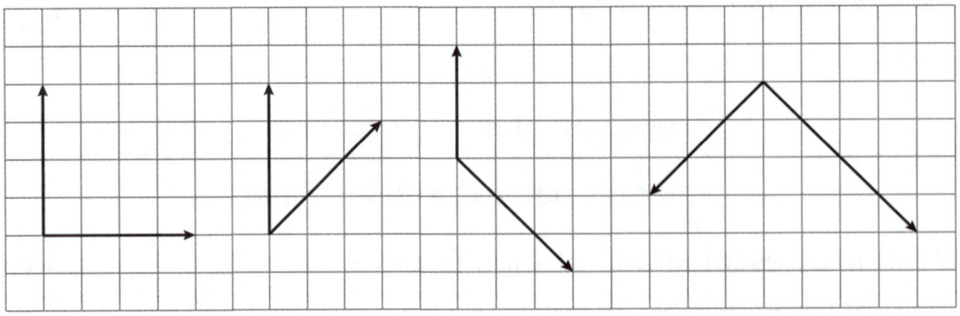

______ ______ ______ ______

4 Todos os círculos estão divididos em partes iguais. Represente os ângulos indicados em verde e registre suas medidas.

a) 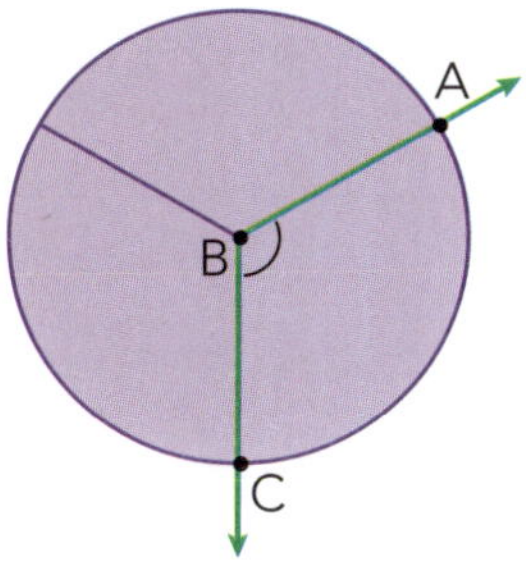

b) 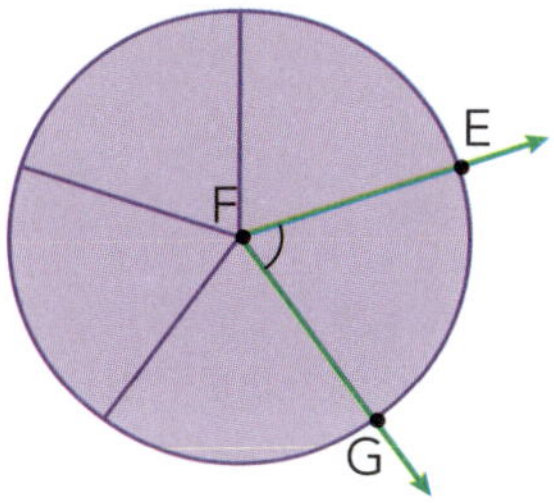

c) 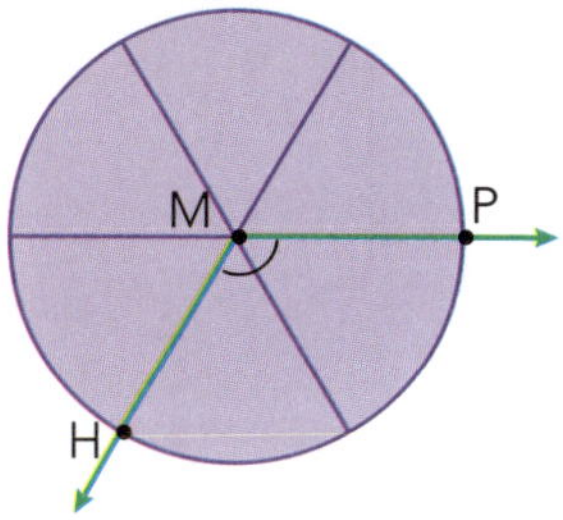

Banco de imagens/Arquivo da editora

AB̂C = ______   ______ = ______   ______ = ______

5 Escreva **paralelas**, **concorrentes perpendiculares** ou **concorrentes não perpendiculares** para descrever a posição relativa de cada par de retas.

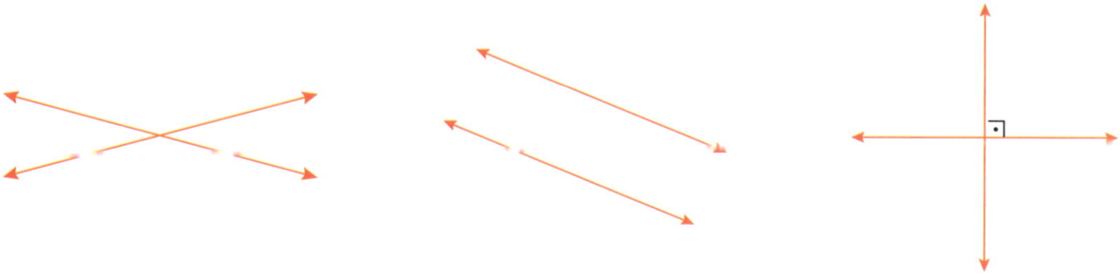

______   ______   ______

______   ______   ______

6 Trace as retas de acordo com o indicado:

a) Reta **r** que passa pelo ponto **A** de modo que **r** e **s** sejam retas concorrentes e perpendiculares.

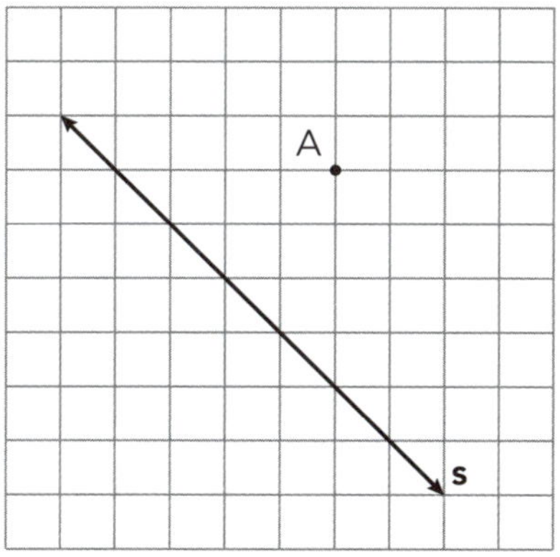

b) Reta **m** que passa pelo ponto **P**, de modo que **m** e **n** sejam retas paralelas.

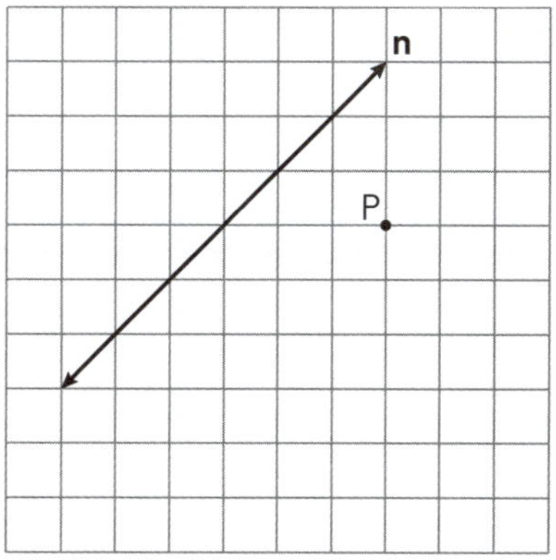

7 Escreva se cada figura é ou não um polígono. Em caso positivo, escreva o número de lados e o nome dado ao polígono de acordo com esse número.

Ilustrações: Banco de imagens/Arquivo da editora

a) 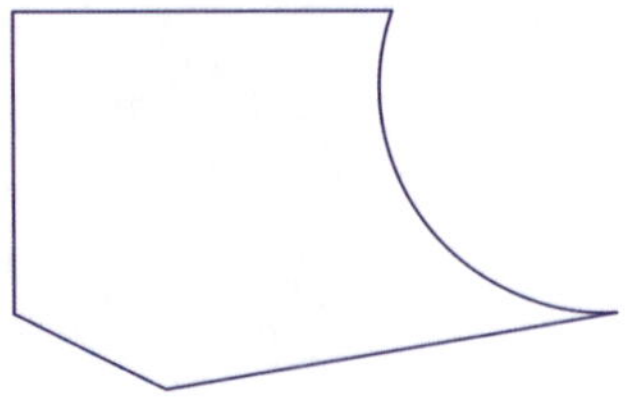 ____________________

b) 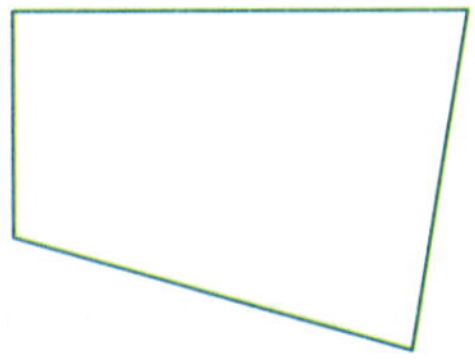 ____________________

c) 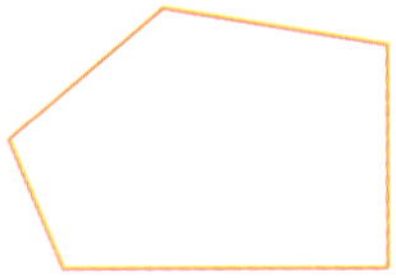 ____________________

d) 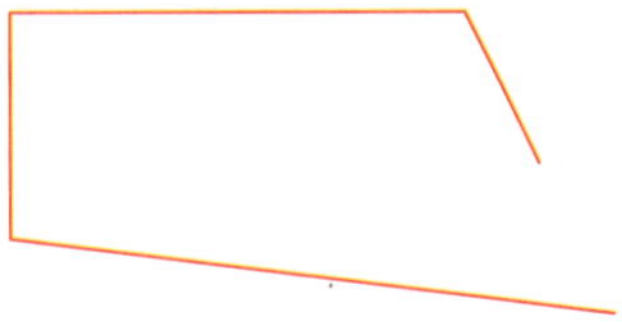 ____________________

e) 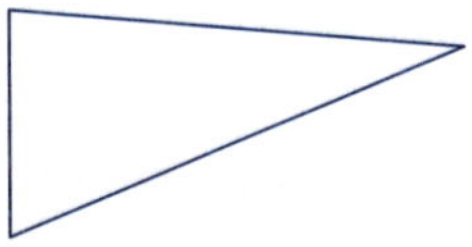 ____________________

8 Escreva como deve ser um polígono para ser chamado de polígono regular.

____

____

- Agora assinale com **X** os polígonos regulares.

Ilustrações: Banco de imagens/Arquivo da editora

9 Para construir o polígono ABCD traçamos $\overline{AB}$, $\overline{BC}$, $\overline{CD}$ e $\overline{DA}$.

Veja na figura ao lado.

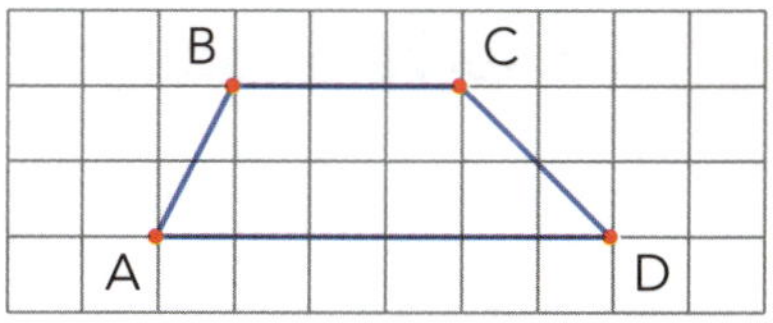

- Use uma régua e construa os seguintes polígonos com lápis ou caneta verde.

a) EFGH

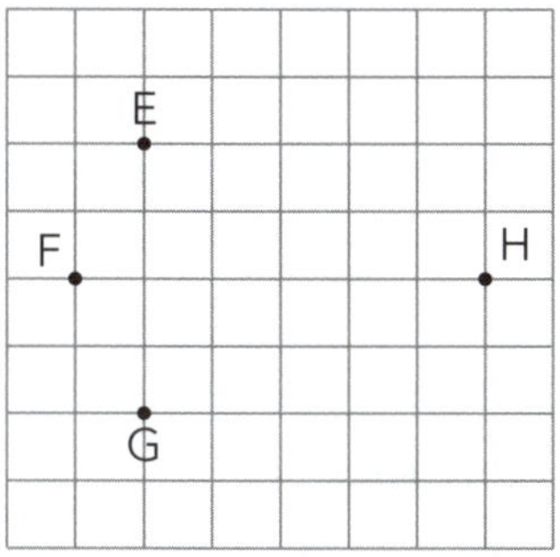

b) PQR

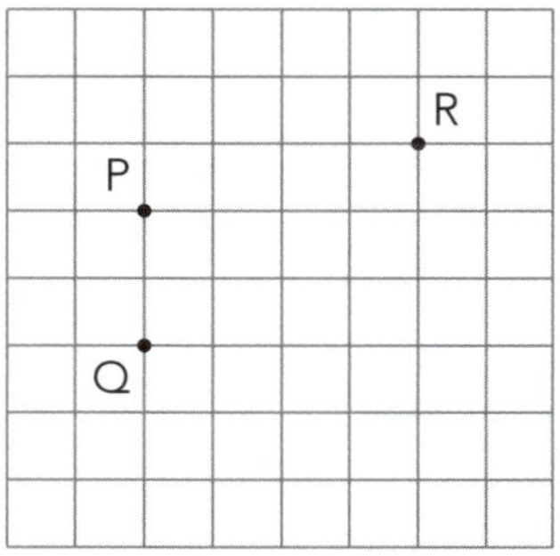

c) MSTU

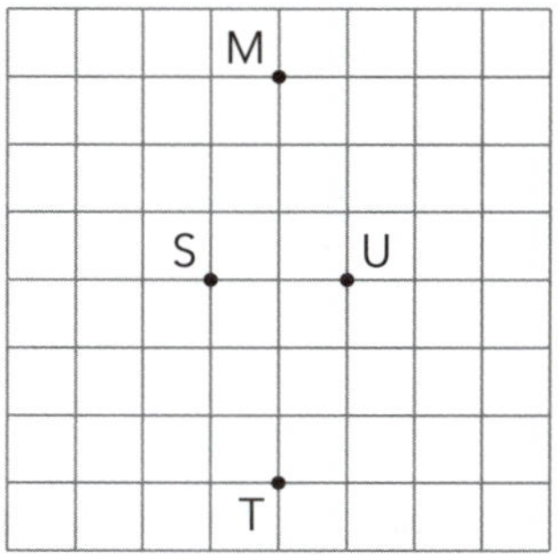

- Responda às questões formuladas e trace os eixos de simetria, quando existirem, usando lápis ou caneta azul e linhas tracejadas.

a) Qual polígono não apresenta simetria? ____________________

b) Qual polígono tem só um eixo de simetria? ____________________

c) Qual polígono tem mais de um eixo de simetria? ____________________

Quantos são os eixos de simetria? ____________________

d) Qual desses polígonos é um polígono regular? ____________________

10 Observe os triângulos desenhados abaixo ($\triangle EFG$, $\triangle PQR$, $\triangle MDH$ e $\triangle ABC$) e responda às questões propostas.

Ilustrações: Banco de imagens/ Arquivo da editora

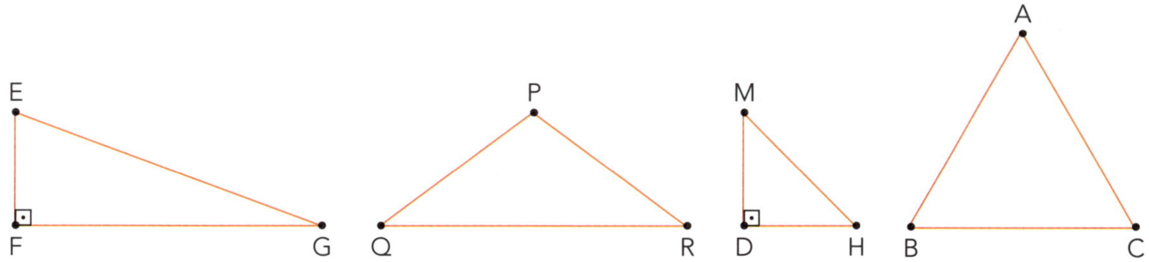

a) Qual polígono é regular? ____________________

b) Qual triângulo é retângulo e isósceles? ____________________

11 Observe os polígonos abaixo.

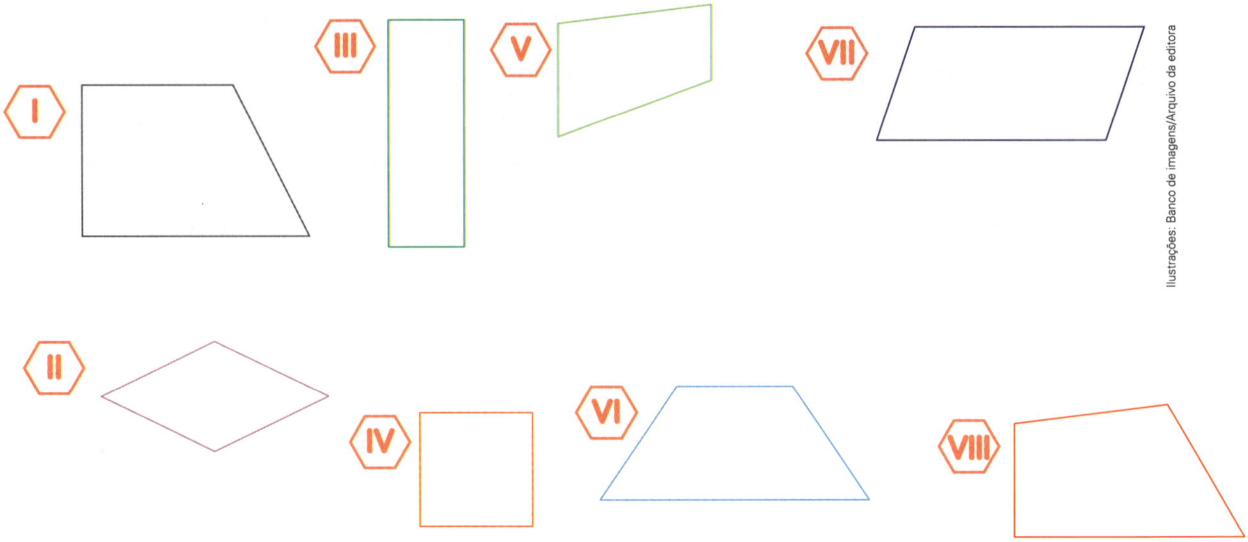

Ilustrações: Banco de imagens/Arquivo da editora

Agora responda indicando os números correspondentes.

a) Quais são quadriláteros? ____________________

b) Qual não tem lados paralelos? ____________________

c) Quais têm apenas um par de lados paralelos? ____________________

d) Quais têm quatro ângulos retos? ____________________

e) Qual é polígono regular? ____________________

f) Quais não têm ângulo reto e são paralelogramos? ____________________

g) Qual é retângulo, mas não é quadrado? ____________________

h) Qual é losango, mas não é quadrado? ____________________

12 Observe a figura geométrica desenhada abaixo em cor verde e responda:

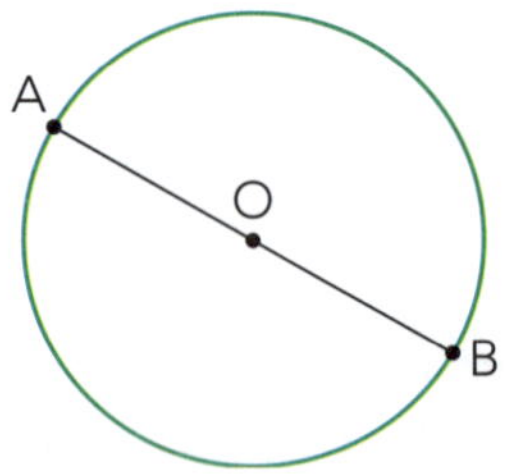

a) Que nome ela tem? ____________________

b) Como se chama o ponto **O**? ____________________

c) Que nome é dado aos segmentos de reta AO e BO?

____

E como são suas medidas de comprimento? ____________________

d) Que nome é dado ao segmento de reta AB? ____________________

13 Observe na figura abaixo dois trajetos de **A** até **B**: o trajeto da linha verde e o trajeto da linha vermelha.

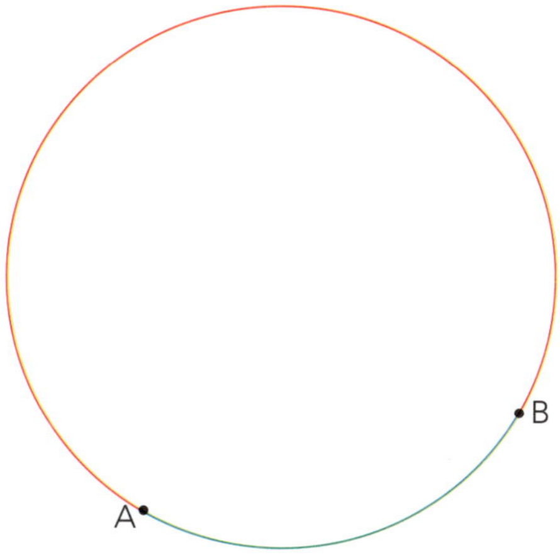

a) Juntando a linha verde com a linha vermelha, que figura obtemos?

____

b) Use uma régua e trace em azul o trajeto mais curto possível de **A** até **B**.

c) Que nome é dado à figura traçada em azul?

____

14 Observe as figuras. Em cada item escreva o nome das figuras e quantos pontos comuns elas têm.

Ilustrações: Banco de imagens/Arquivo da editora

a) 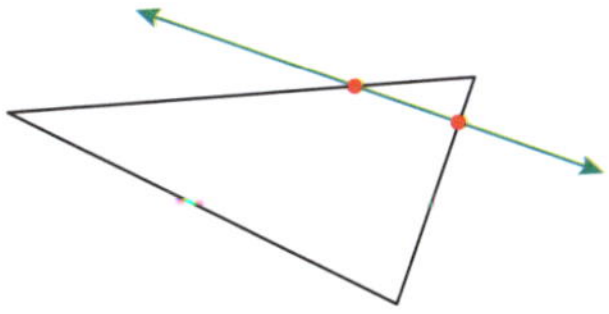

__________ e __________.

Pontos comuns: ______

b) 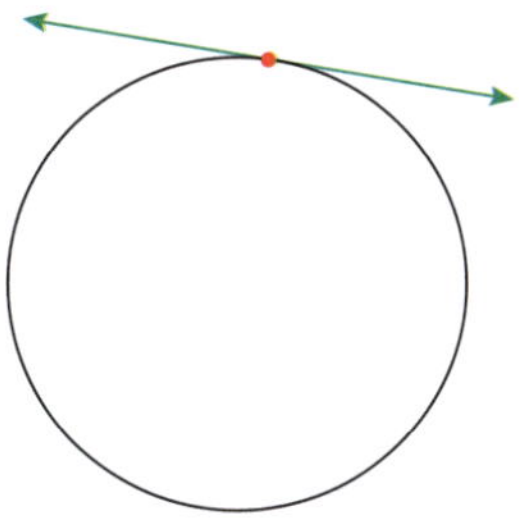

__________ e __________.

Pontos comuns: ______

c) 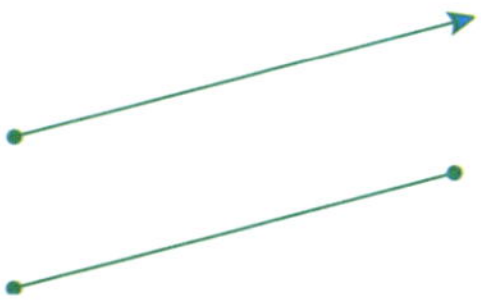

__________ e __________.

Pontos comuns: ______

15 TESTES

Assinale com **X** o que está sendo pedido em cada item.

a) Ângulo agudo:

Ilustrações: Banco de imagens/Arquivo da editora

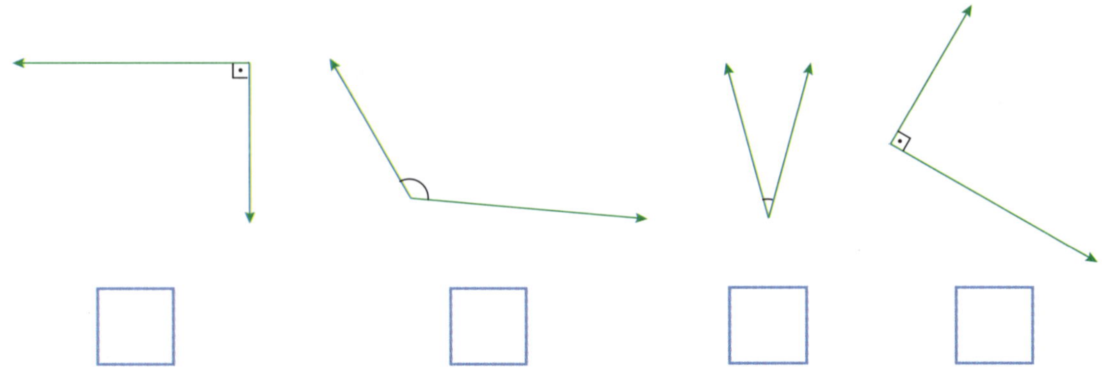

b) Retas concorrentes não perpendiculares:

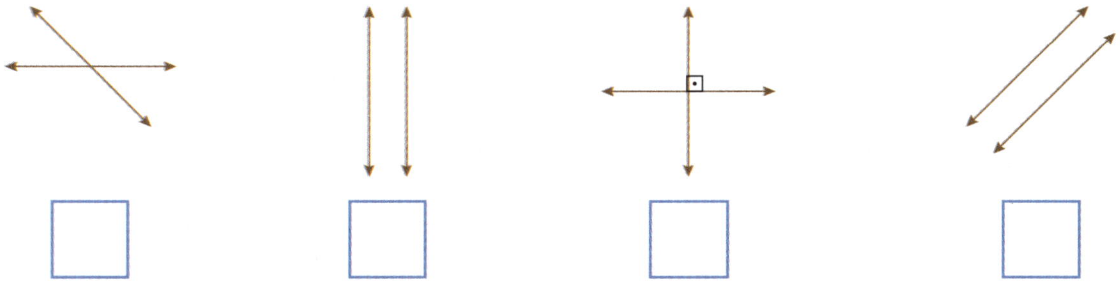

c) Circunferências com dois pontos comuns:

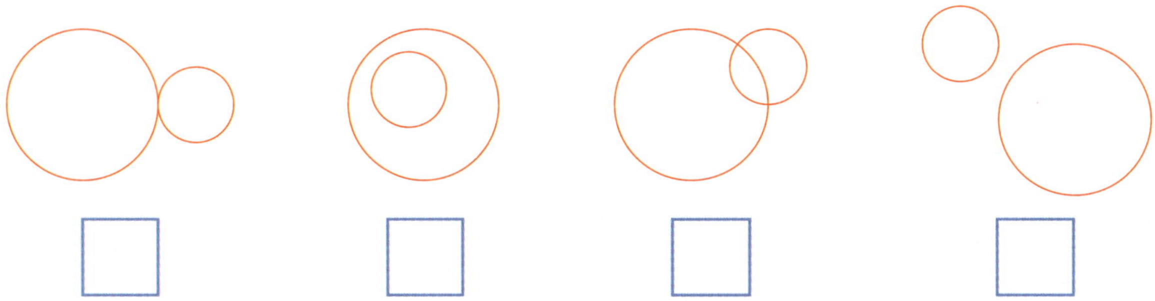

d) Paralelogramo:

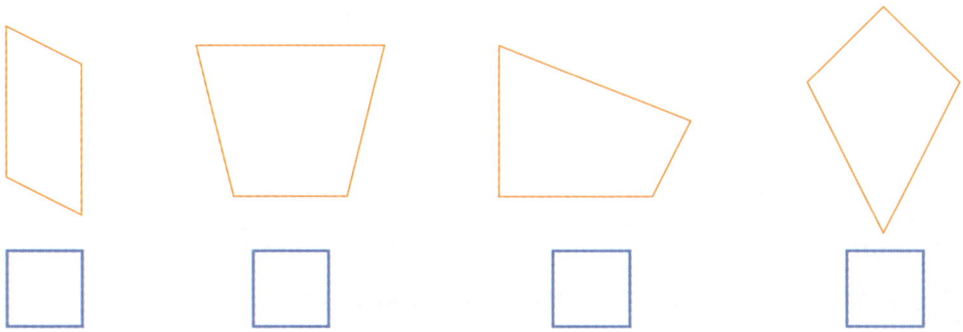

16 O desenho abaixo mostra parte da região central da cidade de Rio Claro, no estado de São Paulo. Veja como são numeradas as ruas e as avenidas.

Rafael Beraldo/Fotoarena

› Coreto na Praça Sargento Otoniel Marques Teixeira, em Rio Claro, SP. Foto de 2017.

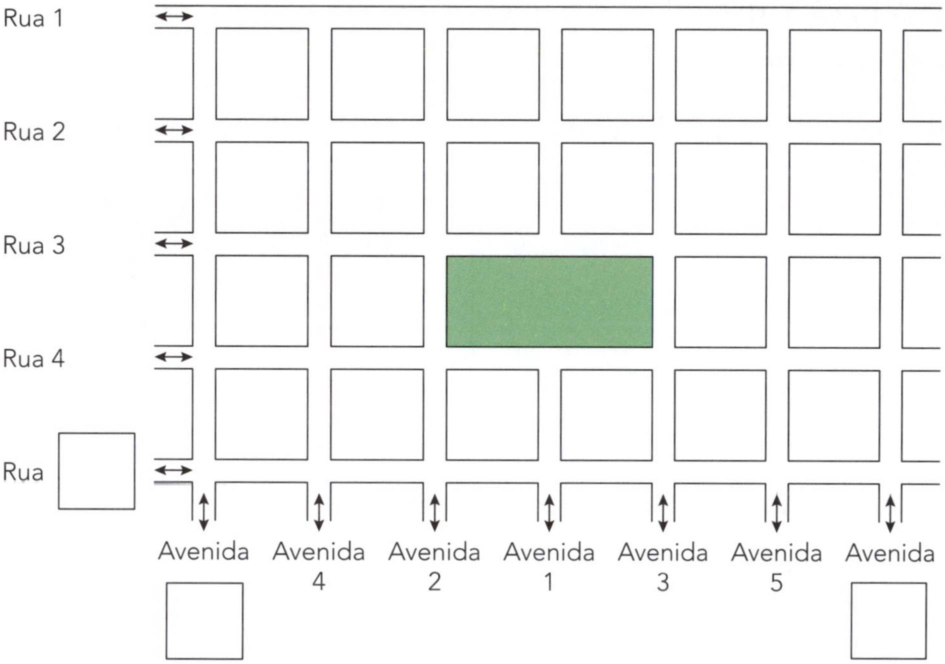

Banco de imagens/Arquivo da editora

a) Coloque os números da rua e das avenidas nos quadrinhos.

b) O prédio da Prefeitura Municipal fica no cruzamento da rua 3 com a avenida 3. Coloque ▲ nesse cruzamento.

c) A entrada da estação ferroviária fica no encontro da avenida 1 com a rua 1. Coloque ● nesse local.

d) O espaço pintado de verde corresponde ao jardim público. Seu contorno fica nas ruas _______ e _______ e avenidas _______ e _______.

e) O contorno do jardim público tem a forma de qual polígono?

____

f) Qual é a posição de duas ruas, uma em relação à outra?

____

g) Qual é a posição de uma rua e uma avenida, uma em relação à outra?

____

Unidade 9

Números decimais

1 Escreva a fração irredutível e o número decimal correspondentes à parte pintada em cada item.

a) Unidade: malha quadriculada.

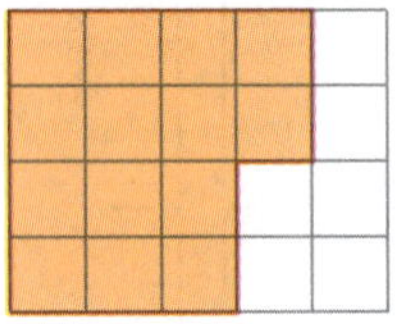

____

b) Unidade: circunferência.

____

Ilustrações: Banco de imagens/Arquivo da editora

- Agora escreva os números decimais e suas leituras.

a) ______ → ______________________________

b) ______ → ______________________________

2 Pinte a parte da figura correspondente ao indicado.

a) 0,6

b) 0,50

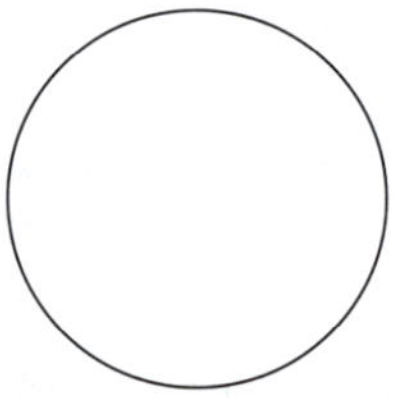

c) 0,125

Ilustrações: Banco de imagens/Arquivo da editora

3 Em cada item a seguir, decomponha o número como no exemplo.

a) 234 unidades é o mesmo que 2 centenas, 3 dezenas e 4 unidades.

b) 672 unidades é o mesmo que ______ centenas, ______ dezenas e ______ unidades.

c) 508 unidades é o mesmo que ______ centenas, ______ dezenas e ______ unidades.

d) 940 unidades é o mesmo que ______ centenas, ______ dezenas e ______ unidades.

4 Passe de número decimal para número inteiro, fração irredutível ou número misto.

a) 0,4 = ______________________

e) 0,139 = ______________________

b) 4,0 = ______________________

f) 2,06 = ______________________

c) 1,7 = ______________________

g) 12,000 = ______________________

d) 0,42 = ______________________

h) 1,20 = ______________________

5 Passe para número decimal.

a) $\frac{9}{10}$ = ______________________

e) $1\frac{3}{5}$ = ______________________

b) $\frac{9}{100}$ = ______________________

f) $\frac{3}{4}$ = ______________________

c) $\frac{9}{1000}$ = ______________________

g) $\frac{1}{8}$ = ______________________

d) 9 = ______________________

h) $2\frac{7}{20}$ = ______________________

6 Pinte os quadrinhos em que está indicada a metade de uma unidade.

$\frac{1}{2}$	$\frac{3}{8}$	6 em 12	1,2	0,5	50%
$\frac{5}{8}$	0,50	7 em 10	$\frac{4}{8}$	3 em 6	25%

7 Faça a comparação colocando >, < ou = nos quadrinhos.

a) 5,3 □ 5,30

b) 5,3 □ 5,03

c) 0,786 □ 1

d) 3,427 □ 3,43

e) 0,8 □ 0,800

f) 2,5 □ 5,2

g) $1\frac{4}{5}$ □ 2,1

h) $3\frac{7}{100}$ □ 3,07

8 Veja quatro itens das compras de dona Maria:

- 0,340 kg de uva → R$ 5,74
- 0,335 kg de cenoura → R$ 1,90
- 1,150 kg de mamão → R$ 2,28
- 0,395 kg de pera → R$ 5,09

As imagens não estão representadas em proporção.

svetok30/Shutterstock

Uva.

Tarasyuk Igor/Shutterstock

Cenoura.

gresei/Shutterstock

Mamão.

Maks Narodenko/Shutterstock

Pera.

Coloque em ordem crescente:

a) os "pesos": ______, ______, ______ e ______.

b) os preços: ______, ______, ______ e ______.

c) Escreva os "pesos" em gramas e os preços em centavos.

"Pesos": ______, ______, ______ e ______.

Preços: ______, ______, ______ e ______.

9 Reescreva usando todos os algarismos.

a) 3,5 mil quilogramas: ______.

b) 3,5 milhões de reais: ______.

c) 3,5 bilhões de habitantes: ______.

10 Descubra e indique o quociente na forma indicada.

- Na forma de fração irredutível:

a) $3 \div 7 =$ ____________ b) $4 \div 12 =$ ____________

- Na forma de número decimal:

a) $7 \div 20 =$ ____________ b) $9 \div 15 =$ ____________

- Localize na reta numerada os valores decimais que você obteve no item anterior.

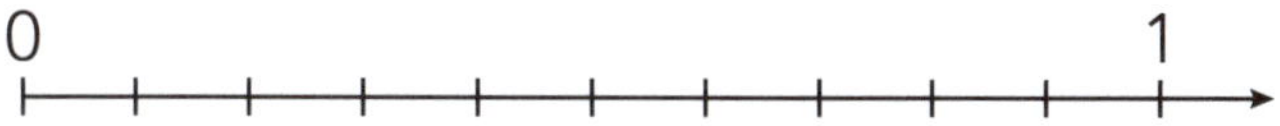

11 **CALCULADORA**

Efetue as operações e confira com uma calculadora.

a)
$$\begin{array}{r} \text{R\$ } 34{,}12 \\ +\ \text{R\$ } 18{,}18 \\ \hline \end{array}$$

b)
$$\begin{array}{r} 25{,}50 \\ -\ 18{,}75 \\ \hline \end{array}$$

c) $4{,}72 + 12{,}9 =$ ____________

d)
$$\begin{array}{r} 13{,}75 \\ \times\ \ \ 6 \\ \hline \end{array}$$

e)
$$\begin{array}{r|l} 24{,}15 & 7 \\ \hline \end{array}$$

f) $5{,}2 + 4 \times 0{,}7 =$ ____________

12 Determine o resultado pela regra prática e registre.

a) $25 \times 100 =$ ____________ d) $9324 \div 1000 =$ ____________

b) $25 \div 100 =$ ____________ e) $1{,}5 \div 100 =$ ____________

c) $8{,}175 \times 1000 =$ ____________ f) $10 \times \text{R\$ } 7{,}80 =$ ____________

13 Complete com números na forma decimal, de modo que o resultado seja sempre 1.

0,7 + _______ = 1	8,5 ÷ _______ = 1	0,85 + _______ = 1
3,8 − _______ = 1	0,99 + _______ = 1	4 × _______ = 1
2 × _______ = 1	1,9 − _______ = 1	0,005 + _______ = 1

14 Calcule e responda.

As imagens não estão representadas em proporção.

Caderno.

Lápis.

a) Amanda comprou 3 cadernos e 10 lápis. Pagou com uma nota de R$ 50,00. Quanto recebeu de troco? _______________

b) O lucro de uma empresa em um ano foi de 1,7 milhão de reais. Quanto faltou para chegar a 2 milhões de reais? _______________

c) Solange comprou um celular de R$ 456,00. De entrada deu 25% do total e o restante está pagando em 5 prestações iguais.

Qual é o valor de cada prestação? _______________

15 ARREDONDAMENTO E RESULTADO APROXIMADO

Márcia tinha 12 m de tecido. Ela usou 4,98 m para fazer um vestido e 5,87 m para fazer outro vestido. Quanto tecido sobrou, aproximadamente?

☐ 12 m ☐ 1 m ☐ 2 m ☐ 11 m

16 Em cada quadro temos um ou mais sólidos geométricos e o "peso" total.

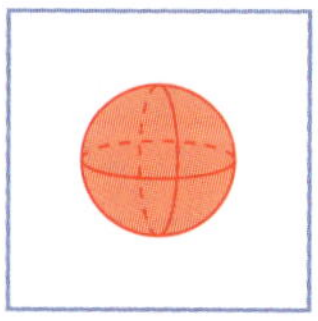

18,3 g

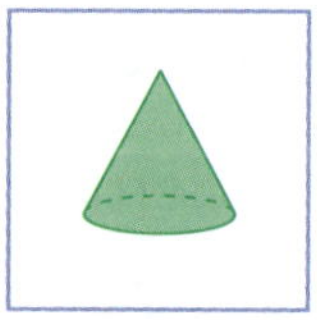

10,4 g

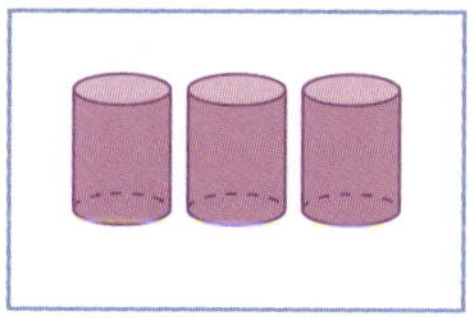

18,6 g

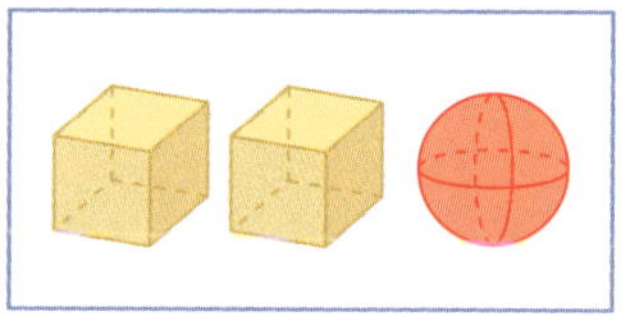

38,1 g

Ilustrações: Banco de imagens/Arquivo da editora

Agora calcule os "pesos" nestes quadros:

a)

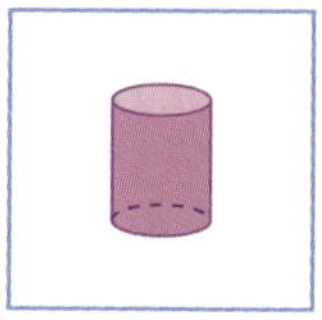

☐

b)

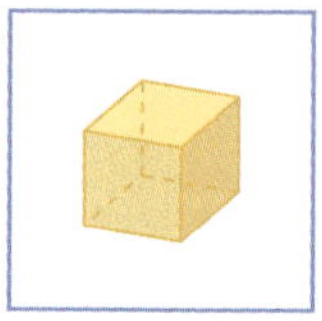

☐

c)

☐

Ilustrações: Banco de imagens/Arquivo da editora

17 Observe os objetos e os preços.

As imagens não estão representadas em proporção.

Odua Images/Shutterstock

Caixa de lápis → R$ 2,95

Reprodução/Arquivo da editora

Pasta → R$ 0,98

Babyfruity/Shutterstock

Caderno → R$ 3,95

Michael Hoyer/Alamy/Latinstock

Caneta → R$?

Agora responda:

a) Lúcia comprou 1 caixa de lápis e 1 pasta. Quanto gastou? ____________

b) Pedro comprou 2 cadernos. Quanto gastou? ____________

c) Rafael comprou 1 caixa de lápis e pagou com uma nota de R$ 5,00. Quanto recebeu de troco? ____________

d) André comprou 4 canetas e gastou R$ 5,20. Qual o preço de cada caneta?

____

18 Ligue os valores correspondentes quando tomados em relação à mesma unidade.

75%	60%
0,6	$\frac{3}{50}$
$\frac{1}{5}$	$\frac{3}{4}$
0,06	20%

19 Observe parte da reta numerada e os pontos marcados com letras maiúsculas.

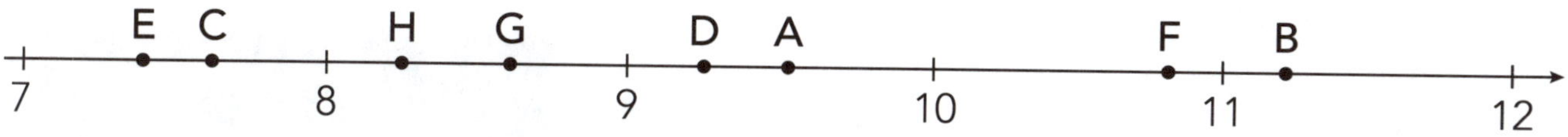

Associe cada número à letra correspondente.

a) 7,4 : ________

b) 7,61: ________

c) 9,5: ________

d) 8,6: ________

e) 11,2: ________

f) 8,43: ________

g) 10,853: ________

h) 9,25: ________

20 Calcule o valor de cada expressão numérica e registre.

a) $3{,}5 + 10 \times 0{,}52 =$ ________

b) $2{,}71 \times (35{,}7 + 64{,}3) =$ ________

c) $9{,}96 - 7{,}32 + 4 =$ ________

d) $3{,}2 + 4{,}5 \div 9 + 12{,}1 =$ ________

21 **CÁLCULO MENTAL**

Calcule mentalmente e complete os traços com números decimais.

a) ________ $+ 3 = 4{,}7$

b) ________ $- 0{,}2 = 6$

c) $2 \times$ ________ $= 9$

d) ________ $\div 3 = 0{,}5$

22 Veja as três manchetes que Maurício leu no jornal da segunda-feira. Em todas aparecem números decimais.

Ilustrações: Banco de imagens/Arquivo da editora

A Arena Corinthians tem capacidade para 49,2 mil torcedores. No jogo realizado entre Brasil e Paraguai, pelas eliminatórias da Copa do Mundo de 2018, aproximadamente 10% dos lugares ficaram vagos.

Marco Galvão/Fotoarena

Jogo entre Brasil e Paraguai na Arena Corinthians, em São Paulo, SP. Foto de 2017.

Com o fim das chuvas o nível do rio baixou de 2,3 m para 1,7 m.

O preço da gasolina subiu R$ 0,12 em cada litro.

Julia Chequer/Folhapress

Bomba de gasolina.

Calcule e responda ou complete:

a) Como se escreve o número que representa a capacidade de torcedores da Arena Corinthians, usando todos os algarismos? ______________

b) Quantos lugares ficaram vagos no jogo Brasil e Paraguai? ______________

c) O nível do rio baixou ________ m, ou seja, ________ cm.

d) Se o litro da gasolina custava R$ 2,95, então quanto ele passou a custar?

____

Unidade 10

Grandezas e suas medidas

1 Complete com a unidade de medida mais conveniente. Depois escreva a grandeza correspondente.

Syda Productions/Shutterstock

Menina com presente.

a) Para embrulhar o presente, Marina gastou meio ________________ de fita.

Medida de ________________.

b) As aulas de Rafael começam às 7 ________________ e 45 ________________ e terminam às 12 ________________.

Medida de ________________.

Billion Photos/Shutterstock

Leite.

c) Dona Lúcia foi à padaria e comprou 2 ________________ de leite.

Medida de ________________.

As imagens não estão representadas em proporção.

d) Maurício não está com febre. O termômetro marcou 36,5________________.

Medida de ________________.

Dagmara_K/Shutterstock

Pedreiro colocando piso.

e) O pedreiro vai precisar de 100 pisos cerâmicos para cobrir os 20 ________________ do chão de um cômodo.

Medida de ________________.

Boonchuay1970/Shutterstock Sommai/Shutterstock

Mamão e melancia.

f) Seu Roberto foi ao mercado e comprou uma melancia de 2 ________________ e um mamão de 400 ________________.

Medida de ________________.

2 Complete para relacionar os valores das unidades padronizadas de medida de comprimento.

1 metro = _____ centímetros ou 1 m = _____ cm	1 centímetro = _____ milímetros ou _____ = _____
1 quilômetro = _____ metros ou _____ = _____	1 decímetro = _____ centímetros ou __________

- Agora, usando as relações acima, complete.

a) Usando número decimal: 1 mm = _____ cm

b) Usando fração: 1 m = _____ km

c) 5 m = _____ cm

d) 1,5 km = _____ m

e) $\frac{1}{2}$ dm = _____ cm

f) 20 000 m = _____ km

g) 40 cm = 4 _____

h) 300 cm = _____ m

3 Meça os lados do △ABC e depois complete os itens abaixo.

a) Medida de $\overline{AB}$: _____ cm.

b) Medida de $\overline{AC}$: _____ cm.

c) Medida de $\overline{BC}$: _____ cm.

d) Perímetro do △ABC: _____ cm ou _____ mm.

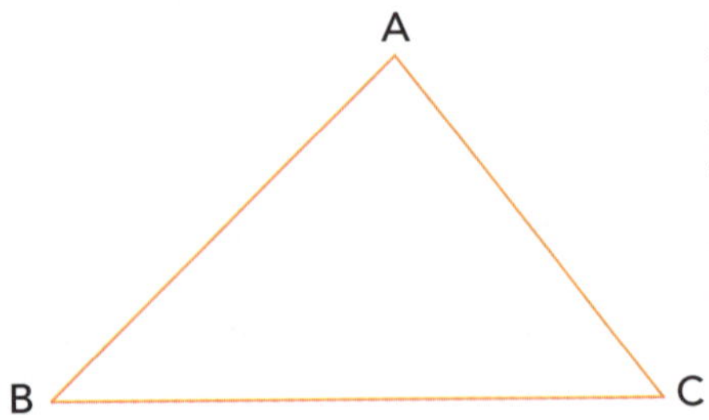

Banco de imagens/Arquivo da editora

4 Observe as regiões planas desenhadas abaixo e complete.

Ilustrações: Banco de imagens/Arquivo da editora

a) Usando a região verde como unidade, a área da região laranja é de ________ unidades.

b) Usando a região laranja como unidade, a área da região roxa é de ________ unidades.

c) Usando a região verde como unidade, a área da região roxa é de ________ unidades.

d) Atenção! Usando a região laranja como unidade, a área da região verde é de ______________ unidade.

5 Uma região quadrada com 1 cm de lado tem a medida de superfície (área) igual a 1 centímetro quadrado. Veja ao lado:

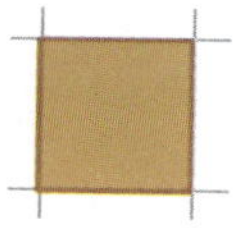

Área: 1 cm²

- Registre a área, em cm², das regiões planas abaixo.

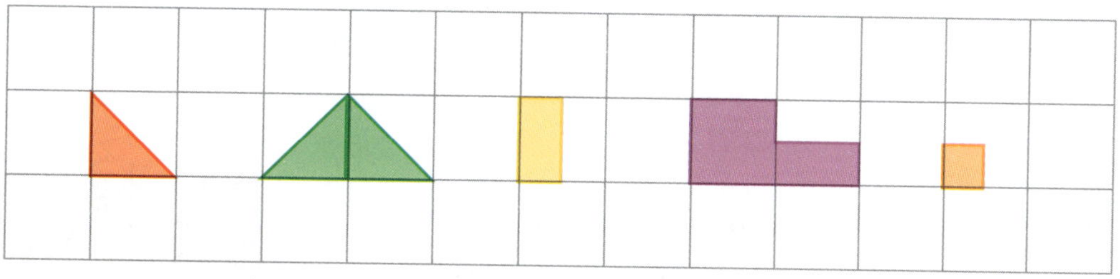

Ilustrações: Banco de imagens/Arquivo da editora

________ ________ ________ ________ ________

- Agora construa mais regiões planas com as áreas indicadas.

a)

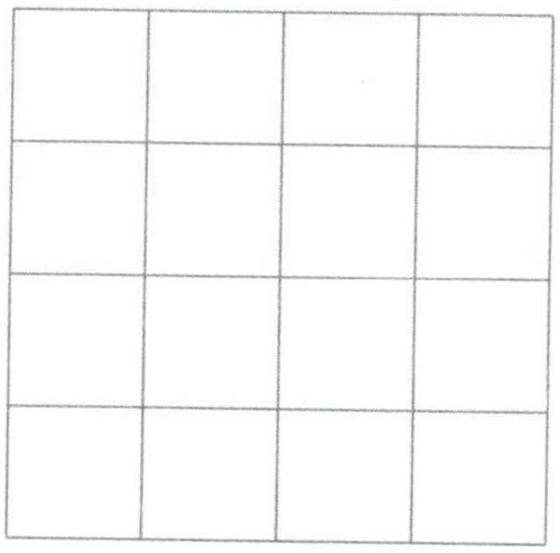

4 cm²

b)

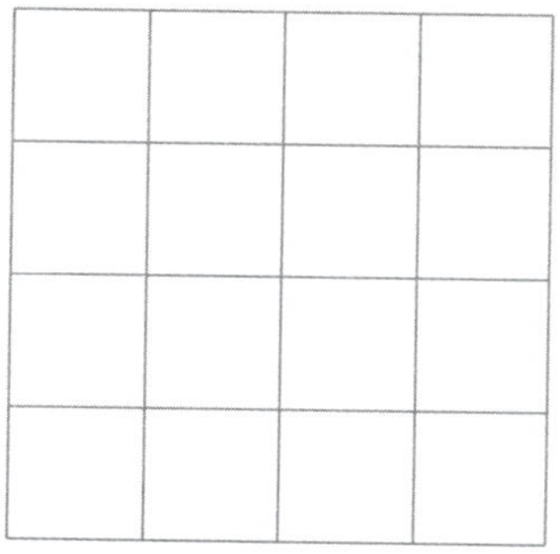

3,5 cm²

c)

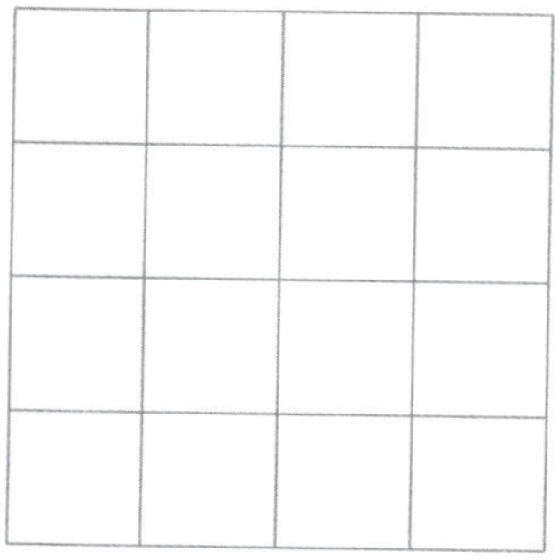

0,75 cm²

6 PERÍMETRO E ÁREA

Sem quadricular as figuras, calcule e registre os perímetros em centímetros e as áreas em centímetros quadrados.

Ilustrações: Banco de imagens/Arquivo da editora

a)

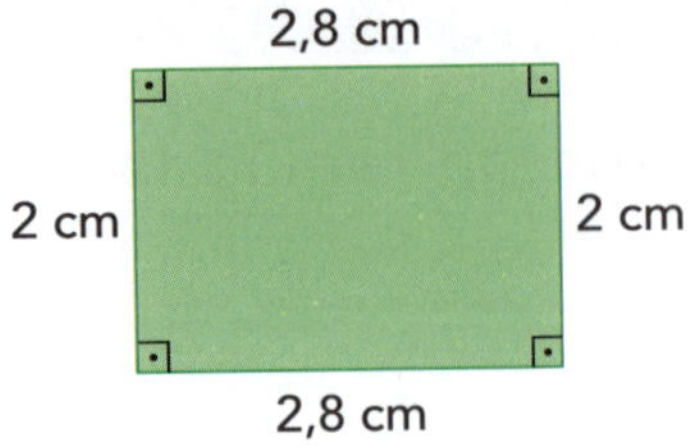

Perímetro: ______________.

Área: ______________.

b)

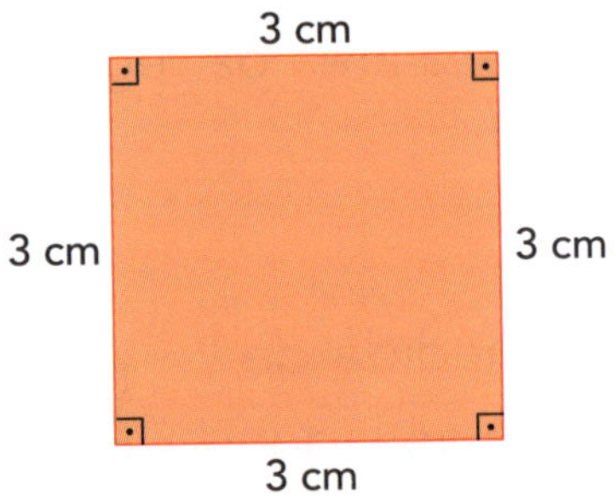

Perímetro: ______________.

Área: ______________.

c)

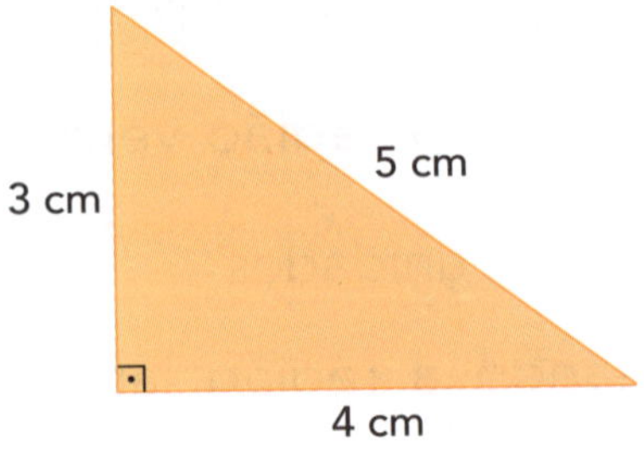

Perímetro: ______________.

Área: ______________.

d)

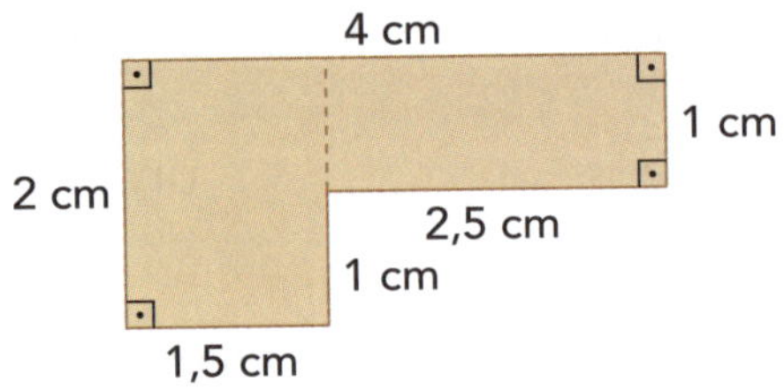

Perímetro: ______________.

Área: ______________.

7 ESCALA

a) Use a escala indicada ao lado e calcule o perímetro real do terreno representado.

____

Terreno.

b) Use a escala em que cada cm corresponde a 5 km e calcule a área real da região representada abaixo. ______________

8 Considere como unidade de medida de volume o centímetro cúbico, ou seja, a medida do volume de um cubo com arestas de 1 cm.

Ilustrações: Banco de imagens/Arquivo da editora

Calcule de duas maneiras diferentes a medida do volume do paralelepípedo com dimensões de 3 cm, 2 cm e 2 cm.

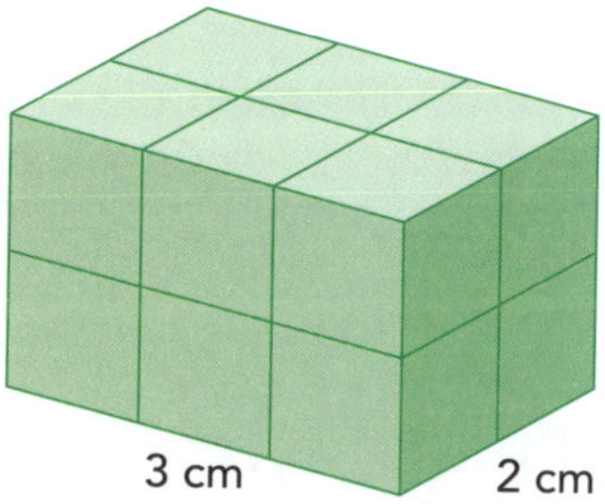

Registre aqui: ________

9 Marcelo construiu um cubo com cubinhos de 1 cm^3. Depois retirou 2 cubinhos da construção, como mostra a figura.

Qual é a medida do volume do sólido geométrico obtido após essa retirada? ________________

Banco de imagens/Arquivo da editora

10 Considere as frutas reproduzidas abaixo e pense no "peso" (medida da massa) de cada uma.

As imagens não estão representadas em proporção.

Valentyn Volkov/Shutterstock

Maçã.

Vasily Menshov/Shutterstock

Amora.

Iakov Kalinin/Shutterstock

Melão.

pisut chuanyoo/Shutterstock

Jaca.

Escreva os nomes das quatro frutas, de modo que seus "pesos" fiquem em ordem crescente.

________________, ________________,

________________ e ________________.

11 Complete para relacionar os valores das unidades padronizadas de medida de massa.

1 quilograma = _______ gramas ou 1 kg = _______ g	1 tonelada = _______ quilogramas ou _______ = _______

- Agora, usando as relações acima, complete.

a) Com número decimal: 1 g = _______ kg

b) Com fração: 1 kg = _______ t

c) 0,5 kg = _______ g

d) 7 t = _______ kg

e) 2 kg e 300 g = _______ g

f) 6020 kg = _____ t e _____ kg

g) 3000 g = 3 _______

h) 1,5 t = 1500 _______

12 **CÁLCULO MENTAL**

Dona Aurora pagou R$ 1,20 por 250 g de banana--prata.

Considere os valores citados, calcule mentalmente e complete.

Maks Narodenko/Shutterstock

Banana-prata.

a) Um quilograma de banana-prata custa R$ _______.

b) Com R$ 2,40 podemos comprar no máximo _______ g ou _______ kg de banana-prata.

13 Pedro queria fazer uma sobremesa para os colegas de sala. Com a ajuda de seu tio, ele escolheu a receita a seguir.

Banco de imagens/Arquivo da editora

Iogurte

Ingredientes

- 1 envelope de fermento
- 5 litros de leite integral
- 400 g de açúcar

Como fazer

1º passo: coloque o açúcar e o leite em uma panela e aqueça até que a mistura atinja 80 °C. Não pare de mexer enquanto o líquido aquece. Ao atingir a temperatura, desligue a chama e mantenha a panela fechada por 10 minutos.

2º passo: deixe a mistura em banho-maria até resfriar e atingir a temperatura de 40 °C.

3º passo: quando atingir 40 °C, adicione o fermento e mexa até obter uma mistura homogênea. Tampe a panela e deixe descansar por 5 horas.

4º passo: depois desse período, deixe o iogurte esfriar na geladeira até chegar à temperatura de 18 °C.

a) Se Pedro e seu tio começarem a preparar o iogurte às 15 horas, a que horas eles devem colocar o iogurte na geladeira? Considere que os dois primeiros passos tenham duração de 1 hora, no total. ____________

b) Se Pedro precisa levar o iogurte às 18 horas para os colegas, a que horas ele e seu tio devem começar a receita? Considere que o 4º passo tem duração de 3 horas. ____________

c) Se a mistura de leite e açúcar estiver a 21 °C no 1º passo, quantos graus ela deve aquecer para chegar à temperatura ideal? ____________

d) Quantos graus o iogurte deve esfriar entre o 3º e o 4º passo? ____________

14 Litro (L) e mililitro (mL) são duas unidades de medida de capacidade bastante usadas. Complete com os valores corretos.

a) 1 L = ________ mL

b) Usando fração: 1 mL = ________ L

c) Usando número decimal:

1 mL = ________ L

d) 2,5 L = ________ mL

e) $\frac{1}{4}$ L = ________ mL

f) 100 mL = ________ L ou ________ L

15 O TIGRE-DE-BENGALA

Atualmente, os tigres-de-bengala habitam o continente asiático e são uma das espécies mais ameaçadas de extinção entre os grandes felinos do planeta pela caça ilegal ou destruição de seu *habitat*.

Os tigres-de-bengala são exímios caçadores e correm vários quilômetros por dia para caçar, chegando a correr a uma velocidade de até 80 km/h e a saltar a uma altura de 5 a 6 metros. Os tigres-de-bengala também são ótimos nadadores e no verão costumam ficar sempre perto da água.

Apesar de os tigres-de-bengala terem a visão fraca e não conseguirem enxergar a uma distância além de 100 passos, possuem uma ótima audição, sendo este o seu sentido mais aguçado.

Os machos são maiores e mais pesados do que as fêmeas, e um fato curioso a respeito deles é que suas listras correspondem às impressões digitais dos seres humanos, porque nenhum tigre-de-bengala tem as listras dos pelos iguais às de outro tigre.

Alguns dados sobre o tigre-de-bengala

Estado de preservação da espécie	Em via de extinção
Comprimento	1,4 m a 2,8 m
Cauda	60 cm a 1 m
"Peso"	Até 220 kg
Período de gestação	95 dias a 112 dias
Dieta	Come animais: veado, búfalo, javali, gauro (um tipo de bovino), macaco, entre outros.
Longevidade	Até 26 anos em liberdade

neelsky/Shutterstock

Tigre-de-bengala.

Fonte de consulta: <www.portalsaofrancisco.com.br/animais/tigre-de-bengala>. Acesso em: 11 jul. 2017.

Responda ou complete usando dados do texto e do quadro.

a) Um tigre-de-bengala correu sem parar atrás de uma caça por meia hora, com velocidade máxima. Quantos quilômetros ele percorreu?

____

b) O tigre-de-bengala consegue enxergar uma presa que está a 0,5 km de distância dele? (Considere 1 passo = 90 cm).

____

c) Qual é o comprimento máximo que o tigre-de-bengala atinge? ________

Como é essa medida em centímetros? ________

d) O período de gestação da fêmea é de ________ meses e ________ dias a ________ meses e ________ dias (use 1 mês = 30 dias).

e) Se um tigre-de-bengala atingir 80% do "peso" máximo possível, qual será seu "peso"? ________

f) Em liberdade, o tigre-de-bengala vive até ________ meses.

16 ESTIMATIVAS

Maurício construiu a região **A** indicada abaixo. Depois fez recortes e colagens para obter a região **B**.

a) Faça estimativas.

- Os perímetros de **A** e **B** são iguais? ______
- As áreas de **A** e **B** são iguais? ______

b) Agora faça as medições, calcule, complete e confira suas estimativas.

Região **A**	Região **B**
Comprimento: ______.	Comprimento: ______.
Largura: ______.	Largura: ______.
Perímetro: ______.	Perímetro: ______.
Área: ______.	Área: ______.

c) Quantas das estimativas você acertou?

- [ ] Nenhuma.
- [ ] Uma (a 2ª estimativa).
- [ ] Uma (a 1ª estimativa).
- [ ] As duas.

17 Assinale as duas regiões planas que têm o mesmo perímetro e a mesma área.

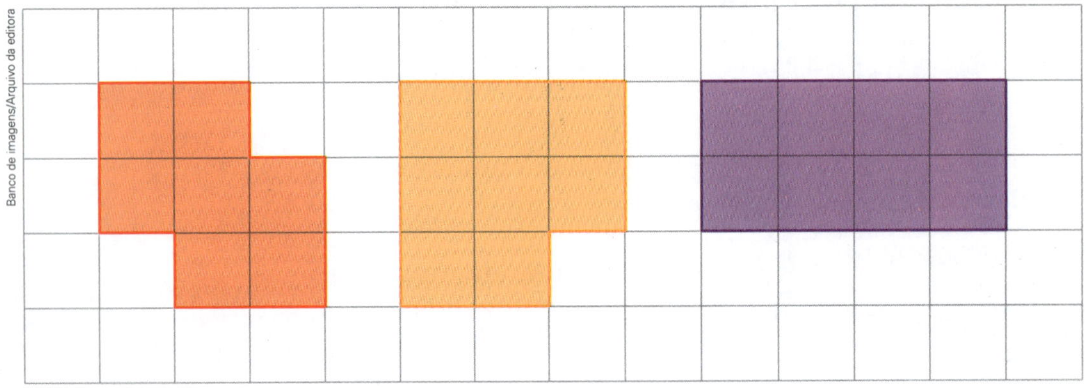